린 데이비스 지음 | 강순원 옮김

EDUCATING AGAINST EXTREMISM

극단주의의 위협에 교육은 어떻게 대처하고 실천할 것인가

극단주의에 맞서는 평화교육

한울
아카데미

이 도서의 국립중앙도서관 출판예정도서목록(CIP)은 서지정보유통지원시스템 홈페이지(http://seoji.nl.go.kr)와 국가자료공동목록시스템(http://www.nl.go.kr/kolisnet)에서 이용하실 수 있습니다. (CIP제어번호 : CIP2014034912)

EDUCATING AGAINST
EXTREMISM

Lynn Davies

Trentham Books

차 례

옮긴이의 글 ● 9
한국 독자에게 드리는 글 ● 12

1장 _ 극 단 주 의 란 무 엇 인 가   13
용어 정의: 극단주의, 급진주의, 테러리즘, 근본주의 ● 18
누가 극단주의자인가?: 정치와 종교 ● 31
완전주의와 유토피아 ● 40
절대주의 ● 44
신념을 행동으로 ● 48

2장 _ 정 체 성 그 리 고 급 진 화   53
정체성 ● 54
영국에서 이슬람 근본주의자 되기 ● 64
극단주의자의 소속감과 행동의 원인, 결정적 계기 ● 72
급진화 메커니즘 ● 90
극단주의와 결별하기 ● 98
탈퇴를 위한 교육전략 ● 103

3장 _ 분리, 신앙기반학교 그리고 동등가치의 신화 109

학교의 분리 • 110

신앙기반학교에 대한 논쟁 • 113

신앙기반학교에 반대하는 주장 12가지 • 115

학교에서 다양성 다루기 • 146

국민 정체성 • 153

접촉가설 • 156

관용 그리고 동등가치의 신화 • 161

결론 • 165

4장 _ 정의, 복수 그리고 명예 167

테러와의 전쟁 • 168

복수의 정당화 • 1/1

학교와 복수 • 185

회복적 정의 • 190

관용, 잘못에 대한 시인 그리고 용서 • 193

결론 • 196

5장 _ 표현의 자유, 모욕, 유머와 풍자　199

교육 현장에서 표현의 자유 · 202

표현의 자유와 관련한 법적 기반기 인권 · 208

모욕 주고받기 · 212

학교에서의 모욕 행위 · 220

미디어와 메시지 · 225

사이버 공간 · 235

유머와 풍자 · 238

결론: 학교에 주는 시사점 · 248

6장 _ 비판적 이상주의를 지향하며: XvX 모형　249

지식기반 · 251

가치기반: 세속적 도덕의 필요성과 인권 · 261

인권존중학교 · 267

민주주의와의 관계 · 276

과정기반: 활동방식 · 279

비판적 행동과 비폭력 · 288

비판적 이상주의 · 292

결론 · 294

부록_ 시민성과 역사 ●
　　왜 오늘날 세계는 평화를 유지하기가 그토록 어려운가?　　297

　　참고문헌 ● 317
　　찾아보기 ● 333

  지난해 여름, 버밍엄의 자그마한 폴란드 식당에서 린 데이비스와 저녁식사를 하는데 느닷없이 뻔한 질문을 한다. "강 교수는 교육을 통해 평화를 이룰 수 있다고 생각해?" 나도 뻔한 대답을 했다. "교육이 그런 힘을 가지고 있나?" 그러자 린은 "그런데 왜 우리는 교육에 매달리지?" 그런다. 이 지점이 교육자로서의 한계선상이다. 폭력적인 교육을 신랄하게 비판하면서 대안적 평화교육을 통하여 더 나은 세상을 꿈꾸기에 우리는 작은 흥분거리에도 공감한다. 이런 공감성이 우리들 평화교육의 출발점이다.

  오랜만의 만남이어서 신변잡담을 나누다가, 우리가 지금 앉아 있는 식당으로 화제를 돌렸다. 최근 들어 주변에 폴란드 이주민이 늘면서 폴란드 식당이 하나둘 생겨나, 인도계 지역에 또 다른 이주민 집단의 맛집이 들어서고 있다는 것이다. 이러한 다양한 집단들이 영국이라는 공간에서 차별 없이 모여 살며 서로의 맛과 풍습, 문화를 공유할 수 있는 사회적 힘이 있다면 극단주의는 들어설 공간이 없을 것이다. 하지만 안타깝게도 영국을 비롯한 서구사회에서도 지성의 힘을 마비시키는 극단주의적인 사고와 행태들이 발흥하고 있다. 이런 상황에서 학교교육이, 사람들을 극단주의 집단에 가담하지 않도록 하고 학생들이 근본주의를 비판적으로 분석할 수 있는 지성을 함양하게 한다면, 정의롭고 평화로운 세상 만들기에 기여할 수 있을 것이다. 이것이 바로 평화교육이기에 우리는 이 책의 제목을 '극단주의에 맞서는 평화교육'으로 붙이자고 했다. 원제는 Educating Against Extremism이다.

린 데이비스는 영국 버밍엄 대학의 국제교육연구센터Centre for International Education and Research: CIER를 중심으로, 인권·평화·민주주의라는 보편적 가치에 입각해 세계적 규모에서 많은 비교연구를 해왔다. 그러는 가운데 유네스코나 유니세프 같은 국제기구들의 교육활동에 대해 보편적 가치의 확산이라는 면에서 긍정적으로 평가해왔다. 영국뿐만 아니라 세계 각국의 교육민주화 개혁에 연구자문 역할을 하면서 민주주의를 위협하는 극단주의에 대해 우려해왔는데, 특히 영국사회에서 자생적으로 출현한 극단주의 세력과 이러한 극단주의와 학교교육과의 상호관계에 대해 고민하며 교육적 대안을 모색한 것이 바로 이 책이다. 물론 극단주의는 학교교육의 산물이 아니라고 할 수 있다. 하지만 그 연원이 어디에 있든지, 학교가 극단주의적인 성향을 유지하고 강화하는 사회화 기능에 전혀 책임이 없는 것 또한 아니다.

최근 한국사회에서도 자신의 견해만 절대적으로 옳다고 믿고 다른 관점이 있을 수 있음을 인정하지 않는 매우 배타적인 사고방식과 행동양식을 어렵지 않게 볼 수 있다. 글로벌화되고 다원화되어가는 이 시대에, 이런 경향은 미래세대를 극단주의로 유도하여 종국적으로 사회를 불행에 빠트릴 수도 있다. 자신의 편견을 정당화하고 헛된 우월감을 채워주는 무언가에 이끌려 극단을 선호하는 행동은, 그 바탕이 무엇이든 인류사회와 교육이 추구하는 보편적 가치인 인권과 평화에 반하는 것이다.

일반적으로 민주적인 교사에게서 배운 아이들이 학교에 대한 태도가 더 긍정적이며, 다른 사람을 더 존중하고 더 열망이 높다고 믿어진다. 이러한 교육을 통해 아이들은 보다 향상된 소통, 참여, 의사결정 능력을 키우고 사회생활에서의 상호존중과 책임을 체득하게 된다. 민주적인 교사를 양성하고 그들에게 이러한 교육을 실천할 수 있는 교육환경을 만들어주어, 극단주의 발흥에 맞서겠다는 사회적 합의가 요구되는 시점이다. 이것은 교육을 넘어서는 정치사회적 환경의 몫이다.

이 책을 번역하기로 결정하고 저자와 번역자가 된 우리는 한국어판 제목 결정에서부터 부록을 수록하는 문제에 이르기까지, 한국적 상황에 적합하게 만드는 것이 좋겠다는 합의를 했다. 부록으로 예시된 것은 영국 중학교의 시민성 교육과정과 역사 교육과정에서 사용되는 프로그램인데, 평화교육의 최선은 교과과목과 결합해 그 속에서 이루어지는 것임을 잘 보여주고 있다. 린 데이비스는 원문의 오자를 지적하면 아주 즐거워했다. 열린 학자이기에 번역자인 친구의 요구를 진지하게 듣고는 기꺼이 수용했다. 그런 린 데이비스에게 한국어판 출판의 기쁨을 돌린다. 그리고 극단주의에 대한 우려에 공감하며 출판에 동의한 노서출판 한울 편집진에게도 감사의 말씀을 드린다.

2014년 11월
과천에서
강 순 원

저는 한국의 독자 여러분이 이 책을 재미있게 읽고 무엇이든 가치를 발견하길 희망합니다. 저는 강순원 교수가 전문가로서 이 책을 잘 번역했으리라 믿고 있습니다. 그래서 서로 다른 문화적 맥락과 표현법이 독자에게 문제가 되지는 않을 것이라고 낙관합니다. 극단주의라는 이슈는 우리 시대에 너무나 중요하며, 이 분야에 초점을 맞춘 교육은 평화 증진과 인권 신장에 직접적으로 관련된다고 생각합니다. 무엇보다 중요한 점은 어떤 나라에서도 시민성 교육에는 극단주의에 대한 인식이 담겨야 한다는 것인바, 저는 이 책이 독자 여러분에게 유익하기를 희망합니다. 여러분과의 상호작용을 기대하며, 극단주의에 맞서는 일에서 여러분 모두에게 행운이 함께하기를 기원합니다.

2013년 12월

린 데이비스

Lynn.L.Davies@bham.ac.uk

1장
극 단 주 의 란 무 엇 인 가

이 장에서는 극단주의와 근본주의에 관한 필수적인 정의와 논쟁들을 고찰하고
누가 '극단주의자'가 되는지 살펴보도록 하겠다.

2007년 6월 30일, 토요일. 프로판가스통을 적재한 짙은 녹색의 체로키 지프 한 대가 글래스고 공항의 여객터미널로 돌진, 유리문을 뚫고 들어가 화염에 휩싸였다. 운전자는 의사였고, 같이 탄 또 다른 한 명은 공학박사였다. 자살하기로 마음먹은 두 사람은 미리 유서를 써두었다. 공격은 엄밀히 말하자면 성공하지 못했으며, 한 명은 죽지 않았다. 그러나 이 사건으로 말미암아 영국 공항의 보안검색은 한층 강화되었다. 다음 날 풍자적인 스코틀랜드 신문인 《데일리 매시Daily Mash》는, 테러리스트들이 새롭게 시행되는 엄격한 금연법에 따라 '제한된 공공장소에서 차량을 태운 혐의'로 기소될 것이라는 패러디 기사를 실었다. 독자기고란에는 "부품·수리: L형 체로키 지프, 도색 필요, 배터리 방전, 휘발유 교체, 숯 인테리어, 차창 선팅…… 특가 2,500파운드, 항공사 마일리지로 지불 가능"이라는 광고 문안이 실려 있었다.

위 이야기에는 이 책과 관련하여 의미심장한, 그리고 매우 흥미로운 점이 세

가지 있다. 첫째, 테러리스트들이 모두 고등교육을 받았으며 그중 한 명은 어찌됐든 사람의 생명을 구하는 일에 종사하는 사람이었다. 둘째, 이 공격은 전혀 효과적일 것 같지 않았던 '테러와의 전쟁'을 위한 정부 정책으로는 예견되지 않았고 예견될 수도 없었다. 셋째, 논란의 여지가 있긴 하지만 극단주의적인 행동에 대한 중요한 반응으로서 유머가 나타났다는 점이다.

극단주의는 테러리즘 및 종교적 근본주의와 연계되어 있다는 면에서 전 지구적인 관심사다. 이 책의 목적은, 전 인류에게 위협으로 등장한 여러 형태의 극단주의에 대해 교육이 어떻게 대처할 수 있을지 탐구하는 것이다. 또한 오늘날 학교교육은 사람들이 극단주의 집단에 가담하는 것을 방지하고 청소년들이 근본주의를 비판적으로 분석할 수 있도록 하는 일을 아무것도 하지 않고 있다는 것을 강하게 주장할 것이다. 앞으로 살펴보겠지만, 수많은 자살 폭탄 공격자들은 국가 시스템 안에서 폭넓은 교육을 받은 사람들이다. 사람들이 자기 능력껏 논설, 소책자, 메시지 등을 읽고 해석할 수 있으려면 당연히 문해능력literacy을 갖추어야 하지만, 기본적인 문해능력 그 이상이 요구된다고 하겠다. 청소년들은 평화를 위해서든 테러리즘을 위해서든, 글로벌 커뮤니케이션 기술을 활용하여 학교 바깥에서 자신들을 조직화하는 방법을 찾아내고 있다. 그렇다고 해서 학교가 완전히 무기력해진 것은 아니다. 극단주의에 대항하여 학교교육이 무엇을 할 수 있는지, 그리고 학교교육이 실제로는 극단주의를 조장하는 방식으로 작동하는 것을 어떻게 멈추게 할 수 있는지를 찾아봐야 할 절박한 필요가 있다.

이 책에서는 극단주의에 관한 다방면의 이론, 조사연구, 저술 등을 검토하여 극단주의가 교육과 어떤 관계에 있는지 탐구했다. 역으로 말해, 교육이 극단주의에 대해 갖는 함의를 평가하기 위해 관련 연구들을 고찰했다. 그리고 마지막에 이 모두의 결론들로부터 교육기관을 위한 실천 프로그램을 도출하는 방법을 제안했다. 초점은 주로 초중등학교에 맞춰져 있다. 하지만 그 함의는 대학교와 사회교육에도 적용할 수 있다. 이 책에서 나는 관용을 기반으로 한 종래의 다문화주의에 대응해 전혀 다른 교육전략을 제안했다. 학교교육의 과제는 단 하나의 진리에 무비판적으로 매몰되지 않게 하면서 청소년들이 정치에 관여하게 하는 것이다.

절박함을 주장하는 것은 여전히 묵시록적인가? 인류의 역사는 박해, 폭력, 죽음을 초래하는 극단주의로 가득 차 있다. 십자군 전쟁, '유대인 대학살, 대량 살육이 종교 또는 민족의 이름으로 자행되었으며, 순교자들 역시 마찬가지다. 여기에 뭐 새로운 것이 있을까? 향상된 기술과 커뮤니케이션 속도 때문에, 분명 새로운 점이 있다. 그 영향력이 엄청나게 커졌으며, 그에 따라 사람들이 기술을 어떻게 사용할지 더욱 예측하기 어려워졌다. 이러한 기술적인 힘은 보복의 힘 또한 더욱 커지게 했음을 의미한다. 극단주의의 위험은, 신원이 확인된 테러리스트에게서뿐 아니라 그들에 대한 대응에서도 비롯된다. 티모시 가턴 애시는 자신의 저서 『자유세계Free World』에서 군사력과 취약성의 불일치에 대해 다음과 같이 쓰고 있다.

9·11 테러 직후 '이 세상에서 가장 센 권력을 가진 사람'은, 대통령 집무실 창을 통해 볼 수도 있었을 비행기들 중 한 대가…… 항로를 바꿔 40초 안에 백악관을 공격할 수 있다는 보고를 받았다. 부통령의 수석군사보좌관은 테러리스트가 화생방 무기를 사용할 수도 있으니 더욱 경계를 늦추지 말아야 한다고 말했다. 하지만 최고 권력자는 정말 어이없게도 언필칭 '우주시대'의 군사력을 더는 사용할 수 없음을 누구보다 잘 알고 있었다. 소위 '군사 혁명'은 코소보에서 사용된 인공위성 제어 정밀폭격을 기술적으로 이미 넘어서 있었다. H.G. 웰스의 『우주 전쟁War of the Worlds』에 나오는 화성인처럼, 그들은 지구상 어느 곳에 있는 목표물이든 모두 찾아내 파괴할 수 있는 기술을 보유하고 있었다. 그러나 무엇이 그들을 공격할지는 까마득히 모르고 있었다. 타격을 입은 것은 그들, 바로 화성인이었다. 그들은

반드시 반격할 것이고, 이길 것이다. 그러나 어떻게, 누구를 상대로?(Garton Ash, 2004: 118)

주지하다시피, 극단주의 ― 때로는 그 이상 또는 해방으로 위장한 극단주의 ― 에 대한 정치적·군사적 '해법'은 이미 나와 있다. 이 책에서는 교육전략에 대해 고찰하려 한다. 물론 교육은 전능한 것이 아니어서 해결책이 될 수는 없다. 그러나 적어도 극단주의에 도전하고 예방조치를 시도할 수는 있다. 테러리즘, 극단주의 그리고 근본주의에 대한 저술이 쏟아져 나오고 있다. 하지만 이상하게도 교육 내지 학교교육의 역할에 주목한 글은 많지 않다. 테러리즘, 극단주의 그리고 근본주의에 대한 저술의 색인 목록에서조차 '교육'을 찾아보기 어려울 정도다. 한편 교육과 갈등에 관한 저술이(본인의 졸저를 포함해) 늘어나고는 있다. 또한 종교교육, 신앙기반학교faith school[1]와 이슬람 교육에 관해 근본주의 문제를 언급한 책도 있다. 그렇지만 이제 갈등과 급진주의의 극단적 결말에 명확하게 초점을 맞춰야 할 때가 되었으며, 우리가 극단주의에 대해 알고 있는 지식과 학교가 평화 혹은 갈등에 어떻게 공헌할 수 있는지에 관한 지식을 결합하기 위해 노력할 때가 되었다는 점에서, 이 책을 쓸 이유는 충분하다고 본다. 유엔 안전보장이사회 결의 1624호(2005년 9월 14일)는 다음과 같이 촉구하고 있다.

모든 국가는, 다른 종교와 문화에 대한 무차별 공격을 예방하기 위한 그리고 필요하고도 적절한 모든 조치를 취하기 위한 노력의 일환으로, 문명 간 이해의 폭을

---

1) 무슬림들이 기독교인의 교회 학교church school에 상응하는 교육기관을 요구함에 따라 1990년 영국에서 도입한 용어다. 특정 종교와 연관되기는 하지만 일반 교육과정을 가르치는 학교를 지칭하며, 주로 종교와 관련된 과목을 가르치는 학교와 구별된다(옮긴이 주. 이하 모든 각주는 옮긴이 주이다).

넓히고 대화를 증진하기 위한 국제적인 노력을 지속해야 한다. 또한 국제법이 부과한 의무에 따라, 극단주의와 불관용이 부추기는 테러리스트의 행위에 대항하기 위한 노력을 기울여야 하며, 테러리스트와 그 지지자들이 교육, 문화 및 종교 제도를 전복하려는 시도를 방지해야 한다(3A절).

이는 비록 가이드라인에 지나지 않지만, 국가를 상대로 교육의 테두리 안에서 뭔가를 해야 한다고 처음으로 요구한 것이다(2000년 세계교육포럼에서 채택된 다카르행동계획Dakar Framework for Action 같은 선언에 비견된다). 유엔아동인권협약 Convention on the Rights of the Child에서도 이와 유사하게, 국가들이 이러저러한 일을 '반드시' 해야 한다고 명기하지는 않았다. 하지만 이 협약을 받아들이고 시행하기 위해 국가들이 무엇을 성취했는지 보고하는 장치는 만들어놓았다. 물론 이 장치들이 언제나 효과적으로 작동한 것은 아니다. 그러나 안전보장이사회는 최고기구나. 그 셜의에 입각해 국제사법재판소에 제소할 수도 있다. 이런 점에서 테러리즘의 선동에 대처하는 방안에 교육을 포함시킨 것은 뜻깊은 일이다. 그럼에도 이 책에서는 '테러리스트와 그 지지자들'이 교육제도를 '전복'할 가능성에 대한 우려는 다소 문제가 있는 것으로 다룰 것이다. 도리어 학교교육 자체가 교육 시스템과 일상적 실천을 통해 부지불식간에 테러리즘을 방조할 수도 있기 때문이다.

이 책에서는 다음과 같은 질문 세 가지에 대한 답을 모색하고자 한다.

- 사람들이 관용성을 잃고 절대주의에 빠지지 않도록 어떻게 예방할 수 있을까?
- 극단주의적이거나 폭력적인 운동에 사람들이 가담하지 않도록 어떻게 예방할 수 있을까?
- 어떻게 하면 극단주의적이거나 폭력적인 운동에 혹은 그러한 정부들에 사

람들이 도전할 수 있는 능력을 갖게 될 수 있을까?

이러한 질문들은 예상컨대 정체성, 종교, 정의 등에 관한 광범위한 논의로 이어질 것이다. 또한 만화에서부터 지하드의 웹 사이트에 이르기까지 모든 것을 살펴볼 것이다. 이 책은 틀림없이 누군가에게 상처를 줄 수 있으며, 나는 얼마간 그렇게 되기를 희망한다. 이런 상처의 본질 역시 정밀한 연구를 필요로 하므로, 이에 관해서는 4장에서 다루겠다.

도입부인 이 장에서는 극단주의와 근본주의에 관한 필수적인 정의와 논쟁들을 고찰하고 누가 '극단주의자'가 되는지 살펴보도록 하겠다. 다음 장에서는 정체성에 대해 알아보고 사람들이 어떻게 극단주의자가 되는지, 어떻게 하면 그런 정체성에서 빠져나올 수 있는지 알아보겠다. 그리고 이어지는 3개의 장에서 신앙기반학교를 비롯한 교육에서의 분리segregation, 정의, 복수, 응보와 처벌, 표현의 자유, 모욕과 유머에 대해 고찰할 것이다. 마지막 장에서는, 여러 가닥의 논의를 한데 모아서 극단주의에 맞서는 교육을 실시할 학교에서 적용할 수 있는 'XvX' 모형을 제안하고 '비판적 이상주의critical idealism'를 모색하고자 한다.

용어 정의: 극단주의, 급진주의, 테러리즘, 근본주의

용어에 대해 살펴보다 보면 절대주의, 분노, 완전주의, 정치화, 불관용 같은 주제들이 이 책의 여러 대목에서 다루어지고 있는 것을 알 수 있다. 어느 해 도하논단Doha Debates(카타르재단이 후원)에서, 데스먼 투투 성공회 대주교는 "다른 관점을 인정하지 않을 때, 자신의 견해를 대단히 배타적으로 고수할 때, 다를 수 있음을 용인하지 않을 때"를 극단주의라고 정의했다. 오늘날 극단주의라는 용어는 극한스포츠와 같이 어떤 일을 극단까지 밀어붙이는 것만으로 이해되고 사용되지는 않는다. 그것은 다른 실체들에 대한 부정이다.

> 동물권리보호에서 페미니즘에 이르기까지 모든 운동에는, 비타협적인 급진주의 혹은 극단주의에서부터 실용적인 타협주의까지 넓은 스펙트럼이 있는 것이 사실이다. 안드레아 드워킨 같은 과격한 페미니스트는 모든 삽입 성행위를 강간이라고 생각한다. 일부 동물해방론자들에게 모든 도살장은 그 절차가 아무리 잔혹하지 않더라도 멸종 수용소에 지나지 않는다. 패트 로버트슨 같은 낙태 반대론자는 로우 대 웨이드 사건(反낙태 소송) 이후에도 4,300만 명의 태아가 '살해'당했다며, 이는 나치의 홀로코스트에 비견되는 가증스러운 일이라고 주장한다(Ruthven, 2004: 32).

극단주의가 정치적 목적을 가지기 시작할 때, 예컨대 협상 테이블로 나오라고 정부를 압박하거나 정부의 정책 변화를 촉구할 때, 급진주의와 맞닿기 시작한다. 네덜란드 정보기관에 따르면 급진주의에는 세 측면이 있다.

> 사회의 근본적 변화를 추구하거나 적극 지지하는 활동은, 민주적 질서의 존속을 위태롭게 하는 것일 수 있고(목적), 비민주적인 방법을 사용할 수 있으며(수단), 이로 인해 민주적 질서가 제 기능을 못하게 할 수도 있다(영향)(Sieckelinck, 2007: 5에서 재인용).

학생들이 보이는 급진주의적 징후는 다음과 같다.

학생들이 다른 사람의 견해를 잘 수용하지 않을 때, 학생들이 엄격한 도덕 지식(넓은 의미에서 선악에 관한)을 습득해 적용하고 상황의 구성요소들보다 도덕적 위계구조에 맞추어 행동할 때(Sieckelinck, 2007: 10).

이러한 급진주의는 비록 현재는 정치적 목적을 갖고 있지 않을 수 있으나, 그 전조로 볼 수는 있다. 나는 앞으로 관용과 불관용에 대해 명쾌하게 고찰할 것이며, 극단주의적인 입장을 정당화하는 외재적인 도덕적 위계구조에 대해서도 고찰할 것이다.

극단주의는 테러리즘과 동일한 것은 아니다. 모든 테러리스트는 극단주의자라고 말할 순 있지만, 모든 극단주의자가 테러리스트는 아니다. 『테러리즘 독본The Terrorism Reader』에서 휘태커는 테러리즘에 대한 정의가 적어도 200개는 되며, 모든 정의가 폭력이나 무력 같은 용어로 내려져 있다고 한다. 정작 중요한 것은 어떤 정의가 정책에 어떻게 사용되는가이다. 미국의 국무부는 테러리즘을 "비국가집단subnational group이나 비밀요원이 정치적 동기를 가지고 치밀한 계획에 따라 비전투원을 표적으로 자행하는 폭력행위로서, 대개 일반 대중에게 영향을 미치려는 의도를 가진 것"이라고 정의하고 있다. 한편 영국 정부는 "정치적·종교적 혹은 이념적 대의명분을 내세우려는 목적으로, 인명이나 재산에 대해 무차별적으로 심각한 폭력을 행사하거나 위협하는 것"이라고 정의한다(Whittaker, 2007: 4). 이런 정의는 특히 '위협'을 포함하는 등 범위가 너무 넓어서, 정부가 광범위한 항의집단들의 정당한 권리를 제한하거나 심지어 부정하는 결과까지 가져올 수 있다는 논란이 벌어지고 있다.

그렇지만 다들 의견이 일치하는 부분은 테러리즘이 적과 반대자 혹은 의견이 다른 사람들에 대한 경멸적인 용어라는 것이다. 에디스 킹은 자신의 저서 『테러리즘 시대의 교육Teaching in an Era of Terrorism』(2006)에서, 어린 소녀들에게 점점 더 '테러'로 인식되고 있는 괴롭힘bullying, 동성애 혐오, 여성 할례 같은 별난 행위들도 테러리즘에 포함시켰다. 넬스(Nelles, 2003)는 개인들의 공공장소 총기난사(컬럼바인Coombine, 던블레인Dunblane 등)를 일컬어 '교정 테러리즘school-yard terrorism'이라고 칭했다. 실제로 일부 테러리즘은 그다지 정치적이지 않다. 그들에게도 목적이 있지만, 일반적인 경우처럼 정부를 겨냥한 것은 아니다. 미국의 기독교 근본주의 단체인 '신의 군대The Army of God'는 낙태수술을 한 의사들을 살해했는데, 이들은 미국의 각 주를 사탄으로 보고 있다(Gray, 2007: 177). 지하철에 사린가스를 살포했던 일본의 옴진리교 역시 묵시록적 세계관에 동조하고 있다. 이런 종류의 테러리스트들은 헤즈볼라Hezbollah나 타밀 타이거Tamil Tigers의 전략가와 전사보다는 광신적 종교 집단과 공통점이 많다.

하지만 통상적으로 테러리즘이라는 용어는, 테러 행위 자체를 넘어서 그 정치적 동기와 목표 그리고 직접적인 희생자를 넘어서 일반 대중에게 영향을 주려는 의도를 포함한다. 테러리즘은 하나의 전략으로 선택된 것이다. 예컨대 이라크 점령을 무효화하거나 스리랑카에서 타밀족의 독립을 이루기 위한 혹은 하마스Hamas에 대한 지원을 획득하기 위한 전략인 것이다. 팔레스타인이 정치투쟁을 시작하고 초기 30년 동안 자살 폭탄을 사용하지 않았다는 점은 의미심장하다. "자살 폭탄은 팔레스타인에 의해 정치적 도구로서 침착하게 그리고 자각상태에서 사용되었다. 그리고 그간의 투쟁방식을 바꾸려는 마지막 수단으로 사용되었다"(Elworthy and Rifkind, 2006: 40).

공포심을 심어주는 면에서 테러리즘은 게릴라전이나 폭동과 확연히 다른 것처럼 보인다. 게릴라 집단은 그들의 영향을 받는 주민들에 의해 테러리스트로 규정되곤 하지만, 테러리스트들은 무장부대로서 공공연하게 작전을 수행하지 않으며, 영토를 획득하거나 점령하려 하지 않는다. 또한 군인들과 교전하지도 않는다.

테러리즘은 힘이 없는 곳에서 힘을 만들어내기 위해, 혹은 힘이 매우 적은 곳에서 힘을 강화하기 위해 계획된 것이다. 테러리스트들은 폭력으로 세간의 이목을 집중시킴으로써, 국지적 혹은 국제적 규모로 정치적 변화를 가져오는 데 필요하지만 그들은 가지고 있지 못한 협상 지렛대, 영향력과 힘을 확보하려고 한다(Whittaker, 2007: 10).

나는 테러리스트들이 영토 획득을 목표로 하지 않는다고는 생각지 않는다. 다만 테러 행위의 당면 과제가 아닐 뿐이라고 생각한다. 테러리스트로서 구별되는 핵심적 특질은 그들이 통상적인 수단으로는 다루어지지 않는다는 것이다. 이를 실라 엘워시Scilla Elworthy와 가브리엘 리프킨드Gabrielle Rifkind는 『테러리즘 역사 만들기Making Terrorism History』에서 다음과 같이 설명하고 있다.

테러리즘은 한정할 수 있는 적이라기보다 하나의 전술이다. 이 세계에는 몰아내거나 투옥하고 살해해야 할 테러리스트의 수가 정해져 있지 않다. 오히려 사람들이 테러리스트에게 가담하게 되는 분노와 증오의 수위에 따라 그 숫자가 달라진다. 진짜 다루어야 할 것은 분노와 증오다(Elworthy and Rifkind, 2006: 27).

분노와 증오를 다루는 데는 교육적 함의가 있는 것으로 보인다. 이에 대해 휘태커도 테러리즘과 '보통의' 범죄 사이의 차이점을 다음과 같이 지적한다.

테러리스트는 근본적으로 이타주의자altruist다. 그는 (원문대로) 자신이 광범위한 지지층을 위한 대의를 이루기 위해 '고결한' 명분에 복무하고 있다고 믿는다. 테러리스트와 그 조직은 실재하는 것이든 상상한 것이든 자신과 자신의 조직 지지층을 대표한다고 주장한다. 이에 비해 범죄자는 어떠한 명분을 위해서도 헌신하시 않으며, 단지 그 자신의 개인적인 과시욕과 물질적 욕구를 충족시킬 뿐이다(Whittaker, 2007: 9).

바로 이러한 '이타주의'가, 교육에서든 다른 어느 분야에서든, 테러리즘을 그토록 다루기 어렵게 만드는 것이다. 약자를 괴롭히지 말자는 캠페인이나 타인을 해치지 말자는 도덕적 호소 등 단순한 폭력 예방책과는 다른 그 무엇이 필요하다. 극단주의와 테러리즘은 자신만의 논리와 도덕률을 가지고 있다. 그렇기 때문에, 이 책 전반에 걸쳐 다루고 있는 이른바 '지고의 선hypergood'과 관련된 대의에 관해 비판적 관점이 요구되는 것이다. 우리가 지고의 선을 지향하는 한, 타자와의 제반 관계에서 '종결적 평가strong evaluation'를 할 수 있게 된다고 주장하는 것이다.

> 우리가 다른 선good들 사이에서 구별해내어, 차별적 가치 또는 중요성을 부여하거나, 언제 어떤 조건에서 그에 따를 것인지를 결정하는 기초 위에서…… 지고의 선은 다른 것들보다 비할 바 없이 중요할 뿐 아니라, 다른 것들을 평가하고 판단하며 그것들에 관해 결정하는 관점을 제공한다(Taylor, 1986: 63).

많은 사람들의 경우에 종교적 신념이 지고의 선을 구성하고 있으며, 타일러는 일신론이야말로 도덕성의 완벽한 원천이라고 주장한다. 하지만 나는 이 책에서 종결적 평가를 위한 대안으로 인권human rights을 제시하려 한다. 타일러가 예로 든 지고의 선, 즉 자유liberty, 평등 및 표현의 자유는 권리와 의무의 상호관계 속에서만 모든 것을 아우르는 정당성의 근거를 찾을 수 있다. 나는 인권이야말로 일신론적인 형태들보다 더 직접적이면서도 덜 위험한 '지고의 선'이라고 주장한다.

테러리즘은 종종 '비이성적인' 소행으로 그려지고 있다. 그러나 그것은 그 나름대로 논리와 지고의 선을 가진 이성적인 전략일 수 있다. 존 그레이(Gray, 2007)가 지적하듯이 오늘날 테러리즘으로 묘사되는 많은 일들이 예전에는 시민봉기 혹은 비정규적 군사 행동이었을 것이다. 정부 청사에 폭탄을 투척하고 관리들을 암살하는 일은 전혀 새로운 것이 아니며, 수많은 민족해방 투쟁에서 쉽게 찾아볼 수 있다. 테러 수법이 사용되는 것은 많은 자금이 필요하지 않은 데 비해 효과가 매우 크기 때문이다. 실제적인 인명손실은 다른 형태의 폭력, 특히 국가 폭력에 비하면 적다고 주장할 수도 있다. 희생된 사람들이 대중국가mass state[2])의 침략이나 대량살육, 혹은 국가 정책이 초래한 인종차별, 경제적 착취, 환경파괴와 비교하면 미미하다는 것이다. 로버트 페이프는 매우 흥미로운 저서 『죽어서 이기기Dying To Win』(2004)에서, 자살 테러리즘의 불편한 진실을 밝히고 있다. 1980~2003년에 벌어진 13건의 자살 테러 중 7건이 표적 국가의 중요한 정책 변화와 관련되었는데, 이는 테러리스트의 주요 정치적 목표가 달성되었음을 시사한다. 예를 들어 스리랑카 정부는 '주민들이 공포 없이 살 수 있는 여건을 마련하기 위해' 1993~1994년과 2001년에 테러리스트들과 분리 독립 협상을 진행했다(Chandra Bandaranaike, Pape, 2004: 65에서 재인용). 그리고 레이건은 자살 테러 공격이 레바논에서의 철군을 결정한 이유 중 하나라고 사실상 시인했다.

그러나 앞서 언급했듯이 오늘날의 테러리스트들은 다양한 목적과 다양한 수단을 드러내고 있다. 범죄학자 알랭 바우어Alain Bauer는 다음과 같이 지적했다.

새로운 테러리스트들이 출현했다. 오늘날의 진정한 위협은 신속하게 변신할 수 있는 능력을 가진 임기응변적인 하이브리드 집단들이다. 이는 서방에서 일반적으로 쓰이는 용어로, 실제 조직은 아니다. 그들은 견고하고 경직된 구조가 아니다. 오히려 유동적이고 유연하며, 변화무쌍하기까지 하다. 알카에다는 '아일랜드 공화국군IRA'이나 '바스크의 조국과 자유ETA' 같은 조직이 아니다. 우리는 테러리

---

2) 산업혁명 이후 보통선거 제도의 실시로 정치 기반이 부르주아계급에서부터 사회 저변까지 확대되었다. 이렇게 출현한 대중국가는 민주주의를 확충하긴 했지만, 매스미디어에 의한 대중문화 획일화와 정치적 대중 조작으로 인해 근대국가의 기본적 가치인 '정치적 자유'가 껍데기만 남게 되는 경향이 있다.

즘을 하나의 연속체로 보고 심사숙고해야 한다(Silber and Bhatt, 2007: 13에서 재인용).

『교육과 갈등Education and Conflict: Complexity and Chaos』(2004)에서, 나는 알카에다를 '복잡 미묘한 조직'으로 파악한 바 있다. 사람들은 가입절차를 밟지 않았으며, 정식으로 회원자격을 획득하지도 않았다. 그들은 페미니스트 운동에 참여하는 방식과 마찬가지로 한 운동의 구성원이긴 하지만, 페미니즘의 경우처럼 특정한 장소에서 운동이 전개되는 것이 아니라 단지 중요한 지도자와 사상가 혹은 공개 활동가를 확인할 수 있을 뿐이다.

이제 근본주의를 정의해야 한다. 근본주의는 종종 극단주의를 연상시키긴 하지만, 이 둘은 같지 않다는 점을 분명히 하는 게 중요하다. 근본주의는 20세기 초 프로테스탄트 아메리카라는 특수한 신학적 맥락에서 출현한 용어로서, 루스벤(Ruthven, 2004)은 그의 저서 『근본주의란 무엇인가?Fundamentalism: the Search for Meaning』에서 "이 용어가 처음 생겨난 맥락에서 벗어나 적용될 수 있을지는, 굳이 말하자면, 의심스럽다"고 주장했다. 근본주의는 모욕하기 위해 생겨난 용어가 아니며, 비판하기 위해서는 더더욱 아니다.

광의로 말하면, 근본주의는 근대성과 세속화에 직면해 곤혹스러워진 신자들이 개인 또는 집단적으로 특유의 정체성을 보전하려는 전략하에서 자신을 드러내는 '종교적 존재방식'이라고 설명할 수 있다(Ruthven, 2004: 8).

페기 캐트론(Catron, 2008)은 초기 '근본원리들'이 성서의 권위가 과학의 권위보다 상위에 있다는 것을 어떻게 재확인하려고 노력했는지 밝혔으며, 또한 이 성서와 과학의 변증법이 근본주의 운동을 규정짓는 특징임을 밝혔다. 캐트론은 미국인의 31퍼센트가 성경은 신께서 실제로 하신 말씀이며, 문자 그대로 한

마디 한 마디 받아들여야 한다고 믿는다는 통계를 인용했다(뒤에서 살펴보겠지만, 이는 창조론과도 연결된다). 미셸 마라무드 칸(Kahn, 2006)은 남침례교, 가톨릭은사주의자, 오순절파, 메노나이트파 등이 미합중국을 위해, 종교적 권위와 복음 전도의 유일무이한 원천인 성경을 손에 들고서, 어떻게 '구원받은being saved' 혹은 '거듭난born again' 집단으로 널리 통하게 되었는지 설명했다. 부시 대통령은 본인을 스스로 '거듭난 기독교인'이라고 천명하기도 했다. 근본주의자들은 성경의 무오류성, 예수가 행한 기적의 확실성, 그리스도 처녀수태 같은 믿음을 지키기 위해 단결했다.

하지만 루스벤은 근본주의라는 용어가 극단주의, 분파주의, 이념적 순수주의와 혼용되면서, 이제 의미장semantic field3)의 경계에 놓여 있다는 점을 인정한다. 그는 이 단어의 비종교적인 사용법에 관해 확신하지는 못한다. 낙태 반대론자, 동물권리옹호론자, 녹색당 활동가, 이슬람 선동가 그리고 캔자스 또는 남캘리포니아의 교육위원회에 자리 잡고 있는 창조론자 사이에는 비슷한 점들이 있긴 하지만, 다들 똑같지는 않기 때문이다. 근본주의는 극단주의보다 더 '명확하고 변별적'이다. 정통 프로테스탄트는 이 단어를 개인 또는 집단의 자의식과 정체성에 강하게 결부시켜 사용하며, 그래서 '타자the Other'에게 충격을 주고 반감을 산다.

> 비록 많은 종교 활동가(특히 기독교와 이슬람교의 복음전도운동)가 자신들에게
> 세상을 바꾸거나 개종시켜야 하는 보편적 사명이 있다고 믿고 있지만, 모든 종교
> 적 전통은 특정 지역 기원parochial origin이라는 문제, 즉 구원자나 예언자는 특정한

---

3) 언어학의 개념으로서, '하나의 상위어 아래 의미상 밀접하게 연관된 낱말들의 집합'을 말한다. 즉 개개의 낱말은 오직 그 낱말이 속한 보다 큰 집합 속에서 차지하는 상대적 영역으로서 의미를 갖는다는 것이다. 의미장 속에서 낱말들은 상호 연관되면서 서로가 서로를 정의하게 된다.

역사적 시기에 비교적 소수의 사람들에게 특정 언어로 성스러운 말씀을 하셨다는 곤혹스러운 사실을 외면할 수 없다. 예수가 그 시대에 유명했던 것보다 비틀즈가 자신들의 시대에 더 유명했었다는 존 레넌의 언명이 옳다(Ruthven, 2004: 33).

현대에는, 구원에 이르는 길이 하나 이상일 수 있다는 의심과 선택을 함축한 종교 다원주의를 피해갈 수 없다. 루스벤은 근본주의운동(또는 '종교부흥운동')의 급격한 대두는 글로벌화에 대한 반응이라고 본다. "더 구체적으로 말하면, 자신이 속한 집단의 신성deity에 대한 견해에 의거하여 신이 명하신 것으로 여겨 온 것 외에도 다른 신앙과 삶의 방식들이 있다는 고뇌에 대한 해답인 것이다"(Ruthven, 2004: 34).

칸이 특히 관심을 둔 것은, 그토록 '보수적인' 신자들이 동성 교제에 대한 성서의 전거들을 어떻게 '진실'로 받아들이는가이다. 그녀는 기독교인들이 노예제 철폐와 사형제 폐지는 물론이고 빈민을 구제하는 일에 어떻게 성서를 사용해왔는지 밝혀내고, 동시에 성서의 전거들이 성차별주의, 인종주의, 성적 편견을 정당화하는 데도 이용되어왔음을 지적한다.

자신의 논문 「보수적인 기독교 교사들이 동성애자와 양성애자 학생들에게 미치는 영향Conservative Christian teachers and the implications for lesbian, gay and bisexual youth」에서, 칸은 미국 남부의 침례교인들(약 1,600만 명)이 어떤 이유로 동성애를 '정당한 대안적 생활양식'으로 인정하지 않는지 밝히고 있다. 논문에서는 예수그리스도 후기성도교회(전 세계에 약 1,200만 명의 신자가 있음)의 회장이 "우리는 이 사람들을 돕고 싶고, 이들의 힘을 북돋우길 원하며, 이들이 곤란함과 어려움을 이겨내도록 돕고 싶다. 하지만 이들이 부도덕한 행동에 빠져 있다면, 우리는 이를 좌시할 수 없다"라고 강력히 주장한 것을 인용했다. 동성애자들(또는 수호자가 지칭하는 '이 사람들')이 곤란함과 어려움에 부딪히게 된 것은 바로 자신의 교회 때문이라는 아이러니를 비켜가고 있는 것이다. 앨라배마 주 하원의원인 제럴드 앨런Gerald Allen은 공공도서관에서 동성애자들이 저술한 책을 모두 없애자고 발의한 바 있다. "커다란 구덩이를 파서, 거기다 밀어 넣고 묻어버리자"고.

이러한 동성애 혐오는 미국의 근본주의에만 국한되는 것이 아니다. 나이지리아의 올루세군 오바산조Olusegun Obasanjo 대통령은, 동성애자 단체와 간행물에 연루된 자 혹은 이들을 공개적으로 지원하거나 '동성 혼인관계'를 공공연히 드러내는 사람은 징역 5년에 처한다는 법안을 지지했다. 한편, 네덜란드 이주민부 장관을 지낸 리타 베르동크Rita Verdonk는 동성애자, 양성애자 및 성전환자인 이란인들에게 동성애를 사형에 처하는 그들의 고국으로 추방하겠다고 위협하며, 망명 거부를 추진했다(Human Rights Watch, 2007). 나는 이를 극단주의적인 입장으로 분류했다. 칸은 종교적 신념과 동성애 혐오가 어떻게 강력히 연관되는지 밝히면서, 사람들은 종교적 확신이 강해질수록 관용이 줄어들고 동성애자를 표적으로 삼을 수 있다는 연구결과를 인용했다. "동성애 혐오를 전적으로 종교의 탓으로 돌리는 건 지나친 단순 논리일 수 있지만, 종교가 강력하게 영향을 미치고 있다는 증거는 얼마든지 있다"(Khan, 2006: 361).

일부 페미니스트들은, 무엇이 종교적 근본주의에 의한 극단적인 여성 억압으로 보이는지에 큰 관심을 보이고 있다. 한 예로 폴리 토인비는 다음과 같이 언급했다.

> 고대 중동의 종교(또한 대부분의 다른 종교)들은 대동소이하다 ― 이슬람, 기독교, 유대교는 모두 여성의 신체가 불결하다는 전제하에 자신들의 종교를 정립했다. 목욕의식, 산후감사예배, 머리 밀기, 낙태와 피임 거부, 중매결혼, 여성 격리purdah, 생리 중인 여성의 예배 금지, 성직은 물론이고 이혼도 남자에게만 허용. ― 이 모든 비뚤어진, 인류의 절반에 대한 혐오는 종교의 구역질나는 심장부인 그들만의 지성소至聖所에 자리하고 있다. …… 모든 극단적인 근본주의는 여성 억압을

(때로는 '가족 가치'의 이름으로) 그들의 부적으로 사용함으로써 암흑시대로 되돌아갔다(Toynbee, 2001: 21).

그녀가 지적한 것처럼, 온건하고 근대화된 신자들은 참된 성경·쿠란에서는 이러한 일들을 요구하지 않는다고 주장할 것이다. 그러나 아프가니스탄에서 지금 벌어지고 있는 실제 상황이 의미하는 것은, 서구의 연합군이 지원하는 북부동맹도 탈레반과 다름없이 여성을 억압하고 있다는 것이다.

루스벤은 근본주의가 한편으로는 근대성 중에서 무기뿐 아니라 라디오, 텔레비전 등 전자기기처럼 자신들에게 편리한 요소는 끌어안으면서, 다른 한편으로는 전통 고수에 사명감을 갖고 있으며 종교 다원주의나 공평성은 수용하지 않는다는 역설을 밝히고 있다. 남부 이집트의 이슬람 극단주의자들은 콥트 기독교인에게 지즈야jizyah — 그들의 열등한 신분을 상징하는 지불금 — 를 걸으려고 노력해왔다. 인도국민당BJP과 국민자원봉사단RSS의 힌두교 '근본주의자'들은, 인도 국민의 지위는 정통 힌두교에서 인정하는 사회적 범주들, 즉 카스트에 기초해야 한다고 믿는다. 이에 따라 무슬림, 시크교인, 기독교인, 부족민은 물론이고 해외교민까지도 인도인 정체성에 대한 그들의 관념에서 배제된다. 유대교 근본주의자는 세속주의적인 시오니스트보다 유대인 정체성의 범위를 더욱 좁게 잡는 경향이 있다. 1994년 헤브론의 아브라함 사원에서 기도하던 아랍인 30여 명을 살해한 바루흐 골드스타인Baruch Goldstein과 그의 스승인 랍비 메이어 카하네Meir Kahane 같은 극단주의자들은, 유대인에 대한 아돌프 히틀러의 견해와 놀라울 정도로 유사한 견해를 아랍인에 대해 가지고 있었다(Ruthven, 2004: 46).

보다 교활한 근본주의자들도 있는데, 그들은 자신의 영향력 있는 지위라는 가면을 쓰고 우리에게 해악을 끼친다. 옥스퍼드 대학교의 신학자인 로버트 스윈번Robert Swinburne은 '고통'을 하나님의 뜻이라고 설파했다.

비록 고결한 하나님께서 우리의 고통을 안타까워할지라도, 그분의 가장 큰 관심은 틀림없이 우리 각자가 인내, 공감 그리고 관대함을 보여주고 그럼으로써 성스러운 사람이 되어야 한다는 데 있다. 어떤 사람은 자기 자신을 위해 꼭 아파야 할 필요가 있고, 어떤 사람은 다른 사람에게 중요한 선택지를 마련해주기 위해 꼭 아파야 할 필요가 있다. 오로지 그렇게 해야만, 어떤 사람을 본받을지에 관한 중대한 선택을 할 수 있는 용기를 사람들에게 불어넣을 수 있다. 다른 사람들에게, 병은 그다지 중요하지 않다(Dawkins, 2006: 64에서 재인용).

스윈번의 주장이 정말 옳다면 모든 것이 장밋빛일 것이다. 병은 우리의 품성에 좋은 영향을 미치는 것이며, 심지어는 다른 사람의 품성에도 좋은 영향을 주기 때문에, 우리는 의학 연구에 돈을 낭비할 필요가 없을 것이다.

스윈번은 그의 저서 『현존하는 하나님The Existence of God』에서 홀로코스트가 유대인들에게 용감하고 고결해지는 경이로운 기회를 주었다고 하며, 이를 근거로 홀로코스트를 정당화하려고 시도했다. 그는 히로시마에 관해서도, "가령 히로시마 원폭으로 한 사람이 덜 죽었다고 하면 어떨까? 그렇다면 그만큼 용기와 공감의 기회가 줄어들었을 것이다"(Swinburne, 2004: 264)라고 말했다. 그의 왜곡된 논리가 황당할 따름이다. 그의 주장에 동조하는 건 매우 불온한 일이다. 테러리즘 혹은 고통 유발이 운 좋게도 죽거나 다치지 않은 사람에게 동정심을 보여줄 기회를 주었다는 이유로 정당화될 수 있는 것이다. 나는 지뢰 폭발로 죽거나 집단학살 와중에 강간당하고 살해당한 아이들의 부모에게 애써 그렇게 설명하고 싶지는 않다.

문제는 테러리스트들이 종종 미치광이로 비쳐지는 데 반해 옥스퍼드의 신학자는 그렇지 않으며, 도리어 텔레비전과 라디오에 출연해 이처럼 위험한 생각을 퍼뜨리고 다닌다는 것이다.

테러리즘의 경우와 마찬가지로, 모든 근본주의자들이 극단주의자이거나 테러리스트인 것은 아니다. 하지만 이 책에서 나는 근본주의가 그 추종자들을 '극단적인' 입장에 쉽게 기울게 한다는 점을 논증할 것이다. 그리고 억압을 통해서든 배제를 통해서든 실제적 폭력을 통해서든 혹은 이 셋 모두를 통해서든, 극단적인 입장들은 해로운 결과를 가져올 것이라는 점을 밝힐 것이다. 이들은 모두 의심을 허용하지 않거나 정당화하는 원리를 이용한다는 공통점이 있다. 그러나 이들은 다음 5개의 주요 차원에서는 편차가 있으며, 그 영향의 정도에서도 그렇다.

- 규모: 개인 수준부터 국가의 자금 지원에 이르기까지
- 근원: 정치, 종교, 혹은 이 둘의 결합
- 조직: 신입 조직원의 충원을 지속적으로 추구하는지 여부
- 목표: 급진적인 사회적·정치적 변화 도모 여부
- 폭력: 무력을 바람직하거나 정당한 방법으로 인정하는지 여부

조직 확장을 추구하지 않거나 폭력 행동을 취하지 않는 근본주의 집단은 고립된 채 남겨져 있을 수 있다. 하지만 파괴적이거나 사람들을 세뇌하는 집단이 된다면, 혹은 전 지구적인 혁명을 꾀한다면, 그때는 어떻게 대응할 것이냐는 문제가 대두된다.

누가 극단주의자인가?: 정치와 종교

이 지점에서 '누가 극단주의자인가?'라는 질문이 대두된다. 교육 차원에서는 도전의 규모가 어느 정도인지에 관심을 갖게 된다. 극단주의 웹 사이트들을 감시하는 한 웹 사이트extremismonthenet가 있는데, 여기에는 정치적 파시즘, 스킨헤

드 파시즘, 나치정당들, 백인우월주의, 민병대 집단, 홀로코스트 부인론, 인종혐오, 유사종교집단, 반동성애주의, 반유대주의, 세계 음모론, 호전적 이슬람주의, 프로아나/미아Pro-ana/-mia,[4] 과격한 동물권리운동, 폭력적 응원문화hooliganism, 폭력적 정치행동주의, 폭발물 제조, 자살 방조 등의 웹 사이트가 열거되어 있다. 아이러니하게도 알카에다의 많은 웹 사이트는 인터넷 호스팅을 미국 기업으로부터 받고 있다.

그렇다면 극단주의는 모두 문제시해야 하는가? 어떤 면에서 간디는 극단주의자였다. 넬슨 만델라나 마르틴 루터 킹도 그랬다. 비폭력 행동으로 어떻게 사회를 변화시킬 수 있는지 보여준, 이들과 같은 인물은 인류에게 언제나 필요하다. 하지만 뒤집어 생각하면 이들로 인해 폭력이 때로는 정당화될 수 있는 것 아니냐는 의문을 피할 수 없게 된다. 예를 들어 티베트는 줄곧 달라이 라마의 비폭력 노선을 지켜왔지만, 억압이 50년이나 계속되어온 현재는 직접행동이 필요한 시점이라고 할 수 있지 않느냐는 것이다. 이와 유사하게, 버마에서 불교 승려와 반정부 시위대의 대규모 평화시위가 억압적인 군사평의회를 쓰러뜨릴 수 있을지에 관한 언론보도에도 이런 의문이 제기되고 있다. 아웅 산 수치Aung San Suu Kyi의 비폭력 고수는 과연 옳은 전략일까? 이 책에서 이에 대한 판단을 내리는 것은 적절치 않을 것이다. 하지만 그 연관성들을 추적하고 학습자들이 찬반양론을 스스로 평가할 수 있는 능력을 갖추게 하자는 교육을 주창하는 것은 이 책의 몫이다.

극단주의자는 어떤 사람들인지 그리고 왜 극단주의자가 되었는지를 살펴보는 데에서 핵심적인 논의는 정치와 종교의 여러 가지 조합에 집중되어 있다. 아마 자살 폭탄 테러범이 지금까지 극단주의 운동의 가장 극단적인 형태를 나

---

4) 다이어트에 대한 강박관념에 사로잡혀, 먹는 것을 거부하는 거식증anorexia과 자발성 구토가 일어날 때까지 먹는 폭식증bulimia을 예찬하고 동경하는 풍조.

타내는 것이겠지만, 이들이 모두 종교적 광신자인 것은 아니다. 『죽어서 이기기Dying To Win』에서, 페이프는 지난 25년 동안 있었던 공격 사건 315건을 고찰하면서, 자살 공격을 매우 상세하게 분석했다. 그러고는 놀랍게도 "자살 테러리즘은 이슬람 근본주의 또는 세계의 어느 종교와도 거의 연관되지 않는다"는 결론을 내렸다. 그의 주장에 의하면 자살 테러리즘은 공통적으로 세속적이고 전략적인 특정한 목표, 즉 애초에 설정된 영토에 관한 목표를 가지고 있다는 것이다. 테러리스트들은 근대적 민주국가들에게 "내 영토에서 철군하라"고 압박하고 있는 것이다. "비록 테러 조직이 신규 요원을 충원하거나 큰 틀의 전략적 목표를 달성하려고 노력하는 가운데 자주 종교를 도구로 이용하긴 하지만, 종교가 근원인 경우는 아주 드물다"(Pape, 2005: 4).

그래서 종교와 테러리즘의 관계가 복잡한 것이다. 우리는 지금 정치적 이슬람의 급속한 성장, '거듭난 기독교인'의 정치적 약진, 유대교 극단주의와 힌두교 국가주의 운동 등 종교의 성지화를 목도하고 있다. 아마르티아 센은 그의 저서 『정체성과 폭력 ― 운명이라는 망상Identity and Violence: the Illusion of Destiny』(2006)에서, 다문화 역사가 깊은 인도네시아와 말레이시아의 '이슬람율법운동'을 예로 들어, 종교적 정체성이 정치적 분열을 조장하는 데 이용되고 있으며 무슬림국가Muslim country와 이슬람국가Islamic state의 상이점5)(한 예로, 이슬람국가에서는 비무슬림이 대통령에 선출될 수 없다)이 희미해지고 있다고 지적했다. 이 지점에서 극단주의에 대한 국가의 비호가 매우 중대한 문제로 떠오른다. 센은 "파키스탄 문제의 뿌리인 이슬람 극단주의를 함께" 다룰 필요가 있다고 말한 파키스탄의 주駐스리랑카 대사였던 후세인 하카니Hussain Haqqani의 말을 인용했

---

5) 무슬림국가는 다수 국민이 무슬림(이슬람신자)인 세속국가secular state를 가리키며, 이슬람국가는 이슬람율법을 통치의 근간으로 삼는 국가를 말한다. 현대의 이슬람운동은 이슬람국가 수립을 목표로 하는 경우가 많으며, 이란, 파키스탄 등이 세속국가에서 이슬람국가로 바뀐 대표적인 예이다.

다. 하카니는 파키스탄에서 근본주의 집단이 세력에 걸맞지 않게 큰 영향력을 행사하는 것은 국가가 비호한 결과라고 주장하며, 이슬람주의와 군국주의 이념이 지배하는 환경이 급진주의자를 양성하고 수출하는 이상적인 토양이라고 경고했다(Sen, 2006: 73에서 재인용).

그러나 이슬람 정부뿐 아니라 많은 정부들은 그들의 정치적·경제적 목표를 달성하기 위해 언제든 극단적인 방책을 사용할 의지를 가지고 있다. 우리는 왜 미국과 영국이 침략 전쟁과 이스라엘 지원으로 '테러리스트'라고 지탄받아왔는지 이해할 수 있다. 군사적 개입은 대량학살이 벌어졌거나 공격이 현실적으로 임박한 경우에만 정당화되는 것이지, 단지 독재자를 제거하려는 것만으로는 정당화되지 않는다. 티모시 가턴 애시는 이를 다음과 같이 설명한다.

> 1648년 베스트팔렌 조약에 서명한 정치인들과 1945년 UN 헌장을 작성한 정치인들이 국가주권 존중과 불간섭을 그토록 중시한 데는 다 그만한 이유가 있다. 만일 내가 당신의 나라를 침략하는 게 정당하다고 생각한다면, 당신도 똑같이 내 나라를 침략하는 게 정당하다고 느끼는 건 당연하다. 혹은 다른 누구라도 마찬가지다. 푸틴 대통령이 체첸에 대한 억압을 계속하는 데는 분명히 이라크에 대한 미국의 일방적인 행동에서 힘입은 바 크다. 그리고 중국은 티베트를 자유롭게 처리할 수 있다고 느꼈을 것이다. 국제 질서가 무법상태로 되돌아가는 길은 그리 멀지 않다 (Garton Ash, 2004: 243).

그는 또한 "국제적인 개입과 점령으로 자국 스스로 통치하는 자유국가를 성공적으로 건설했다는 사례를, 나는 아직까지 한 번도 본 적이 없다"고 언명했다. 여기서 내가 역사학자 윌리엄 블럼(Blum, 1999)이 정리한 목록에서 찾아내어 이따금 학생들과 함께 사용하는 다음 연습문제가 떠오른다.

다음은 2차 세계대전 이후 미국이 폭격했던 나라 목록이다.

중국 1945~1946	콩고 1964	엘살바도르 1980년대
한국 1950~1953	페루 1965	니카라구아 1980년대
중국 1950~1953	라오스 1964~1973	파나마 1989
과테말라 1954	베트남 1961~1973	이라크 1991~1999
인도네시아 1958	캄보디아 1967~1969	수단 1998
쿠바 1956~1960	그레나다 1983	아프가니스탄 1998
과테말라 1960	리비아 1986	유고슬라비아 1999

(그리고 지금, 이라크 2004)

이 가운데 직접적인 결과로서, 인권을 존중하는 민주정부가 탄생한 국가는 몇 개
인가? 아래 보기 중에서 하나를 고르시오.

a) 0   b) zero   c) none

d) not a one   e) zip

f) a whole number between -1 and +1   g) zilch

물론 위 사례들은 냉전 시기에 있었던 일이고, 흔히 말하는 그런 테러리스트
의 행동과 직접적으로 연관되지는 않는다. 하지만 개입이 대부분 효과가 없는
이유는 대체로 현존하는 근본주의와 연관된다. 엘워시와 리프킨드는 다음과
같이 주장한다.

미국이 이라크의 팔루자에서 '승리'에 힘쓰지 않고 차라리 고립화 전략과 폭도 집
단 체포에 주력했다면, 아마도 현지 공동체를 격분하게 하지는 않았을 것이다.

…… 이는 반복적으로 굴욕을 줌으로써 의도하지 않게 근본주의 운동을 강화시키는 가장 강력한 방법이다. 폭력이 끊임없이 반복되는 문화에서는, 공동체들이 받는 충격이 누적되어 쌓이게 된다. 그렇게 되면 타자의 마음속으로 들어가기 어렵게 되고, 그다음에는 타자를 위한 어떠한 걱정이나 관심도 생겨나기 어렵게 된다. 대화를 위해 필요한 선행조건인 신뢰가 어떤 수준에서도 형성되기 어렵게 되는 것이다. 희생자의 입장에서는 양측 모두 마찬가지다. 희생자가 끊임없이 생겨나는 문화에서는 가치체계가 왜곡되고, 자기비판이라는 필수적인 피드백 기제가 망가진다. 그리하여 공동체들은 자신들의 가장 소중한 자산인 의문을 제기하는 이성을 빼앗겨 버린다(Elworthy and Rifkind, 2006: 18).

그러므로 이슬람 내의 근대주의자와 근본주의자를 구별하는 것과 굴욕의 전반적인 영향(다음 장에서 다룬다)을 이해하는 것이 중요하다. 국제위기그룹 International Crisis Group은 이슬람에 대한 '응징적인 접근sledgehammer approach'을 다음과 같이 평가하고 있다.

미국과 유럽의 정책입안자들은 바람직하지 않은 결과 두 가지 중 하나를 유발하고 있다. 가만히 두면 저절로 발현될 차이점을 희석시켜 이슬람 행동주의의 다양한 분파들이 단결해 대응하도록 고무시키거나, 아니면 비폭력적이고 근대주의적인 경향들이 지하드 전사들에 의해 덮이도록 한다(ICG, 2005).

페이프를 비롯한 여러 사람이 테러리즘과 자살 폭탄 공격에 대해 정치적인 관점을 취하고 있다. 하지만 종교가 그 모든 것의 근저에 있다는 주장도 있으며, 또는 적어도 그 명분에 동원될 수 있다는 주장도 있다. 긴스버그와 메가헤드(Ginsberg and Megahed, 2003)는 어떠한 종교적·문화적 전통도 본래부터 테러리즘을 배태하고 있는 것은 아니나, 다른 한편으로 어떠한 종교적·문화적 전통에도 폭력 또는 테러리즘을 부추기는 데 이용되는 것을 방지하는 요소가 내재되어 있지 않다는 데 동의하고 있다. 낙태수술을 한 의사를 기어이 살해했던 낙태 반대론자들은 대부분 종교를 가지고 있었는데, 그들이 믿는 종교가 생명의 존엄을 지키려는 이 행동을 정당화해준다고 말했다. 이는 다른 사람들에게는 매우 기괴한 모순으로 비칠 것이다. 한 자살 폭탄 공격 미수범이 나스라 하산Nasra Hassan과 인터뷰하면서 다음과 같이 이야기했다.

> 나를 위로 끌어당기는 영적인 힘…… 우리는 영생의 길로 곧 들어설 것 같은 느낌을 가지고, 둥둥 떠다니며 헤엄쳤다. 우리는 아무런 의심도 없었다. 쿠란에 손을 얹고 알라 앞에서 선서를, 결코 흔들리지 않겠다는 맹세를 했다. 지하드 선서는 '바이트 알리드완bayt al-ridwan'으로 불리는데, 예언자와 순교자를 위해 남겨둔 천국의 정원으로 가는 선서다. 나는 지하드를 수행하는 다른 길도 있다는 것을 알고 있다. 그러나 이 길이 기분 좋은, 가장 기분 좋은 길이다(Dawkins, 2006: 305에서 재인용).

여기에서 몇 가지 흥미로운 점을 볼 수 있다. 몸으로 경험할 수는 없으나 절대적인 확신을 주는, 알라가 이곳에 바로 내 곁에 있다는 느낌. 그리고 어떻게 순교자가 되는가에 따라 특별히 차단된 정원에서 예언자와 같은 반열에 오를 수 있다는 느낌. 그 정원은 짐작건대 평범한 무슬림은 들어가지 못하는 곳일 것이다.

그러나 도킨스의 논의에서 '꼭 챙겨 봐야 할 메시지'는, 우리가 지목해야 할 것은 종교 그 자체이지, 참되고 제대로 된 종교를 기막히게 곡해한 것처럼 여겨지는 종교적 극단주의가 아니라는 점이다. 그는 이렇게 언급했다.

> 오래전에 볼테르가 이를 정확히 간파했다. "당신이 부조리를 믿도록 만들 수 있는 사람은 당신이 잔학 행위에 가담하게 할 수도 있다." 버트런드 러셀도 말했다.

"많은 사람들은 생각을 하느니 차라리 죽으려 한다. 그리고 실제로 그렇게 한다" (Dawkins, 2006: 306).

도킨스가 생각하기에 정말 해로운 것은 종교적 믿음 그 자체가 미덕이라는 개념이다.

신앙은 엄밀하게 보면 악evil이다. 그것은 어떠한 정당화도 필요로 하지 않으며, 어떠한 토론도 용납하지 않기 때문이다. 아이들에게 의심하지 않는 신앙이 미덕이라고 가르치는 것은 — 어렵지 않게 접할 수 있는 다른 요소들이 더해진다면 — 그들이 미래에 지하드 혹은 십자군의 치명적인 무기로 자라나도록 뇌관을 달아주는 것과 같다. 순교자에게 약속된 천국에 미혹되어 무서운 줄 모르는 진짜 맹신자는 무기의 역사에서 장궁, 군마軍馬, 탱크, 집속폭탄 등과 어깨를 나란히 하고 있다. 만일 아이들이 의문을 갖지 않는 신앙이 우월한 미덕이라고 배우는 대신 그 신앙에 대해 의문을 갖고 깊이 생각해보도록 배운다면 자살 폭탄 공격자들이 없을 것이라는 데 내기를 걸겠다. …… 신앙은 매우 위험할 수 있다. 그리고 신앙을 아직 미성숙한 정신에 의도적으로 심어놓는 것이야말로 통탄할 일이다(Dawkins, 2006: 308).

카렌 암스트롱(Armstrong, 2006)이 종교혐오는 병리현상이라고 하며 도킨스를 '세속 근본주의자'로 분류한 것처럼, 비평가들은 도킨스를 종교에 대한 비난을 일삼는 '극단주의자'라고 볼 것이다. 나도 스리랑카의 자살 폭탄 공격자와 바스크 분리주의자는 종교적 약속이나 정당화를 하지 않았으며 독일 적군파 Baader-Meinhof gangs 역시 마찬가지라는 근거를 가지고 그의 주장을 트집 잡을 수 있다. 하지만 나는, 기본적으로 의문을 용납하지 않는 신앙이나 당연시되는 대의명분이 사람들을 우리가 보기에 극단적인 행동으로 내몰 수 있다는 그의 주된 논지에 공감한다. 팔레스타인의 정치운동가이자 팔레스타인 입법회의 의

원인 하난 아슈라위가 매우 의미심장한 지적을 했다.

이스라엘-팔레스타인 문제는 종교적인 갈등이 아니다. 그것은 땅, 정당성, 역사와 정치에 관한 문제다. 신을 갈등에 끌어들이는 것은 그것이 영원히 해결되지 않도록 담보하기 위한 것이다(Ashrawi, 2007).

나는 종교의 비타협적인 본질 때문에 해결책을 찾기 어려울 것이라고 본다. 종교 이외의 다른 영역은 협상대상이 될 수 있다. 그러나 증거가 없으니 의심하지 않는 믿음이 필요하다는 현실과 일부 신앙의 절대주의가 의미하는 바는 곧, 아무도 종교에 손댈 수 없다는 것이다. 교환의 매개수단은 거의 없고, 많은 것들이 나눌 수 없는 것으로 간주된다. 어떤 사람이든 "만일 당신이 나에게 처녀를 72명[6] 준다면, 나는 당신에게 5,000명분의 양식[7]을 주겠다"고 말할 수는 없다. 결국에는 신학적 논쟁이 아니라 정체성 논쟁이다(이는 2장에서 다룬다). 천사들과 바보들에 관해서는 상대방과 전쟁을 벌이지 않지만, 실제적인 신학적 믿음과 신앙의 권리를 두고서 그리고 신앙이나 문화에 따라 일자리, 주택, 사업 전망 등 물질적인 것들이 어떻게 달라지는지를 두고서는 전쟁을 한다. 그러나 종교적인 것을 방정식에 대입하면 결국 진퇴양난에 빠지게 된다. 한 예로, 예루살렘은 과연 누구의 성지인가? 비록 종교가 문제의 근원은 아닐지라도, 그 상징체계와 극단주의 정당화 가능성이라는 면에서 갈등이 지속되고 증폭되게 하는 요소임은 분명하다.

---

6) 이슬람에서 상상하는 천국의 모습 중 '하인 8만 명과 처녀 72명이 있는 곳'이라는 데서 따온 말이다. 이는 많은 하인과 많은 아내를 신의 축복이라고 여겼던 중동 지역의 유목사회 전통에서 비롯된 것으로 생각된다.

7) 예수가 떡 다섯 개와 물고기 두 마리로 5,000명을 먹였다는 '오병이어五餅二魚의 기적'을 말한다.

완전주의와 유토피아

정치적 극단주의와 종교적 극단주의는 교육의 측면에서도 대단히 중요한 특질 두 가지를 공통으로 가지고 있다. 완전주의와 절대주의가 그것이다. 첫 번째는 모든 면에서 완전성을 추구하는 것으로서, 딜레마의 표본이다. 많은 극단주의 운동은 이상화된 전통세계로 되돌아가거나, 새롭고 완전한 세계질서를 만들어내기를 원한다.

존 그레이의 해박한 저서 『몽매한 대중: 묵시록적 종교와 유토피아의 사멸 Black Mass: Apocalyptic Religion and the Death of Utopia』(2007)은, 종교뿐만 아니라 거의 모든 정치운동을 특징짓는 유토피아에의 열망을 검토한다. 소비에트공산주의, 나치즘, 마오쩌둥의 중국은 모두 '약속의 땅Promised Land' 같은 완전한 사회라는 비전에 기초하고 있다. 그는 '신념에 기초한 폭력'의 역사를 추적했다.

> 유토피아적 기획들은 중세에 신자들의 대중운동에 불을 붙인 종교적 신화를 재생 산하고, 그와 유사한 폭력을 충동질했다. 근대의 세속적 폭력은 기독교의 전 역사 에 걸쳐 점철되어온 폭력의 돌연변이다(Gray, 2007: 3).

천년왕국 신앙은 인지와 현실의 정상적인 연계가 끊어진 인지부조화의 한 유형으로 볼 수 있다. 예수와 그의 제자들은 세상의 악이 곧 사라질 종말에 살고 있다고 믿었다. 종말론(세상의 끝과 마지막 일들에 관한 교리)은 새로운 질서에 수반되는 파괴든 아니면 단순한 최후의 재앙이든 어디서나 찾아볼 수 있다. 급진적 이슬람은 천년왕국 운동이다. 구세주Mahdi 재림 신앙은 신의 계시에 따라 세상의 질서를 다시 세울 선지자의 도래를 기다린다. 빈 라덴은 자신의 이미지를 예언자적 지도자로 투사하면서 이 전통을 교묘히 이용했다. 예수의 가르침은 낡은 세상이 곧 종말을 고하고 새로운 왕국이 세워진다는 것인데, 그곳에서는 무한히 풍요롭게 살 수 있고 의롭게 죽은 사람은 다시 생명을 얻어 소생한다고 했다. 하지만 "새로운 왕국은 도래하지 않았고, 예수는 로마인에게 체포되어 처형되었다. 기독교 역사는 이렇게 종말론적 기대가 어긋난 창시경험founding experience을 극복하기 위한 시도의 연속이다"(Gray, 2007: 7).

오늘날 다른 형태의 천년왕국설이 출현했는데, 후쿠야마(Fukuyama, 1992)가 『역사의 종말The End of History』에서 주장하기를 인류는 현재 이데올로기적 진화의 종착점에 도달하고 있으며 서구의 자유민주주의가 인류 정치체제의 궁극적인 형태로 보편화된다고 했다. 이러한 주장들, 특히 역사가 어떤 '궁극의 목적End'을 향해 움직인다는 주장은, 합리적인 논쟁으로는 반박되거나 입증되지 않지만 위험한 생각이다. 미국에서와 같이, 자유민주주의가 유일하게 정통성 있는 정치체제라는 가정과 결합될 때 이는 특히 위험하다. 로베르토 웅가르(Ungar, 2007)는 미국을 발상지로 한 '민주주의 완전론'에 대하여, 자유사회에는 어떤 제도적 교리나 청사진이 있는데 일단 발견하기만 하면 국가적 또는 세계적 위기라는 아주 드문 계기가 있지 않는 한 조정할 필요가 없다고 믿는 것과 같다고 했다. 그는 이를 '일종의 우상숭배'라고 불렀다.

그러나 그레이는 대부분의 중동 국가에서 자유민주주의가 확립될 수 없다고 주장했다. 중동의 많은 지역에서 취할 수 있는 선택은 세속적 독재정부 아니면 이슬람 지배라는 것이다. 미국식 민주주의를 억지로 이식하려다 보면, 결국에는 반反자유민주주의, 군중의지 표출, 개인의 자유나 소수자의 권리 무시로 귀착된다. 미국 역시 관타나모 수용소를 운영하고 고문을 자행하면서 어찌됐든 이런 상태로 사실상 퇴행한 것 아니냐는 의문이 든다. 헌팅턴은 『문명의 충돌The Clash of Civilisations』에서 이데올로기의 시대는 종언을 고했으며, 문화적 갈등과 종교적 갈등으로 대체되었다고 주장했다. 그가 2000년 이후에 벌어진 미국의 아프가니스탄 침공과 테러리스트의 다양한 공격을 예견했었는가는 논란이 있을 수 있다. 더 우려스러운 것은 그의 분석이 '자기충족적 예언'으로 작용한다는 점이다. 그의 생각은 딕 체니 미국 부통령 같은 네오콘(신보수주의자)에게 영향을 미쳤으며, 중동의 급진적인 이슬람주의자들에게도 그의 명제는 흡족하게 수용되었다(Kepel, 2003).

"불가능한 목표를 달성하기 위해 비인도적인 방법을 사용하는 것이 혁명적 유토피아주의의 본질이다"(Gray, 2007: 18). 극단주의의 핵심에는 수단과 목적의 연계성 문제가 있다. 마르크스와 엥겔스는, "풀어야 할 역사의 수수께끼"인 공산주의는 많은 피를 흘려야만 도달할 수 있다는 데 추호의 의심도 갖지 않았다. 페루에서는 '빛나는 길Shining Path'이 지금껏 존재해왔던 그 어떤 세상보다 더 나은 세상을 추구하려고 몇만 명이나 죽이면서, 이러한 공산주의 이상을 견지하고 있다. 완전성을 추구하는 것이 모든 방식의 수단을 정당화할 수 있다는 면에서, 어떠한 종류의 유토피아에 대한 갈망도 종국적으로 대단히 위험하다.

그럼에도 우리는, 대망待望을 품고 열망을 키우며 실천을 통해 '완전한' 기량을 갖추어야 한다는 것을 교육받아 알고 있다. 따라서 극단주의를 세 가지로 단순화해 구별할 필요가 있다. 그것은 즐거움이나 이로움을 가져다주는 극단주의, 터무니없으나 해롭지 않은 극단주의, 개인과 집단 또는 사회에 해악을 끼치는 극단주의이다.

피아노 연주자가 되려고 하루에 여섯 시간씩 연습하는 사람과 자신의 일에 완벽을 추구하는 사람은 사람들에게 헤아릴 수 없는 기쁨을 준다. 두 번째 범주, 즉 슈퍼맨 티셔츠만 입고 산에서 패러글라이딩을 하는 등 극한 스포츠에 빠진 사람은 많은 사람들에게 기쁨을 주지는 않지만 해를 끼치지도 않는다. 내가 초점을 두는 것은 세 번째 범주, 즉 해를 끼치는 극단주의다. 루스벤과 마찬가지로, 나의 관심사는 다른 신앙체계나 생활양식을 인정해주지 않고 자신의 것을 강요하려는 사람들이다.

말과 쟁기로 밭을 갈고 문명의 이기를 거부한 채 행복한 삶을 살아가는 아미시

Amish와 같은 분파와 달리, 우리의 주된 관심사인 근본주의는 더 큰 야망을 가지고 있다. 다원적이고 세속적인 세계의 맹공격으로부터 자신의 소수자 지위를 방어하는 데 좀처럼 만족하지 않고, 직간접적으로 힘을 행사해 '반격'하려 한다. (……) 행동주의적 근본주의자들(수동적인 전통주의자와 구별되는)은 문화적 고립지대에 은거해서는 세상을 구원하지 못한다고 믿는다(Ruthven, 2004: 57).

완전성과 수월성에 대한 전 지구적인 집착은, 인간성의 기본 요소이자 그 집착 자체가 우수한 것이라고 말할 수도 있겠지만, 바람직하지 않은 결과를 가져온다. 그것은 평가기준과 학교평가일람표에 사로잡혀 있는 모든 나라의 교육에서 갈수록 더 많이 나타나고 있다. 그렇지만 나는 스웨덴 교육청의 '정말 좋은 학교The Good Enough School'(Skolverket, 2000) 진흥정책을 높게 평가한다. 여기에는 모든 학교를 '정말 좋게' 만들어 학부모들이 동네 학교에 만족하고 불합리한 선택을 하지 않게 하려는 이념이 있다. 다음 장에서 검토하겠지만, 완전성을 추구하는 것은 극단주의 정체성과 아주 밀접한 관계에 있다. 완전성을 추구하기보다는 오히려 우리가 '알맞은 것이 좋다'는 생각에 만족하지 못하는 것은 아닌가? 우리는 피할 수 없는 생활의 잡다함에서 편안함을 얻으려 해서는 정말 안 되는가? 캐서린 화이트혼Katherine Whithorn이 1963년에 쓴 칼럼에서 최초로 집안 살림의 너저분함을 과감히 칭송했는데, 그때까지 '완벽한 주부'가 아니라는 죄책감을 느끼고 있던 여성들로부터 폭발적인 지지를 받았다. 독자들은 자신이 키우는 새끼고양이로 부엌 탁자를 닦았다고 폭로하는 등 자신의 죄상을 고백하는 투고를 했다. 중요한 문제를 다루는 데서 이는 사소한 예로 보일 수 있지만, 나의 관심은 교육에 있다. '사소한' 능력의 인정과 '학력 향상improvement'을 어떻게 결합시켜 정말 좋게 만들 것이냐가 그것이다. 여기서 영재교육에 반대하는 나의 견해를 펼치는 것은 주제에서 벗어나는 일이다.

유토피아적 이상이 항상 혁명적인 것은 아니다. 그리고 인종차별 철폐 또는 노예무역 폐지에서처럼 상상력과 비전이 필요함을 부정하지도 않는다. 문제는 '궁극의 조화Ultimate harmony'라는 유토피아적 꿈의 핵심적 특징인데, 그것은 정상적인 갈등과 이해충돌을 용납하지 않는다는 것이다. 그러나 그레이를 비롯한 많은 갈등 문제 전문가들이 지적했듯이, 갈등은 정상적인 것이다. 우리를 포함해, 사람들은 양립할 수 없는 것을 바란다. 그것은 흥미진진함과 평온한 삶, 자유와 안전, '진실 그리고 자만심에 영합하는 모습'(Gray, 2007: 17) 같은 것이다. 어디선가 말했듯이, 어떤 의미의 진보건 진보 그 자체는 낡은 생각이나 체제에 도전하는 것이기에, 갈등은 있을 수밖에 없다. 민주주의의 정의에는 갈등이 내포되어 있다. 민주주의는 유토피아적인 비전이 아니며, 갈등이 항상 존재하고 또 사실상 양육될 필요가 있다. 완전한 조화라는 유토피아적 비전은 위험하리만큼 맹목적이다.

절 대 주 의

언론인 로버트 피스크는 1990년대에 빈 라덴을 여러 차례 인터뷰했다.

그는 긴장을 풀지 않고 있었는데, 이는 남자들을 전쟁으로 이끄는 자질 ― 절대적인 자기 확신 ― 을 가지고 있어서인 듯하다. 앞으로도 이런 위험한 특성을 드러내는 사람들이 나타나겠지만 ― 조지 W. 부시 대통령과 토니 블레어가 떠오른다 ― 오사마 빈 라덴의 파멸적인 자기결의 같은 것은 결코 없을 것이다(Fisk, 2005: 25).

극단주의에는 양면이 있다. 이는 계속 되풀이될 주제로, 하나는 세계에 대한 그리고 다른 하나는 자신에 대한 절대주의적 관점이다. 옳고 그름을 분별하는 게 인간 조건의 일부이긴 하지만, 마니교적 이원론은 세상이 본질적으로 선한 것과 본질적으로 악한 것으로 나눠진다고 간주한다. 세계는 적과 친구로, 또한 신자와 비신자로 구분될 수 있다. 루스벤은 근본주의를 다룬 저서에서, 자신이 '다름의 스캔들'이라고 칭한 것에 대해 의미 있는 논의를 했다. 그는 여러 종교가 경쟁상대와 일상적으로 접촉하는 글로벌화된 문화에서, 다원주의 부정이 어떻게 갈등을 야기하는지 밝히고 있다. 그런데 다원주의의 수용은 진리를 상대화한다. "진리에 이르는 다른 길들도 있다는 것을 일단 인정하면, 한 개인의 종교적 헌신은 선택의 문제가 되고 만다. 그리고 선택은 절대주의의 적이다" (Ruthven, 2004: 48). 흥미로운 점은, 근본주의자들과 자신의 견해를 타인에게 강요하려는 사람들에게는 선택의 개념이 없다는 것이다. 그들은 선택할 수 있는 메뉴가 아니라 일괄적인 패키지를 권하고 있다. 아이러니한 것은 근본주의자들 스스로 자신의 입장을 정당화하기 위해 성서에서 전략적인 선별을 한다는 것이다. 텍스트의 예외적인 내용들은 부정되거나 입증 책임이 신에게서 인산으로 선사된다. 그래야만 텍스트 자체의 결함이 아니라 인간의 이해가 잘못된 탓으로 설명될 수 있는 것이다.

타리끄 라마단Tariq Ramadan은 로햄프턴Roehampton에서 열린 '2007 교육과 극단주의 컨퍼런스'에서 했던 미공개 연설에서, 이슬람에는 이항대립적인 또는 절대주의적인 견해에 치우쳐진 특유의 문제가 있음을 시인했다. 이는 세 가지 특징으로 설명된다. 첫째로 독단적인 사고방식과 칼리프의 권위에 대한 절대적인 믿음으로 귀결되는, 축어逐語적이고 정치화된 성서독해, 둘째로 탈레반의 경직되고 이항대립적인 해석에서 분명히 드러난 성서 독해에서의 정치적 순진함, 셋째로 팔레스타인, 이라크, 모로코, 나세르 치하의 이집트처럼 이항대립적인 해석이 더욱 쉽게 생겨나는 특수한 정치적 환경이 그것이다.

비슷한 시기에 뉴욕 경찰청에 제출된 연구(Silber and Bhatt, 2007)에 따르면, 개인들이 자신의 무슬림 정체성을 추구하는 것은 전 세계 무슬림이 연루된 정치적 위기에 대한 이슬람의 적합한 대응을 찾아내려는 욕구와 긴밀하게 결부되어 있다고 한다.

아랍 - 이스라엘 갈등과 캐슈미르 같은 복잡한 분쟁이 '신자 대 비신자'라는 하나
의 거대 갈등 속으로 희석되어진다. 이렇듯 강력하고 단순한 '만능one-size fits all' 철
학이 서구에 이주해 살고 있는 젊고 정치적으로 순진한 무슬림들에게 반향을 불
러일으키는 것이다. 이 강력한 서사구조는, 전 세계적으로 이슬람을 음해하고 굴
욕을 주기 위한 전방위적 계획의 근거로도 쓰인다(Silber and Bhatt, 2007: 17).

여기서 세 가지 중요한 교육적 시사점이 도출된다. 그것은 복잡성과 대안적
세계관을 강조할 필요성, 청소년들이 '정치적 순진함'에서 벗어나게 하는 정치
교육의 필요성, 음모론을 수면 위로 드러내어 논박할 필요성이다. 그레이가
'악마신앙demonology'에 대해 언급했는데, 그에 따르면 자코뱅당원, 볼셰비키, 나
치당원은 모두 그들을 겨냥한 거대한 음모를 믿었으며, 오늘날에는 급진적 이
슬람주의자들이 그렇다는 것이다. "유토피아로 가는 길을 막아선 것은 결코 인
간 본성의 결함이 아니다. 그것은 악의 세력이 작용한 결과이다"(Gray, 2007:
25). 그러나 네프(Nef, 2003)가 지적하듯이, '친구 - 원수' 교리와 '두려움의 교육
pedagogy of fear'은 모든 나라(미국 등)에 전염될 수 있다. 의문을 허용치 않는 권위
와 안보의 이름으로 두려움을 내면화하게 되는 것이다.

타리끄 라마단은, 이항대립적인 시각은 서구에서 무슬림을 바라보는 방식
에 의해 고착될 것이라고 본다. 테러리스트들은 사회적·문화적으로 통합되어
왔다고 할 수 있다. 어쩌면 그들은 언어구사력을 갖추고 일자리를 가지면서 지
적으로는 통합되어왔다. 하지만 간과하고 있는 것은 심리적 통합과 귀속감, 그
리고 신뢰의 문제다. 서구의 시각은 여전히 이항대립적이다. 이 사회에 있는
당신들과 우리는, 한편은 무슬림으로, 다른 한편은 비무슬림으로 나뉘어 있다.
공식적으로 당신네 무슬림이라고 말하거나 '무슬림은 무언가 해야 한다'고 이

야기하는 경우, 이로 인해 분열은 공고해진다. 라마단이 제시한 해결책은 평등에 관해 진지해지자는 것이다. 그래야만 무슬림을 이등시민으로 취급하지 않을 수 있으며, 단지 '통합해야 할 집단'으로 인식하는 데 그치지 않고 공헌할 수 있는 집단으로 받아들일 수 있다. 그것은 또한 공통성을 강조하는 것이며, 종교 간은 물론이고 전 지구적으로 많은 대화를 하자는 것이다.

절대주의의 또 다른 모습은 가공架空의 '논리적 결말' 가정이다. 즉 의심스러운 모든 것은 필연적으로 극단까지 갈 것이며, 그렇지 않으면 우리는 영원히 긴장의 끈을 놓지 못한다는 것이다. 홍콩 행정장관인 도널드 창Donald Tsang은 최근에, 중국의 문화혁명을 '민주주의의 극단적 형태'라고 암시한 발언에 대해 사과해야 했다. 흥미롭게도, 그는 민주주의 발전을 위해 사회 안정을 희생해서는 안 된다는 주장을 하려는 취지로 그런 언급을 한 것이었다. "인민은 문화혁명 시기에 우리가 목도했던 것처럼 극단으로 갈 수 있다. …… 권력을 손에 쥔 인민이었나. 낭신들이 민주주의를 최대한으로 해석한다면, 그들이 바로 민주주의가 의미하는 바이다." 창은 이 언급으로 마오쩌둥주의자로부터가 아니라 민주주의를 지향하는 홍콩 입법의원들로부터 비난 세례를 받았다. 이들은 그가 홍콩의 민주주의를 위해 투철한 사명감을 가지고 있는지 의문을 제기했다(BBC News, 2007). 논란의 요점은 극단주의라고 주장하는 것이 어떻게 부정적으로 사용될 수 있는지와, 논리적 결말까지 끌고 갔을 때의 파급효과다. 우리가 극단주의를 두려워하는 것은 당연한 일이다. 그러나 실제 위협과 추정된 외연外延에 동등하게 주의를 기울이지 않으면 안 된다.

위협에 대한 반작용에서도 역시, 절대주의가 나타나기 때문이다. 리즈비는 이렇게 주장했다.

안보라는 새로운 언어와 관련된 주요 문제 중 하나는 그것이 종종 절대주의적이고 이항대립적인 용어로 나타난다는 것이다. 너무나 자주 '전쟁', '정의', '승리' 그리고 '안보' 같은 단어들이 마치 일률적이고 이의를 제기할 수 없는 단 하나의 의미를 가진 것처럼 사용되고 있다. …… 이러한 수사법은 테러리즘의 원인, 표출 형태, 결과, 그리고 전 지구적인 새로운 도전에 응전하는 데에서 강구해야 할 가능한 모든 수단에 관한 민주적 논쟁을 방해할 뿐이다(Rizvi, 2004: 167).

알립하이 브라운(Brown, 2007)은 비슷한 취지로 헨리 제임스를 인용하고 있다. "나는 미국적인 단순함을 증오한다. 나는 모든 종류의 복잡한 것들이 쌓여 있는 것에서 기쁨을 얻는다." 그녀는 우리가 테러리즘 주위에 쌓여진 복잡한 것들을 다루는 데 미국식 단순함을 채택해왔으며, 이로 인해 시민의 자유를 공격하고 용의자의 무기한 구금을 요구하기에 이르렀다고 주장한다. 사람들은 '완고한 확신'을 가지고 이렇게 생각한다 — 폭탄 공격자는 나이트클럽, 펍 그리고 자유로운 생활방식을 증오하기 때문에 그런 일을 할 뿐이다. 다른 이들은 외교정책 때문이라고, 혹은 불법적인 이라크 전쟁, 팔레스타인 점령, 캐슈미르 분쟁, 체첸 분쟁, 이맘imam에 의한 세뇌 등 때문이라고 굳게 믿고 있다. 알립하이 브라운은 설득력 있는 은유를 사용했다.

하지만 불편한 진실은, 이런 요소들이 모두 가마솥에서 들끓고 있는데 우리는 지금까지 그 밖에 또 무엇이 섞여 있는지 그리고 어떤 요소가 혼합물을 끓어 넘치게 하는지 모르고 있다는 것이다(Brown, 2007: 31).

신 념 을 행 동 으 로

앞서 말했듯이 극단주의자들이 완전주의자든 절대주의자든 모두 자신의 사상을 타인에게 강요하고 싶어 하거나 그럴 필요를 느끼는 것은 아니다. 따라서 우리는 팽창주의expansionism를 유발하는 요인과 그 동력을 고찰할 필요가 있다. 교육이 떠맡아야 할 중요한 분야는 성서와 기타 텍스트에 담긴 명령을 행동으로 옮기는 데 관한 것인데, 이는 많은 부분을 언어에 의존하고 또 성서의 권유가 은유로 쓰여 있거나 교훈집으로 되어 있기 때문이다. 초등학교 시절 우리는 모두 「전진하는 기독교 병사들, 행군하며 출정하네!」라는 노래를 불렀다. 우리가 노래 가사의 실제 의미를 알았다고는 생각하지 않는다. 그 노래가 내 인생을 좌우하지는 않았으며, 여하튼 그리스도의 이름으로 나를 호전적으로 만들지도 않았다. 마음속으로는 더러움, 게으름, 이headlice와의 '전쟁' 등 어떤 전쟁에도 적용할 수 있는 하나의 유추로 알았던 것 같다. 전쟁에의 부름call to war을 문자 그대로 해석하는 것은 호전적 이슬람에서와 같이 기독교에서도 찾아볼 수 있다. 구약성경에는 이스라엘 자손들이 하나님의 명령을 받아 가나안의 원주민인 아말렉인을 대량 학살하는 장면이 나온다. 여자와 아이들 그리고 가축까지. 지금은 이를 역사적 맥락에 놓고 보면 당연하다고 여길 수 있다. 그러나 텔아비브 바 일란 대학의 학내 랍비였던, 이스라엘 헤스와 같은 호전적인 근본주의자들은 구약 시대의 아말렉인을 오늘날의 팔레스타인 아랍인에 비유한다. 「모세율법Torah의 집단 학살 명령」이라는 논문은, "우리 모두 아말렉인을 말살하라는 하나님께서 내리신 전쟁 명령을 완수했다고 할 수 있는 그날이 이제 다가올 것이다"라는 소름끼치는 말로 끝맺고 있다(Ruthven, 2004: 91에서 재인용).

특정 부류의 사람들은 신화를 역사로 전환시키고 신념을 미래의 행동으로 옮긴다. 루스벤은 사이드 쿠트브Sayyid Qutb가 자신의 추종자들에게 쿠란을 도덕적이고 종교적인 안내서와는 전혀 다른 행동교본으로 받아들이도록 어떻게 설파했는지에 대해서도 언급했다. 사이드 쿠트브는 이슬람주의의 이념적 지도자로서, 오사마 빈 라덴과 오늘날의 이슬람 정치운동집단들의 사상을 형성한 지식인이다. 쿠란은 문화나 정보의 원천일 뿐 아니라, 과학적 또는 법률적 문제를 해결하거나 잘못된 이해를 바로잡는 길잡이다. 루스벤은 쿠트브의 『진리

를 향한 이정표Milestones』를 인용했는데, 쿠트브에 의하면 1세대 무슬림은,

'전능하신 창조주께서, 그를 위해 그리고 그가 속해 있는 집단을 위해, 그의 삶과
집단의 삶을 위해, 정해놓으신 바를 깨달으려고' 쿠란을 펼쳤다. 그는 '전쟁터의
병사가 일일회보를 읽고 무엇을 해야 하는지 아는 것처럼' 즉시 행동하기 위해 쿠
란을 읽었다. 쿠트브와 그의 제자들에게는, 하나님Allah[8])의 적들에 대한 성전을 촉
구하는 내용의 '검劍'이라는 쿠란의 구절이 악의 세력에 대항한 종교적 길잡이라
기보다는 작전교범으로 해석되었다(Ruthven, 2004: 91).

그러나 '지하드jihad'가 '성전holy war'과 사실상 동일하지 않으며, 실제 해석으
로는 '분투와 저항' 그 자체일 뿐이라는 것은 명백하다. 그럼에도 폭력적인 행
동을 뜻하는 것으로 함부로 사용되어왔다.

이는 해석과 이해에서 학교교육이 하는 역할에 직접적으로 연관된다. 여기
서 시걸 벤 포라스가 포착한 '전시戰時 시민성belligerent citizenship'이 유효적절하게
다가온다. 그녀는 『포화 속의 시민성 ─ 갈등시대의 민주교육Citizenship Under Fire:
Democratic Education in Times of Conflict』(2006)에서, 국가들 사이에 긴장이 고조되고 있
을 때 전시 시민성이 자라나거나 되살아나는 것을 고찰했다. 이것은 통상적으
로 시민참여, 화합과 연대, 공적 심의public deliberation로 구성되는 민주적 시민성
의 세 요소를 재구성한다. 전시에는 시민의 자발적인 참여보다 시민의 국가에
대한 공헌을 강조하고, 다양성보다는 애국주의 형태로 사회적 통일을 옹호하
며, 그 결과 공적 심의를 억제하고 다양한 시각들을 침묵시킨다. '전쟁 행위'는
고도로 활성화된 역할을 함축하고 있지만, 그것은 종국적으로 긴장을 완화시

---

8) 한국이슬람교중앙회에서는 '알라Allah'를 '하나님'으로 번역하며, 저자 역시 'God'와 혼용
하고 있다.

키는 역할은 아니며 절대주의에 도전하는 역할도 아니다.

글로벌화가 사람들을 더욱 편협하게 만들고, 벤저민 바버의 『지하드 대 맥월드Jihad versus McWorld』에서 간파된 이분법에 빠지게 하는지도 모른다. 9월 11일과 미국 자본주의에 대한 공격 이후 미국 국민은 전 지구적인 양극화, 가진 자와 못 가진 자에 관해 말하기 시작했다. 그리고 국제 갈등에 대한 책임이 어쩌면 자국에 있을지도 모른다는 각성을 하기 시작했다. 그러나 자유무역이 민주주의를 빼놓은 채, 테러리즘과 전쟁하고 있는 것처럼 재포장되고 있다. 나오미 클라인은 자신의 저서 『슈퍼 브랜드의 불편한 진실No Logo』(2000)에서 MTV (24시간 방영하는 미국의 뮤직비디오 전문채널) 소유주의 말을 인용했다. "MTV는 전 세계의 자유세력, 민주주의 세력과 연합하고 있다." 클라인이 지적하듯이, 미국 정부를 비판하는 것은 테러리스트 편에 서는 것이다. 우리는 친구와 원수라는 이분법으로 되돌아갔다.

에릭 홉스봄은 저서 『폭력의 시대Globalisation, Democracy and Terrorism』(2007)에서, 우리의 가장 큰 문제는 테러리즘이 아니라 현행 민주주의의 절차, 즉 유권자 표 집계와 소비자 선호 조사로는 기후변화 같은 장기적인 문제들을 다루지 못하는 것이라는 견해를 밝혔다. 그리고 테러리스트는 역사에서 비중 있는 행위주체agent가 아니라 징후symptom일 뿐이라는 중요한 구별을 제시했다. 테러리스트의 공격이 간담을 서늘하게는 하지만, 안정되고 번성한 국가들에 미친 실제 충격은 무시할 만한 수준이다. 그들은 우리의 '생활방식'에 위협이 되지 않으며, 미국의 과대망상적인 대응정책과 끊임없이 조성되는 '비이성적 공포'는 테러리스트의 손바닥에서 놀아나는 것에 지나지 않는다. 그는 이 마신魔神을 소환할 수 있을지에 대해서는 신중한 입장이긴 하지만, 내가 이 책을 쓰는 데 중요한 관점을 제시했다. 미국의 독단은 과거에는 라이벌인 다른 강대국에 의해 억제되었지만, 이제는 '계몽과 교육'에 의해서만 억제될 수 있다.

요컨대 교육이 해야 할 일은 엄청나게 복잡하거나 혹은 지극히 단순하다. 어떻게 하면 사람들을 절대주의적인 '극단'으로 내몰거나 '악의 세력'으로 규정짓지 않으면서도, 그들이 삶의 목적의식을 갖게 할 수 있는가이다. 2006년 최고의 종교 유머로 선정된 아래 글에 우리가 직면한 문제가 가장 잘 드러나 있다. 이 유머는 실제 극단주의에 대한 것이다.

다리를 건너가고 있을 때, 한 남자가 다리 위에서 막 뛰어내리려는 것이 보였다. 나는 급히 달려가서 말했다.

"멈춰요! 뛰어내리지 마세요!"

"왜요?" 그가 물었다.

"음, 살아서 할 일이 아주 많으니까요!"

"무슨 일?"

"당신, 종교 있어요?"

"그렇소." 그가 대답했다.

"저도 그래요. 당신은 기독교인인가요, 불교도인가요?" 내가 물었다.

"기독교인이오."

"저도 그래요. 그럼 가톨릭교인인가요, 프로테스탄트인가요?"

"프로테스탄트요."

"저도 그래요. 성공회예요, 아니면 침례교?"

"침례교입니다."

"저도요! 하나님God의 침례교입니까, 주님Lord의 침례교입니까?"

"하나님의 침례교입니다."

"저도! 정통파 하나님의 침례교예요, 개혁파 하나님의 침례교예요?"

"개혁파 하나님의 침례교입니다."

"저도! 1879년 개혁교회인가요, 아니면 1915년 개혁교회인가요?"

"1915년 개혁교회입니다." 그가 대답했다.

나는 "죽어버려, 이 쓰레기 같은 이단자야" 하고는 다리 아래로 그를 밀어버렸다.

2장

정 체 성 그 리 고 급 진 화

이 장에서는 정체성에 대해 알아보고
사람들이 어떻게 극단주의자가 되는지,
어떻게 하면 그런 정체성에서 빠져나올 수 있는지 알아보겠다.

극단주의자가 되어 극단주의 집단을 만들거나 참여하는 사람은 어떤 사람인가? 왜 어떤 사람은 극단주의자가 되는데 다른 사람들은 그렇지 않은가? 그리고 여러 영향이 결합된 결과는 무엇인가? 급진화 과정은 어떠한가? 혹시 극단주의에서 빠져나오는 사람들이 있다면 어떻게 해서 그렇게 되는가? 그리고 교육은 극단주의에 빠지거나 벗어나는 데 어떤 역할을 하는가? 이상이 모두 이 장에서 다루어야 할 질문이다.

논의를 시작하기 전에 대부분의 극단주의와 테러리즘은 특수한 정치적·경제적·역사적 맥락 속에서만 이해될 수 있다는 점을 분명히 하고자 한다. 조르게 네프는 개인에 의해서뿐 아니라 사회 전체로도 표출되는 야만성brutality과 '폭력의 교육학pedagogy of violence'에 대해 논의하는 가운데, 테러리즘을 전 지구적으로 상호 연결된 다섯 개의 정치적 위기 징후와 관련된 것으로 본다. 왕성한 무기교역에 의해 격화되는 내분과 경제파탄을 겪는 '실패한 국가들', 미수복지역

병합주의 형태로 급부상하는 민족적 국가주의ethnic nationalism와 종교적 국가주의religious nationalism, 선진국에서 되살아나는 네오 파시즘적 우경화, 권위주의적이거나 부패한 법 집행으로 늘어나는 불법행위, 그리고 신자유주의 정책이 초래한 민주정치의 무력화와 시민사회 침식이 그것이다(Nef, 2003). 정체성 역시 특정한 지정학적 정세에 비추어 이해해야 한다. 무슬림 극단주의자에게는, 팔레스타인(또는 보스니아)에서 무슬림에게 가해진 폭력과 차별이, 그리고 1980년대에 아프가니스탄에서 소련과 싸울 지하드를 양성하기 위해 미국이 무슬림 신학교에 막대한 자금 지원을 했던 일이 영향을 주었을 것이다. 유대교 극단주의자는 제정 러시아와 나치 독일에서 받은 박해와 팔레스타인 테러리스트에게 당한 폭력에서 영향을 받았을 것이며, 힌두교 극단주의자에게는 소수파 무슬림의 요구에 따른 인도 분할의 역사가 영향을 주었을 것이다.

이 책에서 이 모든 사회정치적 분석과 그 유산을 자세히 설명할 수는 없으므로, 같은 시대적 배경하에서 왜 어떤 개인과 집단은 극단주의자가 되고 다른 사람들은 그렇지 않은지, 그리고 급진화 과정에서 교육이 도대체 어떤 의미가 있는 것인지 등 구체적으로 한정된 질문에 초점을 둘 것이다.

정체성

먼저 논란이 많은 이슈인 '정체성'에 대해 살펴보도록 하자. 정체성은 몇 가지 측면에서 극단주의와 연관되어 있다. 극단주의자의 정체성, 정체성의 구조, 극단주의를 정당화하는 요소로서 집단 정체성 비호 등. 교육 정책이나 다문화 정책에 관한 대부분의 담론이 문화적 정체성을 구심점으로 논의되고 있는데, 이는 의도를 숨기고 사람들을 기만하는 것이다. 케네스 스트라이크는 다원주의와 정체성, 양심의 자유에 관한 논문에서 정체성은 그것이 무엇을 의미하는지 결코 명확하지 않다고 주장하며 정체성에 대한 흥미로운 논의를 제시했다. "우리 중에는 자신을 우리 문화의 축소판으로 간주할 수 있게 하는 일차집단 primary group과 아무런 관계도 없는 사람이 대부분이다"(Strike, 2003: 82). 자신의 정체성이 어떤 종교적 혹은 도덕적 전통과의 관계에 의해 규정되는 경우도 몇 몇 있지만, 자신의 신념이나 가치관으로부터 영향을 받는 경우가 훨씬 더 많다. 내가 그랬듯이, 스트라이크도 자신의 핵심core을 묘사하기 위해 정체성이라는 용어를 사용하기 어렵다는 것을 알아차린 것이다.

> 나는 '잘 바뀌지 않는 취향과 소신을 몇 가지 가지고 있다. 그중 나의 핵심은 이것이다'라고 말할 수는 있다. 그러나 어떤 전통을 지목해 쉽사리 그것이 나의 핵심이라고 부르지 못한다. 나의 핵심은 무엇이라고 말하는 방식으로 '나는 이 집단의 성원이다'라고 말할 수는 없다. …… 나는 많은 집단에 소속되어 있지만 부족tribe은 없다. 하나의 정체성을 갖는 게 하나의 본질을 갖는 것이라고 하면, 나는 정체성을 가지고 있지 않다. 나의 자아감은 너무나 변화가 많고 상황적contextual이다. 정체성의 형이상학은 나에게 통하지 않는다. 비슷한 이유로 다른 사람들에게도 통하지 않을 것이라고 생각한다. 이것은 사람들이 다원주의를 어떻게 생각하느냐와 관련해 의미심장한 사실이다(Strike, 2003: 83~87).

영국에서 종교증오금지법안Religious Hatred Bill[1]을 두고 논쟁이 벌어졌을 때, 풀먼(Pullman, 2005) 역시 모두가 정체성에 초점을 두는 데 대해 우려를 나타냈다. 특히 사람들이 자신의 '내면적 정체성inner identity'은 그들의 행동과 아무 관련이 없다고 주장하는, 인지부조화 현상까지 나타나 더욱 우려했다. "그래요,

---

1) 종교적 믿음에 준거한 특정 집단에 대해 증오를 유발하려는 의도를 가진 위협적인 언행을 예방하고 처벌하기 위한 법안으로, 2005년 7월 런던 폭탄테러 직후 발의되어 2006년 2월 'Racial and Religious Hatred Act'로 시행되었다.

나는 처자식을 살해했어요. 그렇지만 나는 선량한 사람이에요."

최근 아동음란물 유포 혐의로 유죄 평결을 받은 텍사스 보이스카우트 지도자의 변호사가 "내가 여러분에게 말하고 싶은 것은, 그가 선량한 사람이라는 겁니다"라고 말한 것으로 《뉴욕타임스》에 보도되었다. 많은 사람들 눈에 보이는 '존재being'는 그 나름의 도덕적 속성을 가지는데, 그것은 선한 것 아니면 악한 것이며, 기적(다시 태어나는 것)만 예외로 하고 어떤 형태의 변화도 용납하지 않는다. 풀먼이 우려하는 것은 '존재being'가 '행위doing'를 능가하고 있다는 점이다.

> 정체성에 대한 이런 태도를 보고 내가 느끼는 당혹감과 혐오감은 이루 말로 표현하기 어렵다. 나는 우리가 진정으로 어떤 사람이냐는 사적인 문제고, 대단히 복잡하고 모호하며, 또한 외적인 면과 내적인 면이 있고, 이중적·삼중적 혹은 다중적 성질이 있으며, 우리 자신조차 정말 알 수 없음을 강하게 느끼고 있다. 더 나아가 정체성은 그들이 얘기하는 '정체성'과 다르게 우리가 무엇을 하는가도 포함해야 하기 때문에 우리가 어떤 사람이냐는 우리 정체성의 일부분에 지나지 않는다고 느끼고 있다. 그리고 자기 자신과 이 복잡한 것의 모든 측면이 대중의 마음속에 그 밖의 나머지를 확실히 포섭하는 하나의 속성('동성애자', '흑인', '무슬림' 등등)으로 환원되어 있음을 알아차리는 것은 곧, 자신이 어이없는 지적 천박함intellectual vulgarity의 희생자임을 깨닫는 것이라고 생각한다(Pullman, 2005: 4).

풀먼은 사람들이 결속을 위해 정체성을 하나의 표지로, 다름을 나타내는 일종의 휘장으로 사용하겠지만, 정체성 주장은 결과로부터 자유롭지 않다고 본다. 정체성이 강화될 뿐만 아니라 협소해지는 것이다. 법의 관점에서 보면, 종교를 자신의 정체성을 나타내는 일차적 표지로 삼는 사람의 종교를 비판하는 것은 그 사람을 지목해 비판하는 셈이 된다. 그것은 그들이 무엇을 하느냐가 아니라 그들이 어떤 사람이냐를 비판하는 셈이 될 것이기 때문이다. 법은 이를 변별할 수 있을까? 풀먼은 종교를 — 예술처럼 — 사람들이 행하는do 그 무엇으로, 그리고 그 결과에 따라 냉정하게 검토해야 하는 것으로 생각한다.

자신의 신앙을 열렬히 신봉하고, 신앙을 위해서라면 기꺼이 죽이고 죽고자 하는 사람들은, 상대방을 폭넓고 사려 깊은 눈으로 바라볼 가능성이 적다. 그리고 사람들이 종교로 인해 이런 극단적인 일을 기꺼이 하게 된다는 사실이, 우리가 종교를 검토해야 하는 이유 중 하나다. 종교적 확신의 본질에는 신자들에게 자극적이고 중독성 있는 맛을 경험하게 하는 뭔가가 있다. 종교적 확신에 찬 사람들은 절대성의 비릿하고 독특한 맛에, 정의로움의 통렬한 맛에, 불관용의 은밀한 섹시함에 빠질 수 있다. 우리는 종교를 통해 이러한 악성 감각작용들을 그 어떤 인간 현상보다 더 강하고 깊게 누릴 수 있도록 한다(Pullman, 2005: 5).

풀먼은 도킨스처럼 종교를 중독성이 있어 해로운 것으로 본다. 나는 "불관용의 은밀한 섹시함"이라는 인식을 좋아한다. 이 시대가 주는 특권을 누리는 우리는 이제 불관용은 우리에게 허용되지 않는다고 느낀다. 우리는 견문이 넓고 이해력이 있으며 사회관계망을 가진, 다문화적인 글로벌 시민이다. 그러나 사실은 우리의 편견을 정당화하고 우월감을 채워주는 무엇인가를 애호한다.

그러나 '정체성'에 따르는 문제의 핵심은 '행위를 능가하는 존재being-trumps-doing'이다. 다시 말해 '누구인가'가 '어떻게 행동하는가'를 압도하는 것이다. 사람들이 신께서 7일 만에 이 세상을 창조했다고 생각하든, 정원 밑에 요정들이 살고 있다고 생각하든, 그러한 믿음과 동일시의 결과로서 해로운 행동을 하지 않는 한, 나는 개의치 않는다. 철학자들은 신념과 태도 사이의 차이점에 대해 오랜 세월 토론해왔다. 그러나 이는 그다지 중요하지 않다. 중요한 것은 사람들이 그러한 신념과 태도를 가지고 무엇을 하는가이다. 누군가가 당신에게 어떤 정체성을 부과하고 그에 따른 결과로서 해를 끼친다면, 당신이 불만을 제기하는 것은 정당하다. 그러나 당신이 어떤 정체성을 선택하고 오로지 그에 기초해 특별대우를 요구한다면 그 무엇도 정당화될 수 없다. 심판은 사람들이 당신에게 무엇을 했는가와 당신이 다른 사람에게 무엇을 했는가에 관해 내려지는 것이다. 또한 어떠한 정체성, 특히 종교적 정체성이 그토록 다면적이고 모순적이라고 전제할 때, 당신임을 나타내는 유일한 상징으로 특정 정체성을 내세운다면, 당신은 종교 비판을 감내해야 한다.

그럼에도 어떻게 하면 이른바 '본질주의적인' 정체성으로 낙인을 찍거나 이를 고착화시키지 않고, 청소년들이 확고한 자아의식을 갖게 할 수 있는가라는 문제가 남는다. 본질주의는 어떤 사람이 '본질적으로' 여자라거나 '본질적으로' 기독교인 혹은 무슬림이라고 보는 관념으로서, 모든 부분에서 그들이 누구인가를 좌우한다. 사회 정체성 이론에 의하면 우리들이 자신에 관해 어떻게 생각하는가는, 오직 하나뿐인 자아로 인지하는 데서부터 내집단in-group 구성원으로 동일시하는 데 이르기까지 하나의 연속선상에서 다양하게 펼쳐진다. 어떤 상황에서는 내집단 구성원의 전형이 된다 — 탈개인화 과정(Cairns, 1996). 그래서 집단 정체성과 정체성의 정치identity politics가 불안을 조성하는 힘으로 작용하게 되는 것이다. "민족운동 및 국가주의운동과 그들이 제기하는 영유권 주장은, 다름 아니라 집단 정체성 창조를 통해 자신들의 세력을 확보한다. …… 그들은 일체감을 고취하기 위해 문화, 전통, 종교, 그리고 역사와 영토에 대한 관념을 총동원한다"(Cynthia Cockburn, 1998: 10).

강한 집단 정체성 의식은 그래서 '타자others'에게 낙인을 찍거나 심지어 증오하는 것을 의미하기도 한다. 마이클 애플은 복음주의 신앙이 정체성, 즉 '자아'와 '타자'에 결정적으로 유착되어 있다고 본다. 그는 미국에서 종교적 우파가 어떻게 해서 동성애자 '증오'에 의해 인도되는 정의감을 가지게 되었는지 설명하고 있다. 보수적인 복음주의자들은 자신들을 '점잖은' 사람, '진정한 미국인'으로 여기는데, '참된' 모성같이 우리 중 일부가 포기한 것들을 지키려 한다. 미국의 서부침례교는 'godhatesfags(신은 동성연애를 증오한다)'라는 웹 사이트URL를 운영하고 있다. 복음주의 운동의 지도적인 학자인 조지 마스든은 "근본주의자는 무엇인가에 화가 난 복음주의자이다"(Apple, 2001: 119)라고 언명한 바 있다. 애플은 1940년대의 호전적인 반다윈 근본주의가 교회, 성서연구소, 신학교에 어떻게 살아남아 있게 되었는지 설명하고 있다. 그들은 지나치게 분리주의적이고 염세적이며 종말론적으로 보인다는 문제를 안고 있었으며, 그래서 미국사회로 손을 뻗쳐 예수 그리스도야말로 세상의 사회적·경제적·정치적 문제들에 대한 답이라고 전도하는 '현실참여 정통주의engaged orthodoxy'로 변모했다. 새로운 복음주의 역시 사람들이 자신을 거듭나겠다고 결단한 사람으로 정의하는 데 대한 응답으로서 사람들에게 '주체의 지위subject positions', 즉 정체성을 부여했다. "내가 이토록 열렬히 개인적 선택과 진리 추구에 전념하고 있는데, 어떻게 내가 나의 행동을 권위주의적이고 증오에 찬 것이라고 해석할 수 있겠는가?"(Apple, 2001: 162)

그러므로 다문화 사회에서 자아의 다중성 — 백인이면서 동시에 영국인, 여성, 어머니, 부인, 음악 애호, 브로콜리 혐오 등등 — 을 인정하기 위해서는 많은 일이 이루어져야 한다. 하나의 정체성만이 완벽한 우위를 차지할 때 문제가 발생한다. 아마르티아 센은 『정체성과 폭력』에서 "한 사람의 무슬림이라는 것이 한 개인이 믿는 모든 것을 결정하는 가장 중요한 정체성은 아니다"(Sen, 2006: 65)라고 주장했다. 물론 나는 총체적 생활방식을 주장하는 일부 무슬림들이 그들 스스로 실제 선택한 것인지 아닌지는 확신할 수 없다. 하지만 중요한 것은, 센이 이슬람의 역사와 무슬림 사람들의 역사를 혼동하는 것에 대해 — 다시 말해 모든 우선순위, 행동 그리고 가치가 이슬람 신자being Muslim라는 단일 정체성 내에서 확인되지 않는다는 점을 주목하게 했다는 것이다.

이 지점에서 세 가지 논점을 짚어보아야 한다. 각각의 상황에서 소위 정체성에 관해 우리가 내린 선택들, 이 선택들이 집단 정체성의 일부인지 아닌지, 그리고 타자에게 어떻게 정체성을 귀속시키는지가 그것이다. 간디는 자신이 독실한 힌두교도임에도, 고심 끝에 영국식 법적 정의를 구현하는 훈련된 변호사로서의 정체성보다 영국의 지배로부터 독립을 추구하는 인도인이라는 정체성을 내세우기로 결정했다. 물론 그는 모든 비인도인들을 증오하거나 낙인찍지 않았다. 그는 자신의 투쟁을 보편적인 것으로 인식했다. 우리는 발칸 전쟁으로부터 정체성 귀속에 관해 많은 것을 알게 되었다. 세르비아인과 크로아티아인이 어떻게 선택했어야 했는지를, 그리고 그 양상은 르완다에서 후투족 혹은 투치족으로 명명되어야 했던 사람들과 다를 바 없음을 알고 있다. 그들은 그 밖의 사람들 그리고 갈등의 역사와 그 미래를 표상하는 존재로 인식되었다. 보스니아 내전이 끝나고 5년이나 지났음에도 한 크로아티아 학생은 "나는 세르비아 애들과 책상을 같이 쓰지 않는다"고 나에게 말했다.

발칸 지역에서 '국민의 순수성'을 확보하려 했던 시도들과 스리랑카의 싱할리족에게서 보았듯이, 정체성 주장의 극단적인 형태는 종종 순수성 개념과 연관된다. 파키스탄이라는 국가명은 문자 그대로 '청정한 나라'를 의미하며, 이로써 '불결한' 힌두교 신자로부터의 분리를 천명한 것이다. 이슬람 순수성에 관한 담론은 인도네시아의 이슬람부흥운동Dewan Dakwah movement에서도 발견되는데, "이슬람 순수성을 위해서 사회의 모든 요소들은 일치해야 한다"(Bakti, 2003: 110)고 촉구한다. 타리끄 라마단의 견해에 따르면, 지금 유럽에서는 무슬림 공동체의 지나친 내부 결속이 죄책감, 부적응감 그리고 소외감을 키우고 있다.

청소년에게 말하기를, 너희들이 하는 모든 일은 잘못된 것이다. 너희는 기도하지 않고, 술을 마시며, 겸손하지 않고, 얌전하게 굴지도 않는다. 청소년은 진정한 무슬림이 되는 유일한 길은 이슬람 사회 안에서 사는 것이라는 얘기를 듣는다. 정작 현실에서는 이렇게 할 수 없기 때문에, 이런 말들은 청소년의 부적응감을 증폭시키고 정체성 위기를 만들어낸다. 이러한 청소년은 불쑥 다가와 '너 자신을 정화시킬 수 있는 길이 있다'고 이야기하는 누군가에게 사로잡히기 쉽다(폴 밸러리Paul Vallely와 인터뷰, 2005).

톰 콕번(Cockburn, 2007)은 북부 잉글랜드의 극우 정치세력을 지지하는 청소년의 인종 정체성을 연구했다. 그는 청소년의 정체성이 '다중적'이고, 이는 다수의 사회세계에 동시에 참여하는 데서 비롯된 것임을 확인했다. 잉글랜드에서의 최근 극우세력 출현과 인종주의는 심오한 심리적 문제의 산물은 아니지만, 더 넓은 세상의 많은 사람이 가지고 있는 속성들을 지니고 있다. 영국국민당British National Party: BNP은 그들의 천박한 스킨헤드와 인종주의 이미지를 순화해오며 백인의 권리와 '애국주의' 강령을 내걸고 선거운동을 했다. 영국국민당의 지지자는 자신들을 '토박이 영국인aboriginal British'이라고 불렀다. 그들을 과밀한 공영주택단지에 사는 소외된 백인 노동계급 청소년으로 정형화할 수는 없으며, 얼마간 고등교육을 받은 중하층계급에 속한다. 이는 편견이 절대적 무지에서 생겨나지 않는다는 사실을 확인해준다.

콕번은 인종주의와 인종주의자 정체성이 유동적이고 잠정적인 것이라고 강력히 주장한다. 청소년들은 극우적 관념에 매우 빠르게 물들기도 하고 빠져나오기도 한다. 실제로 일부는 후에 영국독립당UK Independence Party: UKIP으로 옮겨갔다. 한 조사에 의하면, 11세에서 21세까지의 청소년은 나머지 인구보다 영국국민당을 지지할 가능성이 7배나 더 있는 것으로 나타났다. 그러므로 그들의 지지는 본질적 정체성이라기보다는 인생의 한 단계이자 일부다. 흥미롭게도, 콕번은 인종주의를 '수행performances'으로, 즉 존재라기보다는 행위 측면으로 보고 있다. 이는 고프만을 연상시킨다. 또한 종교를 무엇이다가 아니라 사람이 하는 어떤 것으로 보아야 한다는 풀먼의 논의와도 연관된다. 콕번의 연구에서, 청소년들에게 인종주의는 무료한 하루를 보내는 데 도움이 되는 하나의 '소도구'였다. 점점 커지는 이슬람의 현실화된 위협으로 인해 '백인 영국'의 가치가 쇠퇴한다는 문화적 불안에 더해, 이민에 의해 위협받는 자신들의 경제적 지위 혹은 자본주의에 대한 전반적인 불안감이 깔려 있다. 한 청소년은 성공회 학교들에 아시아계 학생이 많아진 사례를 들면서, 이는 '우리 문화'를 위협한다고 말했다. 비록 그들이 교회에 자주 나가지는 않았지만, 기독교를 방위하는 것이 전반적인 '경계boundary 유지' 프로젝트의 일부였던 것이다. 정체성은 자신들이 아닌 것 그리고 자신들이 배제하는 것과의 관계에서 형성된다. 청소년들은 '타자' 후보군long list을 정해놓고 있었다.

> 그들의 저항은, 자신의 경제적 자율성을 강화하거나 복원하기를 추구하고, 정치적 통제권을 재천명하고, 소수민족은 물론 …… 여성을 확고하게 종속시키는 이성異性 결혼 가족제도를 옹호한다는 면에서 과격하게 보수적이다. 그렇게 남자아이들은 '그들이 자랑스러워할 만한' 남자다움의 회복을 희망한다(Cockburn, 2007: 551).

위비오르카(Wieviorka, 1997)도 이와 유사하게, 개인의 인종주의가 '미약한' 형태와 '완전한' 형태 사이에서 변동할 수 있으며, 그 사이에서 일정한 범위에 위치한다는 점을 파악했다. 콕번 연구에 등장하는 청소년들은 소수민족 사람들에게 공감과 연민을 보여주기도 했다. 아래 두 응답자의 진술이 복잡한 속내를 잘 보여준다.

— 나는 무슬림이나 알카에다와는 아무 문제가 없다. 그들은 단지 자신들의 민족과 문화를 지켜내려고 애쓸 뿐이다. 우리가 하는 일도 바로 그것이다. 우리 문화를 지키는 것.
— 나는 우리가 더 그들처럼 될 수 있기 바란다. 그들은 자신들을 압박하는 사람에게 도전하는 데 망설이지 않는다.

흥미롭게도 청소년들은 일반적으로 그들이 알았던 아시아 사람에게는 상당한 경의를 표하고 있었다. 건전한 환경이 마련되고 그들을 경쟁자라기보다 친구로 여길 때 비로소 장벽은 극복될 수 있다. 콕번은 반인종주의 교육이 '강한' 혹은 '완벽한' 형태를 취하면 교육 대상자들이 외면할 수 있으므로 그래서는 안 되고, 공통점과 소속감을 부각시켜야 한다고 주장한다. 인종주의의 '수행적인performative' 본질을 받아들이는 전략은 개인적인 경험을 성찰하고, 토론하고, 학습하며, 각자의 정체성 의식을 강화하고, 신뢰와 공감대를 구축하는 것이다.

나는 결국 다중 정체성multiple identity 개념 이상의 것이 필요하며, 호미 바바 (Babha, 1994)의 '혼종성hybridity' 개념이 그것이라고 본다. 그는 다름의 인정을 강조하는 다문화주의와 문화 다양성의 이론 구성 및 '이색화exoticisation'에 문제제기를 하고 있다. 그리고 오랜 역사에 걸쳐 문화와 민족이 섞여왔음을 사실로 받아들인다. 스리랑카에 관해 실바가 편집한 책의 많은 필자들도 이에 의거해, 문화, 미술과 음악에서 혼종성의 '숨은 역사'를 드러내며 단일한 혹은 순수한 문화들이라는 관념에 도전하고 있다. 혼종성은 단순한 다중정체성의 집합을 넘어서는, 아주 새로운 조합을 의미한다. 독창적인 것the original은 '뭔가 다른 것 — 변종, 혼종 등으로 반복되는 것이며, [모母 문화에 대한] 전유專有 양식이기도 하고 저항양식이기도 하다'(Babha, 1994: 111, 120)는 발상을 나는 좋아한다.

교육의 관점에서는, 이처럼 독창성을 강조하는 것이 효과적인 방법이 될 수 있다. 다른 집단의 아이들에게 '그들의' 아시아 음식에 관해 배우도록 하거나 시크교 사원을 찾아가게 함으로써 아이들을 각자 진영으로 밀어 넣을 것이 아니라, 이같이 단순한 범주화와 낙인에 대한 저항을 고양시키고, 아이들에게 자신들의 혼종hybrid이 갖는 독특함과 다중성에 자부심을 갖도록 하는 게 전략이다. 우리는 글로벌 시민성 연구(Davies, Harber and Yamashita, 2005)를 하면서, 많은 아이들이 대체로 민족과 종교로 구성되는 정체성들의 조합을 내세우는 것을 발견했다. 그리고 이는 메일러와 리드의 교육과정 및 다양성 연구(다음 장에서 살펴볼 것이다)에서도 찾아볼 수 있다. 그러므로 혼종성은 실재에 대한 설명이면서 동시에 규범적 개념, 장려해야 할 그 무엇이다. 지금까지의 논의에서 또 다른 중요한 메시지는 극단주의, 인종주의, 종교 등이 하나의 수행performance, 즉 누군가 하는 그 무엇이라는 점이다. 그것을 두고 '정체성'으로 보거나 내세우는 것은, 해결책이 아니라 문제의 일부이다.

영국에서 이슬람 근본주의자 되기

극단주의적인 행동 내지 정체성으로 귀착되는 근원적인 주제들 중 일부는 이 장 후반부에서 살펴볼 것이다. 이 지점에서 다양한 이론들을 검증하기 위해 한때 극단주의자였던 사람들의 '생생한 삶'의 이야기, 즉 일대기를 살펴보는 것이 흥미로울 수 있다. 정치적 이슬람에 연루되었다가 곧이어 빠져나온 청소년의 이야기에서 잘 드러나지 않는 정보를 파악할 수 있다. 어떤 사람은 그들이 가입한 이유나 탈퇴한 이유에서 교육과 연관되는 패턴과 근본원인을 찾으려고 이런 이야기들을 섭렵한다.

에드 후세인의 저서 『이슬람주의자The Islamist』(2007)는 영국에서 이슬람 근본주의자로 활동한 5년간의 흥미진진한 이야기이며, 현 상황과 관련되는 통찰이 담겨 있다. 그가 다닌 초등학교는 인류애가 충만하고 인종차별을 하지 않는 교사들이 가르쳤던 일종의 피난처였다. 그런데 후세인의 부모는 남녀분리학교를 선호하여, 다문화적인 초등학교에 비해 아시아계가 대다수인 스테프니 그린2)으로 전학시켰다. 하지만 후세인은 행복하지 않았고, 내성적으로 변했

---

2) 스테프니Stepney는 런던 북동부 이스트엔드 지역의 '타워 햄릿 자치구'에 속한 행정구역으로, 중세 마을을 모태로 하여 19세기에 이주노동자와 런던의 극빈층을 위한 주거지로 빠르게 개발되었다. 이후 다양한 이주민이 거쳐 갔으며, 오늘날에는 방글라데시 이주민

으며, 따돌림을 당했다. 학교에 큰 충격을 준 집단 패싸움이 있었지만, 후세인은 거기에 낄 수 없었다. 그의 부모와 조부는 독실한 신자이며 특히 조부는 무슬림 사회에서 유명인사다. 후세인은 조부와 함께 영국 각지를 여행했으며, 이로 인해 인도 영화를 선호하는 학교에서 적응하기가 더욱더 어렵게 되었다. 그의 가족은 정치에 관심을 가지고는 있었지만, 이슬람 신앙은 전혀 호전적이거나 정치화되지 않았다. 그는 종교에 대해 더 알고 싶어서 굴람 사와르가 쓴『이슬람: 신앙과 교리Islam: Beliefs and Teachings』를 읽었다. 이 책은 종교교육 수업에 지금도 사용되고 있는데, 그 가운데 한 장은 다음과 같이 시작한다.

> 이슬람에서 종교와 정치는 동일체다. 그들은 서로 얽혀 있다. …… 이슬람은 우리에게 어떻게 예배하고 단식하고 희사喜捨하며 성지순례Hajj를 해야 하는지 가르침을 주고 있는 것과 마찬가지로, 어떻게 국가를 운영해야 하는지, 어떻게 정부를 구성하고 지방의원과 국회의원을 선출하며 조약을 체결해야 하는지, 그리고 사업과 장사는 어떻게 해야 하는지 등에 대해서도 가르침을 주고 있다(Husain, 2007: 21에서 재인용).

사와르는 '진정한 이슬람 국가'를 만드는 데 헌신해온 다양한 이슬람주의 조직들의 노력을 칭송했다. 그렇지만 사와르는 종교학자가 아니라 경영학 강사다. 그는 무슬림 학생들이 학교 조회에 참석하는 대신 무슬림교육단체Muslim Educational Trust가 관리하는 이른바 '무슬림 조회'에 참석하도록 하는 분리운동의 배후 기획자다. 무슬림교육단체는 영국에서 활동하는 이슬람협회Jamat-e-Islami 일선조직의 하나다. 그들이 제시하는 핵심 메시지는, 이슬람은 종교일 뿐 아니

이 가장 많이 살고 있다. 스테프니 그린Stepney Green은 15세기에 조성된 주택이 밀집한 거리이며, 지금은 보존지구로 지정되어 있다.

라 정치권력을 추구하는 이데올로기이기도 하다는 것이다. 열여섯 살의 후세인은 이에 강력한 영향을 받았으며, 다른 무슬림 '부적응자들'과 친구가 되었다. 이들은 새로운 혼종적 정체성을 내세운다. "우리는 청소년이고, 무슬림이며, 열심히 공부하며, 런던 출신이다"(Husain, 2007: 23). 런던 동부의 급진적이고 행동주의적인 모스크가 이들에게 삶의 중심부가 되었다. "이곳 사람들은 나에게 관심을 보여주었다. 외톨이 남학생에게 이것은 중요했다"(Husain, 2007: 28).

후세인은 어떻게 조직의 일원으로 받아들여졌는지에 관해 흥미로운 설명을 했다. 모스크의 중앙집행위원회 — 모두 남성인 고참 활동가들의 회합 — 에서 청년 캠프와 전국적인 축구대회 그리고 기금 모금 행사를 조직했으며, 그렇게 하여 구성원들의 삶을 빈틈없이 장악했다. "무슬림청년회Young Muslim Organization는 나에게 친구들과 함께할 자리를 마련해주었다." 그들은 또한 타워 햄릿 자치구 너머로까지 거칠기 짝이 없는 폭력 집단으로 명성이 높았다. 후세인은 무슬림청년회의 행사와 모임으로, 그리고 마우두디Mawdudi 같은 급진적인 학자의 저작물을 읽으며 대부분의 저녁시간을 보냈다. 학교에서는 기도 모임을 조직하고 주도하는 데 시간을 쏟았다.

나는 열여섯 살이었고 백인 친구가 없었다. 내가 사는 세계는 전부 아시아인이고 오로지 무슬림뿐이었다. 이것이 나의 영국이다(Husain, 2007: 35).

차츰 소속감에 우월감이 더해졌다. 마우두디의 저작물을 읽으며, 후세인은 자신이 그가 알던 다른 사람들처럼 단순한 무슬림이 아니고 그들보나 낫다고 생각했다. 쿠란을 제대로 읽지 않은 무슬림은 이교도 혹은 비무슬림과 거의 똑같이 나쁘다고 여겨졌다. 게다가 그는 이슬람이 단지 신앙에 그치는 것이 아니라 노예 상태로부터 벗어나 인간의 자유를 선언하는 것이라고 배웠는데, 이는 사이드 쿠트브의 결정적인 특징이다. "그래서 이슬람은 처음부터 인간에 의한 인간 지배에 기초한 모든 시스템과 정부를 철폐하기 위해 싸워오고 있다"(Husain, 2007: 50에서 재인용). 반드시 이슬람의 섭리 안에서 지배해야 하는 것이다. 그의 세계는 둘로 갈라졌다. 이슬람 그리고 서구의 비무슬림jahiliyyah 혹은 무지한 세계.

여기서 우리는 이원론과 흑백논리를 마주하게 된다. 이는 1장에서 논의한 바와 같이 극단주의적인 행동을 특징짓는다. 이슬람주의자들은 세계가 자본주의와 공산주의 때문에 쇠퇴해왔다고 믿으며, 홀로코스트를 결코 진심으로 비판하지 않았다. 나중에 후세인은 해방당Hizb ut-Tahrir에 가입하고 더욱더 급진화되어, 민주주의를 이슬람에서 금지하는 행위인 하람haram이라며 배척했다. 해방당의 정치이념은, 사람들이 통치하는 것이 아니라 하나님Allah이 통치한다고 보며, 세계를 하나의 이슬람 국가로 통일하는 것을 과업으로 하고 있다.

해방당 내 주요 인물의 교육 이력도 흥미롭다. 중심인물은 셰필드 대학에서 공부하고 이즐링턴 자치구 의회에서 일하는 도시계획 전문가와 런던 금융가에서 J. P. 모건을 위해 일하는 회계사이며, 세 명의 당원은 런던 의과대학에 재학 중이었다. 아이러니하게도 해방당은 영국에서는 합법이지만 아랍세계에서는 불법이다. "영국은 해방당에게 그들의 사상을 자유롭게 표현하고 제약 없이 당원을 모집할 수 있는 자유를 허용했다"(Husain, 2007: 87). 후세인은 그들이 끼친 영향에 관해 단호하다. "영국의 자생적 자살 폭탄 공격자들은, 지하드, 순교, 대결 및 반미주의를 유포하고 영국의 무슬림들 사이에 분리의식을 조장해온 해방당의 직접적인 성과물이다"(Husain, 2007: 119).

후세인이 '이슬람주의자'가 된 데는 여러 요인이 있겠지만, 지금까지의 논의에 비추어 무엇이 결정적 계기가 되었을까? 우선 학교에서의 고립을 들 수 있는데, 이는 교우관계와 주위 평가에 대한 조사를 필요로 한다. 근본주의자였던 시라즈 마헤르Shiraz Maher 역시 어떻게 해서 자신이 '이슬람주의에서 벗어났는지'에 관해 이야기하면서, 자신이 얼마나 쉽게 가담하게 되었는지를 언급했다.

"해방당은 여러 면에서 하나의 대가족이다. 사회적 부양, 동지애, 목적의식과 정당성 확신. 그것은 스물한 살의 나를 열광케 했다." 하지만 당초 배척하던 영국 지하드파로 전향한 또 다른 사람, 마지드 나와즈Maajid Nawaz의 이야기는 좀 다르다. 나와즈는 친구를 사귀는 데 아무런 문제가 없었으며 학교에서도 선두 그룹에 속했다. 그럼에도 그는 극단적인 인종주의적 폭력을 당했다. 가해자들은 체포되었으나 처벌받지 않았고, 이 때문에 경찰 내에 그들의 후원자가 있을 것이라는 의혹이 일었다. 나와즈는 미국의 랩뮤직에서 영감을 받은 대항문화 counter-culture에 심취했으며, 이로부터 자신의 정치화가 시작된 것으로 본다.

시간이 지나면서 나는 정체성 문제와 세계적인 갈등을 알아채게 되었다. 보스니아에서의 집단학살로 인해 이루 말할 수 없이 가슴이 아팠다. 오로지 무슬림이라는 이유만으로 살육당하는 유럽의 백인 무슬림이 있었던 것이다(Nawaz, 2007: 8).

그는 고향 출신의 해방당 당원을 만나 그들의 사상에 대해 설명을 들었다. "나의 설익은 정치의식은, 내가 성장기에 안고 있었던 문제에 대해 흑백논리식 해법을 주장하는 이데올로기를 수용하면서 성숙해졌다." 그리하여 절대주의에도 마음이 끌리게 되었다(1장 참조). 비록 이슬람이 어떤 종류의 신념을 가진 사람에게도 열려 있다고는 하지만, 마헤르 역시 그들의 세계관에 대해 "여전히 무서우리만치 양극화되어 있다. 우리는 인종에 따라 사람을 구별하지 않으며, 신념에 근거해 구별한다. 세계는 신자와 비신자로 명료하게 갈라져 있다"고 말했다.

나와즈와 후세인은 그들이 가입한 급진적인 단체를 두고서 부모 그리고 집 근처 모스크와 갈등을 겪었다. 그것은 '가정 내 사회화'의 문제가 아닌 것이다. 아주 특이하게도 그 본질은, 기왕의 독실한 혹은 헌신적인 자세에서 탈피하는 것으로 보인다. "이것은 그 어느 것과도 같지 않은 이데올로기였다. 우리가 정치 활동을 통해 신을 경배하는 그런 방식으로, 종교는 정치와 결합되어왔다.”
그래서 자아의식, 본질주의적인 정체성이 정말로 중심이 되었다. “나는 마침내
내가 누구인지 깨달았다. 나는 새로운 세계질서 창조를 임무로 하는, 총명하고
이념으로 무장된 무슬림이다”(Nawaz, 2007: 8). 마헤르 또한 새로운 정체성을
발견했으며, 영국인이라는 정체성은 물론 남아시아계라는 민족 배경조차 부인
했다. “나는 동양인도 아니고 서양인도 아니다. 나는 무슬림이며, 신앙으로 뭉
친 형제애에 의해 정체성을 규정하는 글로벌 이슬람공동체인 움마ummah의 일
원이다”(Nawaz, 2007: 19).

이슬람주의자가 된 배경에는, 학창시절에 겪은 정체성에 관한 나쁜 경험,
관계망과 '유사친족집단family'의 매력, 흑백논리의 매력, 그리고 관계망이 특별
한 임무를 부여받으면 자신은 세상에서 특별한 역할을 부여받은 사람이 된다
는 매력이 결합되어 있는 것으로 보인다. 이는 우리 중 다른 많은 사람들에게
도 진실일진대, 오마르는 7월 7일[3] 자살 폭탄 공격자 네 명에 관해 다음과 같
이 묻고 있다.

이 청년들에게 대체 무슨 일이 있었기에 이런 짓을 하게 되었는가? 무엇이 잘못되
어 그들과 그들의 이슬람에 대한 생각을, 허무주의적인 폭력을 지향하게 바꿔놓
았나? 네 명의 무슬림들이 자폭한 이유는 무엇이었나? 왜 다른 주변부 공동체에
서는 자살 폭탄 공격자들이 생겨나지 않았는가?(Omaar, 2006: 13)

특히 스리랑카의 경우를 보면, 마지막 질문에 대한 답은 당연히 그들에게 있

---

3) 2005년 7월 7일 오전 8시 40분 런던 중심부(지하철 역 세 곳과 이층버스 한 대)에서 동시
에 자살 폭탄 테러가 일어났다. 이 사건으로 56명이 사망하고 700여 명이 부상당했다.
범인 네 명 중 세 명은 영국에서 태어나고 자란 파키스탄계이고 나머지 한 명은 자메이카
출신이며, 모두 18~30세의 영국 시민이었다.

음을 알 수 있다. 하지만 우리의 관심사는, 오마르가 그의 저서 『영국에서 무슬림으로 살아가기Only Half of Me: British and Muslim: the Conflict Within』에서 말한 바를 두고 보안 당국자들이 '런더니스탄'이라는 언급을 한 것에 주목한다. 이는 런던이 "무슬림과 비무슬림 사이의 전 지구적인 갈등이라는 이데올로기를 신봉하며, 보스니아 또는 체첸에서의 분쟁에 관한 전단지를 배포하고 비디오를 판매하는"(Omaar, 2006: 31) 과격파 조직에 속한 급진적인 청년들의 근거지가 되었음을 시사한다. 오마르는 자살 폭탄 공격자들이 아랍계 무슬림의 생활 중심지인 에지웨어로드 역을 목표물 중 하나로 삼은 이유에 관심을 보였다. 주동자는 모하메드 시디크 칸이라는 서른 살의 보조교사였다. 그는 한 소녀의 아버지며, 교사로 일하는 파키스탄계 영국 여성의 남편이다.

오마르는 그곳이 시디크 칸과 이슬람주의 운동이 경멸하는 무언가의 상징이었기 때문이라고 말한다. 그들이 에지웨어로드를 공격한 이유는 정확히 말해, 그곳이 이슬람과 서구 사이의 유대관계, 즉 알카에다 메시지의 순수한 해석에 따르면 문화적·이데올로기적으로 가증스러운 것을 표상하기 때문이었다. 그들은 종교로서의 이슬람과 공동체로서의 무슬림이 런던, 파리, 맨체스터, 함부르크 등 서구에서 번성할 수 있다는 생각을 문제시하고 있었다. 또한 전 세계에 걸친 '신자들의 국가nation of believers'의 성원이면서 동시에 영국인 정체성도 가질 수 있다는 생각을 공격하고 있었다. "서구 도시가 이슬람 현대사에 영원히 등장할 수도 있다는 생각은, 근본주의자가 보기에 도무지 있을 수 없는 신성모독이다"(Omaar, 2006: 37).

우리는 국가와 문화에 대한 글로벌 정체성 개념과 순수성 개념의 결합을 다시금 목도하게 된다. 그것은 격정을 불러일으키는 혼합으로서, 왜 무슬림이 다른 무슬림의 표적이 될 수 있는지, 왜 무슬림 역시 이슬람주의 테러리스트의 공격을 받아 죽는지 설명해준다. 단지 서구에서 평화롭게 살고 일하기만 해도 극단주의자에게는 변절자이며 이교도와 다름없는 존재가 된다.

오마르Omaar는 소말리아인의 한 사람으로, 2005년 7월 21일 폭탄 불발로 자폭 테러에 실패한 가담자 중 특히 야신 하산 오마르Yassin Hassan Omar의 배경에 관심을 두었다. 둘은 모두 10년 전 아프리카의 뿔Horn of Africa 지역[4]에서 전란을 피해 영국으로 망명해온 아동 이주민이었다. 야신은 정처 없이 위탁보호가정을 전전했다. 그리고 오마르에 의하면, 정체성 의식을 전부 상실했다. 그는 7·21 테러의 주모자가 된 이브라힘 묵타르 사이드를 따라 개종했다. 이브라힘 자신은 그전에, '고립된' 환경인 펠텀 소년원에서 급진 이슬람으로 개종했다. 오마르는 어찌됐든 테러 행위를 사회적 박탈 또는 소외의 탓으로 돌릴 수 없음을 바로 인정했다. 그렇지 않은 난민도 수없이 많으며, 적응에 실패한 사람과 비슷한 배경의 사람으로부터 위협받는 사람들도 많다. 그러나 그는 일링 자치구의 반인종차별 업무 책임자인 아샤의 말을 인용하며, 난민 집단에 가해지는 압박에 주목했다.

어린 소말리아 소년이 학교에서 괴롭힘을 당하면, 그 소년은 자신이 교전지역에서 목격했던 사람들의 행동양식으로 반응할 것이다. 그는 사람들이 죽임을 당하는 것을 보았을 것이며, 난민 캠프에서 식량 배급을 받기 위해 길게 늘어선 줄에서 사람들이 어머니와 누이들을 때리고 밀치는 것을 보았을 것이다. 그는 이곳에서 다른 사람들이 했던 것처럼 반응한다. 그들은 싸우고, 말다툼하고, 생존하기 위해 자신의 의지를 강요하려 한다. 하지만 그들은, 무엇보다도 다시는 굴욕을 당하지 않을 것을 확실히 해두기 위해 싸우는 것이다(Omaar, 2006: 202에서 재인용).

그는 또한 듀스베리에서 있었던, 해방당의 호소에도 관심을 보인다. 지방 언론인인 파하나 하크는 이렇게 설명했다.

---

4) 소말리아와 에티오피아 일대 지역을 가리킨다.

우리 조직은 하나의 사회적·종교적·정치적 과정인 일종의 무슬림 재각성의 일환으로, 청년들이 마약을 끊도록 도우려 한다. 달리 마땅한 표현이 없는데, '거듭난' 무슬림이 되는 것이라고 할 수 있다. 마약에 중독된 친척에게 시달리는, 보수적인 무슬림들은 도움을 주는 이러한 조직들에 감사하고 있다(Omaar, 2006: 229).

이에 덧붙여 오마르가 지적하기를, 이들 가난한 공동체는 도움을 주는 그러한 조직에 의지하게 되는데, 그것은 자신들만으로는 이 넓은 세상에서 그렇게 할 수 없다고 느끼기 때문이라는 것이다. "이 공동체가 기존 사회로부터 더 주변화되고 손가락질받을수록 더욱더 자기 내부로 향하여, 생각할 수 있는 극단적인 형태의 구원에 손을 뻗치게 된다"(Omaar, 2006: 230). 여성의 베일[5] 착용을 두고 정치인들이 비판을 한 이후, 영국의 더 많은 젊은 여성들이 베일을 착용하기 시작했다. "베일은 이제 우리의 결속을 상징한다." 베일을 착용하지 않는 사람에게는 그것이 정치적으로 보이지 않지만, 착용하는 사람들은 진정으로 정치적인 것이라고 본다. 오마르는 그러므로 이맘imam이나 급진적인 운동뿐만 아니라 기존 사회 역시 이슬람을 정치화하고 있다고 암시하는 듯하다. 우리는 앞서 살펴본 정체성 문제에다, 주변화 그리고 그와 동시에 일어나는 순수성 추구를 더해야 할 것이다.

극단주의자의 소속감과 행동의 원인, 결정적 계기

이 장 마지막 부분에서 나는 후세인, 나와즈, 마헤르 등이 극단주의에서 빠져나온 과정을 살펴볼 것이다. 들어감과 나옴은 점진적인 과정이다. 그러나 올

---

5) 무슬림 여성이 착용하는 히잡, 차도르, 부르카를 일컫는다.

라감과 내려옴이 똑같다고 상정하는 것은 잘못이며, 사다리와 비계飛階가 똑같다고 보는 것과 다르지 않다. 앞의 사례들은 심취 혹은 중독의 특색을 느껴보게 하려는 의도로 살펴본 것이다.

나는 먼저 극단주의자의 삶을 지향하게 만드는 원인, 결정적 계기 혹은 요소에 대한 몇몇 이론을 알아볼 것이다. 이들은 밀접하게 연관된 두 개의 주요 범주로 나누어 볼 수 있다고 생각된다. 한 사람이 겪은 경험과 그가 가진 심리적 요소가 그것이다.

경험: 트라우마 그리고 허약함

엘워시와 리프킨드는 근본주의 집단인 하마스Hamas에 동조하는 사람들에게서 보듯이, 폭력, 굴욕 및 죽음의 경험에서 생겨난 트라우마와 근본주의 사이에는 직접적인 연관이 있다고 했다.

> 이것은 통제된다는 느낌도 없고 아무런 영향력도 행사할 수 없는, 불확실하고 혼란에 빠진 세계에서 살아가는 가운데 형성된다. 이러한 상황에서, 근본주의는 안전감을 줄 수 있는 두 가지를 제공한다. 첫째, 물질적인 안전망 제공이라는 면에서 (과대평가할 수는 없지만) 적지 않은 복지혜택. 둘째, 비록 내용이 극단적일지라도 불확실한 세계에서 확실하다는 인상을 주는 확고한 철학(Elworthy and Rifkind, 2006: 20).

하루에 다섯 번 기도하는 것과 같은 규칙과 의례 역시 불안전한 세계에서 친숙감과 안전감을 준다. 쿠란 합숙 교육은 공동체의식, 형제애 및 소속감을 갖게 해준다. 하지만 옳고 그름의 도덕적 확실성에 대한 요구도 있다. 경직된 구조에 대한 이러한 정신적 요구는 인간 행위에 대해 경화된 견해를 가져왔으며,

또한 인간 행위의 미묘한 복잡성, 사람들의 선한 성향과 악한 성향에 대한 몰인식을 초래했다. 극렬한 정치폭력을 자극하는 태도들은 더욱 고착화되었다.

안전에 대한 욕구는 근본주의 문헌에서 반복적으로 다루는 주제다. 캐트론은 근본주의자를 '구도자seeker'라기보다는 '거주자dweller'라고 분류한 우스로(Wuthrow, 1998)를 인용한다. 구도자는 항상 새로운 영적 지평을 찾고 있지만, 거주자는 친숙한 종교적 공간에 머물면서 안전감을 가진다. 그런데 우리는 후세인의 이야기에서 그가 친숙한 것에서 벗어나고 싶어 했음을 보았다. 따라서 이는 모두에게 적용될 수는 없을 것이다. 하지만 캐트론은 자신이 어린 시절에 근본주의 신앙 공동체에 전적으로 몰입하고 그 울타리 안에 있었던 것으로 회상하는데, 그때는 모든 의미와 목적이 신앙공동체에서 나왔으며, 모든 삶의 경험이 그 맥락 속에서 해석되었다(Hood, Hill and Williamson, 2005). 이아나콘(Iannacone, 1994)의 의견에 따르면, 포스트모던 시대에 근본주의 종교가 갖는 '심리적 유지력psychological staying power'은, 의미에 대한 개인의 욕구를 충족하고 자칫 파편화된 것으로 보일 수 있는 실존에 일관성을 부여하는 통일적인 철학적 틀을 창출하는 능력에서 나온다. 그는 "성장과 신자 수 유지라는 면에서 가장 성공적인 종교란 절대적이고, 확고하고, 엄격하며, 규범화된 행동기준을 갖춘 종교"(Hood, Hill and Williamson, 2005: 16에서 재인용)라고 결론지었는데, 이는 그리 놀라운 일이 아니다.

경험: 두려움

안전에 대한 욕구는 두려움과도 관계된다. 후세인은 급진주의자들이 어떻게 '무슬림에게 두려움을 불어넣었는지'에 대해 말했다. 그들은 전단지에다 "오늘은 보스니아, 내일은 영국"이라고 선언했다(Husain, 2007: 113). 스테판 부부(Stephan and Stephan, 2000)는 외집단outgroup에 대한 불안감을 고찰하기 위한 통합위협모델Integrated Threat Model을 제안했다. 여기서 그들은 '실재적인' 위협은 정치적·경제적 권력 또는 신체적 안녕에 대한 위협이며, '상징적인' 위협은 집단의 가치체계, 신념체계, 세계관 등에 대한 위협이라고 했다. 극단주의자에게 더욱 두려움을 강하게 만드는 것은 둘 다일 수도 있다. 캐트론(Catron, 2008)은 자신이 연구한 근본주의자 학생들에 관해 생각할 때는 그들이 직면한 도전을 이해하라고 요구한다. "때때로 적개심과 편협함으로 나타나는 게 실제로는 두려움일 수 있다. 새로운 사상에 대한 두려움과 개인적 상실 가능성이 그렇게 표출되는 것이다."

경험: 굴욕

분쟁과 점령이 야기하는 트라우마는 종종 굴욕을 수반한다. 「테러리즘과 그 초월성의 상호주관적 차원Intersubjective Dimension of Terrorism and its transcendence」이라는 논문에서 다이앤 펄먼은 굴욕과 선망羨望의 영향을 설명했는데, 이 둘은 결합되어 '대단히 파괴적인 감정을' 불러일으킨다.

> 굴욕을 당하는 것은 평정을 되찾으려면 배출해야 하는 독소로 가득 차 있는 것과 같다. 굴욕은, 종종 모욕하는 사람의 콧대를 꺾는 등 무조건적인 시정 요구가 포함된 자기애적인 상처를 동반한다(Ramakrishna, 2006: 250에서 재인용).

외집단에 의해 굴욕을 당한 개인의 감정은 그 집단에 그대로 투사된다. 달리 돌파구가 없을 경우, 테러리즘이 피해자 지위victimhood를 주인 지위mastery로 전환시키는 길이 되는 것이다. 테러리스트들은 자신들의 무기력, 절망, 어두운 '아비투스habitus'를 외집단이 잠시라도 맛보게 강요하기를 원한다. 라마크리슈나(Ramkrishna, 2006)는 "사람들은 약해지기보다 차라리 나빠지려 한다"는 정신

분석학적 견해를 인용했다. 이러한 권력의 문제는, 다음 논의에서 보듯이 남성성masculinity과 연관된다. 의미심장하게도 인종차별시대 남아프리카공화국에서 아프리카계 남성들이 일터에서 당하는 굴욕과 야만성은 2선에 있는 여성에 대한 고강도 폭력으로 옮겨졌다고 분석되었다. 신체적 폭력은 우위를 차지하기 위한 첫 번째 전략이 된다(Abrahams, 2004). 시에라리온의 혁명연합전선RUF에 속한 청소년들의 야만성에 관해서도 비슷한 점이 지적되었다. 교육에서 전적으로 배제되었든, 아니면 일자리를 얻거나 권력에 다가갈 기회가 거부되었든, 청소년들은 '전망 부재의 상처'에 고통 받고 있었다. 그들은 반란군이 됨으로써 "걸핏하면 당신에게 큰소리치던 예전 주인을, 또는 당신을 비웃었을 다른 사람들을 쥐고 흔들 수 있게 되었다"(Krech and Maclure, 2003).

팔레스타인을 논의하면서 엘워시와 리프킨드는 폭력을 사용해 명예와 자존심을 회복하려는 욕구와 굴욕의 장면 사이에는 '강력한 상관관계'가 있다는 문제 제기를 했다(Elworthy and Rifkind, 2006). 팔레스타인 사람들에 대한 처우, 즉 이스라엘 병사들이 검문소에서 그들을 발가벗기고, 거주 이전의 자유를 제한하고, 가옥을 강제 철거하는, 이 모든 것들이 극심한 존엄성 상실을 가져온다. 수치와 굴욕 속에 사느니 존엄한 죽음을 택하겠다고 할 수 있는 것이다. 엘워시와 리프킨드는 그러므로 자살 폭탄 공격을 줄이는 기본적인 방법은 존중감을 회복하도록 체계적인 노력을 시작하거나, 적어도 바리케이드, 몸 수색, 야간 가택 수색, 여성에 대한 무례함과 같은 일상적인 굴욕을 제거하는 것이라고 본다. 이런 측면에서의 긍정적인 발전은, 이스라엘 시민이 최근 시작한 '검문소 감시' 운동을 예로 들 수 있다. 이들은 검문소를 통과하려는 팔레스타인 사람들에 대한 병사들의 행동을 추적·관찰하고 있다.

경험: 소외와 고립

소외는 선택한 것이든 강요된 것이든, 여러 형태로 나타난다. 캐트론은 초기 근본주의자들의 '전투태세'에 관해, 그리고 고등교육 같은 세속 교육기관에서의 권리 박탈에 관해 언급한 바 있다. "소외는 분리주의가 되었으며, 분리주의는 정의의 전사들이 기꺼이 가슴에 단 영성spirituality의 배지가 되었다"(Catron, 2008). 소수자 집단이 충분히 통합되거나 수용되지 않는다고 느낄 때, 다른 형태의 소외가 사회 내에서 일어난다. 에릭 실버(Silver, 2007)는 이스라엘에서 러시아계 이주민에 의한 네오나치 활동이 증가한다는 충격적인 이야기를 전했는데, 러시아계 이주 청소년의 3분의 1만이 자신을 이스라엘인으로 여긴다는 연구결과를 인용했다. 소규모 네오나치 조직들은 스프레이로 거리에다 나치 문장(卍) 낙서를 하고, 유대교 회당을 파손하거나, 공격에 취약한 사람뿐 아니라 유대교 신자임을 드러내는 유대인까지도 공격하곤 했다. 이주민부Ministry of Immigrants Absorption 차관을 역임한 러시아계 이스라엘 국회의원인 마리나 솔로드킨이 다음과 같이 말한 바 있다.

> 네오나치 활동은 자신들이 이스라엘에 있다는 것을 자각하지 못하는 젊은 세대가 항의하는 방법이다. 그들은 자신의 정체성을 상실했다. 그들은 유대인도 아니고 이스라엘인도 아니다. 그들은 받아들여지지 않은 러시아인이다. 학교에서도 그렇고, 다른 아이들의 가족에게서도 그렇다(Silver, 2007: 4).

이스라엘의 네오나치는 모국 러시아의 급진우파가 세를 불리는 데 고무되었다. 러시아에는 백인우월주의자인 스킨헤드가 약 7만 명에 달하는 것으로 추산된다. 러시아의 반유대주의 웹 사이트들은 "유대인들은 비열한 선전을 통해 백인 여성의 정신을 오염시키고 깜둥이들을 우애심과 박애정신을 가지고 대하도록 부추기고 있다. 우리는 우리의 여성들을 지켜야 한다. 우리는 유대놈들에게 사로잡힌 우리의 정신을 해방시켜야 한다"고 선언했다. 예루살렘의 한 러시아 서적 판매점에는 반유대주의 서적과 홀로코스트 부인론에 관한 자료가 쌓여 있다. 이스라엘은 시오니즘의 사명을 다하는 데 자긍심을 갖고 있으며, 지난 60년간 아프리카, 아시아, 유럽 및 아메리카의 100여 개국으로부터 300만 명이 넘는 유대인들을 이주시켰다. 그렇지만 유대인 국가임을 존재 이유로 하는 국가도 이제부터는 다문화주의를 받아들이는 법을 배워야 한다는 항의에 직면해 있다.

모든 게 아랍과의 분쟁에 집중되다 보니, 이스라엘 내의 소수민족들은 오랫동안 문화생활, 공공생활 및 정치생활에서 '주변부에 내던져져' 있었다(Silver, 2007: 5). 하렐리 핀슨Halleli Pinson은 팔레스타인계 이스라엘 시민들이 어째서 한 번도 아니고 두 번씩이나 배제된다고 느끼는지 언급했다. 한 번은 이스라엘의 주류 유대인에 의해, 또 한 번은 이스라엘 시민이 아닌 팔레스타인 주류에 의해서였다. 핀슨에 따르면, 일부는 자신들의 불만스러운 처지를 납득하려고 애쓰는 가운데, 아랍 세계 또는 무슬림 세계에 소속감을 가지는 '초국가적 supranational' 정체성을 취했다. 이러한 이중 주변화와 글로벌 정체성으로의 치환은 영국의 무슬림 청소년에게서도 찾아볼 수 있다.

주변화는 교육기관에서도 일어난다. 제이런 리스(Liese, 2004)는 '회복 탄력성resiliency 연구'를 인용하는데, 이 연구는 학교에서 배척당한다고 느끼는 아동이 갱단에 가입하거나 비순응성 행동에 가담할 위험이 더욱 크다는 것을 연이어 증명했다. 고통이나 위협을 느끼는 학생들, 특히 그들이 직접 통제할 수 없는 것에 관해 그렇게 느끼는 학생들은 자주 좌절을 경험하고 그런 느낌을 주는 사회집단에 대해 분개하게 된다. 하지만 인간은 양심을 가지고 있기 때문에, 청소년들이 그 같은 수준의 분개를 하게 되면, 그들은 자신의 삶에서 중요한 어른들이나 또래들 중에서 다른 집단에 대한 부정적 감정을 지지하는 '지원군을 만들려는' 경향이 있다. 일단 그들이 표적에 귀속시킨 특성에 관해 다른 사람들로부터 동의를 얻을 수 있다면 분노, 의혹, 격분 등에서 연유된 어떠한 행동도 정당화된다고 여겨질 수 있다. 제이렌 리스는 미국 청소년들이 갖는 격렬한 분노의 감정이 어떻게 해서 아랍인과 무슬림 학생들을 표적으로 삼게 되었는지에 관해 말하고 있다. 이러한 심리작용은 아랍인과 무슬림 학생들, 사실인즉 위협을 경험하는 모든 집단에게서도 일어난다고 주장할 수 있다. 이런 반응은 영국의 '배제된' 아이들에 관한 연구에서도 찾아볼 수 있다. 상실과 위협의 경험은 분노로 변하고, 이는 곧 교사나 다른 학생들에게 향해진다(Leoni, 2005).

경험: 좌절 그리고 글로벌화

테러리즘은 반드시 빈곤이나 문맹 때문에 생겨나는 것은 아니다. 테러리스트들이 중간계급 혹은 특권층 출신의 고학력자가 많고, 이들을 지지하는 사람들도 평범한 시민보다 교육을 더 많이 받은 것으로 우리는 파악하고 있다. 피터 맨스필드는 이슬람 행동주의는 빈민층이 아니라 좌절한 중간계급의 피조물이라고 주장한다. 테러리즘의 추종자들은 북아프리카 도시의 판자촌이 아닌 대학교 및 전문학교의 캠퍼스에서 배출되었다. 아랍 학생들은, 1930년대 스페인 내전에 참전하려고 조국을 떠났던 유럽의 좌파들과 같은 정신으로, 아프가니스탄의 지하드에 참전하기 위해 자원병이 되었다(Mansfield, 2003). 특권층 또는 좌절한 중간계급에 대한 똑같은 설명이 독일의 적군파에게도 적용될 수 있다. 좌절감은 정부 정책이나 글로벌화의 거대한 힘에 영향을 미칠 수 없다는 데서 비롯된다. 오마르는 이라크의 상황이 정체성을 응결시키는 데 결정적으로 작용한다는 점을 분명히 했다.

이라크는 우리를 모든 것에 연결시킨다. 예언자 무함마드의 후손들의 이야기와 연결시킨다. 이슬람이 아라비아에서 벗어나 글로벌 종교가 된 이야기와도 연결시킨다. 그리고 동북 아프리카의 작은 귀퉁이에서부터 아시아에 이르기까지 이슬람 문명이 확립된 이야기와 연결시킨다. …… 이라크 침공은 알카에다와 연계된 극단주의 집단들에게, 평범한 무슬림들이 그들의 소중한 문화유산에 대한 공격을 보면서 느끼는 분노를 쑤셔볼 기회를 주었다(Omaar, 2006: 182).

대부분의 이슬람 테러리스트들은 이슬람 신앙을 오랫동안 실천해온 사람이 아니라 유럽에서 무슬림으로 거듭난 사람들이다. 로이가 그의 저서 『글로벌화된 이슬람Globalised Islam: the Search for a new Ummah』에서 지적했듯이.

그들이 재현하는 이슬람은 전통문화에는 존재하지 않는다. 그것은 오직 서구와의 접촉을 통해서만 발현될 수 있는, 근본주의적 해석이다. 글로벌화야말로 신자들의 범세계적인 공동체라는 유토피아적 비전의 초석이다. …… 점증하는 이슬람의 탈영토화가 상상의 이슬람 공동체를 정치적으로 재구성하기에 이른 것이다(Roy, 2004: 44).

심리: 인지적 종결 욕구

쿠마르 라마크리슈나(Ramakrishna, 2006)는 동남아시아를 무대로 하는 제마이슬라미야의 테러리스트에 관해 탁월한 분석을 했다. 그는 종교 행위에서의 심리작용과 많은 사람의 '인지적 종결cognitive closure' 욕구, 즉 애매모호함이 아니라 특정문제에 대한 확실한 답을 바라는 욕구를 이 분석에 활용했다. 글로벌화가 초래한 사회심리적 혼란으로 인해 이러한 인지적 종결 추구가 특이하게도 특정인에 한정되지 않고 비서구 사회에서 엄청나게 심해졌다. 개인주의적이고 경쟁적이며 사생활지상주의적인 그리고 유동적인 가치체계와 태도들이 가족, 씨족, 자발적 결사체와 같은 전통적인 사회 단위들을 약화시키는 듯하다. 그가 인용한 셀렌구트Selengut의 분석에 의하면 글로벌화가 사회를 동요시키는 것은, 이로 인해 사회의 탈신성화desacralisation가 촉진되고, 종교적·도덕적 상대주의가 조장되며, 개인이 '자신의 가치관, 직업, 생활양식 및 도덕체계'를 스스로 결정해야 하는 무거운 짐을 지게 되기 때문이라고 한다. 그리고 정말 황당하게도 성생활과 여성의 지위에 관한 전통적 관념이 훼손되기 때문이라고도 한다.

'인지적 종결'에 대한 욕구 혹은 선호는 단지 글로벌화와 파편화된 세계에만 관련되는 것이 아니라, '고착된' 발달단계의 속성일 수도 있다. 캐트론은 학생 발달에 대해 저술한 윌리엄 페리(Perry, 1999)를 인용했는데, 페리는 그의 연구에서 학생들은 일정 단계를 밟아가야 사려 깊은 지적·도덕적 책무를 다할 수 있게 된다는 결론을 이끌어낸 바 있다. 초보단계는 '기본적 이원론'이다. 이 위치에서 학생들은 세계를 하나의 이분법으로, 즉 '권위 - 옳음 - 우리와 이에 대조되는 낯선 세계의 불합리 - 그름 - 타자'(Perry, 1999: 66)로 세계를 바라본다. 페리는 권위주의적 구조 ― 근본주의의 본질적인 특색 ― 에 대한 의존이 이원론적 세계관을 강고하게 만든다고 본다. 이러한 세계에서 도덕률은 무조건적인 복종을 의미한다. '다중성' 또는 다른 타당한 관점도 가능하다는 인식에 도달하려면, 학생들은 '타자성'에까지 잠재적 정당성을 확장할 수 있어야 한다. 이것은, 외부에서 주어진 사유 및 행동 규준에 순종하는 데 기초한 신앙을 증거하며 근본주의적 이원론의 세계만 알아온 사람들에게는 어려운 일이다. 이원론의 '천진성innocence'은 대안이나 관점이 전혀 없다는 데서 비롯되었다. 대안적인 관점을 제시하는 사람은 누구나 진리에 몽매하거나 도덕적인 위협이 된다고 보는 경향이 어려움을 가중시키고 있다. 이는 복음주의가 바로 자신의 존속을 위해서 '구성되는 외부constitutive outside'에 어떻게 의존하는지에 대한, 즉 '이항대립'에 대한 애플의 설명과도 들어맞는다.

복음주의의 실제 의미와 정체성은 부도덕하고, 게으르며, 국가에 짐이 되는 자들, 악惡, 세속적 인본주의자 혹은 구원받지 못한 자들을 필요로 한다. 바로 이런 이항 대립이 가장 근본주의적인 해석체계에 의미를 부여한다(Apple, 2001: 163).

우리는 이로부터 발달이 정지된 행동에 두려움, 복종, 위협과 이원론이 어떻게 어우러져 있는지 알 수 있다. 캐트론에 따르면, "경계가 있는 환경을 벗어나는 두려움이 때로는 갇혀 있는 고통보다 더 클 수 있다".

심리: 권위 존중

복종은 권위의 문제와도 연관되며, 이에 관해 케네스 스트라이크가 흥미로운 주장을 했다.

양심의 자유에 대한 요구는 명령의 객관성과 권위 있음에 관련된다. 양심의 목소리는 신의 목소리 혹은 이성의 목소리일 수 있다. 그러나 명령은 그것이 단순한 의견의 문제일 뿐이라면 명령이 아니다. 어느 누구도 열 가지 제안 중 하나를 어겼다고 해서 양심의 가책을 크게 받지는 않을 것이다. 복종이라는 결론에 도달한 이성적 사고는 '나는 이것을 해야만 한다. 왜냐하면 나에게 명령하는 목소리가 진리고 권위 있기 때문이다'라고 말한다(Strike, 2003: 8).

진화생물학자로서 도킨스는 아동의 사회화에 관해 흥미로운 이론을 제시했다. 그가 말하기를 다른 그 어떤 종species 이상으로, 우리는 세대를 거듭하며 축적한 경험에 의지해 생존하고 있으며, 아동의 보호와 안녕을 위해 앞 세대의 경험이 그들에게 전승될 필요가 있다. 생존을 위해, 경험 법칙을 보유한 아동의 두뇌에는 선택 유리성selective advantage[6]이 있게 마련이다. 이어서 어른들이 무슨 말을 하든 의심하지 않고 믿는다. 도킨스는 그래서 종교를 원래는 유익한 심리적 성향의 부산물, 오발탄으로 본다. 이를테면 불꽃에 달려들어 죽어가는 나방들은 관성적으로 달빛에 이끌려 다니기 때문에 그런 것이다. 사람들은 부모나 연장자의 말씀은 비록 우습더라도 관성적으로 받아들인다. 이러한 이유로, 종교나 어깨 위로 소금 뿌리기 같은 원시적 미신이 지속되는 것이다. 믿어 의심치 않는 복종의 뒷면에는 잘 속아 넘어가는 맹종이 자리하고 있다. 피할 수 없는 부산물은 '마인드 바이러스'[7] 감염에 대한 취약성이다. 진화론적인 생존을 위해서, 아동의 두뇌는 부모와 부모가 믿으라고 한 연장자를 신뢰해야 한다. 당연히 아동은 좋은 조언과 나쁜 조언을 분간할 수 없게 된다. "아동은, '악어가 출몰하는 림포포 강에서는 카누를 타지 마세요'는 좋은 조언이지만 '보름달이 뜨면 염소 한 마리를 산 제물로 바쳐라, 그렇지 않으면 비가 오지 않을 것이다'는 기껏해야 시간과 염소만 허비하는 것임을 알 수가 없다"(Dawkins, 2006: 176). 도킨스가 지적하듯이, 두 조언은 똑같이 믿을 만하게 들릴 뿐만 아니라 존중과 복종을 명하는 엄숙한 진심을 담아 전해진다.

이러한 생각들은, 똑같은 '전염성 있는 엄숙한 방식'으로 다음 세대로 전승되기에 이른다. 종교 지도자들은 어린이를 일찍 포섭해야 함을 잘 알고 있다. "나에게 아이를 일곱 살까지 맡기시오. 사람을 만들어 그대들에게 보낼 것이오"라는 예수회의 진부한 호언장담은 사회화의 힘을 보여주는 것일 뿐 아니라, 믿지

---

6) 한 집단의 유전자형이 다른 집단의 유전자형에 비해 생존력과 적응치selective value ─ 어떤 환경에서 개체당 얼마만큼 자손을 남기는가를 나타내는 상대적 지표 ─ 가 높게 나타나고 그 자손도 이러한 속성을 이어받고 있을 때, 그 유전자형에는 '선택유리성'이 있다고 한다.

7) 질병을 옮기는 바이러스처럼 일부 집단의 주장이나 생각이 다른 사람들의 사고방식과 행동에 영향을 미치는 현상으로, 매스미디어 등 여러 경로를 통해 거의 무의식적으로 사람들의 일상에 침투해 생각과 행동을 지배한다. 기업 이미지를 은연중 유포하는 광고나 대중을 선동하는 정치인이 이를 활용하는 사례다.

않는 사람에게는 불가사의하게 들리는 수많은 종교, 신념체계, 기적을 아이가 사실로 받아들일 수 있다는 공포심을 나타내는 것이다. 내가 좋아하는 기적에 관한 유머가 하나 있다. 최후의 만찬 때 예수께서 열두 사도에게 물을 포도주로 바꿔놓겠다고 말씀하셨더니 그들은 모두 "안 돼요. 당신도 다른 사람들처럼 헌금함에 당신 돈을 넣으세요"라 했다고 한다.

후세인 같은 급진 이슬람주의자와 그 부모의 관계를 살펴보기 전까지는 도킨스의 분석이 매혹적이다. 그런데 모든 것이 부모의 견해로부터 일탈했으며, 부모의 견해와 충돌했던 것으로 보인다. 톰 콕번(Cockburn, 2007)도 영국국민당 지지자들의 편견은 부모로부터 비롯되지 않았다고 말했다. 사실 부모는 아이들과 긴장상태에 있었고, 자신에게 아이들이 관심 가지기를 원하지도 않았다. 사회화 연구와 구성주의적 연구들은 청소년이 부모, 교사, 미디어로부터 배우는 지식과 교육을 수동적으로 받는 사람이 아니라는 것을 보여준다. 그럼에도 도킨스의 이야기가 타당한 대목은, 아이들이 관성적으로 권위를 수용할 수도 있으며, 또한 권위주의적이거나 엄격한 가정에서는 그러한 복종을 재생산할 것이라는 점이다. 극단주의자들은 그들의 복종 성향을 또 다른 더 엄격한 우두머리에게로 단순히 이전시킬 뿐이다.

심리: 목적 그리고 사랑

무비판적인 신념에 빠지기 쉽게 하는 또 다른 요인은, 모든 것에서 목적을 찾으려는 욕망이다. 1장에서 우리는 유토피아적 비선에 대해 고찰한 바 있다. 도킨스는 우리가 선천적으로 창조론자가 될 소질을 타고났으며 자연 선택 natural selection은 아무런 직관적 의미가 없다는 심리학자들의 견해를 인용했다. 데보라 켈러먼(Keleman, 2004)은 아이들이 '구름은 비를 내리기 위한 것'으로 인식하는 등 현상마다 목적을 부여하는 '직관적 유신론자'임을 드러내 보였다.

또한 사랑에 빠지는 메커니즘이 자연 선택의 부산물일 가능성이 있다. 종교에서의 신앙은 사랑에 빠지는 것과 동일한 특성을 가진다. 이 둘은 많은 면에서 중독성 약물에 취해 있는 것과 유사하다. 신경정신병학자의 견해를 살펴보자.

종교가 지닌 많은 얼굴 중 하나는 초자연적인 존재, 즉 신에게 몰입하는 강렬한 사랑이며, 아울러 신을 나타내는 성상에 대한 경배이다. 인간의 삶은 이기적 유전자에 의해 그리고 강화과정에 의해 움직여진다. 수많은 긍정적 강화물이 종교에서 유래한다. 험한 세상에서 사랑받고 보호받는 존재로서 느끼는 따뜻함과 편안함, 두려움과 죽음에서 벗어남, 어려운 시절의 기도에 응답해 언덕 위 도성에서 내미는 도움의 손길 등등. 마찬가지로 현실의 사람(대개 이성)에 대한 낭만적인 사랑도 관련된 긍정적 강화물에 격정적인 집착을 보인다. 이런 감정들은 편지, 사진, 심지어 빅토리아 시대에 그랬듯이 머리카락에까지, 상대방의 아이콘에 의해서 촉발될 수 있다(Smythies, 2006).

루스벤(Ruthven, 2004)도, '예수와 사랑에 빠졌다'고 개종 체험을 간증하며 남침례교 신학자인 E. Y. 멀린스를 추종하는 거듭난 기독교인들에 대해 유사하게 언급한 바 있다. 사랑은 목적뿐만 아니라 절대적으로 '옳다'는 느낌도 가져다준다.

심리: 유일성

파머는 '빛나는 길'의 일원이었던 페루 대학생들이 마르크스주의에 대한 마오쩌둥식 시각을 단지 말만 하는 데 그치지 않고 행동으로써 그리고 연구로써 어떻게 키워왔는지에 관해 자세히 서술했다.

다년간 심혈을 기울여온 연구, 세심한 현장 적용, 그리고 아야쿠초Ayacucho 지역의 농민들과 지식인 전위 사이의 긴밀한 관계 구축에 의해서, 전체 마르크스주의 혁명세력 내에서까지 그들의 유일성에 대해 결코 흔들리지 않는 믿음을 점차 가지게 되었고, 오직 그들만이 마르크스주의 이론과 실천의 핵심을 발견했다는 확신이 생겨나게 되었다. 그들은 자신들을, 말하자면 거듭난 기독교인에 상응하는 존재로, 즉 신앙의 진정한 담지자이며 그러므로 아무리 앞이 캄캄하더라도 결국에는 승리할 운명을 가졌다고 생각했다(Palmer, 1995: 206~261).

여기에는 많은 주제가 담겨 있다. 유일성, 하나뿐인 진정한 구세주들 혹은 신자들, 그리고 운명 — 그들은 여하튼 '선택된' 사람이므로 실패할 수 없다는 운명. 마르크스주의와 같은 단호한 반종교 철학조차 사람들에게 섭리, 운명, 유토피아에 대해 종교와 유사한 신념을 실제로 가지고 이 안에서 추종자의 임무를 다하라고 요구한다는 것은 아이러니다.

남성성Masculinity

마지막 가설은, 남성의 폭력 성향이 더 크기 때문이든 아니면 보호자 또는 권력자로서의 남성 역할을 다하지 못한 굴욕의 경험이 더 크기 때문이든, 젠더gender가 가중요인이 된다는 것이다. 실제 모습은 간단치 않다. 먼저, 여성은 극단주의 운동에 가담할 가능성이 과연 남성보다 더 적은가? 여기서 극단주의의 원인에 관한 까다로운 문제가 대두된다. 무크타(Mukta, 2000)는 인도에서 힌두교 우파가 출현하는 데 여성이 한 역할에 대해 충격적인 설명을 했다. 그는 "하층 카스트의 여성과 남성 그리고 소수파 종교 공동체를 겨냥한 공격적이고 폭력적인 정치운동에 깊숙이 관여한 여성들의 문제를 부각시켰다"(Mukta, 2000: 164). 우리는 젠더 이외의 구조들 — 카스트와 종교 — 이 결합하여 여성을 위한 새로운 정치공간을 어떻게 만들어냈는지 알게 되었다. 시걸 벤 포라스가 지적했듯이, 여성은 천성적으로 비폭력적이라고 간주할 수 없으며, 여성 병사들도 남성 동료들과 더불어 '불필요한 잔학 행위'에 가담했다고 비난받아왔다. 그는 남성성과 연관된 악惡이 어떤 상황에서는 여성에 의해서도 쉽게 행해질 수 있음을 보여주었다. 여성 역시 옳은 일이라고 납득이 되면, 타인의 인간성을 말살하거나 강압적으로 행동할 수 있는 능력을 가지고 있음이 분명하다.

로버트 페이프의 현대 자살 폭탄 공격자들에 대한 인구통계학적 분석을 보면, 부분적으로는 그들이 남성이라는 이미지를 보여주지만 전적으로 그렇지는 않다. 종교와의 연관도 문제를 훨씬 더 복잡하게 한다. 1980년대 전반 레바논에서 활동한 자살 폭탄 공격자 중 남성이 31명이고 여성은 6명이었다. 공격자들의 외모를 보면, 머리모양이 세련되고 복장이나 화장이 서구식이어서 이슬람 근본주의의 이미지를 거의 풍기지 않는다. 한 사람은 기독교계 고등학교의 교사였다. 성 역할의 와해는 여러 테러리스트 집단들에서 다양하게 나타난다. 페이프가 조사한 381명의 자살 폭탄 공격자들 중 59명, 즉 15퍼센트가 여성이다. 하지만 일부 집단에서는 여성을 훨씬 많이 이용하기도 한다. 2003년까지 알카에다는 자살 폭탄 공격자로 여성을 한 명도 쓰지 않았으며, 팔레스타인은 5퍼센트에 해당하는 6명을 투입했고, 레바논에서는 16퍼센트에 해당하는 6명을 투입했다. 그리고 타밀 타이거는 20퍼센트에 달하는 23명을 투입했고, 체첸에서는 60퍼센트나 되는 14명을 투입했으며, 쿠르드노동자당PKK(쿠르드족 독립운동단체)은 71퍼센트나 되는 10명을 투입했다. 이러한 편차는 이슬람 근본주의(일반적으로 여성 전사들을 못마땅하게 본다)와 관련되어 있음이 분명하다는 게 결론이다. "이는 흥미로운 가설을 제시해준다. 이슬람 근본주의가 일정 범주의 개인들이 행동을 취하지 못하게 억제함으로써, 자폭 테러리스트의 수를 실제로 감소시켰을 수도 있다"(Pape, 2005: 208).

하지만 이 역시 변화하고 있다. 2004년 8월 20일, 알카에다 아라비아 반도지부의 여성정보국에서 《알 칸사Al Khansa》로 명명된 온라인 여성잡지의 창간호를 발간했는데, 여기에 「여성 무자헤딘(지하드 전사)의 일대기」와 「지하드 교리에 의한 아이 기르기」 같은 글이 실렸다(Forest, 2006). 후자는 전통적인 막후의 보육자로 여성을 이용하는 것으로 보이겠지만, 전자는 지하드에서의 더 많은 직접적 역할을 함축하고 있다. 《성전의 소리Sawt Al-Jihad》(알카에다가 2004년 1월 창간한 온라인 잡지) 제9호에는 테러 공격을 위해 여성을 모집하는 특집이 실렸는데, 여기에서 어떤 희생을 치르더라도 전사 모집에 지원하라고 여성들을 독려했다. 「움 함자, 여성 지하드 전사의 본보기」라는 제목의 글에는, 고故 움 함자의 남편이 그녀의 덕행을 자세히 술회한 이야기가 실려 있다.

> 움 함자와 순교: 움 함자는 여성이 수행한 순교 작전에 관해 들을 때마다 그곳이 팔레스타인이든 체첸이든 매우 행복해했다. 그녀는 아라비아 반도에서 기독교인에 대항한 순교 작전을 원했기 때문에 자주 울곤 했다(Forest, 2006: 125에서 재인용).

페이프는 또 다른 흥미로운 사실을 발견했는데, 여성 자살 폭탄 공격자는 20대 후반 이상으로 남성 자살 폭탄 공격자보다 훨씬 더 원숙한 경향이 있다는 것이다. 정신질환에 대한 증거는 사실상 없긴 하지만, 일부는 트라우마를 겪은 여성들이었다. 체첸의 여성 자살 폭탄 공격자들은 그들이 러시아의 군사행동으로 가족 구성원을 잃은 데 대한 복수를 추구한다는 점에서, 일반적으로 '검은 과부Black Widows'라 지칭된다. 타밀 타이거의 흑표단원의 절반은 여성이며, 이들은 임산부로 가장하여 불룩한 치마 속에 고성능 폭약을 숨겨 운반하는 일을 맡았는데 이들을 '자유의 새'라고 부른다(Whittaker, 2004). 페이프의 연구는 테러 공격을 감행하는 사람들은 주로 종교적 광신자, 무책임한 사춘기 또는 성적으로 좌절한 남성이라고 보는 유력한 가정에 의문을 던지고 있다. 거의 모두가 사춘기를 잘 지나왔으며, 대부분은 세속적이고 많은 사람이 — 일부 집단에서는 압도적인 다수 ― 여성이다.

앞 장에서는 극단주의자의 여성에 대한 입장을 억압 혹은 배제라는 관점에서 언급한 바 있다. 여기서는 '타자'의 구성으로 논의를 옮겨볼까 한다. 브로히와 아자이브는 파키스탄에서의 젠더 폭력에 관해 저술하면서, 흔히 남녀분리 학교를 남성의 성희롱에 대한 해결책으로 여기는 데 대해 의문을 제기했다.

> 장기적으로는, 여성을 소년들이 거의 접해보지 못한 타자the Other로 투영시키는 역효과를 가져올 수 있다. 이는 소녀들을 호기심의 대상, 그리고 비인간화시키는 실험대상으로 만들어버릴 수 있다. 극단적인 입장은 대부분의 소년이 마드라사 madrassah[8])에서 공부하는 곳에서 나온다. 그 결과가 어떤지는 아프가니스탄의 탈레반이 여성에 대해 접근하는 방식에서 온 세상에 명백히 드러났다(Brohi and Ajaib, 2006: 88).

흥미롭게도 브로히와 아자이브는 남녀공학을 권장하는데, 그렇게 하면 소년이나 남성들이 여성을 단순한 성적 대상이 아닌 그 이상의 존재로 보게 될 것이라고 했다. 많은 급진주의자 훈련소의 남녀분리 환경이 강건하게 남성화된 형제애를 공고히 하는 것은 틀림없다. 그러나 강건하게 만들더라도 남성성만으로는 충분하지 않다.

다른 모든 요인들과 견주어 젠더를 논의하다 보면, 테러리스트, 극단주의자 또는 근본주의자를 예견해내기가 얼마나 어려운지 알 수 있다. 분명한 것은 우리 모두가 세계에 대한 그 나름의 해석을 구성한다는 점이다. 그래서 허약함, 소외, 굴욕에 대한 지각이 명료해지고, 인지적 종결, 목적·유일성 추구 같은

---

8) 이슬람의 교육기관으로, 모스크와 기숙사를 갖추고 있다. 여학생도 입학할 수 있지만 별도 수업장소에서 남학생과 분리되어 공부한다. 오늘날에는 저소득층 아이들에게 교육을 제공하는 중요한 기능을 담당한다.

심리적 욕구를 통해서뿐 아니라 젠더와 같은 기존 렌즈를 통해서도 제각기 다르게 여과될 것이라는 점이다. 우리는 '아이들과 눈높이를 맞출' 수 없다. 이는 영국 내무부 장관 출신 존 레이드가 2006년 9월 21일 런던 동부의 레이튼을 방문해 좌중의 무슬림들에게 어떻게 아이들을 양육해야 그들이 증오를 품고 자라나지 않을지에 관해 이야기한 어리석은 짓에서 드러난다. "지금 징후를 찾아라. 그리고 증오가 커지기 전에 아이들과 대화하라. 그들을 영원히 잃을지도 모른다고 각오하고 해보라." 이 놀랄 만한 노골적인 모욕은 당연히 야유를 받을 수밖에 없었다. 그 야유는 좌중의 무슬림들이 불량배이며 그 당시 레이드가 옳았고 그가 얼마나 당당했는지를 보여주는 증거로 해석되었다(Younge, 2006). 이는 블레어가 이라크 전쟁에 반대하며 행진한 200만 명의 사람들에 대해 말한 것과 마찬가지로 왜곡된 논리다. 블레어는 우리들이 여전히 시위할 수 있는 자유사회에 살고 있고 이 권리를 지키는 것은 어떻든 정당한 것이므로, 이라크 침공도 정당화된다고 했다. 존 레이드가 끼친 정치적·사회적 해악은 제쳐두더라도, 그는 완전히 틀렸다. '명백한 징후'는 거의 없다. 자폭 테러리스트들 그 누구도 자살충동을 느끼는 병리적 특징이나 자살을 기도했던 이력을 가지고 있지 않다. "그렇기는커녕, 불편한 진실은 자폭 테러리스트들이 많은 사람이 믿고 싶어 하는 것보다 훨씬 더 정상적이라는 것이다"(Pape, 2005: 211). 그렇지만 개인들이 특정한 '선생'들과 그들의 사상에 노출됨으로써 급진화되는 상태는 관찰할 수 있다. 이 점에 대해서는 바로 이어서 살펴보겠다.

급 진 화 메 커 니 즘

뉴욕 경찰청은 급진화 과정에 대해 90페이지의 흥미진진한 연구보고서를 발표했다(Silber and Bhatt, 2007). 이 연구는 '주목을 끌지 않는' 사람들이 어떻게 테러리스트가 되어가는지 고찰했으며, 미국의 테러 사건에 국한되지 않고 마드리드, 암스테르담, 런던, 오스트레일리아, 캐나다에서 실행되거나 미수에 그친 사건들까지 검토했다.

결론적으로, 급진화 과정은 급진화 이전, 자기동일시, 이념 무장, 지하드화라는 네 단계로 구성된다. 다른 연구들에서처럼, 급진화 이전 단계는 음모에 가담한 개인들 대다수가 '주목을 끌지 않는' — 즉 '평범한' 일자리를 가지고 '평범한' 삶을 살며, 범죄 경력은 거의 없는 — 데서 시작함을 분명히 보여준다. 이슬람 급진주의에서의 자기동일시 단계로 들어서면, 개인들은 내적 요인과 외적 요인의 영향을 받아 살라피주의Salafi Islam9)를 탐구하기 시작한다. 그들은 점차 자신의 종래 정체성에서 벗어나 동지들과 결합하고 그 이념을 자기 것으로 흡수한다. 이 '종교적 추구'의 촉매는, 이전에 갖고 있던 신념에 대한 개인의 확신을 뒤흔들고 새로운 세계관을 수용하게끔 개인의 눈을 뜨이게 하는 '인지적 개방cognitive opening' 혹은 위기다. 이러한 결정적 계기들은 경제적(실직), 사회적(소외와 차별), 정치적(무슬림이 연루된 국제분쟁), 또는 개인적(가족의 죽음 또는 해체)인 것일 수 있다.

네덜란드에서의 한 연구(Buijs, Demant and Hamdy, 2006)가 이와 매우 유사한데, 세 부류의 살라피주의자 — '비정치적', '정치지향적', '지하드파' — 에 중점을 두고 자생적home-grown 전사들의 급진화에서 몇 가지 흐름을 밝혀냈다. 연구자들은 급진주의에 대한 개방성이 다음과 같은 요인으로 증대되고 있다고 주장했다. ① 열악한 처지와 차별은 좋은 시스템의 실패가 아니라 본질적으로 나쁜 시스템의 표현이라고 인식하고, ② 열악한 상황은 문화 - 종교적 대치와 힘의 정치power politics가 표출된 것으로 인식하며, ③ 서구사회와 차단되어 있는 집단

---

9) 초기 이슬람 신앙으로 돌아가자는 수니파 무슬림의 정통주의 부활 운동이며, 지하드 운동의 모태라 할 수 있다. 어원상으로는 살라프salaf에서 유래했는데, 살라프는 조상이라는 뜻으로 예언자 무함마드와 4명의 정통 칼리프를 지칭한다.

거주지enclave에서 이슬람 정체성을 발전시켜야 한다고 생각을 가지고 있다. 그리고 ④ 정치제도와 민주체제에 대한 신뢰가 전혀 없다.

뉴욕 경찰청 연구보고서에 제시된 '인지적 개방' 혹은 위기의 개념은 앞서 제시한 인지적 종결과 대비되는 것으로 보이긴 하지만, 다른 흐름들은 이미 언급한 결정적 계기들과 연관된다. 이 단계에서, 개인들은 종전 생활에서 떨어져 나와 담배, 술, 도박, 갱단 의상 등을 끊고 사회적 행동주의와 공동체 이슈에 관여하게 된다. 그들(남성들)은 턱수염을 기르고 전통의상을 입을 것이다. 개인이 전향적으로 자신의 신념을 강화할 때, 이념 무장 단계로 접어든다. 이 단계에서는 대의명분을 지지하고 앙양하기 위해 행동이 요구되는 정세와 상황들이 존재한다고 믿어 의심치 않는다. 이 단계는 일반적으로 '종교적 승인자spiritual sanctioner'에 의해 촉진된다. 집단의 성원들이 개인의 지하드 참전 의무를 수용하고 스스로를 성스러운 전사로 자임할 때, 지하드화가 이루어진다. 그들은 '작전 지도자'의 지휘 아래 작전계획을 세우기 시작한다. 다른 것과 달리 이 부분은 신속하게 전개될 수 있는데, 겨우 몇 개월이나 심지어 몇 주 정도 안에 극한까지 간다.

이스라엘 - 팔레스타인 문제와는 많이 다르다. 서구에서 성장한 개인이 테러리스트로 변신하는 것은 억압, 고통, 복수 또는 절망 때문이 아니라, 그보다는 정체성과 대의명분을 찾고 있는데 불행하게도 이슬람 극단주의에서 그것들을 발견하기 때문에 일어나는 현상이다(Silber and Bhatt, 2007: 8).

한층 더 '불행한' 것은, 이 연구도 누가 이런 행로를 밟아갈 것인지 예견하는 데 도움이 될 만한 윤곽조차 밝히지 못한 것이다. 이는 앞서 내가 내린 결론을 뒷받침한다. 이것은 영국의 초등학교에서 테러리스트 찾기 놀이를 하려고 애쓰는 교사들에게 혹은 학부모에게조차 아무 효용이 없음 — 그리고 많은 위험이 있음 — 을 의미한다. 계급과 열악한 처지는 예측변인이 아니다. 중간계급 가정과 학생들은, 종교적으로 온건한 가정 출신이면서 계층 상승과 거주지 면에서 이동성 있는 청소년들과 더불어, 급진화가 싹트기에 가장 비옥한 토양을 제공하는 것으로 나타났다(Silber and Bhatt, 2007: 22~23). 하지만 때로는 활동가들도 공공연하게 움직였다. 토론토의 음모자들 중 사드 칼리드는 메도우베일 중등학교에 다니는 학생이었다. 그는 '종교적 각성 모임'을 결성하고 점심시간 동안 다른 학생들에게 이슬람을 전도했다. 그는 많은 시간을 다른 두 음모자, 파하드 아흐메드와 자카리아 아마라와 함께 보냈다. 이들 삼총사는 '메도우베일 형제단'이라는 채팅그룹을 만들었다. 교우들은 이들 세 명이 전통의상을 입기 시작했으며 더욱 내향적으로 변해갔다고 증언했다. 이 지점에서 고민해야 할 문제가 있다. 이런 상황에서 교사들은 고도의 경계태세를 유지하거나 종교 모임을 금지해야 하는가? 이 문제는 5장에서 다루도록 하겠다.

뉴욕 경찰청 연구는 인터넷, 극단주의 설교와 공부모임, 급진적인 마드라사와 군사훈련소를 견학하는 무료 해외여행을, 젊고 감수성 있는 무슬림을 대상으로 한 '극단주의자 인큐베이터'라고 은유했다. 카페에서 감옥 및 할랄halal10) 정육점까지 갖가지 회합장소가 아지트가 될 수 있다. 이제 인터넷은 모든 단계에서 특히 중요해진다. 자기동일시 단계에서 인터넷은, 갈등을 겪고 '정신적으로 방황하는' 무슬림 또는 개종 가능성이 있는 사람이 여과되지 않은 급진적이고 극단적인 이데올로기에 직접 접근할 수 있게 해준다. 또한 인터넷은 의견과

───────────

10) 이슬람에서는 무슬림들의 사생활, 결혼 및 가정생활, 사회생활 등에서 허용되는 것halal과 금지되는 것haram을 자세히 정하고 있는데, 이슬람 문화를 이해하는 열쇠라 할 수 있다. '할랄 푸드'는 무슬림이 먹을 수 있는 식품을 총칭한다. 육류의 경우, 율법에 허용된 방식에 따라 잘 드는 칼로 단숨에 목을 따서 도축하고 피를 완전히 빼낸 고기만 섭취가 허용된다. 술과 돼지고기를 비롯해 자연사했거나 잔인하게 도축된 고기와 같이 섭취가 금지된 식품은 '하람 푸드'라고 한다.

경험을 공유하는 익명의 회합장소로 이용된다. 이념 무장 단계에서 "인터넷은 객관성이라는 베일을 쓰고 지하드 전사가 되려는 사람에게 극단주의 렌즈를 통해 세상과 세계적 분쟁을 바라보게 한다"(Silber and Bhatt, 2007: 7). 그것은 급진화를 촉진시키는 '반향효과 발생장치'로 작동한다. 영웅적이고 성스러운 전사 혹은 '무자헤딘'의 이미지는 지하드의 테이프와 비디오에서뿐만 아니라 인터넷에서도 널리 유포되어왔다. 이런 이미지는 고결한 명분으로 인지되는 명예, 용기, 희생이라는 환상에 가장 취약한 청소년들, 특히 무슬림 청소년들 사이에 반향을 지속적으로 불러일으킨다. 남성이 지배하는 사회에서, 그들은 남성 정체성을 구하고 있을 것이다. 또 다른 촉매는 '집단사고group-think'이다. 이 것은 집단 성원들이 최고의 급진주의자가 되려고 경쟁하는 환경을 만들어 급진성을 극대화시켜가는 '증폭장치'로 작동한다. 이는 앞서 제기한 남성성 문제와도 연관되는 것으로 보인다.

이 연구는 해외에서의 지하드를 추구하지 않는 자생적으로 급진화된 개인들이 모인 집단에서는, 지도자의 지하드에 대한 헌신과 몰입이 종종 집단의 테러 행위 가담 여부를 결정하는 주된 요소임을 보여준다. 이는 우리가 청소년에게 권위를 어떻게 가르쳐야 하는지에 대해 시사하는 바가 있다. 급진화 과정은 가속화되어가고, 가담자들은 갈수록 어려지고 있다. 학교도 모스크나 감옥처럼 긴 여행의 시작일 수 있다. 특히 감옥은, 그 안에 이슬람주의자 모임과 단체들이 있어 급진화의 온상이 되고 있다.

이 연구가 제시한 급진화 과정의 이미지는 깔때기funnel다. 그 속에 들어갔다고 네 단계를 모두 거쳐 테러리스트가 됨을 의미하지는 않는다. 한편 중도에 나왔으니 더는 위협이 되지 않는다고 할 수도 없다. 급진화되었던 개인은 여전히 내일의 테러리스트들에게 영향력 있는 조언자와 첩보원으로 움직일 수 있다. 흥미롭게도 벤 포라스 역시 민주적 시민성에서 전시戰時 시민성으로의 전환에 대해 말하며, 깔때기의 유추를 사용했다. "점차 줄어드는 선택의 자유, 인식의 폭을 좁혀가는 일방적인 과정 — 활짝 열린 민주적인 입구에서 깔때기로 들어가, 권위주의적인 폐쇄된 막장까지 이르는 파멸에 이르는 길"(Ben-Porath, 2006: 21). 극단주의는 단순히 어떤 연속체나 궤도의 끝에 다다른 게 아니라, 그 결과로 폭이 심각하게 좁아진 것을 말한다.

볼레버(Bohleber, 2003)는 '공격적 마비aggressive numbing'가 공유된 상태에 대해 흥미롭게 쓰고 있다.

> 공격에 대한 예비교육, 무엇보다 중요한 양심의 가책 망각, 그리고 곧 공격의 희생자가 될 사람에 대한 일체의 동정심과 모든 의심 근절. 이는 '반환점' 없는 평행선의 세계에 빠져드는 것이다. ⋯⋯ 그와 같은 행동으로 언제나 끝장내는 것은 타자에게 투사되는 자신의 허약함, 의심, 그리고 양심이다(Bohleber, 2003).

이는 공격에 앞서 성명서를 쓰거나 비디오를 찍어두는 것이 중요함을 강조한 것이다. 그러면 빠져나가지 못한다. '공유된 상태'는 또한 형제들과 동료에 대한 의무감을 강조한다.

고립에서 집단사고로의 이러한 평행 이동은 깔때기 작용의 일부다. 엘워시와 리프킨드의 설명에 의하면, 세뇌는 마술의 일종이 아니라 신념체계를 바꾸기 위해 인간 두뇌에 작용하는 세속적이고 과학적인 방법이다. 이 과정에서 핵심은 개인을 그가 속한 집단에서 떼어놓을 필요가 있다는 것이다. 자살 폭탄 공격자의 경우 이 과정은 훈련소에서 이루어질 것이다. 그것은 또한 모든 것을 하나의 이념적 렌즈를 통해 해석하게끔 시야를 좁게 만드는 세뇌작업을 할 때도 중요해진다. 세뇌된 개인은 반복적인 세뇌를 받아야 하는데, 이는 사상에 익숙해질수록 그 자신이 편안해지기 때문이다. 이 모든 것은, 특정 집단과 자기를 동일시하고 소속감을 가지는 강렬한 집단화 과정에 의해 강화된다. 바로 이런 과정을 유사종교 조직들이 사람들을 유인하기 위해 사용하고 있다. 유사종교

추방센터Cult Awareness and Information Centre가 운영하는 웹 사이트(www.culthelp. info)가 있는데, 여기에는 유사종교의 메커니즘이 자세하게 설명되어 있으며, 경각심을 일깨우는 '유사종교 만들기How to Start a Cult'라는 제목의 동영상도 제공되어 있다. 이를 통해 우리는 유사종교가 얼마나 쉽게 형성되는지 알 수 있다.

휘태커의 글모음『테러리즘 독본The Terrorism Reader』에는 '도덕적 이탈' — 볼레버의 '공격적 마비' — 에 대한 논의가 있다. 이는 정상적으로 사회화된 개인이 헌신적이고 능숙한 전투원으로 바뀌는 것을 '인지적 재구성cognitive reconstrual'이라고 보는 사회심리학의 견해를 인용했다. 여기에 참으로 기묘한 역설이 있다. 테러리스트들은 자신들이 조직적 활동, 성전 또는 단독임무를 '수행하는 중engaging'이라고 여긴다. 하지만 관찰자가 보기에는, 통상 받아들여지는 인간답고 문명화된 가치로부터 의도적으로 '이탈하는 중disengaging'이다. 휘태커가 인용한 앨버트 반두라는 도덕적 정당화를 통한 파괴적 행동으로의 근본적인 전환이 어떻게 군사행동에서 가장 두드러지게 드러나는지 고찰했다.

> 살인을 도덕적으로 비난받아 마땅하다고 생각하게끔 사회화된 사람들이 급속하게 능숙한 전투원으로 바뀔 수 있으며, 인간의 생명을 취하는 데서 양심의 가책을 거의 느끼지 않고 오히려 자부심을 느끼기도 한다(Whittaker, 2007: 267).

군사훈련에서 이것이 쉽게 이루어진다면, 테러리즘 훈련에 까다로운 문제는 없을 것이고, 더 강한 도덕적 메시지가 없더라도 다르지 않을 것이다. 변신conversion은 인성 구조, 공격 충동 또는 도덕 기준의 변경을 통해 이루어지지 않는다. 살인의 도덕적 가치를 인지적으로 재구성함으로써, 자기검열의 구속에서 벗어나 살인을 행할 수 있도록 해야 변신이 일어난다. 팔레스타인에서 보았듯이 비폭력적 대안이 효과적이지 않았다고 판단될 때, 그리고 공리주의적 정당화가 폭력적인 반격으로 야기되는 고통보다 적군에 의해 가해지는 인간의 고통이 훨씬 크다는 것을 생생하게 보여줄 때, 폭력을 도덕적으로 방어할 수 있게 만드는 일이 수월해진다.

휘태커의 책에는, 넬슨 만델라가 비폭력 노선에서 시민불복종의 보다 적극적인 방식으로 '전향'한 계시적인 이야기가 있다. ANC(아프리카민족회의 — 옮긴이)는 간디의 사티아그라하satyagraha, 즉 자기개조를 통해 극복을 추구하는 비폭력 원칙에 관심을 가졌고, 처음에는 노동쟁이나 금지구역 진입 등의 투쟁방식을 활용했다. 그러나 만델라는 엄청난 독학과 독서를 통해 쿠바, 중국 및 이스라엘 등 다른 지역과 선전운동, 무장투쟁에 대해 탐구했다. 네 가지 가능성 — 사보타지, 게릴라전, 테러리즘과 전면적인 혁명 — 을 고려하는 가운데, MK(민족의 창)는 우선 처음에는 개인들에게 최소한의 피해를 입히는 형태의 폭력, 즉 사보타지를 택하기로 결정했다. 소규모의 풋내기 군대를 가지고 전면적인 혁명을 한다는 것은 불가능했다. 그리고 만델라는 "테러리즘은 그동안 결집한 대중적 지지를 잠식하게 되면서, 필연적으로 그것을 사용한 사람들에게 불리한 결과를 가져온다"(Whittaker, 2007: 244에서 재인용)는 것을 알았다. 마침내 그들은 ANC의 팸플릿에 정당화된 표적들 — '인종주의 군대', 경찰, 암살단, 첩보원, 그리고 '우리 중의 끄나풀' — 을 적시하면서 좀 더 폭력적인 방법을 사용했다.

언제나 목적 - 수단의 문제, '정의로운 전쟁just war'이라는 문제가 있기 마련이다. 서구에서 만델라는 영웅으로 인정되고 있으나, 빈 라덴의 경우 일부 극단주의자를 제외하고는 그렇지 않다. 비록 이러한 도덕적 딜레마에 대한 논의가 갈등을 검토하는 데 유용한 교육적 도구이긴 하지만, 나는 이를 상세하게 논하는 데 시간을 허비하고 싶지는 않다. 문제제기의 핵심은 사람들이 자신의 도덕적 초점을 전환시키는 과정과 그러한 전환이 일어나는 조건이 무엇인지 알아보는 것이다.

극단주의와 결별하기

마침내 이 장에서 한 사람이 어떻게 극단주의자로서의 정체성을 '버리게' 되는지 알아볼 차례가 되었다. 교육에 주는 시사점이 있을 것이기 때문이다. 어떤 사람이 테러리스트가 되는 것을 배웠다면, 배운 것을 버릴 수도 있을 것이다. 결별하는 과정은 어떠한가. 후세인의 경우에는 역사, 행정학, 정치학, 사회학을 A레벨[11] 과목으로 선택해 '제대로' 공부하겠고, 다양한 집단의 사람들이 다니는 칼리지college로 진학하겠다는 약속이 그것이었다. 후세인은 초등학교 이후 줄곧 비무슬림 영국 학생과는 교우관계를 갖지 않았다. 열성적인 사회주의자인 후세인의 사회학 교사는 후세인이 수업을 빼먹고 다닐 때 그를 찾으러 왔다.

> 그는 나를 따로 불러내 단 한 마디 내뱉고는 떠나버렸다. 지금까지도 나는 그가 던진 말을 잊지 않고 있다. "네가 세상을 변화시키기 원한다면, 우선 교육을 받아야 한다." 나의 선생님들은 대부분 나의 정치활동에 동의하지 않았다. 하지만 개인적으로는 선생님과 여전히 사이좋게 지냈다. 우리가 조성했던 반항적인 기풍이 파탄에 이르렀을 때, 그 말씀과 그 후의 도움에 대해 나는 선생님께 깊이 감사하는 마음을 가지게 되었다(Husain, 2007: 143).

또 그가 예전에 그랬던 것처럼 잘 웃는 연인 훼이를 만난 것도 계기가 되었다. "이슬람주의자가 되면서, 나는 웃는 능력을 잃었다"(Husain, 2007: 143).(유

---

11) 영국에서 대학교 진학을 위해 치르는 General Certificate of EducationGCE Advanced Level의 통칭이다. 만 16세까지의 의무교육 이후에는 후기중등과정 2년이 있는데, 대학준비과정Sixth Form과 직업교육과정Further Education으로 구분된다. 대학준비과정은 sixth form college 등에서 소정의 과목 중 3~4개를 선택하여 공부한다.

머의 역할에 대해서는 5장에서 살펴보겠다). 그녀는 그가 해방당에서 나오기를 원했다. 무슬림에게 적대적으로 대했던 나이지리아계 기독교신자인 동료학생을 한 해방당원이 잔인하게 살해했을 때, 수사관들은 해방당이 보인 폭력 형태의 심각성을 결코 이해하지 못했지만, 후세인은 이해하기 시작했다.

후세인의 해방당 탈퇴는, 가입할 때처럼 점진적으로 이루어졌다. 폭력은 이제 멀리 떨어진 보스니아나 중동 지역이 아닌, 그 자신의 집 문간에 와 있는 것이다. 그는 하나님이 정말로 종교의 이름으로 정부를 구성하기 원하는 것인지, 하나님이 당신들 편이라면 이슬람국가를 세우는 일이 왜 실패하는지 의문을 품기 시작했다. 그는 더 잘 이해하기 위해 아랍어를 공부하기 시작했지만 쉽지 않았다. 처음에 그는 여전히 비무슬림의 학술서적과 역사해석을 이슬람과 무슬림들에 대한 전 지구적 음모의 일부로 여겼다. 그러나 영국 역사학자인 데니스 주드 교수에게서 크게 영향을 받기 시작했다. 주드 교수는 "학문적 열정, 비판적 사고, 참신한 해석으로 누구보다 더 나의 정신을 키워주었고, 따뜻하고 격의 없으며 존경받는 지도교수였다"(Husain, 2007: 157). 또 다른 영향은 E. H. 카의 『역사란 무엇인가What is History?』였다. 카는 이슬람주의의 근간인 영웅숭배에 반대되는 주장을 했다. "나는 마우두디, 쿠트브, 나브하니 같은 사람들이 대세에 순응하지 않고, 자신들이 서 있는 사회적 환경으로부터 초연하며, 우리를 더 나은, 더 순수한 시대로 안내하려 한다고 믿었다." 그런데 카는,

위인들을 역사 바깥에 위치 지우는 관점을 버리기 바랐다. 그리고 위인이란 위대하다는 이유로 역사에 자신을 강요하는 존재이며, 역사의 실재하는 연속성을 단절시키려고 미지의 상태에서 기적처럼 출현하는 '장남감 상자jack-in-the-box'와 같은 존재라고 이해하기를 희망했다(Husain, 2007: 160).

후세인은 그의 영웅들이 서구 사상에 오염되지 않은 존재 그리고 순수한 이

슬람 지성주의intellectualism의 담지자라기보다, 전적으로 서구의 정치담론에 의해 형성된 파생물에 지나지 않은 사상을 무슬림의 종교적 어법으로 풀어내는 가짜 같은 사람들이라는 것을 깨닫기 시작했다. 그것은 헤겔과 루소가 예전에 모두 끝낸 일이다. 그는 수피주의Sufiism[12]로 전향하고 온건 중도의 길을 발견했다. 다마스쿠스로 여행할 때 사우디아라비아에서 그는 마음의 눈을 떴다. 흑인 이주민들을 대하는 사우디아라비아의 인종주의는 그에게 충격을 주었다. 그의 고국인 영국에서는 소말리아와 수단으로부터 수많은 흑인 난민들을 받아들이고 있다는 사실이 비로소 보이기 시작했다. 영국에서 그들은 기도하고, 자신들의 모스크를 가지고 자유롭게 살며, 정부 주택을 제공받고 있다. 사우디아라비아가 아프리카 출신의 무슬림들을 비참하고 남루하다는 이유로 비난하는 일이 어떻게 있을 수 있단 말인가.

내가 전에 이슬람공동체ummah에 관해 이야기한 모든 것들이 이제는 한없이 유치하게 보였다. 이슬람주의자들이 하나의 정부, 끝없이 팽창하는 하나의 나라, 하나의 무슬림 국가 같은 급진적이고 유토피아적인 슬로건을 내걸 수 있었던 것은, 오직 영국의 편안한 여건 속에서만 가능한 일이었다. 실제로는 인종주의적인 아랍 정신은 절대로 흑인과 백인을 평등하게 대하지 않을 것이다(Husain, 2007: 241).

런던 폭탄 테러가 최후의 결정타가 되었다. 이 사건으로 아프리카 빈곤 퇴치를 의제로 한 G8 정상회담(2005년 스코틀랜드에서 개최된 회담 — 옮긴이)은 차질을 빚었고, 아랍의 불만에 관해 다시금 생각하지 않을 수 없게 되었다. 아프리카에서 매일 수백 명의 어린이가 죽는다는 사실은 골수 이슬람주의자와 아무

---

12) 8세기 무렵 이슬람이 수니파와 시아파로 분열된 이후 형식적인 율법주의에 대항하는 일종의 종교운동으로 출현했으며, 신과 인간의 직접적인 소통과 합일을 추구하는 신비주의 경향을 지칭한다. 노래와 춤, 시와 염원을 주요 신앙의례로 삼고 있다.

런 관련이 없는 일이었을 것이다. "아랍세계의 그 누가, 매일 6,000여 명이 에이즈로 죽어나간다는 것을 걱정하겠는가? 죽게 놔두어라, 그들은 무슬림이 아니다, 라는 것이 무언의 주장이었을 것이다"(Husain, 2007: 256). 후세인의 사우디 학생들도 그를 충격에 빠지게 했다.

런던에서 테러 공격이 있은 지 2주쯤 지나서, 자피르라는 어린 사우디 학생이 손을 들고 말했다.

"선생님, 런던에 어떻게 갈 수 있어요?"

"영국에 가려는 이유에 따라 달라지지. 공부하러 가니, 그냥 여행하러 가니?"

"선생님, 저는 다음 달에 런던에 가고 싶어요. 런던에서 폭탄을, 큰 폭탄을 다시 한 번 터뜨리고 싶어요. 지하드를 수행하고 싶어서요!"

"뭐야?"

니는 소리쳤다. 또 다른 학생이 손을 들고 외쳤다.

"저도요! 저도요!"

다른 학생들은, 자기들 다수가 생각하고 있는 바를 똑 부러지게 말한 그들에게 박수갈채를 보냈다. 나는 머릿속이 하얘졌다. 나는 조롱과 야유의 아우성을 뒤로 하고 교실에서 나왔다(Husain, 2007: 260).

다시 영국으로 돌아와서, 후세인은 해방당의 급진주의가 한 풀도 꺾이지 않았음을 알았다. 대학교의 기도실에서 강연자들이 이교도를 섬멸하라는 신의 부름과 총력전을 설파하고 있었던 것이다. 덴마크 만화[13]에 대한 항의시위가 조직되었으며, 설교자들은 만화에 대한 분노를 교묘하게 팔레스타인, 이라크, 다르푸르[14]와 연관시키며 덴마크뿐만 아니라 미국도 폭탄공격을 해야 한다고

---

13) 예언자 무함마드의 터번 위에 폭탄을 그려 넣은 만평.

촉구했다. 후세인은 온건한 신세대 무슬림이 등장하기를 희망하고 있지만, 결코 확신할 수 없는 일이다.

후세인의 경우와 마찬가지로, 탈퇴한 지하드 전사들의 눈을 뜨게 해준 것은 주로 교육과 독서였다. 해방당원이라는 죄목으로 이집트에서 체포된 나와즈는 그가 지지한다고 공언했던 이데올로기에 관해 가능한 한 많은 공부를 하기 시작했다. 그러면서 더욱더 놀라게 되었다. "이전까지 이슬람에서는 자명하다고 믿었던 이슈들에 대해 학문적으로 폭넓은 이견이 있음을 알게 되어 크게 놀랐다." 그리고 자신이 선전했던 것이 '진정한 이슬람'이 전혀 아니라는 것을 점차 이해하기 시작했다. 이는 그가 여전히 '진리'를 찾고 있음을 시사한다. 하지만 그는 이슬람에 관해 더 많이 배울수록 자신이 더욱더 관용적이 된다는 것을 수긍했다. "지금 나는, 한때 내가 그토록 열렬하게 장려했던 흑백논리에 맞서기 위해 애쓰고 있다"(Nawaz, 2007: 8).

마헤르의 경우는, 대학에서 식민지 인도에서의 이슬람 정치사상의 발전에 대해 연구하면서 변하기 시작했다. 그는 연구를 통해, 자신에게 해방당이 믿으라고 했던 것의 역사적·신학적 서사구조에서 모두 뚜렷한 파열점을 발견하게 되었다. 그는 인도 전역에 걸쳐 광범위한 무슬림들의 의견—특히 인도의 초대 교육부 장관인 아부 칼람 아자드가 아주 명쾌하게 설명했던, 세속국가는 이슬람에 의해 비준되었다는 생각—을 조사할 수 있었다.

해방당과 정치적 이슬람을 떠나는 데 따르는 실제적인 어려움에 관한 이야기들 역시 유사점이 있다. 마헤르는 후세인을 만나, 떠날 용기를 내기 전까지 고립과 좌절의 느낌을 함께 나누었다. 해방당이라는 확립된 관계망은 사회적 지원과 정당성을 제공하고 있었다. 마헤르가 떠날 때, 이 관계망은 몹시 싸늘하면서 대결적으로 돌변했다. "내향적인 사랑은 외향적인 증오로 대체되었

---

14) 수단의 분쟁 지역. 2003년 이래 30만 명이 사망하고, 난민 270만 명이 발생했다.

다." 이것은 단지 관계망 상실에 그치는 것이 아니라 자아 상실에 관한 것이기도 하다. D. 스티븐슨 본드는 인상적인 유추를 사용해 다음과 같이 쓰고 있다.

신화로부터 빠져나오는 것은 기묘한 일이다. 그것은 마치 바닷가에 서서 당신이 막 딛고 일어선 신화, 해변에 끌어올려져 여름 햇살을 받으며 누워 있는 고래를 깜짝 놀라 뒤돌아보는 것과 같다. 바로 어제까지 어떻게 고래 뱃속에 정말 갇혀 있었는지, 광활한 바다가 얼마나 넓은지 전혀 모른 채 당신은 고래 뱃속에 있었다. 이제 신화 바깥에서 당신의 삶을 바라보면 이제까지 당신이 딛고 서 있던 모든 것이 한순간에 재평가될 것이다. 그리고 그같이 살아 있는 몸, 그같이 아름다운 것이 파도가 달의 움직임에 따라서 뼈다귀들을 저 깊은 곳으로 쓸어갈 때까지 세월 속에서 오래도록 썩어가며 적막한 시련 한가운데 놓여 있어야 한다는 깨달음 위로, 커다란 슬픔이 모래를 휩쓸어가는 파도처럼 밀려온다(Bond, 1993: 27).

탈퇴를 위한 교육전략

마지막으로 나는 근본주의자 또는 급진화된 사람들이 '신화로부터 빠져나올' 수 있게 하기 위해 그들과 함께 일하는 두 가지 방식을 대조해보고자 한다. 캐트론은 또 다른 은유를 사용하여, 자신이 어떻게 근본주의자 학생들과 대화를 했는지 그리고 자신의 이전 경험이 어떻게 대화에서 결정적인 역할을 했는지 설명하고 있다.

근본주의 관점에서 벗어나올 때, 새로운 시각에 마음의 문을 여는 것조차 마치 심연의 가장자리에서 춤추는 것 같은 느낌임을 나는 알고 있다. 그것은 자신의 안내자가 자신의 입장에 적대적이지 않으며, 더군다나 심연의 가장자리에서 춤을 추어왔고 살아남아 있기까지 하다는 것을 알게 하는 데 도움이 된다(Catron, 2008).

페리는 이원론적 사고방식을 다른 사고방식으로 대체할 것이 아니라 수정하여 그 존재가 없어지게 해야 하고, 이 필요한 수정들이 이루어질 수 있도록 존경받는 스승 혹은 권위가 모범을 보여야 한다고 제안했다. 단지 그만두게만 하는 사람들은 아무런 영향을 주지 못한다. 존경받는 권위와의 관계는 학생들이 이원론의 안전성 밖으로 나올 용기를 내게 하는 안전한 공간을 창출한다. 우리는 이를 후세인과 그의 사회학 교사와의 관계에서 보았다. 그럼에도 우려스러운 점은, 안전지대로부터 나오기 시작하려는 일부 학생들도 위협을 받으면 물러선다는 것이다. 학생은 '타자에 대한 분노와 증오'를 가지고 자신들의 성채를 쌓으려 한다(Perry, 1999: 198). 이 지점에서 교사의 역할이 결정적이다. 교사가 학생들의 신념이 적대적이라고 인식한다면, 이것이 바로 학생들을 움츠리게 하는 자극제가 될 수 있기 때문이다.

그래서 교사의 성장을 돕기 위해 캐트론이 다섯 가지 자세를 명시했는데, 이를 요약하면 다음과 같다.

▶ 학생들의 삶의 경험 일깨우기: 깊이 있는 배움이 이루어지려면 새로운 지식이 기존 지식과 결부되어야 할 것이다. 그리고 종교에 관한 토론이 교실 안에서 일어나야 한다.
▶ 신앙과 지적 성장을 위해 씨름했던 교사 자신의 분투를 기꺼이 드러내기: 교사의 가설적이고 잠정적이며 취약한 모습이 교조주의에 오래 매여 있던 근본주의자 학생들에게 가장 호소력이 있을 것이다.
▶ 학생들의 발달 수준이 어떠하든 그들의 견해 수용하기: 적대적인 입장을 취하고 그로 인해 '타자' 또는 적으로 분류되는 것보다 낫다.
▶ 근본주의 신자들이 얼마나 많은 것을 허비했는지 깨닫고 자신의 책임을

긍정하는 법을 배우는 동안 인내하기: 퇴행할 수도 있다. 그리고 새로운 사상에 대한 불관용을 적대적으로 표현하는 것은, 실제로는 커가는 의심을 떨쳐내기 위한 두려움에 찬 시도일 수 있다.

▶ 근본주의자 학생들과 기꺼이 대화하기 — 질문하고 경청하기.

이러한 자세들은 효과가 좋다. 그리고 (비유컨대) 학생들을 장악하고 "어떻게 너는 이런 것을 믿을 수 있니?"라고 소리치면서 벽으로 밀어붙여 마구 때리는 것을 선호하는, 선천적으로 대결을 좋아하는 선생인 나는, 이 '가설적임 tentativeness'에 관해 진지하게 생각함으로써 많은 것을 배웠다.

완전히 다른 맥락에서, 사우디아라비아의 극단주의자 '재교육'에 관한 흥미진진한 기사가 2006년 1월 18일 인터넷상에 보도되었다. 사우디 정권은 두 개의 대규모 프로젝트를 실시하게 했다. 하나는 사우디 보안사범들에 대한 조력 활동을 위한 것이고, 다른 하나는 극단주의자들과의 온라인 대화 캠페인이다. 수감자 상담 프로그램은, 일대일 대화와 집단 종교 수업을 통해 극단주의 신앙을 스스로 버리도록 용기를 북돋우기 위한 것이다. 자신의 견해를 버리고 과오를 인정하며 참회를 원하고 있다고 상담자들이 평가하면 석방되었는데, 그 수가 400명이 넘는다. 냉소적으로 보자면, 수감자들은 출옥을 위한 하나의 방편으로 이 모든 포기 행위를 했던 것으로 생각할 수도 있다. 그러나 기사에서 강조하는 바는, 수감자들이 재교육을 받는 과정에서 "아라비아 반도에서 다신교 신자를 몰아내라"(이 문장이 달리 어떻게 해석될 수 있는지 잘 모르겠지만, 아랍어로는 더욱 모호할 것이다)고 명령하는 하디스hadith15)에 대한 해석은 물론이고 지하

---

15) 예언자 무함마드의 언행인 순나sunnah에 대한 전승기록을 말하며, 쿠란에 이어 이슬람 신앙의 두 번째 원천이다. 쿠란은 텍스트가 확정되어 있으나, 하디스는 수니파의 육정六正 전집, 시아파의 사서四書가 권위 있는 편집으로 중시되고 있지만 텍스트가 확정되어 있지 않아, 오늘날까지 연구와 논쟁이 계속되고 있다.

드에 대한 해석도 틀렸다는 것을 납득한 것 같다는 점이다. 수감자들은 예전에, 지하드는 이교도들과 그들에게 협력하는 자는 그 누구도 제약받지 않고 무조건적으로 죽이는 것을 의미하며 그것은 예배나 금식처럼 개인이 지켜야 할 '계율'이라고 세뇌되어왔다는 점을 인정했다. 초중등학교 교사와 대학교 교수들은 명백히 이 '세뇌 과정'의 일부이다. 하지만 수감자들은 돌아설 가능성이 있다. "실제로, 그들과는 아무 어려움도 없다. 왜냐하면 그들은 진리를 추구하고 있기 때문이다. 국가와 사회에 대하여 타크피르takfir의 관점16)을 가지고 사우디아라비아 내에서 테러 작전을 실행하려고 계획했던 사람들과는 다르다." 이 프로그램은 미디어에 노출되지 않고 비밀리에 진행되었다. 그러나 지금은 상담자들이 미디어에 출연해 '일탈된 사상'과 수감자들이 되돌아온 '올바른 길'에 대해 토론하라는 요청이 빗발치고 있다.

알사키나Al-Sakinah(평온)라고 명명된 극단주의자와의 온라인 대화에는, 인터넷으로 극단주의 웹 사이트와 포럼에 들어가 참가자들과 의견을 나눌 수 있는 40여 명의 이슬람 율법학자Ulema와 '이슬람 포교사'가 참여했다. 교육자들이 130개의 알카에다와 관련된 웹 사이트를 추려내고, 온라인 모집과 동원 활동을 지도하는 중심 이념과 원칙들을 연구했다. 심리학적 기법을 사용해 총 5만 3,760시간에 걸쳐서 972명과 대화를 했는데, 이들은 대부분 18~30세의 사우디 사람이었다. "우리는 대화를 하는 동안 긍정적인 신호를 보았다. …… 우리는 함께 대화를 나눈 사람들이 100퍼센트 다 자신의 견해를 포기하라고 요구하지는 않았다. 이것이 잘못된 희망이었을지도 모르겠다." 중심적인 공개 대화에서 '별도 토론'으로 사람들을 끌어내고 나서 그들과 견해를 주고받는 것이 가장 효과적인 전략이었다.

---

16) 무슬림이 다른 무슬림을 이단자 또는 배교자라고 선언하는 관행을 지칭하며, 이슬람 역사에서 집권세력이든 저항세력이든 상대방에 대한 투쟁을 정당화하기 위해 이를 이용해오고 있다.

캠페인 팀에는 여성도 여섯 명 일했는데, 그들은 극단주의 이데올로기를 가진 여성들 아니면 그런 남성들의 부인이나 누이들과 대화를 했다. 알카에다의 여성 조직 중 하나에서 고위 여성 조직원으로 활동했던, 움 오사마라는 이름으로 통하는 여성이 알사키나 캠페인 팀원과 후속 대화를 이어가면서 어떻게 자신의 견해를 버리게 되었는지 설명했다. 여기에는 많은 교육적 함의가 있어, 그녀의 이야기를 자세하게 인용할 만한 가치가 있다.

처음에는 이것이 조직적인 캠페인이라는 걸 몰랐다. 포럼에는 다양한 연사들이 나왔다. 우리들이나 지휘관들에게 거칠게 말하는 사람도 있었고, 악담으로 가득 찬 비난을 퍼붓는 사람도 있었다. 그들은 귀에 거슬리는 말투를 썼고 화가 나 있었다. 그들이 뭐라고 말하든, 포럼에 그런 사람이 얼마나 많든, 우리는 이런 사람들을 두려워하지 않았다. 오히려 그들은 사람들이 알카에다 조직과 그 성원들에게 동조하도록 했다[훨씬 더]. 우리는 제대로 배운 종교지식을 갖추고 상냥하게 말하는 사람들을 두려워하기 시작했다. 우리는 사람들이 그들에게 동조하고 있음을, 또한 우리가 지지자들을 잃기 시작했음을 느꼈다. 우리의 지휘관들 — 개인적으로는 모르지만 인터넷을 통해 접촉을 유지하는 — 은 우리에게 경고하고 노력을 강화하라고 소집하는 서신[부름]을 인터넷에 띄웠다.

우리는 [알사키나 팀원들과] 이야기하기 시작했고, 우리에게 최우선적인 것은 그들의 생각이었다. 이 사람들로 인해 나와 내가 아는 많은 여성들이 그토록 진심으로 견지해온 믿음에 관해 심각한 의심과 의문을 품게 되었다. 여기에는 사례가 많은데, 이를테면 반론의 여지가 없는 그리고 우리가 그들과 토론하기를 동의하지 않았던 사우디 정권에 대한 타크피르 이슈 같은 것이다. 많은 토론 끝에 우리는, 적어도 나는 [우리 지휘관들이] 우리에게 지시했던 종교적 규칙들이 잘못된 것이고, 사우디 정권은 [전혀] 이단자가 아니라는 것을 알아차렸다.

위의 이야기를 살펴보면 흥미로운 기법들 — 즐겁게 말하기, 질문하기, 지식 드러내기, 동조 획득하기 — 이 사용된 것을 알 수 있다. 이는 앞서 캐트론의 제안과 동떨어진 것이 아니다. 하지만 기사에서도 시인하듯이 — 이 점이 핵심이다 — 캠페인 팀원들은 사우디아라비아에 대항한 테러리즘 이슈에만 집중하고, 나라 밖의 테러리즘 이슈는 토론하기를 거부했다. 캠페인 팀원들은 참가자들에게 사우디아라비아는 온 세상의 무슬림을 지원하고 있으며 "그 적들이 거누는 십자선 위에 놓여 있음"을 납득시켰다. 다시금 정말 냉소적으로 보면, 캠페인을 후원하는 정부는 주로 내부의 테러리즘, 즉 그들이 '전투 지역'이라 부르는 곳에서의 지하드에 불안해하고 있으며, '올바른 길'이 사우디아라비아 바깥에서의 지하드도 역시 금지하는지 여부는 불투명하다. 그렇지만 중심 이슈는 의문을 제기하고, 오직 유익할 수밖에 없다고 여겨지는 대안적 견해를 제시하는 것이다.

극단주의자가 덜 극단적으로 되는 길 — 앞선 이야기들은 모두 종교의 포기가 아니라 더욱 온건한 종교를 제시하는 것이다 — 을 간추려보면, 많은 방법이 모습을 드러낸다. 그 방법들은 (극단주의자가 되는 — 옮긴이) 결정적 계기의 대립요소가 아니다. 다시 말해 어떻게든 굴욕, 위협, 공포를 그리고 이상주의까지도 제거하려는 것이 아니다. 그보다는 오히려 마음을 터놓고 인식과 행동에 대한 대안들을 제시하려는 것이다. 학습의 역할도 있다. 단지 더 많은 성서 학습이 아니라 정치학, 사회학, 특히 역사에 대한 학습 말이다. 이를 통해 사건들에 대한 다른 해석이 있을 수 있고, 성서에 대한 다른 해석과 번역이 있을 수 있으며, 무슬림 세계에 대해서도 다른 역사관이 있을 수 있다는 생각을 할 수 있게 된다. 개인적 만남, 조언자, '존경받는 권위'의 영향도 있는데, 중요한 것은 이들이 독단적이지 않고, 온화하고 공감적이며 질문을 현명하게 잘해야 한다는 것이다. 다른 극단주의자들이 대의명분을 내걸고 자행하는 극단적인 해악, 폭력, 인종주의 등을 목격한 경험도, 충격을 주고 그 효과와 동기에 대해 의문을 가지게 한다. 그리고 환하게 웃는 젊은 여성을 사귀는 것도 한 방법이다.

3 장
분 리 , 신 앙 기 반 학 교
그 리 고 동 등 가 치 의 신 화

타자에 대한 정말 터무니없는 혹은 이항대립적인 견해가
극단주의 성향으로 연결된다고 하면,
다양성과 타자성을 어떻게 다루어야 하나?

앞의 두 장에서, '우리와 그들'을 구성하고 선과 악을 결부시키는 이항대립적인 사고방식이 극단주의의 일부라는 것에 대해 알아보았다. 교육의 관점에서, 첫 번째 질문은 당연히 초중등학교, 대학교 및 기타 교육기관들이 이러한 이원론과 위험한 분열을 얼마나 회피할 수 있는가이다. 청소년이 가정이나 지역사회에서 경험할 수 있는 그 어떤 절대가치에도 고착되지 않으려면, 자신들의 성장과 '정체성 형성'의 가장 중요한 단계에서 여럿이 함께 공부해야 한다는 논리는 얼핏 논란의 여지가 없어 보인다. 하지만 소수자 집단도 자신들만의 학교를 가질 권리가 있고, 이를 인정받지 못한 분노는 적개심을 불러일으키거나 국가 시스템에서 빠져나와 더욱 고립되는 결과를 가져올 수 있다는 주장도 있다. 이 장에서는 먼저 사회의 다양한 집단 특히 종교집단의 아이들을 함께 가르치는 혼합교육coeducation과 이에 대비되는 물리적 분리physical segregation를 둘러싼 논의를 살펴보겠다.

두 번째 질문은, 한 학교 안에서든 모든 학교에서든 '다름'을 어떻게 다루는 가이다. 타자에 대한 정말 터무니없는 혹은 이항대립적인 견해가 극단주의 성향으로 연결된다고 하면, 다양성과 타자성을 어떻게 다루어야 하나? 그리고 다문화주의와 다원주의에 대한 갖가지 해석은 어떤 결과를 가져왔는가? 여러 측면에서 사람들을 엮어준다는 '접촉가설contact hypothesis'은 편견을 완화하는 데 과연 도움이 될까? 이 장 마지막에서 관용, 존중 그리고 동등가치를 둘러싼 몇 가지 이슈와 신화를 고찰하겠다.

학교의 분리

분리된 학교교육에 관한 논쟁은 다양한 사회에서 다양한 형태를 띤다. 갈등의 경계선이 선명하게 그어진 분열된 사회 — 북아일랜드, 스리랑카, 인종차별시대의 남아프리카공화국 — 에서는 학교가 어떻게 그런 분열의 일부가 되었고, 갈등을 조장하는지 혹은 완화하는지 여부가 논의된다. 잠재적 긴장이 다중적인 사회 — 영국, 미국 — 에서의 논의는 더욱 구체적으로, 예컨대 종교 학교 대비 나머지 학교에 관해 이루어지거나, 아니면 일반론적으로 사회 통합social cohesion 에 관해 이루어진다. 분열되어 있으나 평화로운 사회 — 스위스, 벨기에, 캐나다 — 에는 대립이 적으며, 다원주의와 공존주의parallelism에 대한 지지가 실제로 존재한다. 이들 나라에서 분열은 대개 언어적인 것이며, 언어와 문화에 대한 권리를 옹호하는 것만으로도 발생 가능한 긴장을 제거하는 데 도움이 된다고 주장할 수 있다. 흥미롭게도 스리랑카에서 스위스 모델이 거론되고 있는데, 다수의 공존요소(세 개의 공동체, 세 개의 언어, 비슷한 인구 비중)를 가지고 있고, 연방 시스템을 성공적으로 운영하고 있으며, 평화와 불간섭의 모범이 된다는 것이다.

2001년 잉글랜드 북부에서 발생한 일련의 폭동이 빠르게 인종 갈등의 성격을 띠어갔다. 특히 아시아계와 백인 청년 사이에 충돌이 있었으며, 원인과 상황을 파악하기 위한 조사단이 꾸려졌다. 올덤과 번리, 브래드포드에서 올라온 여러 보고서들은 많은 도시에서 거주지 분리residential segregation가 심화되는 가운데 사실상 학교 분리도 심각한 수준임을 확인해주고 있다. 공동체들 사이의 분리가 서로 간의 접촉과 이해를 제약해온 것으로 보인다. 이는 사회적·경제적으로 열악한 상태와 겹치면서, 일부 공동체가 나머지보다 지원을 더 많이 받는다고 분개하는 상황까지 초래했다. 보고서는 "긍정적인 시민가치를 널리 보급하고, 권리와 함께 책임도 인지하게 하는 데 학교가 핵심적인 역할을 한다는 것을 밝히고, 학교가 더 균형 있게 신입생을 모집하는 방도를 찾아야 한다고 제안했다"(Gallagher, 2004: 103). 많은 책임이 학교에 주어진 셈이 되었다. 학교와 안전보장에 관한 웨인 넬스(Nelles, 2003)의 글모음 중에서 북아일랜드와 시에라리온에 대한 연구는 교육, 통합, 갈등 사이의 복잡하고 모순된 관계를 보여준다. 이와 더불어 갈등 후 사회재건에서 역할을 해야 하는 학교교육이, 도리어 '인간안보human security'[1]를 악화시키는 원인이 되고 집단 간의 차이를 부각시키고 있음을 보여준다.

따라서 분리의 원인과 역사가 논의의 핵심이 된다. 적어도 내가 알기로, 여학교는 그 자체로 여성을 위한 세계 지배를 바라는 여성 극단주의자를 배출하지 않았다. 캐나다에서 불어학교와 영어학교의 분리 시스템은 동등한 이중 지위equal and dual status라는 개념의 입법화에 기초하고 있다. 이런 '다문화주의'는

---

1) 유엔개발계획UNDP이 1994년판 「인간개발보고서Human Development Report」에서 처음으로 공식 사용한 개념으로, 빈곤·기아·질병·환경재난으로부터의 안전보장과 개인 수준(폭력·범죄·마약으로부터), 공동체 수준(소수자 집단의 권리), 정치 수준(기본적 인권)에서의 안전보장으로 구성된다. 국가안보를 넘어서서 개인의 삶의 질에 초점을 둔 적극적 평화를 지향한다.

실제로 캐나다인 정체성의 일부이며, 미국에서 통용되는 '멜팅포트'라는 동화주의적인 개념과 어느 정도 대립된다. 캐나다의 원주민First Nations을 예외로 하면, 이 나라에서 원래부터 살아온 사람이라고 주장할 수 있는 분명한 토착민이 없다는 것이 분석의 핵심이다. "다문화주의를 부인하는 것은, 얼마간은 자기도 예전에는 이주민이었다는 자신의 역사와 캐나다 시민임을 부정하는 것이다"(Gereluk and Race, 2007: 123). 이는 중요한 견해이며, 최소한의 이상이기도 하다. 모두가 한때는 이주민이었고, 최근에 캐나다에 왔더라도 캐나다의 발전에 동등하게 기여했다는 것이다. 이와 같은 개념은, 발칸 지역에서 분쟁을 일으키고 지속되게 하는 민족주의, 민족정체성 및 영토권의 신화에 대비된다(Davies, 2004). 이는 또한 '본래의' 영국적 가치와 영국인이라는 개념과도 대비되는데, 이에 대해서는 나중에 논의하겠다.

스리랑카는 분리의 다른 사례와 역사를 보여준다. 2007년 내내 나는 스리랑카 교육부와 함께 일했는데, '평화와 사회 통합을 위한 국가교육정책National Policy on Education for Peace and Social Cohesion: NIPEU'(2007)을 기초起草하는 팀의 일원으로 참여했다. 아마도 이는 평화교육에 관한 세계 최초의 종합적인 국가정책일 것이며, 모든 부문에 영향을 미치고 있다. 스리랑카의 민족적·종교적 구성이 실제로는 매우 복잡하긴 하지만, 주된 분열 내지 분단선은 다수파 싱할라족과 소수파 타밀족 사이에 형성되어 있다. 타밀족의 '극단주의자' 집단인 타밀 타이거는, 자치국가와 별개의 영토를 요구해왔고 지금도 요구하고 있다. 이 책에서, 이 요구의 역사 혹은 정치를 상세히 논할 여유는 없지만, 상황개선에 도움이 안 된다고 정평이 나 있는 초중등학교 및 대학교의 분리 시스템을 다루는 것은 적절하다고 하겠다. 콜롬보와 남부 및 서부의 다른 도시 지역에서 싱할라족과 타밀족은 이웃하여 살고 있지만 아이들은 각기 다른 학교에 다니고 있다. 그래서 아이들은 다른 집단에 속한 사람을 거의 만나지 못한다. 언어와 서법書法이 다른 데다, 많은 타밀족들이 싱할라어를 배울 수는 있겠지만 그 반대는 성립하지 않아 불가피하게 불신과 의혹이 있을 수밖에 없다. 북부와 동부의 타밀족 학교들은 타밀 타이거의 신병 모집 터전이 될 수 있으며, 교장들은 그들의 심부름 요구에 저항해야 한다. 거기서도 활동적인 교장은 다양한 평화 이벤트와 교류를 통해 자기 학생들이 싱할리족 학생들을 만날 수 있게 해주고 고정관념을 깨뜨리기 위해 노력하고 있지만, 모든 교장들이 이렇게 하는 것은 아니다. 북아일랜드에서처럼 어떤 형태로든 분쟁에 종지부를 찍는 것은 결국 정치이며, 교육 시스템 혼자 힘으로 연방 시스템이나 자치 지역을 만들어내거나 타밀 타이거를 군사적으로 제압할 수는 없다. 하지만 분열을 재생산하는 힘으로 작용하는, 분리되고 고립주의적인 학교교육을 해체할 필요가 있다는 데는 모든 집단이 의견일치를 보이고 있다(Colenso, 2005).

신앙기반학교에 대한 논쟁

극단주의와 분리의 관점에서, 당면한 관심사는 신앙기반학교에 대한 논쟁이다. 영국에는 공립학교의 약 3분의 1이 신앙기반(혹은 교파) 학교인데, 중등학교 600개, 초등학교 6,400개에 달한다. 대부분이 기독교계이고 유대계, 무슬림계, 시크계 학교도 소수 있다. 파커 젠킨스 등(Parker-Jenkins et al., 2005)의 저서 『착한 신앙에 대하여In Good Faith』는 신앙기반학교에 대한 찬반 주장을, 정부가 국가재정을 투입하며 신앙기반학교의 확대를 지원하고 있는 영국의 정치적 맥락에서 주의 깊게 고찰했다. 저자들은 관련된 모든 연구와 견해에 균형 있게 접근하고 검토하려고 무척 애를 썼다. 영국에서는 이른바 세속적 학교교육이, 암묵적이든 명시적이든 앵글로 크리스천 에토스를 가지고 있어서 문제가 복잡하다. 한편에는 (일부) 신앙기반학교가 소수자의 소망에 부응할 수 있고 그럼으로써 사회정의를 구현할 수 있다는 주장과, 양질의 교육을 제공하고 소수자 공동체들을 통합한다는 주장이 있다. 하지만 극단주의와 긴장에 대한 우려 면에서, 이 주장들을 통틀어 반대하는 주장이 압도적으로 많은 것으로 보인다. 비록 파커 젠킨스 등이 내린 결론은 아니지만.

분리된 학교에 찬성하는 근거는 다섯 가지다. 분리된 학교는 문화적·언어적 소수집단과 유화宥和하거나 그들을 인정한다. 학부모 선택권의 이념과 요구에 부응한다. 이와 관련해 세속적인 혹은 산만한 국가 시스템들보다 우월하게 보이는 특정한 도덕적 가치체계를 제공한다. 위험이 많은 사회에서 확고한 정체성 의식과 안전감을 준다. 타자에 대한 세심한 '배려'를 통해 통합모델을 마련한다. 이 마지막 근거의 모범사례로 버밍엄의 킹다윗 학교를 들 수 있다. 이 학교는 40년 된 유대계 공립초등학교이다. 유대교가 유일한 종교 과목이고, 교내에 유대교 회당이 있으며, 아이들은 현대 히브리어를 배우고 이스라엘 건국일을 경축한다. 그런데 학생들의 절반은 무슬림이다. 무슬림 학부모는 자녀를 이 학교에 입학시키려고 줄을 서며 이사도 마다하지 않는다. 그들은 이 학교의 교풍을 좋아하고 할랄halal과 어느 정도 유사한 코셔kosher 음식2)도 좋아한다. 학교 당국 역시 이슬람을 존중하는데, 학생 기도실을 갖추고 있으며 라마단 Ramadan 기간에는 무슬림 교사를 배치한다. 1년 내내 아이들은 쿠피kufi(모자)를 쓸 수 있다. 비록 많은 학생들이 사실상 키파kipah(유대교인 모자 — 옮긴이)를 선택하지만. 마골리스(Margolis, 2007)의 보고서에 의하면, 한 무슬림 어머니는 자녀들이 히브리어를 배우는 데 전혀 반대하지 않았다고 한다. "나는 대단한 일이라고 생각한다. 지식이 많을수록 이해도 더 깊어진다. …… 아이들은 이슬람에 관해 필요한 지식은 모두 모스크 학교에서 배운다." 또 다른 어머니는 "우리는 학교에 아주 흡족해하고 있다. 정말 우호적이다. 모든 아이들이 섞여서 서

---

2) 유대교 율법에 따라 섭취에 합당하다고 결정된 음식을 지칭하며, 금지된 음식은 '트라이프traif'라고 한다.

로의 파티에 가고, 서로의 집에 드나든다. 학교가 이스라엘에 관해 조금 가르치긴 하지만, 그것은 우리에게 전혀 문제로 느껴지지 않는다. 우리 무슬림과 유대인 사이에는 그런 유사점이 있다"고 말했다. 학업성취도평가의 양호한 성적도 확실히 도움이 된다. 그것은 특별히 우수 학생을 모집한 결과도 아니며, 학생 절반은 영어를 모국어로 하지 않고 있다. 보고서에 따르면, 교장은 그가 예전에 가르쳤던 다문화적인 시내 학교에 비해 인종주의 사건이 거의 없다고 단언했다. 이로부터 우리는 신앙기반학교가 해로운지 좋은지는 그 구성내용과 더불어 종교적 메시지를 어떻게 다루는지, 다시 말해 그들이 실제 얼마나 '극단적인지'에 달려 있다고 짐작할 수 있다. 킹다윗 학교는 과연 유대교 색채가 옅은 것인가?

신앙기반학교에 반대하는 주장 12가지

1장에서 논의한 바와 같이, 극단주의가 반드시 종교적 기반을 가지는 것이 아니고 정치적일 수도 있다고 전제하면, 이 책에서 왜 많은 시간을 들여 신앙기반학교와 종교적 정체성을 고찰하는지 의문이 들 수 있다. 이 의문에 답하자면, 정치적 이데올로기와 달리 많은 사회에서 신앙기반학교가 아이들을 분열시키는 방법으로 통용되기 때문이다. 각국 정부는 학부모가 선택할 수 있는 다양한 '정치적' 학교(마르크스주의, 자본주의, 민주주의, 아나키즘 등)를 후원은커녕 장려조차 하지 않고 있지만, 극단주의와의 연계에 관해서는 아마도 관심을 기울일 것이다. 그러나 종교적 이데올로기를 보급하고 지키기 위해 존재하는 학교를 허가하고 재정 지원까지 하는 것은 역사적으로 용인되어왔다. 우리는 이를 면밀하게 조사할 필요가 있다. 조사하면서 나는 그 범위가 엄청나다는 것을 알아차렸다. 예를 들면, 어떤 신앙기반학교는 학생의 구성, 교사진, 다종교적 교풍에서 일반 학교와 거의 구별되지 않는다. 내가 우려하는 바는, 이러한 표면적인 에큐메니컬리즘ecumenicalism3)의 그늘 아래에 모두를 아우르는 데 부족한 학교가 은신할 수 있다는 것이다.

신앙기반학교를 분석하면 계급, 민족 및 젠더가 복잡하게 얽혀 있는, 즉 다름의 다양한 조합이 드러난다. 영국의 무슬림 학교에 관한 논쟁에서는 종교와 민족·문화의 연관이 간과되어 논쟁 전체가 틀렸다고 반박되었다. 단지 종교 학교 하나를 추가하는 문제가 아니라 학교가 분리되어 개별 공동체들로 편입되는 문제로 비화된 것이다. 어떤 면에서 유대인 학교가 쟁점이었다면 그렇게까지 되지는 않았을 것이다.

신앙기반학교에 명확히 반대하는 주장들은 매우 다양한 이해관계자로부터 나오는데, 무신론자나 인본주의자뿐만 아니라 다양한 교파의 종교 지도자, 철학자, 경제학자들도 가세하고 있다. 강조해야 할 것은, 주장들을 뭉뚱그려서 모든 신앙기반학교는 나쁘다 — 역으로 모든 일반 학교는 좋다 — 는 식으로 말해서는 안 된다는 점이다. 그보다는 극단주의에 관심을 갖고 종교적 이데올로기에 갇힌 학교가 해악을 끼칠 가능성이 전반적으로 더 크다고 보이며, 사회 통합을 위태롭게 할 가능성도 존재한다고 말해야 한다. 이제 이러한 가능성의 12개 측면을 고찰하겠다.

고립Isolation

첫 번째는 배제 혹은 고립주의에 관련된 것이다. 만일 학생들이 다른 집단 사람들과 거의 혹은 전혀 만나지 않고 교사와 미디어의 설명에만 의존한다면,

---

3) 교파의 차이를 초월해 모든 기독교인의 결속을 도모하는 교회일치 운동을 말하며, 여기서는 종교 간 화해로까지 의미를 확장하여 사용했다.

그들에 관한 고정관념은 쉽게 전파되고 강화된다. 여기에다 만일 어떤 불만 요인, 불공평 또는 증오심이 결합된다면, 이에 대처할 수 있는 방법이 별로 없다.

영국 브래드포드의 인종관계를 조사한 「우슬리 보고서Ouseley report」(2001)에는 문화적·인종적·종교적 경계선에 따라 학교가 분리되어 있는 것이 인종 갈등을 고조시키는 데 핵심적인 역할을 했다는 의견이 제시되어 있다. 분리된 초등학교에서 고착되기 시작한 자기 민족에 대한 충성이 중등교육기간 내내 유지된다는 것이다. '지역사회 통합community cohesion'에 관한 이 보고서는 교풍이 세속적이지만 우연히 무슬림 학생이 많아진 공립학교를, 공식적으로 무슬림 가치를 지향하는 자율형 공립학교voluntary-aided school[4]와 대비하여 분간해내지 못했다고 비판받아왔다(Stone, 2004). 하지만 이 보고서는 교육기관이 민족·종교적 정체성을 고착시키기 시작할 때, 학교의 기원이 무엇이든 간에 어떤 일이 벌어질 수 있는지를 잘 보여준다. 세속적 혹은 다종교 학교에서도 인종주의가 생겨날 수 있다는 주장은 이런 증거에 비추어 초점을 흐리는 것이라 하겠다.

런던개발센터(2002)는 신앙기반학교가 인종주의 극복에 기여할 수 있을지에 관해 우려를 제기하고, 종교적 신념을 가지고 있지 않거나 자신의 종교를 기반으로 정체성을 구성하지 않는 소수민족의 아이들과 가족에게 무슨 일이 일어날 것인지 묻고 있다. 그들의 주장에 의하면, 신앙기반학교를 확대하면 "유색인종 공동체 내에 더 깊은 분열을 야기할 것이며, 가장 보수적이고 반여성적이며 집단지향적인 사람들이 아이들의 교육과 공동체 전체에 대해 더 강력한 지배력을 가지게 할 것이다"(London Development Centre, 2002: 4). 이는 중요한 점이다. 모든 소수민족이 종교를 가지고 있으며 이를 보전하기 원한다

---

4) 지역 교육청의 재정 지원으로 운영되기는 하지만, 재단(주로 종교단체)이 건물을 소유하고 학교 운영에 실질적인 영향력을 행사한다. 학교운영위원회가 학생 입학에 관한 정책을 결정하고 교사 채용권한을 갖고 있다. 학비는 무료이며, 통상적으로 학부모의 자발적 기부가 권장된다.

고 가정하고 있는데, 꼭 그렇지는 않은 것이다.

이와 유사하게, 다른 조사들도 영국의 무슬림이 자녀를 종교가 혼합된 공립학교에 보내는 것을 선호하는 경우가 대부분이며(Policy Exchange, 2007), 또한 무슬림의 94퍼센트가 무슬림은 비무슬림과 섞이지 말아야 한다는 데 동의하지 않는다는 것을 보여주었다(GfK NOP, 2006). 하지만 무슬림 집단이 분리를 원한다는 가정이 자주 거론된다. 오마르는 정부 정책에 대해 이렇게 언급했다.

> 만일 어떤 집단의 사람들에게 주류사회에서 스스로를 분리시킨다고 비난을 퍼부으면, 그들은 주류사회로부터 더 멀리 물러서기만 할 것이다. 이 점을 정치인들에게 설명하고 지배집단의 생각을 바꾸는 것이, 때로는 불가능해 보인다(Omaar, 2007: 236).

이는 매우 중요한 통찰이다. 강요된 고립감은 고립된 교육에 의해 한층 심해질 수 있다. 한 랍비는 신앙기반학교에 반대하는 의미심장한 주장을 했다. 조나단 로메인(Romain, 2005)은 그 학교들이 결국에는 한 나라의 사회적 건강을 허약하게 만드는 종교별 집단거주ghetto 또는 '교육상의 아파르트헤이트apartheid'를 가져온다고 생각한다. "나는 내 아이들이 교실에서 시크교도와 짝이 되고, 쉬는 시간에 감리교인과 축구를 하고, 힌두교도와 숙제를 같이 하고, 버스 정류장까지 무슬림과 함께 걸어가서, 우리 유대인 가정으로 돌아왔으면 한다." 이렇게 아이들을 본질주의적으로 범주화하는 것의 문제점은 나중에 다루겠지만, 로메인은 아이들만 고립되는 게 아니라 부모도 고립된다는 중요한 지적을 했다. 부모들은 교문 앞에서 혹은 운동회 날에 서로 만나 교분을 쌓을 수 없다. 그는 브래드포드와 번리에서의 폭동 이후 학교에서의 분리가 공동체 사이의 분열을 고조시켰다고 비난했던 우슬리 보고서를 거론했다.

우리도 역시 가톨릭 아이들이 와자지껄한 개신교도의 야유를 받으며 성십자학교 Holy Cross school에 가야 하는 끔찍한 장면을 벨파스트에서 보았다. …… 개신교 부모들이 30년 전에 가톨릭 아이들과 함께 지냈다면, 그들은 가톨릭 신자도 악령이 아니며 포테이토칩을 먹고 스케이트보드를 즐기는 평범한 꼬마들이라는 것을 알면서 성장했을 것이다.

로메인은 특정 종교에 연계되지 않고 종교를 시간낭비로 여기지도 않는 '종교혼합cross-religious' 학교에 찬성했다. 그 대신 이 학교는 무신론도 배려하는 한편 신앙을 진지하게 대해야 한다고 덧붙였다.

학교는 장벽을 세우지 말고, 다리를 놓아야 한다. 일부 신앙기반학교가 개별적으로는 아무리 좋을지라도, 집합적으로는 사회적 재앙을 가져오는 레시피가 된다. 모든 종교의 지도자들은 종교 이기주의를 제쳐두고 국민통합national cohesion에 더 높은 우선순위를 두어야 한다(Romain, 2005: 9).

분리를 선택하는 학부모

몇몇 종교 지도자만 별도의 학교를 원하는 것은 아니다. 인종평등위원회(CRE, 2007)에 따르면, 일부 학부모들이 그들만의 문화를 위한 학교를 선택하도록 유도하는 것은 '비영리재단 학교trust school[5]'와 '학부모 선택권parental choice'이다. 북미와 유럽의 이슬람 학교에 대한 국제연구에서 메리와 드리슨(Merry

---

5) 영국 교육부가 공립학교 민영화를 촉진하기 위해 2005년에 제안한 새로운 유형의 학교를 말한다. 입법 과정에서 그 명칭은 빠지게 되었으나, '자율형 공립학교(각주 4, 6 참조)' 등이 그 몫을 대신하고 있다.

and Driessen, 2007)은, 학부모들이 공립학교와 사회의 세속적 영향으로부터 자녀를 보호하고 강한 종교적 정체성을 기르려는 동기를 가지고 있다고 설명했다. 이 동기 때문에 많은 학부모가 더 많은 훈육을 원하는 것이다. 저자들은 학교가 종종 다투고 겨루는 장소가 된다는 점을 발견했는데, 한 예로 학생들이 노동시장에서뿐 아니라 상급학교에서도 성공할 수 있는 기량과 자질을 갖게 될 것으로 기대하고 혹독한 학업수행을 독려한다. 이와 함께 이슬람 학교에서는 학생들이 장차 향유하게 될 물질적 성공의 함정에 빠지지 않도록 그들에게 강고한 종교적 정체성도 함양시키려고 한다. 이것은 대부분의 이슬람 학교가 공표한 이중시민성dual citizenship을 권장하는 목표와 일치하는데, 하나는 글로벌한 무슬림공동체(움마)에 대한 것이고 다른 하나는 학생들이 자라난 더 넓은 사회에 대한 것이다.

그래서 이론상으로는, 전도da'wa나 신앙 간증이 타자에 대한 관용 같은 시민의 덕목을 가르치는 것과 조화를 이룬다. 물론 관용은 의견이 다른 사람들을 존중하는 것과 전혀 다르다. 그리고 당연히, 이슬람의 다른 종파를 신봉하는 사람들 또는 비무슬림에 대한 존중은 긍정적인 상호작용을 한 사람들 사이에서 더 분명하게 나타난다. 하지만 지금은, 이슬람 학교에서 학생들이 '타자성otherness'과 얼마나 많이 상호작용을 하는지 불분명하다. 여기에는 적어도 세 가지 이유가 있다. 첫째, 이슬람 학교를 선택한 일부 무슬림 학부모들은 대개 자녀들이 비무슬림은 물론이고 문화적·인종적·신학적 배경이 다른 무슬림과도 가까운 친구가 되는 것을 꺼린다. 둘째, 이와 비슷하게, 다른 관점으로부터의 '보호'나 굳이 말해 문화적 통일은 부분적으로 이슬람 학교의 존재 이유다. 사실 이슬람 학교는 최소한 부분적으로는 자유민주주의 사회의 지배적인 사고방식과 문화적 규범에 대항하기 위해 존재한다. 셋째, 이슬람 학교에 다니는 비무슬림 학생 수는 극히 소수다. 사실 대다수의 이슬람 학교에는 비무슬림 학생이 없다. 이 모든 것은 이슬람 학교에서, 특히 아이들이 하는 일에 대한 가부장적 통제가 더욱 엄격한 어린 시절에, 대다수 학생들이 다름difference과 접촉할 기회가 훨씬 적었음을 시사한다. 그리고 제한된 접촉 경험은 포용 교육inclusive education과 민주 교육에 걱정스러운 동향을 예고하고 있다(Merry and Driessen, 2007: 23).

(분리교육의 — 옮긴이) 수요를 특징짓는 것은 보호주의와 더불어 경쟁사회에서의 성취 욕구다. '교육재단' 런던 이슬람대학은 그들의 소식지에 종종 급진적 이슬람주의에 관한 글을 싣기도 하지만, 이를 서구사회의 탓으로 돌리고 있다.

전 세계에 걸쳐 극단적 무슬림을 만들어내는 것은 서구사회 …… 이맘imam은 극단주의 문제에 대한 해결사가 아니다. 극단주의는 이맘과 아무 관계가 없다. 극단주의는 영국 밖에서 만들어지는 것이 아니라, 안에서 생겨나고 있다(London School of Islamics, 2007a).

그들은 극단주의가 사회의 제도적 인종주의와 무슬림 배제에 의해 만들어진다고 주장한다. 그런데 이런 주장을 통합학교integrated school에 대한 요구로 이어가지 않고 별도 학교를 요구한다. "무슬림 공동체는 무슬림 아이들이 무슬림 교사에게서 별도로 교육받을 수 있는 공립 무슬림 학교가 더 많이 생기길 원한다." 이유인즉, '현지인 교사'는 무슬림 아이들에게 결코 역할 모델이 되지 않는다는 것이다. 이런 주장은 아랍어와 우르두어(파키스탄 공용어 — 옮긴이)와 같은 다른 언어에 대한 관심이 부족할 뿐 아니라 영어교습도 부실하다는 데 근거하는 것으로 보인다.

무슬림 아이들이 대부분 낮은 성적으로 졸업하는 것은, 사실 한 언어만 사용하는 교사들이 2개 언어를 사용하는 무슬림 아이들에게 표준 영어를 가르칠 능력이 없기 때문이다. 한 사람의 무슬림은 좁디좁은 지구촌의 시민이다. 무슬림은 하나의 언어만 사용하는 악명 높은 영국인이 되기를 원하지 않는다(London School of Islamics, 2007b).

여기서 우리는 통합이 수용되게 하는 것은 쌍방의 노력이 필요한 과정임을 알 수 있으며, 이슬람 혐오와 영국의 교육 시스템에 대한 비판도 이해할 만하다. 그런데 끝에 가서는 소외와 급진주의를 이들의 탓으로 돌리고 분리주의 학교교육을 요구하는 것이다.

학부모 선택권의 전반적인 문제에 대해 논쟁이 크게 붙었다. 소수자권리그룹MRG은 소수자들이 별도 학교를 요구할 권리가 인권에 대한 국제기준과 모순되지 않는다고 주장하는 한편, 별도 학교를 강요받는 상황(MRG는 '분리'라고 정의한다)과 선택할 수 있는 상황 사이에는 중요한 차이점이 있음에 유의해야 한다고 주장했다. 남아프리카공화국에서의 인종 분리는 명백히 강요된 것이었으며, '제도적 다원주의'는 평화롭지 않았다. 학교들이 정말 선택에 의해 분리된 북아일랜드와 같은 상황에서는 과연 평화로울까? 토니 갤러거(Gallagher, 2004)는 분리된 학교들이 그곳에서 미친 영향을 설명하는 주요 대안 세 개를 검토했다. '문화적 가설'은 분리된 학교가, 예컨대 교육과정에서, 서로 다르고 잠재적으로 대립하는 문화적 환경으로 학생들을 끌고 감으로써 지역사회의 분열을 강화했다고 설명한다. 이는 북아일랜드의 교육과정에서 역사적 사건을 서로 다르게 진달히는 데 대한 캐넌(Cannon, 2003)의 분석에서 그대로 되풀이되는 견해다. '사회적 가설'은 무엇을 가르치는가와 무관하게, 분리된 학교교육이 집단적 차이점과 적대감을 강조하고 정당화함으로써, 상호무시와 상호의심을 조장하고 학생들에게 갈등을 전수했다고 설명한다. 세 번째 견해는, 북아일랜드에서 갈등은 학교 이슈와 대체로 관련이 없으며 실질적인 불평등과 불공평에 관한 것이라고 본다. 갈등 원인에 대한 의견일치가 없는 상황에서 세 가지

광범위한 개입 전략이 교육과정에 반영되었는데, 상호이해를 위한 교육, 개신교와 가톨릭 간의 학생교류 프로그램, 그리고 통합학교 육성이 그것이다. 하지만 대다수 학교들은 여전히 분리되어 있고, 모두 개신교계였던 '(통합학교로 ─옮긴이) 전환된' 학교들도 원래 분리되어 있던 교풍에서 탈피해 발전하기가 쉽지만은 않다. 특히 개신교 학부모들은 그들의 학교가 '접수되고' 있다고 우려한다. 캐넌은 벨파스트 북부에서 일어났던 성십자학교Holy Cross school 소요사태를 사례로 들며, 어떻게 학교, 특히 분리된 학교가 갈등하는 공동체들 사이에서 지속적으로 '인화점'이 되고 있는지 밝혀냈다.

중첩되는 또 다른 형태의 분리

종교 집착을 실행에 옮기는 것은 한 사회에서 모든 사회계급에 일률적으로 퍼져 있는 현상이 아니며, 신앙기반학교는 사회경제적 격차를 고착시킬 수도 있다. 청소년재단The Young Foundation은 '새로운 이스트엔드The New East End'라는 연구에서, 백인 학부모들이 런던의 타워햄리츠 자치구에서 네 개의 중등 교회 학교를 인수해 사실상 백인 학교로 만들었으며, 그 영향으로 인근 세속 학교들의 학생 90퍼센트가 방글라데시인으로 채워졌다고 경고했다(Dench et al., 2006). 통합전략연구소The Institute for Research in Integrated Strategies는 성공회 학교와 가톨릭 학교에서 무상급식을 받는 학생 수가 지역 평균보다 낮다고 밝혔다. 이는 인접한 학교들에서 무상급식을 더 많이 받고 있으며, 그 격차가 확대되고 있음을 의미한다(Toynbee, 2006에서 재인용). 교회 학교에서 학생 선발은 불투명하게 이루어진다. 자녀들을 신앙기반학교에 입학시키려고, 자신의 신앙심에 대해 거짓말하거나 비로소 교회에 나가기 시작하는 학부모의 숫자가 이를 입증해준다.

영국에서 '선택'이라는 정치적 담론은 사회분열을 강화해왔으며, 신앙기반학교에게 타 종교 학생을 일정비율 선발하라고 요구하는 식의 사회공학적 접근으로는 이를 상쇄하지 못할 것이다. 레스터 이슬람학교는 국가의 재정지원을 받고 있지만, 토인비가 지적했듯이 25퍼센트의 비무슬림 의무선발 비율 때문에 큰 어려움을 겪지는 않을 것이다. "교장은 〈도덕의 미로〉(BBC 라디오 채널 4)에 출연하여 여학생은 모두 교복, 즉 히잡hijab과 머리부터 발끝까지 감싸는 질밥 jilbab을 입어야 한다고 말했다. 거기에는 선택의 여지가 없다"(Toynbee, 2006: 7).

대화 기회 부족

여기서 또 다른 랍비, 유대교 최고 지도자인 조나단 색스의 이야기를 인용하겠다.

> 그 어떤 다른 것보다 앞서는 하나의 신념이 …… 위대한 역사적 이상의 제단에 개인들의 피를 뿌린 책임이 있다. 나의 신앙, 나의 인종, 나의 이데올로기를 공유하지 않는 사람은 나의 인간성humanity도 공유하지 않는다는 신념이 그것이다(Sacks, 2003: 82).

색스는 도덕적 차이와 더불어 살고, 나아가 모두를 아우르는 공동체를 지속시키기 위한 최선의 방법은 "대화 — 단순한 논쟁이 아니라 (생각이 다른 사람도 잘 이해할 수 있도록 내 견해를 다듬는) 훈련된 의사소통· 행위이자 (내 견해에 반대하는 누군가의 내면세계에 들어가는) 훈련된 경청 행위"라고 주장한다. "가장 강력한 하나뿐인 폭력 해독제는, 우리의 두려움을 말하고 다른 사람의 두려움에 귀 기울이며 아울러 취약성을 공유하는 가운데 희망이 움트는 것을 발견하는 대화다"(Sacks, 2003: 83)라고 더욱 힘주어 말했다.
주장인즉, 신앙기반학교는 단순한 분리에 그치지 않고 학생들의 중요한 학습도구 — 말하기, 숙고하기, 생각이 다른 사람과 대화하기 — 를 박탈한다는 것이다. 이스라엘 학생과 팔레스타인 학생이 함께한 만남에서, 서로의 고정관념을 해체하는 데 중요한 요소는 두려움의 공유였다(Davies, 2004).

우월감 고취

문제가 되는 것은 단지 다르다는 것만이 아니라 그 학교의 메시지 혹은 명칭만으로 우월해질 가능성이다. 학부모가 자녀를 가톨릭 학교 또는 여학교에 보내는 것은, 가톨릭이나 여성이 더 낫다고 생각하기 때문이 아니라 시험 결과가 더 좋다고 생각하기 때문이다. 그것은 이해할 만하며, 또한 그 자체로는 극단주의를 낳지 않는다. 학교가 종교적 혹은 윤리적 메시지나 정체성 때문에 특권적이거나 우월하다는 증표로 통할 때 비로소 분란이 생겨난다. 그 학교에 다니는 아이들은 다른 메시지의 다른 학교에 다니는 아이들보다 자신이 우월하다고 여기며 — 엘리트 학교의 고질적인 문제 — 차별성이 확고히 굳어진다. 이는 통상 사회계급에 연결시키는 오래된 재생산 가설인데, 여기에서 더 깊이 다룰 필요는 없다. 내 주장은 이런 엘리트주의가 한 사회 내의 특정 집단이나 공동체를 겨냥할 수도 있는 종교적 혹은 윤리적 메시지와 결합될 때, 사회 통합을 위태롭게 한다는 것이다. 월터 파인버그는 다음과 같이 지적하고 있다.

많은 종교 학교의 특색 중 하나는, 학생들이 자신의 신앙을 공유하는 사람을 편애하는 성향을 갖게 한다는 것이다. 무신론자와 다른 신앙을 가진 사람은 천국에 가지 못한다는 근본주의적 메시지, 무함마드는 모세나 예수 등 다른 예언자보다 더 완벽한 신의 메시지를 가지고 온, 마지막이자 가장 위대한 예언자였다는 무슬림의 견해, 유대인은 하나님이 선택한 민족이라는 유대인의 믿음, 이 모두는 어떻게 보든 배타적 신념이다. 배타적인 영향은 다른 신앙을 가진 사람과 아직 많은 접촉을 하지 못한 아이들, 그리고 언어의 은유적 기능을 아직 이해하지 못하는 아이들에게 전해질 때, 훨씬 더 침투력이 강할 것이다(Feinberg, 2003: 402).

따라서 파인버그는 과거의 종교 지도자들이 저지른 교리상의 오류에 대하여 비판적 성찰을 해야 한다고 촉구한다. 예를 들면 미국의 남침례교 학교들은 교회의 잘못된 노예제 옹호와 뒤늦은 철회에 대해, 가톨릭은 종교재판 시기에 벌인 행위들에 대해 반성해야 할 것이다. "모든 종교 학교에서는, 겸허하라고 호소하여 신자들만 자기처럼 편애하는 성향을 누그러뜨리는 것과, 종교 지도자를 포함해 누구라도 하나님의 뜻에 관해 틀릴 수 있다는 항상적 가능성을 구별해야 한다"(Feinberg, 2003: 403). 나는 이런 일이 신앙기반학교에서 실제로 얼마나 많이 일어나는지 확신할 수 없다.

문화적 정체성에 갇힘

살만 루시디가 무슬림만 다니는 학교를 늘리는 것을 반대했었다는 사실은 의미심장하다. 아이들을 자신의 인생에서 아주 이른 시기에 단일한 신앙 환경에 놓이게 하는 것은 자신들의 문화적 정체성에 '가두는lock in' 것이며, 이는 백해무익하다고 그는 생각한다(Nazeer, 2005에서 재인용). 아마르티아 센도 비슷한 취지에서, 다민족 사회에 대한 '혼동된 견해'가 무슬림 학교를 장려하는 결과를 가져왔다고 했다. "아이들은 그들의 주목을 끌기 위해 경쟁하는 다른 정체성 체계에 관해 이성적으로 생각하는 능력을 갖추기 훨씬 전에, 하나뿐인 소속집단의 강력한 영향권에 놓이게 된다"(Sen, 2006: 13). 그가 보기에, 신앙기반학교는 인종차별 없는 영국에서 살겠다는 요구들을 '파편화하는' 접근방식인 것이다.

이들 새로운 학교의 많은 곳이 (북아일랜드에서의 가톨릭과 개신교의 분쟁 — 분리된 학교교육과 무관하지 않은 — 을 포함한 영국 자체 내 폭력의 역사에 추가하여),

종교가 우선시되면서 전 세계 폭력의 주요 원천이 되는 바로 그 무렵에 생겨났다. "이 학교들에는 매우 강한 교풍과 가치관이 있다"는 블레어 수상의 언급이 분명히 옳다. 그러나 아이들, 그것도 아주 어린 아이들을 오래전부터 전승되어 온 교풍에 몰입하게 하는 것만이 교육은 아니다. 교육은 아이들이 자라나서 어른이 되면 가져야 할, 새로운 결정에 관해 이성적으로 생각하는 능력을 개발하게끔 돕는 것이기도 하다. 중요한 목표는 신앙기반학교를 가지고 고루한 영국인과 견주는 상투적 '동등성parity'을 추구하는 것이 아니라, 아이들이 통합된 지역사회에서 성장하면서 '성찰하는 삶examined lives'을 살 수 있도록 잘 키워주는 것이다(Sen, 2006: 160).

그렇다면 앞서 살펴본 랍비 조나단 로메인 같은 부류의 다문화주의에도 문제가 있는데, 그것은 바로 아이들을 굳어진 종교적 정체성을 가진 것으로 조기에 낙인찍는 것이다. 도킨스는 《인디펜던트The Independent》지에, 네 산배기 샤드브리트(시크), 무샤라프(무슬림), 아델(크리스천)이 세 명의 동방박사 역을 맡았다는 자막이 달린 성탄극의 '황홀한 장면'을 묘사했다. 그는 물었다. "상식적으로 부모들 자신의 거창한 신학적 의견으로 네 살배기 아이들을 낙인찍는 것이 옳은 일이라고 생각할 수 있는가?" 그는 우리에게 샤드브리트는 케인스주의자, 무샤라프는 통화주의자, 아델은 마르크스주의자이며 모두 네 살배기라고 자막을 바꾼 똑같은 사진을 상상해보라고 했다. 항의 편지가 날아들 것이다. 그러나 강요된 혹은 가장假裝된 종교적 정체성에는 아무도 항의하지 않는 영국사회에서, 그런 항의는 종교에 특권을 부여하는 것과 같다. 그래서 도킨스는 만일 샤드브리트는 무신론자, 무샤라프는 불가지론자, 아델은 세속적 인본주의자이며 모두 네 살배기라고 자막을 달았다면 일어났을 격렬한 항의를 상상해보라고 했다. 그 아이들의 부모는 아마도 자녀 양육에 적합한지 조사를 받았을 것이다.

타협하는 자율성

따라서 신앙기반학교가 사고thinking와 열망aspiration에서의 자율성을 충분하게 부여하는지가 핵심적인 질문이 된다. 파인버그의 정의에 따르면 자율성은,

자신이 비판적으로 획득한 선good 개념에 부합되게끔 삶을 선택하는 아동의 발달 역량이다. 자율성은 자신의 사회화 과정을 성찰하는 능력을 요구하며, 궁극적으로는 그 과정을 더 크게 통제하는 능력을 요구한다(Feinberg, 2003: 400).

자율성은 전부 아니면 전무全無의 문제가 아니다. 우리는 많은 것을 검증하고 도전해보지 않은 채 우리 삶의 중요한 부분들을 비판적으로 선택한다. 자율성을 키우려면 유아기의 중요한 요소인 안정된 자아가 필요하며, 아동기의 발달 단계마다 다른 요소들이 요구된다고 하겠다. 그러나 파인버그는 신앙기반학교에 대한 어떠한 국가 지원도, 학교가 개인과 사회의 자율성을 향상시키고 성찰적인 자율적 시민을 양성한다는 데 근거해야 한다고 주장한다.

이 조건 중 하나는, 적절한 나이가 되었을 때 아이들에게 자신이 가장 익숙한 삶의 형태에 대해 지적·감정적으로 거리를 두고, 세상에는 도리에 어긋나지 않는 삶의 형태가 많다는 것을 이해할 수 있도록 여지를 줘야 한다는 것이다(Feinberg, 2003: 402).

공립학교는 '공중public의 재생산을 목표로 해야 하므로', 다양한 개념의 선善이 꽃피울 수 있게 허용하는 민주주의하에서, 더불어 살아가는 기량과 태도를 가르쳐야 한다. 하지만 많은 종교 학교는 다른 그 무엇보다 아이들을 특정 신도 집단이 가진 세계관, 관점, 신념 그리고 귀속감을 공유하는 성인으로 키워내는 것을

중요한 목표로 삼고 있다.

그럼에도 회색지대는 있다. 파인버그는 "선호하는 생활방식을 권장하는 학교는 자기방식과 다른 생활방식에 대한 불관용을 가르치는 학교와 구별되어야 한다. 전자는 허용되어야 하고, 후자는 허용해서는 안 된다"(Feinberg, 2003: 395)고 주장한다. 그러나 만일 당신이 어떤 것을 '바람직한' 것으로 권장한다면, 이는 자동적으로 다른 것에 대한 판단을 함축하는 셈이 된다. 생각하건대, 많은 일들이 모든 형태의 관용 부족에 공통되는 무차별성에 의해 좌우되고 있다. 누구든 건강식품이 바람직하다고 말할 수야 있지만, 감자튀김 몇 봉지가 서구문명이나 세계의 동맥에 위협이 되지는 않는다. 감자튀김을 먹는 사람들을 상대로 전쟁을 벌일 때만 문제가 일어난다. 나는 캘런의 다음 대조를 좋아한다.

> 결국, 하나는 언제 어디서나 인간을 위한 의미와 실행의 현장이라고 단정되는 특정 종교와 자기를 동일시하도록 배우는 것이고, 다른 하나는 특정 종교를 종교적 가능성의 여러 선택지 중에서 경쟁우위를 유지해야만 선택되는 가장 매력적인 선택지로 보도록 배우는 것이다(Callan, 1997: 57).

「시민성 교육: 가톨릭 관점Citizenship Education: A Catholic Perspective」(Battle and Grace, 2006)이라는 논문에 관심을 가진 적이 있다. 제럴드 그레이스는 나도 그의 논문에 부분적으로 책임이 있다고 말하는데, 이는 내가 가톨릭 학교에 대한 그의 저서를 평하면서 가톨릭 학교들이 시민성 교육에 활발히 참여하는 것을 보여주었으면 유익했을 것이라고 언급했기 때문이다. 그 논문은 새로운 개방성과 비판적 사고의 필요성에 관해 유용한 점을 다수 담고 있으며, 교회의 사회적 가르침 — 지역사회 참여, 사회적 책임, 좋은 이웃관계, 그리고 범죄, 마약 복용, 가정파탄을 다루는 기본적인 사회적 도덕률의 필요성 — 이 주는 축복과 '더 깊은 영감'을 언급하고 있다. 그러나 (제럴드 그레이스에게 사과하며) 나는 여전히 두 가지 문제점을 짚지 않을 수 없다. 첫째, 이 모든 가치는 가톨릭교회에만 특유한 것이 아니다. 둘째, 어떤 가치가 특유한 것이 되기 시작하면, 이슈들의 범위가 축소되고 의도적으로 뭉뚱그려질 것이 확실하다. 논문의 마지막 절은 '9·11 이후 더 안전한 세계를 어떻게 만들 것인가?'라는 제목을 붙이고, 미국 가톨릭 주교회의의 결과물을 끌어들였다. 그것은 다음과 같이 시작한다.

> 우리 중에서 가장 약하고 순결한 태아를 어떻게 보호할 것인가? 어떻게 하면 국민들이 어려운 문제를 해결하기 위해 낙태, 사형제도, 안락사 같은 폭력에 의지하지 않도록 할 수 있을까? 기아, 국제 부채, 개발부진의 결과로 하루에 어린이가 3만 명 이상 죽어가는 비극적인 사실에 대해 어떻게 말을 해야 하나? 어떻게 결혼제도를 지키고 가족들이 더 잘되게 지원할 것인가? 이주민과 난민들에 대한 끈질긴 편견과 적개심에 어떻게 대항해 싸울 것인가? 이것들은 우리 시대 문제의 일부에 지나지 않는다(Battle and Grace, 2006: 29).

여기에 덧붙이자면, '피임에 대한 가톨릭의 입장 때문에 아이들이 죽어가고 빈곤이 지속되는 것은 어떻게 설명할 것인가?' '동성애자에 대한 가톨릭의 편견에 대항해 어떻게 싸울 것인가?' 이와 같은 질문은 그 논문의 마지막 주제인 '연대'로 이어지는데, 두 가지 가정에 의해 야기되는 긴장들을 무시했다. 하나는 가치 공통성value commonality의 가정이다. 다른 하나는 낙태와 안락사를 반대하고 결혼의 신성함을 우선시하는 가톨릭의 견해에 입각해야만 시민성 교육과 '더 안전한 세계'가 촉진될 수 있다는 가정이다. 게다가 그 논문은 파인버그가 제안한 자율성과 자주적 비판성도 외면하고 있다.

비판적 사고의 문제

이는 비판적 사고의 미래에 의문이 들게 한다. 지하드의 해외훈련소에서는 쿠란을 한 세트의 영원한 진리로 가르치는데, 그 역사적 맥락에 대해서는 거의 언급하지 않는다. 그리고 칼리프 체제하의 더 멋진 이슬람 사회라는 개념은 서구 가치의 지배에 도전하기 위한 폭력 사용을 정당화하는 정치적 열망이 되었다. 이것은 '단일 진리' 교육의 극단적인 형태지만, 서구에서도 신앙기반교육의 중심부에 유일무이한 진리가 자리하고 있는지, 그렇다면 언제부터인지라는 의문에 대해 살펴봐야 한다.

그렇지 않아도 이단 혹은 쇄신파로 고발할 필요 없이 비판적 사고와 재해석이 들어설 자리를 아예 없애버리려고 많은 사람이 애쓰고 있는데, 이슬람학교에서 가르치는 대다수 교사들이 더 권위주의적인 교사 중심 교수법에 집착한다면, 혹은 '전통'으로 통하는 쇼비니즘적인 관습이 상호인정과 반대할 자유와 같은 민주주의 이상을 잠식한다면, 비판적 사고를 길러내기 어렵다(Merry and Driessen, 2007: 25).

브라운은 영국의 기부형 공립학교, 자율형 공립학교, 지역 공립학교를 비교하며6) 기금출연의 복잡한 본질을 검토하고 다음과 같은 의문을 제기했다.

----

6) 1998년 이래 영국의 공립학교state school/maintained school에는 6개의 형태가 있는데, 주된 형태는 아래 3개이다.
   지역 공립학교Community school: 지역 교육청이 학교 건물과 부지를 소유하고, 입학 정책 결정과 교직원 채용 권한을 갖는다.
   기부형 공립학교Voluntary controlled school: 재단(대부분 교회)이 학교 건물과 부지를 출연하고 학교운영위원의 4분의 1 정도를 지명한다. 학교운영비는 국가가 모두 부담하며, 입학 정책과 교직원 채용을 지역 교육청이 통제한다.
   자율형 공립학교Voluntary aided school: 재단(다양한 종교계)이 학교 건물과 부지를 출연하도대체 왜, 기부형 공립학교와 지역 공립학교에 다니는 학생들은 기독교가 강조되긴 하지만 다양한 신앙에 대한 지식과 이해를 배우는데, 갈수록 늘어나는 자율형 공립학교의 학생들은 학교운영위원회의 소망에 따라 자기 종교 혹은 종파 혹은 교과 외에는 아무것도 배우지 못하는 것일까?(Brown, 2003: 110)

이슬라미아 초등학교의 교장은 학생들이 자신이 좋아하는 종교의례를 행할 수 있다고 설명했는데, 이 학교는 자율형 공립학교로 인가된 최초의 무슬림 학교 중 하나이며, 23개 국적의 학생을 수용하고, 입학 정책상으로는 공식적으로 모든 신앙에 개방되어 있다. 그들은 하루에 예배를 다섯 번 했으며, 쿠란을 번역하고 해설하고 토론하면서 공부했다. 그러나 "결코 하지 않는 한 가지는 크리스마스를 경축하는 것이다"(Parker-Jenkins et al., 2005: 132에서 재인용).

파커 젠킨스 등은 사립independent 신앙기반학교에 대한 조사연구를 인용했다. 이는 교육과정의 선정에 작용하는 이데올로기적 선택과 재정적인 제약으로 인하여 그들이 개설하는 교육과정이 매우 편협하다는 것을 논증한 것이다. 그래서 단순한 타자로부터의 고립이 아니라 주류 사고방식으로부터의 고립이 문제가 된다. 근본주의적인 학교는 증거가 뒷받침되는 진화론에 학생들이 물들지 않게 예방접종하려는 목적에서, 종종 과학적 진화론에 대한 창조론의 가장 효과적인 대응을 이용해 가르치고 있다(Feinberg, 2003). 《타임스》의 최근 보도에 따르면, 창조론자 학교의 결정판은 '창조 대수학代數學'이다. 텍사스의 한 침례교 학교의 수업계획서에는 이렇게 씌어 있었다. "학생들의 수학에 대한

....

고 학교운영위원의 과반수를 지명한다. 학교운영비는 국가가 전부 지원하지만 학교운영위원회가 입학정책 결정과 교직원 채용 권한을 갖는다. 거의 대부분 신앙 기반(주로 성공회, 가톨릭) 학교이며 일부 비종교(런던의 동업조합 등) 학교가 있다. 학생들은 다른 공립학교와 마찬가지로 국가교육과정National Curriculum에 의거해 공부하지만, 신앙기반학교인 경우에는 자기 종교에 관한 수업을 추가할 수 있다.

이해도가 높아지면 하나님의 본질을 검토할 것이다. 학생들은 수학 원리의 절대적 일관성을 이해할 것이고 하나님이 그 일관성의 발명자임을 알게 될 것이다.”《타임스》는 이어서 “계산을 끝없이 해야 하는 불운을 맞게 된다면, 그들은 하나님이 고약한 유머감각을 갖고 있음도 깨달을 것이다”라고 논평했다(2007년 10월 1일, 16면).

다음은 ‘창조 물리학’을 들 수 있다. 지아Zia 장군이 파키스탄의 이슬람화를 추진하던 시기에, 과학 교과서를 이슬람화하기 위한 제안이 하나 제출되었다. 교과서에 수소와 산소가 물을 만든다고 쓰기보다는 수소와 산소가 하나님의 뜻에 따라 물을 만든다고 쓰자는 것이다. 다행스럽게도 이 제안은 교과서에 반영되기도 전에 지아 장군이 그의 창조주를 만나러 떠났다(M. Nazir, 개인 전언). 사이언톨로지the Church of Scientology[7]의 추종자들은 외계인의 방사능 영혼이 인간에게 달라붙어서 우리 문제의 근원이 되었다고 믿는다. 게다가 교세가 키지면서 ‘교육’ 목적이라고 주장하여 부가가치세를 면제받고 있다. 자선단체 FAIR(유사종교 피해가족 돌봄 단체)의 의장이 “영국에서는 정신적 유괴mental kidnapping가 범죄로 인정되지 않기 때문에, 법률 구조를 받을 수 없다”고 지적한 바 있다(Gourlay, 2007). ‘정신적 유괴’는 씁쓸하긴 하지만 유용한 개념이며, 물론 사이언톨로지에만 국한되는 것은 아니다.

공동체 상상하기

다문화적 사고방식은 공동체 개념 — 특히 민족 공동체들과 종교 공동체들 — 에 의지하고 있다. 1983년 처음으로 앤더슨이 국민 국가와 기타 정치적 실체를 떠

---

7) 과학 소설가 론 허바드Ron Hubbard가 1953년 미국 뉴저지에서 창시한 이래 숱한 논란의 대상이 되어왔으며, 유사종교cult인 동시에 상업적인 사업체enterprise라고 평판이 나 있다.

받치는 '상상의 공동체imagined communities'에 대해 논의했다. 에릭 홉스봄은 축구의 글로벌화와 더불어 축구 마케팅이 어떻게 국가주의에 뿌리를 내리고 있는지에 관심을 가졌었는데, "대중이 상상하는 공동체가 11명의 실명인實名人 모습으로 실재하는 듯하다"(Hoyle, 2007에서 재인용)고 썼던 적이 있다. 다원적인 사회 내에서조차, 이같이 상상된, 거의 상징적 혹은 은유적인 단위들이 여전히 생각을 제약하고 위험한 낙인찍기를 초래하고 있다. '공동체'는 회관, 마을 가게, 이웃 및 상부상조를 떠올리게 하면서 기분 좋은 느낌을 준다. 정신병원에서 퇴원하는 사람들을 두고, 상담만 하고 겉치레 말만 해주면서 마치 즉각 작동할 수 있는 지원 시스템이 있기나 한 것처럼, '공동체로 풀어놓아' 주는 것이라고 일컫기도 했다. 이는 가공의 이야기일뿐더러, 하나의 '공동체'가 어디에서 어디까지인지라는 경계의 문제도 있다. 그리고 센이 지적하듯, 주민들끼리 서로를 위해서는 대단한 일을 하는 '잘 통합된' 공동체가 벽돌을 던져 이주민이 사는 집 창문을 깨뜨리는 바로 그런 집단이 될 수 있다. 연대는 어떨 때 족벌주의nepotism로 변질되는가? 우리 연구에서 더 중요한 점은 공동체가, 본질주의적인 정체성처럼 여하튼 구별되는 공통 가치, 생활양식 및 자격을 갖고 있는 사람들을 묶어내는 본질주의적인 분류를 내포한다는 것이다. 종교적 '공동체' 개념은, 구성원에게는 공동체의 구성원 자격이 가장 중요한 정체성이라는 것을 함축하고 있다. 이는 위험하고 분열적이다.

아이러니하게도 하크는 종교에 관해 공중을 '교육하려는' 시도들의 역설을 무심결에 부각시켰다.

비영리단체들은 무슬림 공동체를 지원하는 인터뷰, 조사연구 등의 활동에 도움이 될 수 있으며, 또한 무슬림과 이슬람에 관해 현존하는 고정관념들에 대해 공중을 교육하는 데 핵심적인 역할을 하고 그것들을 근절하는 새로운 방법을 개발할 수 있다(Haque, 2004: 15).

이것이 바로 공동체를 일종의 동질적인 실체인 것처럼 전제하는 공동체 담론이다. 그것은 민족의 차이는 물론이고 최소 22개의 하위분파를 가지고 있는, 수니파와 시아파 사이의 커다란 분열을 무시하고 있다. 같은 문장에서 하크는 '무슬림 공동체'를 말하고는 고정관념에 대해 투덜대고 있는데, 이 역시 생색내기로 보인다. '무슬림 공동체'는 과연 '도움받기'를 원하거나 필요로 하는가? 빈곤층으로 전락한 노부인이 '내가 두려워하게 되었던 한 가지는, 그들 속에서 움직여지고 있는 것'이라고 했던 말을 떠올리게 한다. 위의 인용문에서 무슬림을 '동성애자'로 대체한다면, 거의 모욕적으로 보일 것이다. 그리고 다중 정체성의 시대에 '무슬림'이, 이 연구에서 유일하게 실재를 정의하는 것일 수 있나?

이 지점에서 아마르티아 센이 『정체성과 폭력』에서 한 분석이 매우 중요하다. 그는 영국이 단순한 '상상의 공동체'에 그치지 않고, 이제 '종교 및 민족 공동체들의 전국연맹으로 상상되고 있는' 것을 우려한다(Sen, 2006: 165). 그는 오늘날 영국이 봉착한 문제와 영국령 인도가 직면했던 문제 사이에 '묘한 유사성'이 있다고 말한다. 간디 사상은 영국의 인도 통치the Raj에서 직접적으로 힘을 받았다. 간디는 인도가 종교 공동체들의 집합체라는 식민당국의 견해에 특히 비판적이었다. 만약 간디가, 2002년 그의 고향인 구자라트 주에서 힌두교 분파주의 지도자들이 조직한, 무슬림에 대한 분파주의적 폭력을 보았다면 극도로 상심했을 것이다. 하지만 인도 민중이 그처럼 잔학한 행위를 규탄하고 연루된 정당들을 선거에서 패배시킨 것을 보고는 크게 고무되었을 것이다.

많은 사람들이 이야기했던 바와 같이, 사실 인도에는 이 세계에서 무슬림이 다수를 점하는 그 어느 나라보다 더 많은 무슬림이 살고 있음에도(거의 파키스탄만큼), 이슬람의 이름으로 행동하는 자생적 테러리스트는 극히 적으며 알카에다와 연계된 사람도 거의 없다. 성장하는 경제도 분명히 영향을 미쳤겠지만 인도 민주 정치의 특질도 한몫했으며, 간디가 옹호했던 이상적인 인도에 대한 광범위한 공감대도 영향을 주었음이 틀림없다. 그 이상은 종교적 정체성 외에도, 개인의 자기 이해self-understanding에 관련되는, 그리고 나라 안의 다양한 배경을 가진 시민들과 관계 맺기에 관련되는 수많은 정체성이 존재하는 그런 나라이다(Sen, 2006: 168).

인도가 세속적 국민교육 시스템을 가지고 있다는 사실도 일정 부분 기여했을 것이다. 간디는 "국민 전체가 산 채로 갈라지고 찢어진 것을 상상해보라. 어떻게 해야 하나의 국민으로 만들 수 있겠는가?"라고 했다. 센은 이렇게 말했다.

사람들을 각자의 종교와 민족에 따라 규정짓고, 다른 모든 정체성을 제치고 공동체 기반 관점에 예정된 우선순위를 부여함으로써 재앙의 결과가 초래되었다. 간디는 인도를 통치한 영국인들도 이 상황을 지지하고 있었다고 생각했으며, 슬프게도 당연한 일이지만, 이제는 통치자 자신들의 나라도 끊임없이 괴롭히기에 이르렀다(Sen, 2006: 169).

인도와의 대비를 계속해보자면, 간디는 대단히 에큐메니컬ecumenical한 방식으로 종교적이었던 반면 무신론자인 네루는 종교에 대한 반감을 거침없이 밝혔다.

인도를 비롯한 각지에서 종교라고 불리는 것, 여하튼 조직화된 종교의 현란한 모습이 나를 소름끼치게 했다. 나는 틈틈이 종교를 비난해왔고 말끔히 일소되기를 소망해왔다. 종교는 거의 언제나 맹목적인 믿음과 반응, 독단과 편협함, 미신, 착취와 기득권 보전을 옹호하는 듯하다(Dawkins, 2006: 45에서 재인용).

종교 분단선에 따른 인도의 분할이 가져온 재앙은 결국 네루의 '강한 반감'을 뒷받침해주고 있다. 영국이 너무 늦기 전에 국제적인 비교와 역사에서 배우는 것이 중요하다고 하겠다.

2005년 당시 영국의 인종평등위원회 의장이던 트레버 필립스는 '7월 7일 이후 — 분리로 가는 몽유병After 7/7: sleepwalking to segregation'이라는 제목의 유명한 연설에서 다음과 같이 말했다.

> 영국은 너무나 많이 '다양함multi'에 초점을 두어왔으며 공통의 문화에는 그다지 …… 우리는 다양성이 공동체들을 사실상의 고립상태에서 굳어지게 하는 것을 용인해왔다. 공동체 내에서는 특별한 개별적 가치들이 적용되어야 한다고 생각하는 사람도 있다(Phillips, 2005: 4).

다문화주의가 시대에 뒤떨어졌다는 그의 관점과 비판은 영국에서 논란이 되어왔다. 하지만 그는 공동체들이 고립된 채 '특별한 개별적 가치'를 허용받는 데 근거해 의미심장한 지적을 했다. 이는 문화적 '권리'가 보편적인 인권 또는 유엔아동인권협약을 언제나 대신할 수 있는가라는 총론적 질문에 관계된다. '관용'과 '존중'의 상이점은 마지막 장에서 알아보도록 하자.

하나의 공동체 — 무슬림, 크리스천, 소말리아인 — 에 속해 있다는 것은 선택의 자유가 없음을 내포한다.

> (사람들이 서로에게 관련되는 무수히 다양한 방식에 대해서는 접어두고) 주로 '문명들 사이의 친선' 또는 '종교 집단 사이의 대화', '다른 공동체들과의 우호관계'라는 면에서 다른 사람들과 좋은 관계를 가질 전망이 보일 때(갈수록 더 그렇게 보일 때), 평화를 위해 고안된 프로그램에 앞서 인간 존재의 심각한 축소모형화가 먼저 대두된다(Sen, 2006: xiii).

센이 말한 '축소모형화miniaturisation' 개념은, 한 공동체의 '대표라는 사람들'에 대한 그의 의심이 그러한 것처럼 유용하다. 신앙기반학교의 존재는 종교적 정체성이 아이들을 학교에 보내는 데 가장 중요한 이슈임을 시사한다. 하지만 이는 아이들을 실제로 축소모형화하는데, 영속적인 학력 정체성academic identity을 부여해 선택의 폭을 축소시키는 것과 동일한 방식으로 이루어진다.

성별 불평등

영국 정부는 젠더에 초점을 맞추어 신앙기반학교에 관한 통계를 공표한 적이 없으며, 이는 양성평등 운동가들을 분노하게 했다. 정부는 이에 관한 연구가 납세자의 돈을 '엄청 불균형하게' 사용하는 것이라고 응답했다(Hanman, 2006). 지금은 폐쇄된 스코틀랜드의 사립 무슬림 학교에서 사실로 확인된 바와 같이 신앙기반학교에서 여학생과 남학생의 교육과정이 다른지에 관한 질문에는 대답하지 않았다. '근본주의에 맞서는 여성Women Against Fundamentalism' 운동의 클라라 코널리는 이렇게 주장했다.

> 신앙기반학교의 심각한 문제는, 여성을 아내와 어머니의 역할로 사회화하는 것을 1차적 목적으로 삼고 있다는 것이다. 가장 보수적인 신앙은 모두 — 이슬람, 가톨릭, 유대교, 복음주의 — 여성의 역할은 가정에 있으며 여성들은 그 목표를 향해 교육되어야 한다는 데 의견을 같이하고 있다(Hanman, 2006: 5에서 재인용).

나는 많은 신앙기반학교가 이러한 '1차적 목적'을 부인할 것이며 여학생의 높은 학업성취와 열의를 예로 들 것이라고 확신한다. 그러나 코널리는 조지프 라운트리 재단의 보고서 「사회적 자본으로서의 신앙Faith as Social Capital」을 인용하여, 종교 공동체 내에서의 권력 불평등이 부정적인 결과, 특히 여성의 종속을 가져올 수 있다고 한다. 보고서는 많은 종교 공동체가 여성이나 청소년의 목소리를 듣는 데 실패하고 있음을, 그리고 통상적으로 여성이 종교 공동체 내에서 대부분의 일을 하지만 의사결정을 하는 고위층으로 갈수록 눈에 띄지 않음을 밝히고 있다. 가톨릭 학교의 교사들은 왜 여성이 남성처럼 자신의 신앙을 대표하지 못하는지 여학생들에게 설명해야 할 것이다. 헌먼D. Hanman은 2006년에 레스터에 있는 잉글랜드 가톨릭 순교자 학교에서 학생과 교사들을 인터뷰했다. 교장은 학생들이 그저 모든 유행에 따라가서는 안 되고 "문제에 맞서 버텨야 했으며", 그래서 아이들이 "선량한 가치관"을 가질 수 있었다고 말했다. 학교는 낙태 반대 자선단체인 '생명Life'를 초청하여 성교육에 관해 강연하게 하고, 여학생들에게 금욕은 가르치나 콘돔 사용법에 대해서는 가르치지 않는다. 성 조숙증과 유방암을 초래할 수 있다고 알려진 경구피임약 같은 '화학물질'은 권장되지 않는다. 15세의 한 여학생이 이렇게 말했다.

우리는 낙태에 대해 나쁜 일이라고 배운다. 그리고 우리는 피임법을 사용해서는 안 된다고 배운다. 실생활 상황에 관해서는 정말 가르쳐주지 않는다. 다른 학교에 다니는 친구들한테 들어보면, 그들이 아는 것을 나는 모른다.

이 지점에서 성별 불평등은 인권, 즉 정보에 대한 권리와 대안적 관점에 대한 권리와 결부되기 시작한다.

국가재정 사용

또 다른 질문은, 국가가 종교적인 학교에 재정 지원을 해야 하는가이다. 타리끄 알리Tariq Ali는 종교에 대한 국가후원의 '정지moratorium'를 선언해야 한다고 강하게 언명했다. 그는 노동당이 성공회가 40여 개의 비종교 공립중등학교를 인수하는 것을 허가했으며, 추가로 54개 교가 넘어갈 예정임을 폭로한 영국세속주의협회National Secular Society에 관여하고 있다. 오푸스데이Opus Dei[8] 정회원인 당시 교육부 장관 루스 켈리는, "폭탄도 자신이 더 많은 신앙기반학교의 개설을 장려하는 것을 멈추게 하지 못할 것이라고 역설했다"(Ali, 2005: 85).

월터 파인버그는 자유민주주의에서의 종교교육에 대해 흥미로운 논의를 했다. 그의 주장은, 자유민주주의에서 시민들이 종교 학교에 대한 공적 지원을 반대하는 선택을 하더라도 그들은 반자유주의자가 아니라는 것이다. "한 신자로부터 거둔 세금을 다른 신자의 신앙을 진흥시키기 위해 사용하는 것은 폭정"이라는 이의제기는 진지한 것이다(Feinberg, 2003: 387). 민주적인 합의로 종교 학교를 지원하기로 결정할 수는 있지만, 이 지원은 항상 조건부여야 한다. 앞서 언급한 자율성과 비판적 사고를 고취시킨다는 조건을 달아야 한다. 반자유주의적 종교 학교에 국가재정을 지원해서는 안 된다. 단지 국가의 법률과 국가의 교육과정을 최소한으로 준수하는 것만 요구되는 것이 아니고 결과에 대해 책임을 질 것도 요구된다. 근본주의적인 학교를 두고서, 학생들은 근본주의의 본질을 간파할 것이며 실제로 그것을 거부할 것이라는, 즉 전형적인 사춘기적 방식으로 권위주의에 반항할 것이라는 주장은 늘 있어왔다. 하지만 이는 권위주의적인 학교를 지지하는 주장이 결코 아니다.

여기서 가장 중요한 의문이 생긴다. 신앙기반학교를 지원하자는 민주적 합의가 있다고 하더라도 — 그런지는 분명하지 않지만 — 대체 어떤 학교를 지원할 것인가? 전 영국 수상 토니 블레어는, 하원에서 성서주의적인 창조론을 가르치는 북부 잉글랜드의 한 학교에 대한 정부 보조가 정당화될 수 있는지 질의를 받았을 때, '다양성'을 들먹였다. 그는 그 이슈에 대한 우려가 "학교 시스템을 우리가 할 수 있는 한 다양하게 만드는" 데 방해된다면 불행한 일이라고 말했

---

8) 라틴어로 '하나님의 사업'이라는 뜻으로, 교황청이 승인한 성직자 자치단체다. 평신도 회원은 일반인의 직업을 가지고 사회를 복음화하는 활동을 한다.

다(Dawkins, 2006: 331쪽에서 재인용). 그렇지만 우리는 국가로부터 재정 지원을 받는 자율형 공립학교 형태의 종교 학교들에서 학교운영위원회가 종교 수업계획서에 대한 결정권을 행사하는 것을 보아왔다. 그들은 "과목의 내용에 오직 학교의 종교적 토대만 반영하라고 결정하거나, 혹은 다른 종교나 교파에는 겉치레 정도의 시간과 자원만 배정하라고 결정했다"(Brown. 2003: 109). 브라운이 지적하듯이, 재정 지원을 원하는 집단들의 청원을 '들어주는' 정부는 몬테소리, 슈타이너, 조로아스터교 및 위카Wicca[9]를 지원 대상에 포함시킬 수도 있다. 로이 해터슬리는 이 점에 대해 좋은 지적을 했다. "교육부가 크리스천사이언스, 사이언톨로지, 모르몬 등의 학교 설립을 보증할 것인가? 아니라면, 국가 공인 종교를 지명하는 용납할 수 없는 조치를 취해야 할 것이다"(Parker-Jenkins et al., 2005: 195에서 재인용).

이와 관련된 사례 연구가 있다. 말리크(Malik, 2007)는 해방당Hizb ut-Tahrir의 여성당원들이 해링게이와 슬라우에 두 개의 초등학교를 설립했다고 보도했다. 교육과정은 칼리프 체제에 관한 해방당의 이데올로기 요소를 담고 있다. 이슬람 샤크 시아 재단의 교육과정 문건에 따르면, 7~8세 아이들에게는 "하나님께서 내려주신 우리의 규칙과 법률"을 가르치고, "인간이 규칙을 만든다는 다른 신념체계"를 이슬람과 대조해보도록 질문해야 한다. 9~10세 아이들은 '칼리파(칼리프 체제의 통치자)는 오직 한 분'이라고 배워야 한다. 영국무슬림협의회의 교육 담당 대변인 타히르 알람은, 칼리파는 이데올로기적 원리가 아니라 역사의 주체라고 가르치는 것을 보았다고 했다. 그는 이것이 학생들을 영국 시민이 되도록 준비시켜야 하는 영국의 교육과정 내에서 타당한 일인지 우려했다. 자체 역사 교과서의 저자인 테미나 아흐메드는, 예전에 서구사회에 대한 자신의

---

9) 일종의 자연종교로 그 신앙과 의례는 고대의 주술적 풍습에서 유래한다고 믿어지는데, 대부분의 신도가 고학력 중산층 여성이다.

증오와 서구사회의 파멸을 보고픈 자신의 소망에 대해 해방당을 위한 기고를 한 적이 있다. "세계는, 하나님의 뜻대로insha-Allah, 미국을 비롯한 모든 범죄적인 자본주의 국가들이 지하드 군대가 그들을 내리칠 때 멸망하는 것을 목격하게 될 것이다." 한 학부모가 말하기를, 교사들이 해방당 소속이며, 그리고 학생들에게 단체에 가입하도록 압력을 가하지는 않지만 학부모들을 해방당의 행사와 토론회에 초청하여 가입시키려고 자주 시도하는 것을 대부분의 학부모가 알고 있다는 것이었다. 모두가 가장 걱정하는 점은, 교육평가청Ofsted이 슬라우 학교의 성과를, 특히 "학생들이 영적·도덕적·사회적·문화적으로 성장하게끔 양육하는 것"을 격찬했다는 것이다(Malik, 2007). 그렇다면 이 학교는 마땅히 국가 지원을 신청할 수 있다.

따라서 종교 학교에 재정 지원을 하는 것은 파국에 이르는 길이다. 학교운영위원회가 종교교육을 결정할 것이고, 정부는 늘어나는 학교분리 청원에 대처해야 한다. 만일 누군가 무신론자 학교를 세우기 원했다면 허용했을까, 혹은 허용해야 되었을까? 이에 관해 생각하면서 잠시 무신론자에 관한 유머를 읽어보자.

무 신 론 자

한 무신론자가 '우연적인 진화'가 창조한 모든 것에 경탄하면서 숲속을 산책하고 있었다. '나무들이 얼마나 늠름한가! 강물은 세차게 흐르는구나! 아름나운 동물들이여!'라고 혼잣말을 하면서.

강가를 따라 걷고 있을 즈음, 그는 뒤편 덤불에서 바스락거리는 소리를 들었다. 무슨 소리일까 하며 돌아서자, 7척 장신의 회색 곰이 자신을 노려보고 있는 것이었다. 그는 젖 먹던 힘을 다해 오솔길로 내달렸다. 어깨너머로 돌아봤더니 곰이 가까이 다가오고 있었다. 그는 어찌나 무서웠던지 눈물을 흘리면서, 더 빠르게 달리려고 안간힘을 썼다. 다시 돌아봤더니 곰은 더 가까이 와 있었다. 더 빨리 달리려고 하니 심장은 미친 듯이 뛰었다. 결국 그는 비틀거리다 땅바닥에 엎어졌다. 몸을 일으키려고 돌아눕는 순간, 곰이 그를 죽이려고 위에서 앞발을 쳐들었다.

그 순간 그는 "아이고 하나님Oh my God!" 하며 울부짖었다. 바로 그때, 시간이 멈췄다. 곰도 움직이지 않았고 숲은 고요해졌다. 물론 강물도 흐르지 않고 멈춰 있었다. 밝은 빛이 그 위로 쏟아졌다. 그리고 하늘에서 어떤 목소리가 들려왔다.

"너는 요즈음 내 존재를 부정하며 다른 사람들에게 가르치기를, 내가 존재하지 않는다 하고 나의 피조물조차 우주의 우연이 만들어낸 것이라고까지 했다. 그런데 너는 지금 이 곤경에서 벗어나도록 도와달라고 내게 기대하고 있지 않느냐? 내가 너를 신자로 생각해도 되겠는가?"

이제껏 자신만만하던 부신론사가 빛 속을 들여다보며 말했다.

"요즈음 그러고 다니긴 했는데, 제가 크리스천이길 바란다고 말하면 얼마나 위선적이겠습니까? 그런데 당신께서는 곰을 크리스천으로 만드실 수 있습니까?"

"물론." 목소리가 대답했다. 빛이 사라지자, 강물이 흐르고 숲속의 소리는 계속되었으며, 곰이 앞발을 내려놓았다. 그때 곰은 앞발을 한데 모으고 고개를 숙이고는, "주여, 제가 곧 받게 될 이 음식에 대해 감사드립니다"라고 기도했다.

실제로, 그리고 아이러니하게도, 내 주장은 무신론자 학교를 설립하는 것은 바람직하지 않다는 것이다. 그것은 다른 '신념체계들'처럼 공공연하게 개종을 권유하는 것과 다를 바 없다. 세속주의는 무신론과 똑같은 것이 아니다. 우리는 어떤 신념체계도 우선시해서는 안 되며, 다만 나머지에 대하여 타당하게 비판하고 증거에 입각해 배울 수 있도록 내버려 두기만 하면 된다.

탈퇴 문제

우리는 2장에서 에드 후세인과 그 동료들이 해방당과 급진적 이슬람에서 빠져나오려고 할 때 겪었던 어려움을 살펴보았다. 12가지 질문의 마지막은, 신앙기반학교가 자신의 신앙과 결별할 기회를 주는가이다. 파인버그가 '탈퇴'에 관해 중요한 지적을 했다.

열렬한 헌신과 교리 주입을 혼동해서는 안 된다. 하나의 중요한 시금석은 학생들이 훗날 전통을 버리기로 선택한다면 학교가 그럴 수 있는 기량을 습득하게 해주는가이다. 이런 기량에는 더 넓은 사회에서 일자리를 잡기 위해 필요한 학문적 · 실용적 교육과 아울러 다른 전통들의 가치를 비교해 볼 수 있는 역량이 포함된다. 따라서 정책입안자는 학부모들의 열렬한 헌신을 반영하는 학교와, 학생들이 장차 어른이 되어서 전통을 버리도록 이끌 수 있는 요인을 아예 고려하지 못하도록 심리조작, 선별된 기량 훈련, 혹은 협박을 사용하는 학교를 구별할 필요가 있다(Feinberg, 2003: 395).

도킨스도 종교가 어떻게 착근着根되는지, 그리고 빠져나오기가 얼마나 어려운지에 관해 말했다. 그는 도킨스 특유의 방식으로 논의를 풀어가는데, '결별하려는 결정'에 관해 중요한 점을 이끌어냈다.

물론 세부적인 면은 제각기 다르겠지만, 알려진 모든 문화는 시간을 소모하고 부를 낭비하며 적개심을 유발하는 의례와 종교의 반사실적이고 반생산적인 환상들에 대해 그 나름의 설명 틀을 가지고 있다. 일부 교육받은 사람은 종교를 포기할 수도 있지만, 사람들은 종교적인 문화 속에서 자라났으며, 그로부터 벗어나려면 의식적인 결정을 해야 했다. "예, 그런데 당신은 프로테스탄트 무신론자입니까,

가톨릭 무신론자입니까?"라는 북아일랜드의 오래된 농담에는 씁쓸한 진실이 섞여 있다(Dawkins, 2006: 166).

지금까지 살펴본 주장 12가지는 설득력이 있어 보인다. 하지만 정책이 신앙기반학교에서 벗어나는 것은 개인이 빠져나오는 것만큼이나 어렵다. 이제 영국에서 비기독교 신앙기반학교를 폐지할 수는 없게 되었고 — 큰 소란이 일어날 것이다 — 그래서 국가가 지원하는 모든 신앙기반학교를 없애자는 주장이 나온다. 나는 국가가 종교 학교에 대한 재정지원의 정지moratorium를 선언해야 한다는 타리끄 알리의 주장에 동의하는데, 온갖 종류의 부적합한 학교들이 형평의 원칙에 의거해 잠입할 것이기 때문이다. 또한 기괴한 변형들과 증오 유발 학교를 용인하게 된 것도 그리 오래된 일이 아니다. 그럼에도 학교의 세속화가 이루어지고 있다는 증거가 있긴 하지만, 영국에서는 최소한의 정책 변경도 있을 것 같지 않다. 따라서 신앙기반학교를 가급적 단일적이지 않고 배타적이지 않게 만드는 것이 하나의 전략이 된다. 파커 젠킨스 등은 정체성의 종교적 차원을 시민성 개념 안에서도 탐구할 수 있다고 했다. "그리고 미디어 리터러시media literacy를 습득하는 기회와, 인종주의, 이슬람 혐오 및 동성애 혐오의 구조와 재현(종종 오해하게 하는)을 탐구하며 비판적으로 분석하도록 권장하는 기회는 새로운 신앙기반학교에게 대단히 유용하다"(Parker-Jenkins et al., 2005: 144). 그렇지만 과연 이런 일이 일어날까? 우리는 있을 수 있는 교육과정의 협소화narrowing를 목도했다. 의무적인 시민성 교육이 있다면, 학생들이 자신들의 정체성을 탐구하고 시민성과 어떻게 조화되는지 탐구하는 기회가 있을 것이라고 파커 젠킨스 등은 확신한다. 나는 확신이 덜하다. 우리는 연구를 통해, 학교가 여전히 논쟁적인 주제를 회피할 것임을 알고 있다. 예를 들어 이슬람 혐오와 동성애 혐오 — 무신론 혐오뿐 아니라 — 에 관한 수업이 교육청이 바라는 필수과목이 아니라면, 많은 학교가 회피하는 것을 보게 될 것이다. 나는 시민성 교육이 매우 중요하다는 데는 동의한다. 그러나 그 효과에 대해 지나치게 낙관해서는 안 될 것이다.

학교에서 다양성 다루기

극단주의에 도전하는 첫걸음으로 신앙기반학교의 문제점을 짚었지만, 이것만으로는 충분치 않다. 그 이유는 첫째, 대혁명 이후의 프랑스에서와 달리 변화는 일어나지 않거나 빨리 일어나지 않을 것이므로 우리는 현실적이 되어야 한다. 둘째, 후세인의 이야기에서 보았듯이 정규 공립종합학교에 다닌다고 해서 고립을 탈피할 수 있다는 보장이 없다. 학생들이 스스로를 분리하거나, 혹은 다른 얘기지만, 학교 시스템에 의해 수준별 반 또는 조로 분리된다. 이제 나는 학교가 어떻게 다양성을 다루어야 하는지 논의하고자 한다.

'다양성'은 사회 통합 문제에 대한 당연한 반응으로서, 많은 정부 정책들에서 만트라mantra(불교와 힌두교의 진언眞言 — 옮긴이) 구실을 한다. '다양함'은 민족적 혹은 종교적 분리와 동의어다. 대략 세 명 이상 모인 모든 사회는 다양할 수밖에 없는데, 도대체 무엇을 뽑아내 가르친다는 말인가? '타자'에 대한 학습을 통해 우리는 정형화와 극단주의적인 견해를 완화시킬 수 있을까? 분명한 점은 한 집단을 검열대상으로 선정하자마자 그들은 즉시 '타자', '다양함', '다름'으로 주조된다는 것이다. 다름에 초점을 둔 다문화 정책은 앞서 보았듯이 실패했을 뿐만 아니라, 도리어 분열을 고착시켰다. 영국 교육부의 위탁을 받아 우바니 메일러와 바버라 리드가 최근 수행한 대규모 연구 '교육과정에서의 다양성과 시민성Diversity and Citizenship in the Curriculum'(2007)에서 이를 확인해두는 것이 유용하다. 그들은 학생들이 종종 글로벌 수준의 다른 문화들에 대해서는 즐겨 배우면서도 지역 수준에서는, 특히 종교에 대해서는 오히려 비판적이라는 것을 밝허냈다. 힌두교, 이슬람, 시크교 및 기독교에 공통된 반복성 ─ '우리는 매년 거의 같은 일을 한다' ─ 이 불만이었는데, 현실과 상응하는 것이 없다는 것도 불만이 되었다. 종교와 문화를 한 세트의 이념형으로 가르쳤던 것이다.

당신이 복도를 걸어가는 여학생을 본다면, 당신은 100퍼센트 믿어지지 않을 것이다. 당신은 모든 무슬림, 시크교도, 힌두교도가 규칙을 지켜야 한다고 조금은 생각하겠지만, 당신이 그 점에 관해 친구들에게 말해도 그들은 완전히 따르지 않는다. …… 그들(교사들)은 자신이 해야 하는 바가 그들이 실제 하는 것은 아니라고 말할 뿐이다(Maylor and Read, 2007: 77).

학생들은 '우리는 모두가 다르다'는 메시지를 줄곧 듣는 데 지쳐, 교사들이 '다른 주제로 넘어가기'를 바라고 있었다. 일부 백인 영국인 학생들은 자신이 주변화되었다고 느꼈다.

유색인종 역사의 달Black History Month이 있거나, 아니면 내가 말했듯이 그들은 무슬림처럼 행동한다. 시크교 신자도 있다. 우리는 그네들에 대해 배운다. 그러나 우리는 백인에 대해서는 배우지 않는다. 그래서 우리는 다소 무시되는 느낌마저 든다(Maylor and Read, 2007: 76).

이 인용문에는 모든 문제가 함축되어 있다. 학생들의 민족과 종교 간 구별의식 상실, '무슬림다운 행동'이라는 개념, '백인임'에 초점을 둔 필연적인 내향성, 그 밖의 공존요소들. 아무도 '백인다운 행동'을 꿈꾸려 하지 않는다. 그 이유는 그게 뭔지 불분명하기 때문만이 아니다. 학교가 기꺼이 '무슬림답게 행동'할 수 있다는 것이 불안한 것이다.

판 드리엘의 이슬람 혐오에 관한 글모음 중에서 「이탈리아의 무슬림」을 쓴

미켈레 베르타니가 '모범사례good practice'에 관해 엇비슷하게 단순화한 개념을 설명했다. 그는 어떻게 '이슬람 공동체의 대표자들이 아랍 - 이슬람 역사와 문화를 소개하도록 학교에 초청되는지'에 관해 이야기했다. 그리고 '학생과 교사의 이슬람 커뮤니티센터 및 모스크 견학'에 대해서도 말했다(van Driel, 2004: 108). 전자는 미심쩍고, 후자는 이색異色 취향이다. 공평해야 한다고 보면 많은 문화 교류 프로그램에서 이들만 발췌한 것은 불공평하지만, 나는 단지 누구를 선정할 것이며 자기 신념체계를 다른 사람에게 어떻게 드러낼 것인가라는 선택의 어려움을 부각시켰을 뿐이다. 나라면 인본주의자의 삶이 어떤지 이해하도록 세큘러 드라이브 37번지(비신앙인이 사는 곳을 뜻하는 은어 — 옮긴이) 견학에 신앙인들을 초청할 것이다. "의례적인 알코올 소비에 놀라실 겁니다. 모두들 둘러 앉아 〈프렌즈Friends〉(TV프로그램 — 옮긴이) 재방송을 쳐다보며 넋 놓고 있는 것을 보세요. 주의 깊게 보면 침대 밑에 쌓인 신성한 먼지덩어리를 볼 수 있습니다. 어느 날 부엌 찬장 구석에 처박혀 있던 깡통따개가 갑자기 다시 제 구실을 한다는, 그런 기적을 믿는다는 데 주목하십시오." 문제는 비종교인에게는 '대표들'이 있을 수 없다는 것이고, 이로 인해 자주 무신론자들이 고려되지 않는다는 것이다.

메일러와 리드의 연구로 돌아가자면, 그들은 지금의 접근법이 '강제된' 것이고 뭔가 의미 있는 진정한 이슈를 다루지 않는다고 밝혔다. 다름과 다양성에 접근하는 방법은 하나의 정체성을 표현하는 어떤 집단다운 '행동'이 아니라, 훨씬 더 정치회된 접근이어야 하는 것 같다. 이는 민족 또는 종교 이슈의 외면을 뜻하는 것이 아니라, 말할 수 있는 증거와 사실을 가지고 '필요성에 근거해' 사회학·정치학 혹은 시민성 테두리에서 이 이슈들을 다루는 것을 뜻한다. 차별, 학업부진, 불평등, 대표자 부재 등이 사회문제가 될 때, 다름에 관해 말하는 것이 중요해진다. 난민과 망명 신청자들이 지역 혹은 국가의 이슈가 될 때, 이에 관해 그리고 이주를 양해하여 얻어지는 이득과 이른바 유치국host country이 어떻게 대응하는지에 관해 말하는 것이 중요하다. 이 같은 논의들은, 문화와 종교도 검토하겠지만, 별도의 독립된 주제로서가 아니고 더 큰 문제를 이해하는 수단으로 그렇게 하는 것이다. 자동 검열을 위해 별개의 집단으로 분류하는 것은, 그들을 실제적 또는 잠재적인 문제로 주조하는 은밀한 방법, 즉 교묘한 형태의 희생자 만들기이다.

다양성을 가르치는 교육과정에 채식주의자, 비만인, 공산주의자 혹은 난장이는 포함되어 있지 않은데, 이는 그들을 문제로 보지 않기 때문이거나 아니면 주목할수록 그들에 대한 편견이 악화될 것이기 때문이다. 내가 주장하고 싶은 것은, 검열할 집단을 지목하고 그들을 경계 지워진 실체bounded entities로 간주하면서 더 강력한 다른 집단과의 정치적·사회적·경제적 관계를 보지 않는 것이 극단주의와 비통함을 방지하기는커녕 오히려 조장하는 길이라는 것이다. 코널리(Connolly, 2000)도 주장하듯이, 개인의 심리적 고정관념화를 극복하는 데 주의가 집중된다면 문화적 적대관계를 지속시킬 수 있는 정치적 불의injustice는 도전받지 않은 채 방치될 것이다.

그와 같은 검열이 혹독하게 이루어졌는지, 아니면 단순히 '이해'하는 형식으로 일종의 관음증에 지나지 않았는지는 확인할 길이 없다. 이샤드 만지는 그녀만의 독특한 문체로 다음과 같이 쓰고 있다.

변화에 착수하는 것은 쿠란을 문자 그대로 취하지 않음을, 또한 다문화주의 역시 문자 그대로 취하지 않음을 의미한다. 도대체 왜 강제된 여성할례가 제멋대로 이루어지는가? 도대체 왜 아버지(또는 어머니)가 타 종교 사람과 결혼하기 원하는 딸을 죽이겠다고 위협할 때 경찰은 뒷짐 지고 있는가? 도대체 왜 정신지체 여성을 강간한 무슬림 택시기사는 문화적으로 민감하다는 명목으로 훈방되는가? 독일어 교수이며 실천적인 무슬림인 바삼 티비의 말을 그대로 옮기면, 도대체 왜 인권은 비무슬림에게만 적용되는가?(Manji, 2004: 221)

따라서 마지막 장에서 논의하겠지만 시민으로서의 평등한 권리 측면에서뿐 아니라 평등한 의무 측면에서도, 인권이 다양성을 다루는 데 중심이 된다. 지고의 선으로서 인권을 실천하는 것은 해로운 문화적 실천에 '탐닉'하는 것보다 우선된다. 문화적 '관용'에 대해서는 나중에 더 살펴보겠다.

북부 잉글랜드의 백인 극우파에 대한 콕번의 연구를 앞서 언급한 바 있는데, 그는 연구대상인 영국국민당BNP 지지자들이 모두 남아시아 출신 학생들도 다니는 학교에 다닌다는 것을 알아냈다. 이런 의미에서 "인종적으로 분리된 학교교육"은 없었다. 그들은 반인종주의와 다양성 의식意識을 접해왔다. 대부분이 아시아 문화의 풍습과 습관에 익숙하고 이슬람의 다섯 기둥(신앙고백, 예배, 희사, 단식, 성지순례 — 옮긴이)도 알고 있었다. 타 문화에 대한 '의식' 혹은 근접성 proximity은 문화적 통합을 촉진하는 데 충분치 않고, 어쩌면 저해할 수도 있는 것 같다.

청소년들은 자신의 학교에서 반인종주의 프로그램이 운용되는 방식에 대해 화를 내고 비웃었다. 그들은 이것이 자신을 개인적으로 조롱하고, 주장컨대 학교의 반 인종주의적인 문화로부터 더욱더 거리감을 갖게 하는 방식으로 진행되었다고 느꼈다(Cockburn, 2007: 553).

한 극우파 지지자는 교사들이 자신을 부당하게 괴롭힌다고, "그들은 내 견해를 알고 있었다"고 느꼈다. 상당 부분이 아시아 학생들에 의한 괴롭힘이었고 학교는 아무 조치도 취하지 않았다고 느꼈다. 결론은, 백인 아이들은 언제나 억압자이고 유색인종 아이들은 언제나 희생자라는 이원론을 피해야 한다는 것이다.

강조해야 할 중요한 점은, 청소년들이 교육의 어떤 면을 존중하고 참가할 것인지

(즉 자격 취득을 잘하는 데 도움이 될) 그리고 어떤 면을 무시할 것인지(즉, 다양성 훈련)를 협상할 수 있는 교육 공간에 자신들이 점점 더 갇혀지고 있음을 깨닫고 있다는 것이다. 이러한 공간에서 그들에게 귀 기울이거나, 현실적으로 말해서 그들의 생각에 관심을 쏟거나, 혹은 그들의 신념을 존중하면서 이의를 제기하는 데는 아무도 흥미를 보이지 않았다(Cockburn, 2007: 554).

그 대신에 그들은 '잔소리 듣고', '품행이 나쁘다'고 자신들이 들먹여지는 것을 느꼈다. 교육방식이 정체성 이슈에 관한 대화를 장려하려는 게 아니었고 '백인 아이들에게 다른 여러 문화가 너희들 문화에 비해 얼마나 위대한지를 강의하는' 것을 선호하는 듯했다.

연구자들은 유색인종 아이들과 백인 아이들 모두가 교육과정에서 '다른' 문화를 많이 다루는 것을 의아하게 생각한다는 데 주목했다. 유색인종 아이들은 당혹스러워하는 한편, 백인 아이들은 소수민족 문화는 내놓고 치켜세우면서 자신들의 문화는 깎아내리는 데 분개한다. …… 한편으로는 영국의 민주주의와 표현의 자유는 긍정적인 보상으로 인정하지만, 대영제국의 끔찍한 유산과 불공평에 대해 토론할 필요가 분명히 있다고 생각할 수 있다. 이 토론에 실패한다면, 영국국민당과 다른 극우단체들이 부조扶助, 우정 및 존중을 나눌 수 있는 대안적인 장소를 제공한다고 여겨지게 될 것이다(Cockburn, 2007: 555).

슈타이너 캄시와 스프린도 이와 비슷한 주장을 했다. "문화 다양성, '인종' 및 민족관계에 관한 청소년들의 의식이 부족한 것이 아니라 오히려 과잉이다"(Steiner-Khamsi and Spreen, 1996: 27). 인종을 초월한 교우관계는 그저 '이례적'이라고 여겨질 뿐이다. 어른들의 개입이 청소년에게 일정한 영향을 줄 수는 있지만, 세심하게 다루지 않으면 또래 영향은 강화하지 못하면서 대립적인 정체성만 강화할 수 있다.

다니엘 파스(Faas, 2008)가 런던 도심 지역의 두 중등학교에 다니는 백인과 터키계 학생에 관해, 두 학교의 접근방법을 대조하며 흥미로운 연구를 했다. 노동계급 학생이 많은 밀로드 학교는 다양성을 '찬양'했고 학생들의 갈등은 민족적 혹은 인종적이었다. 이 학교에서 학생들은 자신들의 민족적 정체성에서 안전감을 찾았다. 중간계급 학생이 많이 다니는 다윈 학교는 공통의 시민성 common citizenship에 기초해 학생들을 통합하려고 공들였다. 이 학교에서는 낮은 수준의 민족 갈등만 있었고 학생들은 혼종적인 민족 - 국민 정체성ethno-national identity을 발달시켰다.

밀로드 학교에서는 학생들이 거의 모든 학급에서 민족별로 앉았는데, 어떤 테이블에는 아프리카계 캐리비안 학생들만 앉고 다른 테이블에는 터키계 쿠르드인 학생들만 앉는 식이었다. 터키계 학생들은 민족 간 교우관계가 거의 없었고 자기들끼리 결속한 집단을 형성했으며, 어느 집단이 학교를 자기 영역으로 통제하느냐를 두고 아프리카계 캐리비언 또래들과 싸우는 데 이 집단 연대감을 이용했다. 터키계 학생들은 사회경제적으로나 민족적으로 불리한 처지에 있었기 때문에, 밀로드 학교라는 울타리 안에서의 통제권 행사가 우월감을 가질 수 있는 유일한 가능성이었을 것이다.

파스는 그들이 폭력과 인종주의를 이용함으로써 인종의 위계구조를 뒤바꿀 수 있었다고 했다. 학교의 (소수파) 백인 소년들 역시 매우 언짢게 느꼈다. 그들은 '영국인다움Britishness'에 일체감을 갖지도 않았으며, 이를 의미 없는 '헛소리'라고 불렀다.

다윈 학교는 대조적으로, 다인종·다민족 공동체에서 살아간다는 생각을 밀고 나가면서도 공통성commonality에 초점을 두었다. 교감은 "(다윈) 학교는 어떠한 신앙도 찬양하지 않으며, 우리는 다름을 찬양하지도 않는다. 우리는 유사성을 찬양한다"라고 강조했다. 이 학교는 영국과 잉글랜드를 모두가 동의할 수 있는 다문화 사회로 그려내려는 의도에서 영국인다움 고취와 인종차별 철폐를 결합했다. 민족이라는 개념은 청소년 사이의 관계에서는 부수적 역할만 하는 것으로 보인다. 대부분이 민족적으로 혼합된 교우관계를 가지고 있었다.

명백히 두 학교는 사회경제적으로 다른 지역에 있으며, 갈등을 야기하는 면에서 또는 갈등에 도전하는 면에서 직접적인 비교는 어렵다. 밀로드 학교의 경우 외부의 민족 갈등이 학교 안으로 흘러들어 왔다. 어찌됐든 교내 갈등은 문화 다양성의 정치로 감소되지 않았다. 흥미롭게도 논문이 주장하는 바에 의하면, 사회경제적 주변화에 대처하는 보다 효과적인 전략은 일체화 요소인 사회계급을 통해 공통된 귀속의식을 확립하는 것이다. 이와 같은, 다름에 대한 정치화된 접근의 필요성에 대해서는 마지막 장에서 다루도록 하겠다.

국 민 정 체 성

지금까지의 논의는 국민 정체성, 혹은 영국에서의 영국인다움이 학생들을 결속시키고 그 밖의 더 극단적이거나 소외된 정체성으로부터 보호하는 방도가 될 수 있는지 어떤지 또는 어떻게 될 수 있는지 살펴볼 필요가 있음을 시사한다. 후세인이 다녔던 칼리지(후기중등과정 — 옮긴이)는 부지불식간에 급진주의의 온상이 되었다. 학교의 금요기도 시간에 오는 강사들은 급진적이었다. 후세인은 계단식 강의실에서 상영하는 보스니아 학살에 관한 영화를 볼 수 있었다. 보스니아 위기는 영국의 정말로 많은 무슬림이 급진화되는 계기가 되었다. 많은 학생들이 와하비즘Wahhabism[10]의 성서주의적인 접근을 매력적으로 받아들

---

10) 18세기 중엽에 출현한 이슬람 복고주의로, 사우디아라비아의 건국이념이자 근대 이슬람 부흥운동의 효시이다. 와하비즘은 창시자 와하브(1703~1792)의 이름에서 유래했으며, 알카에다와 아프가니스탄의 탈레반도 그 추종세력이다.

였으며, 얼마 지나지 않아 후세인은 몇몇 급우들이 폭력에 대항해 봉기할 것을 촉구하는 쿠란의 구절에 응하여 아프가니스탄의 지하드 훈련소를 향해 가는 것을 보았다. 우리 연구의 관심사는 후세인이 자신의 견해를 널리 알릴 수 있었던 자유이며, 그리고 어떻게 학교의 입장이 자유주의적이고 관용적일 수 있었나 하는 것이다.

1980년대와 1990년대의 다문화적인 영국에서 우리는 자유롭게 우리의 종교를 지키고 우리의 문화를 원하는 대로 발전시킬 수 있었다. 선생님들은 우리가 동성애 혐오 시위에 가담하거나 비무슬림을 위협하지 않는 한 우리를 내버려 두었다. 그런데 영국인다움과 민주주의, 관용, 존중, 타협, 다원주의 같은 영국적 가치는 우리에게 아무런 의미도 없었다. 나처럼 대부분의 학우들도 주류 영국사회와 실제적인 유대관계를 가지고 있지 않았다. 그렇다. 우리는 런던의 영국 교육기관에 다녔지만, 그곳에는 특별히 영국적인 것도 없었다. 카이로나 카라치에 있는 것과 다름없었다. 영국으로부터 단절되고 부모들의 동방문화로부터도 격리된 우리에게, 이슬람주의는 삶의 목적과 역할을 제시해주었다. 더 중요한 점은, 서구의 뒷마당에서 서구와 대결하는 새로운 사태 발전에서 우리가 최첨단에 서 있는 선구자인 양 느꼈다는 것이다(Husain, 2007: 73~74).

그렇다면 비록 파장이 크고 문제가 많겠지만, 누군가는 종교적 정체성과 민족적 정체성을 국민 정체성으로 대체하려고 시도해야 하지 않았을까? 점령된 팔레스타인 영토에서 국가의 문화, 역사 및 정체성을 반영하는 국가 교육과정이, 비록 평화를 장려하기 위해 할 수 있는 만큼은 못하겠지만 자신감을 확립하는 데 긍정적인 조치로 분석되었다(Nicolai, 2007). 그러나 그것은 국민 만들기nation-building라는 전혀 맥락이 다른 논의다. 교육부 위탁 연구에서, 메일러와 리드(Maylor and Read, 2007)는 잉글랜드 학교에서 다양성이 어떻게 촉진되었는지, 그리고 근대 영국 문화와 사회사가 시민성 교육 프로그램의 '네 번째 요소'[11] 후보로서 구체화되었는지 어떤지를 고찰했다. 후자의 발상은 영국다움을 다문화 사회를 결속시키는 이상형으로 권장하겠다는 것이다. 보고서는 이것이 좋은 방안은 아니라고 결론지었다. 우선 분명한 점은 '영국적 가치'가 무엇인지 ― 또한 '잉글랜드적인 가치'와의 차이점 ― 를 규명해야 한다는 것이다. 그다음으로 그러한 가치들이 어디에서나 공유되어야 하고, 특유성이 없어야 한다는 것이다. 아이러니하게도, 영국인다움을 규명하려고 애쓰는 것이 실제로는 더 분열적이다.

국수주의적인 시민성 교육과정은 '우리는 누구인가'라는 정체성 인식에 실제 누가 포함되느냐라는 점에서 언제나 문제점을 드러내 왔다. 설사 후세인이 다닌 학교가 노력을 했었더라도, 아마도 역효과를 낳았을 것이다. 이슬람과 서구의 차이를 강조하는 셈만 되었거나, 글로벌 이슬람 공동체에 대한 공격으로 비쳐졌을 것이다. 존 마르시아노의 귀중한 분석에 따르면, 미국에서는 시민 교양 프로그램이 미국의 '예외주의exceptionalism'[12]와 문화적 탁월성을 주창함으로써 실제로는 '시민의 몽매함'을 가져왔다. 시민과 학생들은 애국주의적인 선전과 동조 행동으로 인해 '9·11 테러와 국제 테러리즘 일반에 대해 합리적인 판단을 하지 못하게 되었으며, 그들은 미국의 정책을 무작정 지지하도록 준비되어 있었다'(Marciano, 2000: 85). 훨씬 덜 쇼비니즘적인 방식으로 상호 연결되게 해줄 수 있는, 더욱 글로벌한 윤리이자 가치관으로서의 인권에 한 번 더 의지

---

11) 시민성 교육프로그램의 3요소: 사회적·도덕적 책임성, 비판적 정치의식political literacy, 지역사회 참여.

12) 토크빌A. C. Tocqueville이 처음 사용한 용어로서, 독특한 기원과 정치제도를 가진 미국은 다른 나라와 구별되는 아주 '예외적인' 국가라는 생각이다. 이는 초기 청교도 이민자들이 품었던 이상에서 비롯된 생각으로, 부시 행정부의 네오콘들이 미국적 가치를 관철시키려는 대외정책을 정당화하는 도구로 사용했다.

해야겠다.

접촉가설

분열에 대처하는 또 다른 전략은 이른바 '접촉가설Contact hypothesis'이다. 이 용어는 올포트(Allport, 1954)가 갈등하는 집단들의 구성원 사이의 접촉이 긍정 적 관계를 향상시키고 편견을 이겨낸다는 관념을 지칭하기 위해 사용했다. 전 통적으로 인지과정이 — 사람에 대해 알아가는 — 집단 간의 긍정적인 접촉의 기 초라고 생각되어왔지만, 최근의 연구는 감정이 인종적 태도의 결정적인 구성 요소이며, 소수자 집단에 대한 태도의 예측변인으로는 정서 측정이 인지 측정 보다 훨씬 낫다는 것을 밝혀냈다(Pettigrew and Tropp, 2006). 이 중 일부는 위협 에 연관되어 있다. 그래서 편견을 감소시키는 데는 외집단outgroup에 대한 지식 의 증가보다 분노의 감소가 더 중요하다(두려움과 위협의 문제는 2장에서 극단주 의적 행동의 선행요인으로 제기한 바 있다). 감정이입과 관점수용 메커니즘은 긍 정적 관계를 향상시키는 것으로 보인다 — 타인의 안녕에 관심 보이기, 불의에 대한 감각感覺과 지각知覺 일깨우기, 대상 집단 구성원에 대한 인지적 재현 수정 하기, 다른 집단 구성원의 관점을 수용하여 정형화 억제하기(Gaertner et al, 1996).

야블론(Yablon, 2007)은, 이스라엘 내 팔레스타인 사람과의 접촉에 대한, 그 리고 종교적 또는 세속적으로 상대되는 이스라엘 사람과의 접촉에 대한 이스 라엘 학생들의 태도를 조사했으며, 감정에 기초해 개입할 수 있는 가능성이 두 경우 모두 불확실하다고 했다. 그는 접촉으로 변화를 만들어낼 수 있는 시간, 극단적인 긴장 상황에서는 늘 여의치 않은 그런 시간이 필요하다는 총론적 문 제를 검토했다. 이스라엘에서는 종교적·세속적으로 분리된 학교 시스템이 운영되고 있으며 종교적·세속적 다수파끼리 모여 산다. 두 집단이 사회적으로 서로 분리되는 과정에 있는 데서는 집단 간의 관계가 '사회적 재앙'이 된다. 그렇긴 해도 야블론 연구의 주된 성과는, 대부분의 관계자들이 종교적 정체성에 근거해 갈등하는 상대 집단의 구성원들과 교류하는 데는 동의했지만 국민 정체성이 문제가 되는 경우에는 교류에 동의하지 않았다는 것이다. 야블론은, 아니나 다를까, 근년 들어서 몹시 나빠진 이스라엘 사람과 팔레스타인 사람 사이의 관계에 이를 결부시켰다. 또한 이스라엘 유대인과 이스라엘 아랍인 사이의 관계에도 투사했다. 이스라엘 아랍인은 대부분 자신을 팔레스타인 사람이라고 여긴다. 그는 어떤 상호작용은 사실상 상황을 더 악화시킨다고 주장한다. "그래서 아랍인과 유대인 사이의 개인적 접촉에는 대부분 지위가 불평등한 사람들이 연루된다. 불평등한 관계에서의 접촉은 통상적으로 비인격적impersonal 이고 본질상 경쟁적이며 종종 관계당국에 의해 제지되고 있다"(Yablon, 2007: 11). 그럼에도 이스라엘 학생 중 약 20퍼센트는 아랍인 학생을 만나는 것에 시종일관 긍정적이었는데, 이는 인티파다(반이스라엘 투쟁 — 옮긴이)로 이스라엘과 팔레스타인 간 긴장이 최고조에 이르렀던 시기에도 이스라엘에서 15만 명이 넘는 사람들이 평화공존 활동에 참여했다는 사실에 잘 나타나 있다.

따라서 집단들 사이의 접촉을 보장하는 프로그램이 과연 극단주의적인 견해를 감소시킬 것인지가 이슈가 된다. 많은 것이 출발점에 달려 있다. 야블론은 "두 갈등 집단이 서로에게 아주 낯선 존재일 때, 심지어 그들의 생활양식이 다를 때, 증오, 의심 및 분노가 그들 사이의 관계를 특징지을 때, 의미 있고 정서적인 접촉은 있을 수 없다"고 지적했다(Yablon, 2007: 12).

한 흥미로운 논문에서, 케이틀린 도널리와 조앤 휴스(Donnelly and Hughes, 2006)는 북아일랜드와 이스라엘의 종교 혼합 초등학교 사례를 비교했다. 개념틀은 올포트의 접촉이론이다. 정치적 상황의 편차와 이스라엘에서 두 언어 공용bilingualism에 부여된 중요성에도 불구하고, 두 통치 권역의 학교들은 분열된 집단 사이의 접촉이 교육적 환경 속에서 이루어지면 더 나은 집단 간의 관계를 만들어낼 수 있다는 가정에 기초하는 점에서는 비슷하다. 북아일랜드에서나 이스라엘에서 정책의 주안점은 전통적으로 각 집단이 자신만의 학교 시스템을 가질 권리를 존중함으로써 조화를 유지하는 것이었다[갤러거(Gallagher, 2004)도 이같이 논했다]. 도널리와 휴스는 접촉이론이 단순한 '물리적인 혼합body mixing'으로 충분하다고 제시한 적이 없다는 점을 지적했다. 언제나, '피상적 만남 sightseeing'을 넘어서서 의미 있는 교우관계를 만들어가는 능력을 가지고 있어야 관계들은 형성되어왔다. 이에 더해 분열된 집단들이 접촉상황 속에서 자신들이 동등한 지위에 있다고 생각할 필요가 있다(아블론도 지적한 점이다). 그리고 그 집단들은 공유된 목표를 향해 함께 일해야 한다.

그러나 여기에 대해서도 비판이 있다. 도널리와 휴스는 미국의 연구자들이 흑인과 백인 사이에 접촉이 많을수록 편견을 가질 가능성이 낮아진다는 것을 어떻게 밝혀냈는지 설명하며, 그렇지만 영국의 증거는 정반대 현상을 보여준다고 했다. 단순히 접촉만으로는 관계가 향상되지 않으며, 문화적 위상이 결정적으로 중요하다. 아마도 관계 형성 규칙rules of engagement 또한 다를 것이다. 도널리와 휴스는 이스라엘 사람들이 두그리doogri ― 공개적이고 솔직한 형태의 대화, 외교적이고 위선적인 말로 치장하지 않은 대화 ― 를 선호한다고 인용했다. 한 이스라엘 학교에서는 각자의 언어만 유창한 두 명의 교사에게 협력수업co-teach을 맡겼다. 통역은 일체 없었고 두 교사는 각자의 문화를 드러내는 역할 모델이었으며, "수업진행을 보조하는 수단으로 몸짓언어도 종종 사용되었다". 2인 교사제가 매력적인 것은, 교사들이 함께 가르쳐야 할 뿐 아니라 수업계획을 짜면서도 긴밀히 협업해야 하기 때문이다. 교사들은 이 과정이 자신들의 편견과 두려움을 극복하는 데도 도움이 된다고 믿었기 때문에 기꺼이 받아들였다.

이러한 접근은 스리랑카형 통합학교와 사뭇 다르다는 점에서 흥미로운데, 스리랑카에서는 소수자 집단의 아이들이 그냥 다수자 집단의 언어로 공부하거나, 또는 한 명의 교장 밑에 별도 학급을 나란히 운영하거나, 영어를 공용어로 사용하는 데 의존하고 있다. 2인 교사제는 포이어버거(Feuerverger, 2001)가 설명한 이스라엘의 느브 샬롬·와핫 알 살람 학교(히브리어와 아랍어 병기 ─ 옮긴이)의 사례에서도 시사점이 있다. 이 학교에서는 이중 언어 교사를 '월경자border crossers'라고 일컬었는데, 이들은 갈등의 역사를 표현하는 언어를 비판할 수 있을 뿐 아니라 학생들의 목소리도 비판적으로 경청할 수 있었다. 내가 관심을 가졌던 '2인 교사제'의 또 다른 유익한 사례는 북아일랜드에 있다. 여기서는 각자의 대의명분을 위해 전투를 치렀던 두 명의 전前 준군사조직 병사가 화해 노력을 북돋우기 위해 학생들 앞에서 함께 이야기하기로 의기투합했다(Let's Talk/80:20, 2001).

그러나 북아일랜드와 이스라엘의 차이는 단지 개방성의 정도 또는 '통합교육'의 정의에 관한 것만은 아니다. 도널리와 휴스는 서로 다른 정책 환경을 지목했다. 영국은 수행성performativity과 시장화marketisation, '성과물output' 지향을 강조하고 있는데, 이로 인해 학교들은 정부가 평가하는 것으로 알려진 측면에만 초점을 맞추어 활동하게 되었다. 학교가 공동체 관계community relations 관련 목표를 어느 정도 달성했는지 평가하는 명확한 평가제도가 없다는 것은 학교 생활의 이런 측면이 뒷전으로 밀려났음을 의미한다. 학교는 그들이 책임져야 하는 목표를 반드시 달성해야 하기 때문이다. …… 그러므로 북아일랜드 학교의 평가기준과 성과 지향은 강한 '회피 풍조'와 맞물려서, 관계자들이 외집단 구성원과 공감대를 넓히거나 그들의 특유성과 차별성을 이해할 수 있는 여지를 거의 남겨두지 않았다(Donnelly and Hughes, 2006: 513~514).

'접촉'은 개인주의와 경쟁에 의해 쉽게 손상될 수 있으므로, 총체적인 문화적·학문적 기풍 안에서 숙고되어야 한다. 영국 교육부의 '지역사회 통합 촉진 의무에 관한 지침Guidance on the duty to promote community cohesion'에는 사회통합위원회의 연구결과가 인용되어 있는데, 다른 집단 사람들 사이의 '의미 있는' 접촉은 고정관념과 편견을 허물어뜨리는 것으로 나타났다. 의미 있게 되기 위해서는 네 가지 요소가 필요하다. 첫째로 피상적인 친목을 넘어서는 대화, 둘째로 개인 정보를 교환하고 서로의 다름과 정체성에 관해 이야기하는 사람들, 셋째로 공통의 목표 혹은 이해관계를 공유하는 사람들, 넷째로 일회성 또는 우연적 만남은 그다지 영향을 주지 않으므로, 장기적으로 지속되는 접촉[영국 교육부(DCSF, 2007)].

이와 유사하게 갤러거(Gallagher, 2004)도 접촉가설에 기초한 모든 연구를 고찰했는데, '상위 목표', 즉 모든 집단이 달성하기 원하는 그러나 혼자 힘으로는 달성할 수 없는 목표가 중요함을 확인했다. 한 예로 중동 지역에서의 물 부족 같은 공통된 위협에 대처하는 것이 상위 목표가 될 수 있다. 갤러거는 많은 연구들이 인위적인 상황을 설정했음을 지적했다. 이런 연구는 어떤 외적인 사건이나 힘이 대두될 때, 한 사회 내의 집단들이 '경쟁적인 상호의존' 상황에 놓여 있음을 깨달을 때 설명력을 잃기 쉽다. 콕번이 극우 집단에 관한 연구에서 결론지었듯이 사회 통합을 일궈내는 데 장애가 되는 요인들은 극복할 수 없는 것처럼 보인다. 이는 청소년들이 아시아계 사람들과 섞이기를 거부하는 것이 극우집단 지지자에게만 국한되지 않기 때문에, 그리고 혼합 주거 지역을 조성하려는 시도가 토박이 백인 주민의 깊은 분개는 물론이고 폭력사태까지도 야기했기 때문이다. 그러나 교육의 관점에서 보면, "협동의 조건과 공유된 목표가 학교의 일상생활에는 거의 존재하지 않는다. 경쟁에 의한 자격 취득과 학교평가일람표를 통해 달성되는 '학업성취'가 모든 학교의 가장 중요한 행위동기이다"(Cockburn, 2007: 557). 이는 매우 중요한 점인데, 위에서 언급했듯이 북아일랜드에서 수행성performativity을 강조하는 사정을 잘 설명해준다. 학교가 분리되고 선별되고 분류되는 더 큰 상황 앞에서, 청소년을 화합하게 하려는 계획들은 위선적일 수밖에 없다.

관 용 그 리 고 동 등 가 치 의 신 화

위선을 언급하는 것은, 이 장에서 마지막으로 논의할 '관용'을 어떻게 다룰 것인가라는 점과 관련된다. 관용은 종종 극단주의에 대한 대립물 혹은 대항수단으로서, 즉 긍정적인 가치로 제안되고 있다. 그렇지만 본질적으로는 부정적인 것이다. 좋아하지 않거나 믿지 않는 것에 베푸는 것이 관용이다. 오를레니우스(Orlenius, 2007)는 세 측면을 짚어가며 관용의 '도덕철학'을 되풀이했다. 첫째, 사람이 관용을 베푼다는 것은 그 현상에 대한 태도가 부정적이라는 것을 전제로 한다. 잘못된 일을 발견할 수 없다면 관용을 베풀 필요도 없다. 둘째, 그럼에도 이 부정적인 태도를 용인되지 않는 방식으로 표출하거나 나타내서는 안 된다. 셋째, 관용은 묵인이나 체념보다 심오한 그 무엇이다. 그것은 타자 존중에 관한 신념에 관계되므로, 부적절하거나 정당화되지 않는 방식으로는 행동하지 않는다. 이는 권력과 책무성의 이슈이다. 오를레니우스는 버우드와 와이어스를 인용했는데, "관용적인 사람은 타자에 대해 덜 단정적이다. 덜 단정적이 되면, 더 관용적이 된다. 용납할 수 없는 것을 관용할 수 있는 잠재력을 가지고 도덕적 무관심에 빠지는 것을 피하는 것이 과제다"(Burwood and Wyeth, 1998: 468). 이는 이샤드 만지가 지적했던 점이다.

사실 우리는 그렇게 단정적이지 않으며, 단지 그런 것처럼 가장할 따름이다. 이는 때에 따라 수긍할 수 있지만, 청소년들이 학교에서 전달받는 주요 메시지에 관련될 때 그리고 '형평equity'에 대한 제도적 또는 종교적 위선과 관계될 때에는 문제가 된다. 필립 반스Philip Barnes는 「현대 영국의 (종교) 교육에 나타난 종교의 그릇된 재현The Misrepresentation of religion in modern British (religious) education」(2006)이라는 시사점이 많은 논문을 썼다. 그는 신앙고백에서부터 현대의 '다종교multifaith'에 이르기까지 종교교육의 역사를 추적하면서, 학생들에게 모든 종교는 동등하다(즉 그들의 진리에 관해서는 인식론적으로 동등하다)고 명시적으로 가르쳐야 한다는 관념에 대해 면밀하게 고찰했다. 존 힉은 '인종주의'에 비견되는 '종교주의religionism'라는 용어를 도입했는데, 이는 한 사람의 종교는 다른 사람의 종교보다 더 낫다는 관념을 지칭한다. 종교적 편협성과 불관용의 원인은, 바로 자기 종교를 제외한 다른 종교적 전통의 진리를 부정하는 데 있다는 것이다.

그리하여 9·11 이후 버밍엄 대학에서 동료 크리스천과 무슬림에게 수세기에 걸쳐 서로의 관계를 규정해온 '경쟁'을 포기하자고 촉구하는 '종교교육자 선언Declaration by Christian and Muslim Religious Educators'이 발표되었다. 제프 티스(Teece, 2005)도 이와 유사하게, 신앙인들이 '인식론적으로 겸허해지자'고 간청했다. 그의 진심은 신앙인들이 자신의 종교적 확신이 다른 종교보다 더 낫다고 보증되지 않는다는 결론을 내려야 한다는 것이다. 이는 물론 무의미하다. 크리스천들이 기독교에 귀의하는 이유는 기독교가 다른 종교 또는 신앙체계보다 더 낫다고 보기 때문이다. 그렇지 않으면 그들은 또 다른 유형으로 바꿔 탔을 것이다. 이 기본적인 사실을 간과하고 일치와 화합을 요구하는 것은, 이해할 수는 있지만 옹호하기 어렵다.

종교에 집착하는 이유는 정말 복합적이다. 그러나 강제coercion를 별도로 하면, 결국에는 시장선호도market preference의 그 어떤 표현과도 다를 바 없다. 반스가 밝혀냈듯이, "학생들에게 종교는 서로 경쟁하는 것이 아니라 상호 보완적이라는 생각을 심어주는 것은, 이 시대의 독실한 신앙인 대부분이 가진 자기인식과 모순되며 여러 종교들의 교리와도 모순된다"(Barnes, 2006: 403). 종교적 정체성은 어떤 면에서 배타적인 경향이 있는데, 문화적 정체성과 민족적 정체성은 그렇지 않다 — 문화적 정체성에는 다른 정체성을 덧씌울 수 있지만 종교적 정체성은 '개종'을 요구한다. 종교들이 서로의 '진리'를 진정으로 인정하는 것처럼 그려내는 것은 결국 정직하지 못한 것이다. 그것은 또한 교회나 모스크뿐 아니라 가정과 미디어에서 겪는, 다른 모든 경험에 의해서도 반박된다. 반스는 신성함이라는 관념에서, 종교적 추구와 종교적 목적에서, 신앙체계가 어떻게 실제로 모순되는지를 밝혔다. "간단히 말해, 여러 종교들은 모두가 진리라고 단언한다"(Barnes, 2006: 404)

종교교육에서는, 이 점에 대해 얼버무리고 공동의 체험으로 간주되는 것에 초점을 맞추었다. 모든 종교에는 의례와 관행이 있으므로 축제, 축하행사, 창시자, 성지순례, 예배 등과 같은 일반적인 주제가 중심이 된다. 그렇지만 체험이 개념과 믿음보다 우위에 있다는 생각은 종교의 본질과 실재를 또다시 잘못 재현하는 것이다. 여러 종교를 화해시키는 것은 어느 한 쪽을 변화시키게 마련이다. 반스는 종교교육의 실용주의에 대해 고찰했다.

> 어쩌면 종교의 그릇된 재현은 사실상 두 개의 악惡 중 그나마 나은 편이다. 교육에서 신앙인들의 자기인식을 다르게 재현하는 것은 비윤리적이다. 하지만 이는 종교를 충실하게 재현하고 그들이 조장한 편협성과 불관용을 외면함으로써 사회에 끼치는 폐해보다는 훨씬 더 좋은 것이다(Barnes, 2006: 407).

그러나 그는 계속해서 이런 논의를 제기했다. 종교는 본질적으로 조화롭다는 생각을 나타내는 것은 곧, 종교가 그들의 본질적인 특색을 벗어던지면 좋은 것이라고 전제하는 것이다. 이는 논란의 여지가 많은데, 어떤 종교도 그 역사에서 종교적 불관용을 말끔히 지울 수 없기 때문이다. 그러면 모든 종교는 같은 정도로 좋기도 하고 나쁘기도 하다고 말할 수 있는가? 아니면 모든 종교는 사회에 부정적인 영향을 준다고 말할 수 있는가? 이는 대중적으로 설득력이 없다. 게다가 모든 종교는 본질적으로 일맥상통한다고 학생들을 납득시키려는 교육전략이 실제로는 다름에 대한 존중을 은연중에 약화시키거나, 모든 종교가 진리라고 말하고픈 자유주의적 유혹에 저항하는 사람들에 대한 존중을 약화시킨다.

마찬가지로 교육적 에너지를 이러한 원칙 추구에 쏟음으로써, 경우에 따라 수시로 결합하여 종교적 불관용과 차별을 조장하는 신념, 태도 및 감정 사이에 얽혀 있는 복잡한 상호관계와는 제대로 싸우는 데 실패했다(Barnes, 2006: 408).

극단주의를 격려하는 말 한마디만 덧붙이겠다. 반스는 그래서 더 '이데올로기적으로 비판적인' 형태의 종교교육, 즉 다양한 공동체 출신이고 주의·주장이 다른 사람들 사이의 대화와 존중을 촉진하는 종교교육에 대해 찬성론을 폈다. 나는 이 결론적인 제안이 실제에서는 무엇을 의미했는지 알아보려고 한다. 종교교육을 통해 모든 종교가 자신을 진리로 여기며, 그러고는 왜 그런지 이유를 탐구해 '사실이라는 주장'을 만든다고 간단히 말할 수는 있다. 또한 진리의 이름으로 행했던 지난날의 과오를 고찰할 수도 있다. 이런 점에서 종교교육은 그 밖의 다른 신념 혹은 이데올로기 체계 ― 마르크스주의, 공산주의, 자본주의, 통화주의 등 ― 에 관한 교육과 맞닿아 있다.

이런 일이 과연 일어날까? 동등가치를 허위 주장하는 것이 본질적으로 부정직하고 위선적이기는 하지만, 위선을 부각시키는 것은 자유주의적인 신앙인들을 당혹스럽게 한다. 가톨릭교회의 수장인 교황 베네딕트 16세는, 유대교인을 '어둠에서 구출해내어' 가톨릭으로 개종하게 해달라는 기도가 포함된 구식 라틴어 미사를 올리는 데 대한 제한을 공식적으로 폐지한 이후, 2007년 7월 유대교 지도자들로부터 강력한 비난을 받았다. 하나님은 반드시 "그 족속들의 무시"를 끝맺을지니 "그들은 당신 진리의 빛, 그리스도에게 고백하게 될 것이다". 자유주의적인 가톨릭 신자들은 자신을 진리의 유일한 보유자로 여기는 교회에 대한 외부세계의 견해에 대해 걱정을 한다(Burke, 2007). 하지만 모든 교회가 그렇지 않을까? 교황은 적어도 마음속 깊이 간직한 빛과 어둠에 대한 확신을 솔직하게 드러낸 것은 아닐까? 창세기 1장에 관한 유머가 떠오른다. "태초에 세상은 형상이 없었으며, 텅 비어 있었다. 그리고 하나님이 말씀하시기를, 빛이 생기라 하셨다. 그리고 하나님이 빛과 어둠을 나누셨다. 그리고 두 짐의 세탁물을 분리해놓으셨다." 종교적 차이를 탐구하는 첫 번째 과제는, 신앙이 어떻게 빛과 어둠을 나누고 무슨 근거에서 자신의 신앙이 다른 신앙보다 세탁해서 더 나아졌다고 생각하는지 고찰하는 것이다. 아무튼 정직하고 효능이 좋은 세제를 갖도록 하자.

결론

최근 영국 국제개발부 관계자와 토론하면서 알게 되었는데, 그들이 조사연구를 통해 정말로 찾고 있던 것은 바로 그가 '킬러 팩트killer facts'라고 불렀던 것이다. '한편으로, 다른 한편으로'와 같은 애매한 것들은 잊어버리고, 정책 결정을 위해 오직 확실하고 명백한 것만을 원했다. (여기서도) 이 장의 '킬러 팩트'를 추려보겠다.

▶ 종교 혹은 민족에 의해 분리된 학교는 사회 통합에 도움이 되지 않는다. 잘해야 통합에 해악을 끼치지 않을 뿐이고 최악의 경우에는 일신론적인 견해, 즉 '타자'에 대한 고정관념 그리고 형평에 대한 부정직한 허위주장의 인큐베이터가 될 뿐이다.
▶ 그러나 혼합학교mixed school에서조차, '공동체' 담론을 가지고 좋은 의도로 시작한 다양성 및 다문화 프로그램에 의해 분리와 정형화 그리고 타자화가 일어날 수 있다.
▶ 접촉은 중요하지만, 문제가 없는 것은 아니다. 국제 교류는 소중하며 글로벌 연계도 중요하고 예방적일 수 있지만, 그것들만으로는 충분하지 않다. 공통점을 찾아내는 것이 경쟁 위주의 학교교육으로 저해되고 있다.

극단주의를 방지하는 데, 가장 효율적이고 가치 있는 방법은 아래 요소들을 결합하는 것이다.

▸ 통합된 환경에서 나란히 공존하며 학습하는 데 참여하기.

▸ 영국인다움 같은 투박한 국가주의나 모든 종교는 공통적인 진리를 가지고 있다는 허위주장은 안 되겠지만, 공통성을 강조하기.

▸ 학교에서든 접촉 프로그램에서든 공통의 목표를 위해 함께 일하기.

▸ 집단 사이의 사회적·경제적 불평등뿐 아니라 신앙체계에 관해서도 솔직하고 비판적으로 대화하기.

4 장

정 의 , 복 수 그 리 고 명 예

이 장에서는 정의와 명예에 관한 극단주의적인 관념을 고찰하겠다.
그리고 학교가 징계제도에서 복수를 어떻게 이용하고 묵인하는지 파악해,
이것이 어떻게 복수 성향을 더욱 고착화시키는지 밝혀보도록 하겠다.

'복수하려는 사람은 잊지 말고 무덤을 두 개 파두어야 한다'는 중국의 옛 속담이 있다. '저들이 우리 아이들을 죽이기를 멈출 때까지 우리도 저들의 아이들을 죽이기를 그만두지 않을 것'이라는 하마스의 공언은 섬뜩하다. 그런데 이는 결코 하마스만의 전유물이 아니다. 극단주의적인 행동과 반응의 한 양상이 바로 복수 또는 응보이다. 복수 또는 응보는 태고 적부터 내려온 원초적인 반응이며, 많은 성서에서 공인된 것이기도 하다. 그것은 신분과 지위를 되찾기 위한 것이며 동시에 상처받은 감정과 학대를 투사하기 위한 것이다 ─ 이제는 네가 보라, 어떻게 네가 즐겼는지. 그것은 '빚 갚기'가 순교의 전제조건이며 그렇지 않으면 천국의 문이 열리지 않을 것이라고 하는 점에서 이런저런 자살 테러리즘과 밀접히 연관되어 있다. 복수는 정확하게 상응하는 행위를 시도하는 것 ─ 네가 우리 식구를 죽였으니 우리도 네 식구를 죽일 것이다 ─ 일 수도 있고 일종의 대리징벌proxy punishment ─ 자기 동족을 성폭행한 자를 살해하거나, 자기 동족을

욕보인 자가 속한 공동체의 구성원을 성폭행하는 것 — 일 수도 있다.

이 장에서는 정의와 명예에 관한 극단주의적인 관념을 고찰하겠다. 그리고 학교가 징계제도에서 복수를 어떻게 이용하고 묵인하는지 파악하여, 이것이 어떻게 복수 성향을 더욱 고착화시키는지 밝혀보도록 하겠다. 마지막으로는 회복적 정의restorative justice라는 형태의 대안과 '잘못wrong'을 다루는 방법을 찾아보겠다.

테 러 와 의 전 쟁

테러와의 전쟁은 최소한 부분적으로는 복수 행위다. 9·11은 특히 보복을 필요로 했고 정의도 요구되었다. 제이렌 리스(Liese, 2004)가 언어의 힘을 언급한 바 있다. 오늘날의 '테러와의 전쟁'에서 쓰인 테러리스트와 악당evil-doer이라는 인간성을 말살한 용어는 9·11 이후 보복적인 행동을 정당화하는 데 사용되어 온 불분명한 말들이다. 이는 부시 대통령의 매카시즘적인 2002년 연두교서에서 찾아볼 수 있다.

패리스는 '테러와의 전쟁'의 아주 터무니없고 비생산적인 본질을 밝혀냈다. 그 누구도 현대 자본주의 세계를 빈틈없이 지킬 수 없다. 경계선은 봉쇄할 수 없다. 테러리스트 또한 침공이나 군대로써 혹은 한 '은신처'에 초점을 맞추어 패퇴시킬 수 없다. 인터넷과 이동통신 기술로 인해, 음모자들이 모의하기 위해 한 장소에서 직접 만날 필요가 더더욱 없어졌다.

그날이 오고 있다. 어쩌면 이미 와 있는지도 모른다. 테러리스트들이 막사에 모일 필요가 없는 그날이. 폭격할 본부도, 색출할 비밀조직도, 수색할 텐트도 없을 것이다. 테러리스트 집단이 존재하는 지리적 장소로서의 '숙주host' 국가라는 개념은 너무 설득력이 없어 이미 아무런 영향력도 없을 수 있고, 무고한 ……에 대한 보복 폭격을 정당화하지 못하는 것은 분명하다. …… 우리는 참 뻔뻔하게도 …… 미국인은 잔학 행위를 저지른 테러리스트들과 그들에게 피신처를 제공하는 정부를 구분하지 않을 것이라고 선언했다. 자신들의 운동을 부화시킬 수 있는 중립적인 나라를 찾고 있는 테러리스트와 '자유의 전사'(그 지지자들이 부르는 이름 — 옮긴이)에게 세계에서 가장 좋은 은신처를 제공하는 곳은 런던과 유럽 각국의 수도이다(Parris, 2001: 9).

패리스는 그 대신에 무엇 때문에 테러리스트가 되는지 검토해야 한다고 주장하고, 그것은 바로 '통렬한 분노rage' — 우방국은 떠받쳐주고 나머지 국가는 약화시키는 미국의 중동개입에 대한 분노 — 라고 답했다. 2장에서 논의했던 이러한 분노는 응보의 심리와 밀접하게 연관되어 있다.

복수 행동은 두말 할 나위 없이 문제가 많지만, 더 나쁜 것은 보복의 악순환으로 이어질 수 있다는 점이다. 이스라엘 - 팔레스타인 분쟁의 역동성은 쌍방에 대한 보복 공격의 형태 — 일상적인 반복과 증폭 — 를 취하고 있다. 2006년 이스라엘의 레바논 습격은 우발적인 사건을 대규모 공격과 인명살상을 정당화하는 데 이용한 고전적인 사례이다. 그러나 공격이 '비례적이지 않았다는' 데 많은 비판이 집중되었다. — 마치 민간인 살상에 비례적인 그 무엇이 언제나 있었던 것처럼. 복수는 '비례적이고' 상응하기만 하면 — 눈에는 눈, 이에는 이, 민간인에는 민간인, 아이들에는 아이들 — 괜찮은 것인가? 이 장에서는 이와 같은 담론에 대해 심각하게 의문을 제기할 것이다.

2장에서 굴욕과 트라우마가 테러리즘 운동에 가담하는 결정적 계기가 된다는 것을 살펴보았다. 엘워시와 리프킨드는, 트라우마와 무기력 — 이라크에서 경험된 바와 같은 — 이 치유되기 전까지는 보복 폭력의 악순환은 계속될 것이라고 했다. 그들은 다음과 같이 이어지는 '폭력의 악순환'을 제시했다. 잔학행위 - 충격 - 두려움 - 슬픔 - 분노 - 비통함 - 복수 - 보복 - 잔학행위. 그들은 분노가 비통함, 복수, 보복으로 강화되기 전에 이 악순환의 고리를 끊어야 한다고 말한다.

도발의 순간, 깊은 공포심이 생긴다. 특히 미국 해병대원의 경우, 기밀을 유지하며 훈련한 모든 것이 도전받을 때 그렇다. 어떤 종류로든 복수 혹은 응징을 하려는 욕구는 굴욕에 대한 자연스러운 반응이다. 그러나 어떤 분쟁에서도 결정적 순간에는, 압도적인 무력을 사용하고픈 욕구를 더 큰 폭력이 유발될 잠재적 가능성과 견주어 볼 필요가 있다. 도발행위에 대해 잠시 숨 고르며 비폭력적 대응을 생각하는 데는 엄청난 자제력과 지혜가 요구된다. 한편 복수를 추구하는 것은 추가적인 폭력의 악순환을 가져올 뿐이다. 성숙한 민주국가들은 폭력을 두려움의 순간에 가두어놓고 성찰하는 방도를 찾을 필요가 있다(Elworthy and Rifkind, 2006: 17).

이와 같은 두려움과 분노의 악순환은, 나중에 살펴보겠지만, 학교 상황에도 적용할 수 있다.

한층 더 큰 문제는, 핵전력이 하나의 가능성이 되면서 테러리즘과 보복 공격의 양상이 바뀌고 있는 것이다. 부시 대통령이 군비통제협정arms control agreement에서 탈퇴하고 대량 살상 무기를 보유하고 있다고 믿어지는 국가에게 핵무기를 선제적으로 사용할 수 있도록 미국의 핵 독트린을 변경함으로써 위험이 증가되었다. 그레이는 이렇게 지적했다.

무엇보다, 이라크 침공 이후 모든 사람이 미국의 공격으로부터 안전해지는 유일한 길은 사담 후세인이 가지지 못했던 대량 살상 무기를 보유하는 것임을 알게 되었다. 이란에 대한 공격이 감행되면, 핵무기 확산이 가속됨은 물론이고 중동이라는 커다란 띠 모양의 지역이 무력분쟁지대가 될 것이다. 이란 정부의 정통성과 지도력도 증대될 것이다. 대량 파괴 행위자들은 그들의 정체가 밝혀지지만 않는다면, 전멸의 위협을 받지 않을 수도 있다. 전 지구적으로 지속되는 재앙적인 파괴 수단의 확산을 극복할 수 있는 방법을 말해주는 교훈을, 전쟁사에서는 전혀 찾아 볼 수 없다(Gray, 2007: 183).

이러한 분석들을 옮겨 쓰고 숙고하는 동안 나는 교육이 그와 같은 전 지구적인 대재앙에 직면하여 무기력한 것은 아닌지, 이미 너무 늦은 것은 아닌지 생각하지 않을 수 없었다. 나는 사람이 천성적으로 선하다고 확신하지 않지만, 온전한 정신이나 실용주의적인 이기심이 승리할 것이라는 생각에 매달릴 수밖에 없다. 적어도 민주국가에서 교육은, 지도자와 그를 선출한 사람들이 모험적인 맞받아치기를 맹목적으로 벌이는 데 정당성을 부여하는 복수의 정당화 내지 합리화를 공격하고 의문을 제기해야 한다. 단지 정치교육을 통해서만 아니라 '잘못'을 다루는 교육 자체의 과정 속에서 이 일을 해야 한 것이다. 따라서 우리는 복수가 어떻게 공인되는지, 그리고 무엇이 그렇게 몰아가는지를 우선 고찰할 필요가 있다.

복수의 정당화

복수가 정당하다고 여겨지게 하고, 우리의 '정의' 추구에 깊이 뿌리내리게 만든 세 측면을 살펴보도록 하겠다. '피'를 부르는 종교적 소명, 비난의 역사와 신화, 명예와 수치가 그것이다.

종교와 피

불교는 폭력을 거부하며, 자이나교는 더 말할 것도 없다. 그리고 달라이 라마는 복수의 악순환에 대해 너무나 잘 알고 있다.

만일 우리가 의견 충돌과 갈등을 줄이기 위해 폭력을 사용한다면, 우리는 날마다 폭력을 예상해야 한다. 더욱이 폭력을 통해 의견충돌을 없앤다는 것은 사실상 불가능하다. 폭력은 훨씬 큰 분개와 불만을 낳을 뿐이다(Dalai Lama, 2001).

다른 종교들은 폭력에 둔감한 편이며, 피에 굶주린 모습을 내보이기도 한다. 기독교의 동성애 혐오 공인에 관해 이야기하면서, 미셸 칸(Kahn, 2006)은 레위기 20장 13절을 인용했다. "누구든지 여인과 동침하듯 남자와 동침하면 둘 다 가중한 일을 행함인즉, 반드시 죽일지니, 그 피가 자기에게로 돌아가리라."

피와 유혈참사는 그러니까 상징적이면서 실재적이다. 루스벤은 골드스타인 사건을 인용했다. 미국에서 태어나고 교육받은 내과의사였던 골드스타인은, 1994년 2월 헤브론의 무슬림 예배당에서 기도하던 사람들에게 자동소총을 난사하여 어린이를 포함해 최소 29명을 살해했다. 그는 (요르단 강 서안 지구의 — 옮긴이) 최근 정착민 집단의 영웅이 되었다. 그리고 이스라엘 정부는 그의 장례 행렬이 예루살렘 거리를 통과하도록 허용했다. 랍비 이스라엘 아리엘은 추도 연설에서 골드스타인을 이제부터 천국에서 정착민들의 중보자仲保者로서 소임을 다할 '성스러운 순교자'라고 칭송했다.

골드스타인은 이스라엘 땅이 울부짖는 소리를 들었다. 하루하루 무슬림에게 빼앗겨 가는 땅의 소리를. 그는 땅의 울음을 달래기 위해 행동했다. 유대인은 그 어떤 평화협정이 아니라 오직 피를 흘려야 그 땅을 이어받을 것이다(Ruthven, 2004: 162에서 재인용).

마크 스틸은 율법으로써 종교적 증오를 보장하는 미친 짓을 불가사의하다고 생각했는데(다음 장에서 더 다루겠다), 하나님도 실제로 율법의 심판을 받을 수 있다고 지적했다. 십계명 중 하나는 이렇게 시작한다. "다른 하나님을 내 앞에 두지 말지어다. …… 나, 너희들의 주 하나님은 시샘이 많아 아버지들의 죄에 대해 3대, 4대에 걸쳐 아이들을 징벌할 것이니."

스틸은 커다란 스크린에 말씀을 띄워놓고 엄청난 기쁨의 노래를 함께 부르는 오순절파의 예배에 언젠가 가본 적이 있다고 자세히 말해주었다. "그러니까 800명의 사람들이 '저희들을 끔찍이 사랑하시는 주여/ 주께서 당신의 모든 적들을 죽이노라/ 라~라~라~라~라~'라고 찬송하며 예배를 시작했습니다"(Steel, 2004: 39).

이슬람의 하나님도 또한 복수심이 있는 것으로 보인다. 이샤드 만지는, 알 아크사 모스크의 이맘인 셰이크 아누 스네이나가 브루스 페이러와의 인터뷰에서 이슬람의 완전성을 당연하게 여긴다고 힘주어 말하는 것을 인용했다. "런던에서 갈고 닦은 영어로, 그는 페이러에게 '당신은 하나님께서 보내신 마지막 예언자를 따라야만 합니다'라고 말했다. '그렇지 않으면, 수백만 유대인들이 히틀러의 신성한 징벌에 의해 산 채로 구워졌듯이, 당신은 하나님의 화염에 불타 죽을 것입니다'"(Manji, 2004: 43).

이샤드 만지와 그 밖의 사람들이 우려하는 바는, 종말론을 신봉하는 기독교인이나 유대교인이 작은 소수집단인 것과 달리, 무슬림 사이에서는 이런 견해가 사실상 주류라는 점이다.

> 나의 무슬림 신앙과 성폭행 피해자에게 가해지는 야만적인 태형笞刑을 어떻게 조화시킬 것인지 답을 찾으려 애쓰다가, 나는 강한 확신을 가지고 이 둘을 조화시킬 수 없다고 결론지었다. 수많은 무슬림 페미니스트들이 그랬다고 듣기는 했지만, 나는 쿠란 자체가 정의를 담보한다고 허울 좋게 말할 수는 없었다. 나이지리아의 미치광이 율사들이 샤리아Shari'ah13)를 들먹이며 두말 할 나위 없이 평등주의적인

나의 종교를 욕보여왔다고 큰소리칠 수도 없었다. 쿠란은 여성에게 확실히 평등하지 않다. 그것은 명백하게 수수께끼에 지나지 않는다. 노암 촘스키에게 매우 미안하지만, 하나님의 이름으로 동의를 만들어낸 주체는 바로 무슬림이다. 쿠란에 의거해 내린 결정들은 하나님께서 명령하신 게 아니다. 우리는 우리 자신의 자유의지로 결정한다.

이는 주류 기독교인이나 유대교인에게는 당연하게 들리겠지만, 쿠란이 우리를 '옳은 길'로 인도하기 위해 모든 것을 빠짐없이 제시했고, 우리의 유일한 의무와 권리는 그대로 따르하는 것뿐이라고 믿도록 길러져 온 ─ 우리 대부분이 그렇듯이 ─ 무슬림에게는 당연하지 않다. 이것은 터무니없는 거짓말이다. 내 말 듣고 있나? 턱수염을 기른 남자들의 새빨간 거짓말이다(Manji, 2004: 47).

최근에 이슬람으로 개종한 영국 여학생에 대한 신문 보도가 떠오른다. 그녀는 "모든 것이 당신들을 위해 준비되어 있다"고 기쁨에 들떠 있었다. 그녀가 "여러분은 이제 더는 저울질하지 말아야 한다"고 말했던 구절을 읽으며 오싹하기도 했다.

이샤드 만지 또한 9·11 이후 무슬림의 만트라mantra에 대해, 즉 쿠란은 지하드를 실행할 수 있을 때와 아닌 때를 절대적으로 명확하게 정해놓았는데 어떻게 테러리스트들이 망설임도 없이 규칙을 무시했는지에 대해 논의했다.

여러분은 '자명히다'고 인용되는 장章 또는 절節을 아는가? 그것은 실제적으로 재량의 여지가 크지 않다. 자, 이 구절이 어떻게 읽히는가? 우리는 히브리인들에게

---

13) 이슬람법을 가리키며. 본래 말뜻은 '물 마시는 곳으로 이끄는 길'이다. 이슬람 법학에서는 인간이 법을 만들고 바꾸는 것이 아니라 하나님Allah이 인간에게 법을 '내려' 사회를 규율한다고 본다. 이에 따라 무함마드 사후의 역사적·사회적 변화에도 불구하고 샤리아는 바뀌지 않는 것이다.

단언했다. 누구든 인간을 죽인 자는, 이 땅에서 저지른 살인이나 그 밖의 악행에 대한 처벌로서 죽이는 경우를 예외로 하고, 인류 전체를 죽인 것으로 간주될 것이라고. 슬프게도, '예외'로 시작하는 이 구절이 호전적인 무슬림들에 의해 지하드를 선동하는 데 효과적으로 사용될 수 있는 것이다(Manji, 2004: 54).

그러므로 인권과 인권 교육의 문화적 기반에 대해 비판하는 것이 이슈가 된다. 그리고 '세계이슬람인권선언'(1981)과 같은 대안들이 검토되어야 마땅하다. 이 선언은 언뜻 보기에 세계인권선언과 매우 유사하다. 생명권, 자유, 평등, 정의, 교육, 소수자 보호에 관한 조항을 갖추고 있는 등. 그럼에도 중요한 차이가 있을 것이다. 인권의 원천은 신성한 율법Divine Law인 것으로 보이며, 모든 것이 준거하는 '법'은 ― 그 앞에서 평등하지만 ― 곧 샤리아 법이다. 공정한 재판을 받을 권리도 있겠지만, 죄와 벌에 대한 정의는 국가의 법이 아니라 샤리아 법에 의거해 내려질 것이다. 세계인권선언에 없는 조항은 '명예와 평판을 지킬 권리'(8조) 같은 것인데, 이에 근거해 "모든 개인은 비방, 무고誣告 또는 고의적인 명예훼손과 공갈 협박으로부터 자신의 명예와 평판을 지킬 권리를 갖는다". 이 조항은 그 같은 명예가 어떻게 지켜질 것인지에 대해서는 명시하지 않았지만, 생명권 같은 다른 조항과 상충되지는 않을 것이라고 상정할 수 있다 ― '율법의 권위에 의한 경우만 예외'로 하고 그 누구도 상해를 입거나 살해당하지 않을 것이라는 관념은 좀 다른 해석을 낳을 수도 있긴 하다.

대부분의 무슬림 학자들은 이슬람 계율이 테러리즘을 요구하거나, 공인하거나, 또는 관용까지 할 수 있다는 주장을 전적으로 부인할 것이다. 타리끄 알리에 의하면 그들 중 많은 사람은 한 개인이 비록 자신의 의무를 달리 해석할지라도 이슬람 신앙과 의식儀式의 '핵심'을 신봉하는 한 무슬림이기를 단념하지 않는다고 주장할 것이다. 무엇이 '핵심'이며 거기에는 비폭력이 포함되어 있는가라는 질문이 나올 것으로 생각된다. 타리끄 알리가 넉살 좋게 논평했다. "그러는 동안, '선량한' 무슬림들이 TV에 줄지어 출연해 쿠란은 폭력을 옹호하지 않으며 자살 폭탄 공격자들은 틀렸다고 주장하고 있다. 여기에 함축되어 있는 바는, 만일 쿠란이 허용한다면 그 같은 행동은 훌륭한 것이⋯⋯"(Ali, 2005: 86). 여기서 의문이 드는데, 타인의 행동에 대응하는 행동과 반응을 정하는 규칙은 어디에서 가져오는가? 거기에는 무엇에 대해, 얼마 동안이나 복수하라고 되어 있는가? 이는 학교의 문제이기도 하다.

비난의 역사와 신화

에드 후세인의 하나님은 배려심이 많거나 자애롭지 않으며, 복수심으로 가득 찬 입법자, 지휘자, 징벌자다. 후세인은 그가 가르친 사우디 학생들이 대학에서 의무적으로 『이슬람 문화Islamic Culture』를 외우면서 공부해야 했었다고 말한다. 이 교재는 학부생에게 와하비즘Wahhabism을 제외한 모든 형태의 이슬람이 일탈逸脫이라고 설명하는 데 모든 페이지를 할애했다. 또한 그 연장선상에서 민족주의, 공산주의, 서구, 유대인, 자유연애 및 생일 축하를, 심지어 어머니날Mother's Day조차 맹렬하게 비난하고 있다. 교재를 읽으면 다수결, 다당제, 민주주의와 의회제도의 악영향에 대한 경고를 저절로 받게 된다. 그리고 영국에 널리 알려진 웹 사이트 Islambase.co.uk 역시 비슷한 방식으로, 이교도들이 '그들과의 통합을 진척시키기 위해' 사용하는 '도구들', 즉 민주적 시스템, 시민권, 교육제도, 국가교육과정, 법과 질서, 미디어와 패션 같은 도구들에 대한 경고를 던져주고 있다. 『이슬람 문화』의 저자인 모하메드 쿠트브는 이슬람주의 창시자인 사이드 쿠트브의 형제이자 오사마 빈 라덴의 스승이기도 하다. 빈 라덴의 특이한 지하드는 아랍 각국의 정부를 폭력으로써 전복하는 것을 포함하는데, 이는 사이드 쿠트브가 카이로의 교도소 독방에서 처음으로 생각해낸 것이다.

『이슬람 문화』는 무슬림 역사와 아랍 제국 영광의 최근 쇠퇴를 일목요연하게 보여주는데, 대부분 이슬람주의자들이 하고 있는 타자 비난에 의거한다. 다양한 색깔의 이슬람주의자들(와하브파와 지하드 전사 포함)은 시온주의자와 유대인, 영국, 프랑스, 이탈리아의 제국주의자들, 터키인과 프리메이슨을 능숙하게 비난하지만, 자신들에 대해서는 결코 비난하지 않는다(Husain, 2007: 252).

알카에다의 문건들은, 하나님께서 서구에 대한 징벌을 공인했으며 더불어 촌락과 도시는 물론 '우리의 부를 강탈해간 자들의 경제를 파괴하고 우리 민간인을 죽인 나라의 민간인을 죽일' 권리를 부여했다고 주장한다(《선데이타임스》 2002년 11월 17일자, p.2에서 재인용). 이 기사와 『이슬람 문화』에서, 우리는 보통 말하는 그런 종교뿐 아니라 영토와 제국주의도 행동의 동인이며, 부와 권력을 갖지 못하게 했던 타자들에 대한 비난 또한 이에 더해진다는 것을 알 수 있다.

이샤드 만지는 『팔레스타인 연구Journal of Palestine Studies』에서 한 팔레스타인 사람이 기고한 글을 인용했다. 그 사람은 몇 년 만에 가자 지구로 돌아왔는데, 해묵은 원한을 발산하기 위해 온갖 빌미를 잡으려 하는 '정직이 표백된' 사회를 발견했다.

새로이 회반죽을 칠한 담장이 있었다. …… 이스라엘 병사가 쏜 유탄에 의해 팔레스타인 사람 한 명이 살해된 후 겨우 며칠 뒤에, 유명 무명의 온갖 단체들이 그를 영웅이며 순교자라 주장하고 살인자들에게 무자비한 복수를 하겠다고 위협하는 내용으로 채워진 부고기사가 그 담장을 뒤덮었다. 반짝이는 하얀 담장과 진실이 희생되었다. 희생자는 그 단체들 어디에도 소속되지 않았음이 확실하기 때문이다. 순교자에 대한 갈망이 소비되고, 격정이 지배하고 있다(Manji, 2004: 108).

여기서 '해묵은 원한'이 실마리이다. 복수심에 불타는 모든 운동이 종교적 기반을 가지고 있는 것은 아니다. 타밀 타이거의 광신狂信은 마르크스 - 레닌주의에 대한 왜곡된 해석에, 그리고 지금은 극렬한 민족주의에 뿌리를 두고 있다. 그들은 40개국에 7,000만 명이라고 일컬어지는 범세계적인 후원자 네트워크로부터 지지와 재정 후원을 받고 있다고 주장한다. 휘태커는 타밀 타이거가 생각하는 신화와 전통이 갖는 중요성에 대해 이야기했는데. 그 신화는 오직 혁명투쟁만이 어떤 희생을 치르더라도 집단의 정체성을 복원할 수 있고 양도할 수 없는 권리를 회복할 수 있으며 민족자결을 앞당길 수 있다고 선언하고 있다. 스리랑카의 혁명세력이거나 혁명세력이었던 JVPJanatha Vimukthi Peranmuna당은 1989년에 정권을 탈취하려고 무자비한 투쟁을 벌이기도 했다.

JVP에 의해 처형된 사람들은 정부의 앞잡이거나 JVP의 권위에 거역하는 행위를 했다고 확인된 사람뿐 아니라 지역의 도덕률을 위반했다고 지목된 사람도 있다. …… JVP에 의해 살해된 사람들 중에는 강간범, 난봉꾼, 절도범 등도 포함되어 있다. 때로는 해묵은 마을 간의 분쟁이 벌어지는 가운데, 때로는 지역의 반목과 복수욕이 폭발하면서 살해가 자행되었다(Kapferer, 1997: 182~183).

이와 같이 '오래 계속되는' 분쟁은 언제든 일깨워질 수 있는 장구한 역사적 기억들과 더불어 전형적인 악순환의 일부를 이룬다. 나는 종종 케이트 애디의 발칸 지역에 대한 통찰에서 도움을 받고 있다.

그것은 내가 여러 해 동안 크로아티아인, 세르비아인, 보스니아인, 그리고 코소보인에게서 들은 실제 사례다. 모든 것은 역사 — 소도둑, 마을 방화, 고향에서 추방된 수많은 사람 — 에서 자라나왔다. 바로 어제 — 24시간 이전, 저널리스트에겐 너무나 사활적인 요소 — 일어난 사건은 장대한 역사의 흐름에, 역사의 바다에 막 떨어진 것에 지나지 않는다. 수 세기가 들어달라고 절규하고 있는데, 몇 시간에

관해 이야기하는 게 어떻게 가능할 수 있을까?(Adie, 2002: 250)

명예와 수치

보복의 충격적인 한 양상이 이른바 '명예살인honor killing'이다. 아프가니스탄의 일부 파슈툰족 사이에서는, 첫날밤에 피가 나지 않은 신부가 자신의 아버지와 남자 형제들에게 살해당하기도 한다(Ruthven, 2004). 브로히와 아자이브(Brohi and Ajaib, 2006)는 파키스탄의 부족지역[14]에서 부족의 원한을 갚기 위해 학교 구내 혹은 학교 밖에서 소녀들을 공격하거나 납치하는 일이 벌어져 왔음을 서술했다. 심지어 카라치 같은 도시 지역에서도 복수하기 위해 혹은 몸값을 노리고 소녀들을 납치하는 일이 빈번했다. 파키스탄 펀자브 지방의 라야Layyah에서는 최근 한 소녀가 퇴짜 놓은 구혼자에게 하굣길에서 염산 세례를 받았다. 이는 방글라데시에서도 흔히 일어나는 일이다.

이샤드 만지는 이슬람에게 결별을 고할 것인지 말 것인지, 그리고 이슬람이 영적으로 조상이 같은 기독교와 유대교보다 오늘날 더 경직되게 만든 기본적인 그 무엇, 떼어낼 수 없는 핵심적인 그 무엇이 이슬람 내에 있는지에 대해 고민했던 이야기를 했다.

나를 혼란스럽게 한 것은 단지 나이지리아의 한 성폭행 피해자의 이야기만이 아니었다. 한 무슬림 국가, 아니 어떤 무슬림 국가를 골라 보더라도, 더할 수 없이 야만적인 굴욕이 당신의 폐부를 찌르며 눈길을 끌 것이다. 파키스탄에서는 하루 평균 2명의 여성이 살인자의 입에 발린 하나님의 이름으로 '명예살인'을 당해 죽

---

14) 아프가니스탄과의 북부 접경 지대이며, 아프가니스탄에 있는 파슈툰족과 동일한 민족인 파탄족의 중심 거주 지역이다. 이런 지정학적 배경으로 탈레반(파슈툰 출신 이슬람 근본주의 세력)의 근거지가 되었다.

는다(Manji, 2004: 39).

이샤드 만지는 이 모든 것을 부족주의tribalism에 연결시킨다. 당신의 명예는 당신 혼자만의 것이 아니다. 그릇된 행동을 하는 것은 당신 일가, 때로는 같은 족속의 명예를 더럽히는 것이다.

> 이슬람에 개인 존중이 희박한 까닭에, 씨족의 명예가 다른 사람에 의해 더럽혀졌
> 을지라도 그 치욕을 보상하기 위해 무고한 무슬림 여성을 성폭행할 수 있는 것이
> 다. 여성은 가족의 소유이므로 그녀를 성폭행하는 것은 그녀의 가족에게 치욕을
> 주는 것이고, 여성은 가족 간의 유혈 반목에서 버릴 수 있는 카드로 쓰이는 것이
> 다(Manji, 2004: 155).

이샤드 만지는 사람들이 이것은 문화이지 종교가 아니라고 말할 것으로 알고는, 중요한 질문을 하나 던졌다. 우선 이슬람에 완전히 부족적인 요소가 있는 게 아니라면 토착적인 관습, 부족의 관습에서 벗어나는 것이 그토록 어려운 이유는 무엇인가? "바로 황폐한 부족주의가 구성원들을 참담한 지경에 가둬두는 작용을 하는 것이다."

타리끄 라마단은, 도둑의 손목을 절단하고 간통한 사람을 돌로 쳐 죽이는 것과 같은 이슬람의 형벌과 여성을 억압하는 데 종교를 이용하는 것을 반대한다고 공개적으로 발언하여 동료 무슬림과 마찰을 빚었다. 형벌은 쿠란에 따른 것이긴 하지만, 라마단은 죄인들이 처해진 상태가 "거의 원상복구가 불가능하며", "결코 적절하지도 않다"(Ramadan, 2006)고 주장했다. 이는 이샤드 만지가 서술한 부족주의와 다름없다. 하지만 타리끄 라마단은 여성을 비하하고 예속시키는 데, 어떤 무슬림 사회는 남성에 대해서까지, 이슬람이 이용되고 있다고 말했다. 그리고 샤리아 법을 문자 그대로, 탈맥락화해 적용하는 것은 이슬람의

가르침을 배반하는 것이라고 언명했다. 나는 여성을 돌로 쳐 죽이는 것이 괜찮다는 맥락은 도대체 어떤 것인지 알고 싶어지긴 하지만, 이는 무슬림 스스로 해야 할 자기비판의 몫으로 남겨두어야 마땅하다고 생각한다.

이샤드 만지 자신이 인정했다시피, 종교와 문화는 떼어놓기 어렵다. 그리고 언론 보도에 의하면 파키스탄에서는 시크교 문화권에서도 명예살인이 똑같이 발견된다고 한다. 명예살인을 무슬림 현상으로 정형화해서는 안 된다. 호주에서 히잡을 쓰기로 결정한 십대 무슬림 소녀에 관한 소설『이렇게 하면 내 머리가 커 보일까?』를 쓴 란다 압델 - 파타가 한 인터뷰(Cassidy, 2006)에서 설명한 바에 따르면, 출판사 사람들이 거듭 다음과 같이 질문했다고 한다.

'책 내용에 명예살인이 있습니까?' 사람들이 무슬림에 관한 책을 읽는 것은 언제나 사우디 왕실이나 탈레반 아니면 명예살인에 관한 내용 때문입니다(Cassidy, 2006: 12).

이와 대조적으로 그녀의 책은 작가의 눈에 비친 일반적인 무슬림의 경험과 평범한 10대에 관한 것이다 ― 반항, 섭식장애, 여드름, 흡연 및 음주이다. 루스벤도 이렇게 지적했다.

간통 혐의가 있는 여성에 대한 '명예살인'은 산악지대의 부족들에게만 한정된 것이 결코 아니다. 명예살인은 세계의 여러 지역에서 일어나고 있다. 비록 요르단, 이집트, 시리아 및 이라크에서 많은 사례가 나오기는 하지만, 명예살인은 결코 이슬람 국가들에만 국한된 것이 아니다. 남성의 명예와 정체성이 여성의 부덕婦德에 입각하는 '명예와 수치'의 문화는 가톨릭의 스페인과 시실리 그리고 정교회의 발칸 지역에서도 찾아볼 수 있다(Ruthven, 2004: 107).

꼭 이래야 하는 이유는 뭔가? 그리고 왜 낡은 인습으로 여겨지면서 사그라지지 않는가? 라는 흥미로운 질문이 제기된다. 브로히와 아자이브는 학교교육의 이점에 대한 한 아버지의 말을 인용했다. "사회에서 무엇이 더 중요한가? 나의 명예인가, 내 딸이 그리스가 어디에 있는지 아는 것인가?" 그들은 계속해서 이렇게 말했다.

소녀와 여인들이 집단 명예의 객체인 곳에서, 그네들은 문화와 정체성의 저장고이기도 하다. 교육 시스템을 이용한다는 것은, 이런 문화와 정체성을 위협할 수도 있는 다양한 오염원의 영향을 받기 쉽도록 그네들을 방치하는 것과 다름없다. 소녀를 학교에 보내는 데 반발하는 것은 이러한 믿음에서 연유한다. 파키스탄의 종교 지도자들은 설교에서 소녀 교육이 이데올로기, 문화와 정체성을 위태롭게 하는 것이라고 매도하는 데 진력했다. 이로 인해 소녀에 대한 새로운 경향의 폭력이 대두되었다. 최근 요르단의 카라크에서 한 종교 지도자가 교문 앞에서 등교하는 모든 소녀들에게 fahaash(천박하고 문란한 사람)라고 공공연히 규탄했다. 2004년 2월에는 파키스탄 북부의 다이아메르에 있는 6개의 여학교에서 방화가 일어났다. 또 다른 여학교는 수류탄으로 폭파되었다. …… 지역 당국과 경찰은 정통파 율법학자들을 비난했다(Brohi and Ajaib, 2006: 87).

이와 같은 여성에 대한 극단적인 폭력은 가족을 지키고 집단의 명예 또는 문화를 지키기 위해 필요하다고 설명된다. 가족과 가족의 명예는 거의 신성시되고 있다. 그래서 가족의 명예를 훼손하는 것으로 보이는 행위 — 예외 없이 여성의 행위 — 는 반드시 공개적으로 처단되어야 하는 것이 된다. 그런 여성은 그냥 쫓아낼 게 아니라 해치워야 하며, 그래야 가족이 더는 오염되지 않는다는 것이다. 하나님의 명성이 도전받는다고 여겨지는 경우에는, 신성모독에 관한 율법뿐 아니라 주술적 요소까지 동원된다. 그러나 여기에는 물론 경제적 지상명령도 있다.

'명예'는 당신의 남편, 아버지와 형제들의 평판과 지위 그리고 성공 전망을 지키기
위해 당신의 인격을 희생하라고 요구한다. 이런 생계방식에 의문을 제기하는 것
은 곧 당신이 공동재산이 아님을 천명하는 것이다(Manji, 2004: 179).

그래서 명예는 남성의 성공 전망과 밀접한 관계가 있으며, 이런 까닭에 성별
관계와 여성 종속과도 긴밀하게 연관되는 것이다.

루스벤은 '여성 통제'라는 장에서, 아니타 바이스 같은 인류학자들의 견해를
인용했다. 파키스탄의 예를 들면, 남성들은 집안여자들이 예전보다 더 유능해
졌다고 여기지만 아울러 교육받고 경제적으로 독립한 여성은 통제되지 않는다
고 느낀다. 그리고 이러한 여성이 자신의 명예와 남자세계에서의 지위를 위태
롭게 할 가능성에도 위협을 느끼고 있다. 루스벤이 인용한 마이클 자일스난의
관찰에 의하면, 레바논의 경우 특히 여성의 성생활에 대한 통제와 동일시되는
개인과 가족의 명예, 즉 샤라프Sharaf는 남성의 공적이고 사회적인 정체성에 매
우 중요하다. 나는 근본주의가 그럼에도 정태적이지 않다는 루스벤의 결론을
좋아한다.

원래 남자의 영역이던 공적인 무대로 진입할 때, 여성 근본주의자들은 조용히 그
들의 일을 접수하는 한편, 남성의 권위를 형식적으로 수용함으로써 남성들의 불
안이 달래지기를 희망한다(Ruthven, 2004: 125).

따라서 명예살인은 법적이고 형사적인 문제로 대처할 수 있다. 확실하게 살
인죄로 분류해, 성폭행처럼 '피해자의 충동provocation'을 사유로 감형減刑을 허용
하지 않을 수 있다. 그렇다면 교육의 대응은 어떤 것이어야 하나? 여성 교육의

확대가 어떤 면에서는 문제를 가중시키는 것으로 보이겠지만, 탈레반과 일부 정통파 율법학자들을 제외하고는 아무도 여성 교육을 축소하는 데 찬성하지 않을 것이다. 학교와 기타 학습공간에서 시도할 수 있는 직접적인 접근은, 나중에 다루겠지만, 논의 주제를 발의하고 인권 프레임 내에서 토론하게 하는 것이다. 부차적으로, 여성에 대한 소유권 이외의 대체 지위를 보장하는 등 남성의 자존심을 회복시키는 다른 메커니즘이 전략에 포함되어야 할 것이다.

하지만 '수치'라는 전일적 관념은 단지 남성의 여성 통제에 관한 것만은 아니다. 빅토리아 시대에는—아직도 그런가?—소년들과 소녀들 모두가, 하디의 소설에서처럼, 무분별한 행위로 '가족에게 수치를 안겨주는' 존재로 여겨졌다. 탈선 학생들은 '학교를 수치스럽게 한다'는 말을 들어야 했다. 이는 그들이 주위에 있는 사람이나 기관에게 피해를 입히면서 느끼게 될 일말의 죄책감을 가중시킨다는 발상이다. 사람들은 교사가 문제 학생에게 "너는 너 자신을 망가트렸다. 학교를 실망시켰다. 부모의 기대를 저버렸다"고 장황하게 말하는 것을 자주 듣는다. "너는 애스턴 빌라(버밍엄을 연고로 하는 영국 프리미어리그 축구단—옮긴이)를 실망시켰다. 잉글랜드의 기대를 저버렸다. 중동 협상 타결 전망을 어둡게 했다"라고 계속하지 않는 게 놀라울 따름이다. 이와 같은 접근에 담긴 논리는 이해할 수 있다. 어떤 행위를 가까이 있는 다른 사람들에게 불명예가 된다고 간주하면, 불량한 자들이 미래에 불량한 짓을 또 저지를 가능성을 줄일 수 있다는 것이다. 게다가 배상에 관해 생각하려고 하는 가운데 초점이 피해자에게 두어지게 되어 더욱 유용하며, 어떻게든 직접적인 피해는 바로잡히고 재발이 방지될지도 모른다. '수치스럽다'고 지목된 행동에 수반되는 문제는 많은 경우가 실제로는 '피해자 없는 범죄'라는 것이다. 다양한 복장 규정을 위반해도 실제로는 아무도 피해를 입지 않는다. 그런데도 이러저러한 복장을 '수치스러운' 것이라고 부르며 통제하려는 시도가 있는 것이다. 수치는 종종 마음의 상처에 관한 것이기보다는 이미지에 관한 것이다. 6장에서 권리와 책임을 검토하는 가운데, 어떻게 아이들이 자신의 행동에 대한 책임을 다른 사람의 반응에 대한 책임과 구별할 수 있게 되는지를 ― 같은 방식으로 '욕구'와 '필요'를 구별한다 ― 고찰할 것이다. 여기, 매 맞는 여성 또는 버림받으면 자살하겠다고 협박하는 동반의존자co-dependent의 집착에서 벗어나지 못하는 사람에게 종종 주어지는 메시지가 하나 있다. "당신은 다른 사람의 극단적이고 폭력적인 반응에 대해 책임이 없다."

학 교 와 복 수

로빈 리처드슨은 교육 현장에서 직면하는 이슬람 혐오를 다루는 글을 쓰면서, 2003년 이라크 전쟁이 한창일 때 영국의 중등학교 학생이 한 교직원에게 어떻게 대했는지에 관한 이야기로 시작했다.

그 교직원은 파키스탄계 이주민 출신이었다. 그녀는 운동장과 등하교 길에서 다른 학생들이 자신을 놀린다고 교사에게 말했다. "우리는 어제 네 놈들 수백 명을 죽였다. …… 사담이 네 아빠지, 너는 그를 사랑하지, 안 그래? …… 우리는 파키스탄 놈들이 9·11 때 우리에게 했던 일에 대해 복수하고 있는 거야. ……" 교사는 그녀의 후견인에게 말을 했냐고 물었다. 그랬다. 그녀는 후견인에게 말했고, 후견인은 "마음 쓰지 마라, 심각한 일 아냐. 곧 지나갈 거야. 너는 이번과 같은 놀림을 몇 번은 더 받으리라고 생각해야 할 거야"라고 말해주었다고 한다(Richardson, 2004: 19).

학교는 복수 행위를 조사하는 데 일정한 책무가 있다. 그레이가 지적하듯, "사람들이 평화를 이루는 데 실패하는 것은 언제나, 비합리적으로 행동하기 때문이 아니다. 때로는 사람들이 평화를 원하지 않기 때문이기도 하다. …… 삶의 의미를 지키기 위해 기꺼이 죽이고 죽을 수 있는 것보다 더 인간적인 것은 없다"(Gray, 2007: 186). 보통은 죽이고 죽는 것이 학교제도의 일부는 아니지만, 복수는 교묘하게 만족감을 주는 것일 수 있다 ― 게다가 정상적인 것으로 간주되기도 한다. 문제의 핵심은 학교가 징벌제도에서 복수를 묵인하고 사용한다는 것이다 ― 무례하게 굴었다고 방과 후에 남게 한다든지, 또는 일부 국가에서처럼 지각하거나 틀린 답을 말했다고 아이를 때린다든지, 위반행위와 관련이 없는 조치들이 행해지고 있다. 이런 조치들이 아이들에게 던져주는 메시지는, 권력자가 즉각적인 응보를 가하는 것은 괜찮다는 것이다. 많은 조사연구에서 실제로는 교사들이 학생들에게 굴욕감을 줌으로써 더 많은 갈등을 일으키고 있음을 보여주고 있음에도(Leoni, 2005), 교사들은 학생들이 거칠게 대들면 놀란 척하고는 처벌수위를 높여서 철퇴를 가한다.

모든 제재가 복수심의 발로인 것으로 여겨지진 않겠지만, 폭력적인 처벌은 보복한다는 느낌을 준다. 폭력적인 앙갚음을 학부모들이 '선도correction'로 공인할 수 있으며 심지어 요구하기도 하는데, 학부모와 교사들은 아이들에 대한 이런 처벌을 정당화하기 위해 종교적 텍스트를 이용하려고 한다. 클라이브 하버의 『학교교육과 폭력Schooling as Violence』에 상세하게 언급되어 있듯이, 체벌은 여러 나라에 만연해 있으며 정상적인 것으로 받아들여지고 있다. 다양한 형태의 폭력에 대한 연구를 바탕으로, 하버는 폭력적인 장소로서의 학교와 공격성을 묵인하거나 찬양하는 사회 사이에 직접적인 연관이 있다고 결론지었다. 그러나 체벌의 형태로 학교에서 행해지는 폭력은 그것이 공식적으로 불법화되고 세계아동인권선언에 각국이 서명한 이후에도 끈질기게 없어지지 않고 있다(Harber, 2004). 인도에서는 대법원이 2000년에 체벌을 금지했음에도 2007년까지도 여전히 계속되고 있다. 한 남학생이 자신의 공책에 교사가 서명해준 것을 거칠게 지워버렸다는 이유로 매를 맞아 죽었으며, 또 다른 남학생은 15분 지각했다고 학교 운동장을 끝없이 달리다가 죽었다(O'Connor, 2007).

분쟁이 종결된 후의 앙골라에서 현장 연구를 할 때, 우리는 아이들에게 교사들에 관해 물어보았다. 그러자 한 아이가 "우리 선생님은 참 좋아요. 선생님은 우리가 공부하지 않을 때만 우리를 때려요"라고 대답했다(Davies, 2007). 우리는 연구보고서에, 변화에 대한 일부 장애요인을 감안하더라도 권위주의적인 형태의 학생 훈육은 하나의 속박이라고 정리했다.

분쟁 종결 후 변화 과정이 체벌과 같은 전통적인 형태의 학생 훈육 방법까지 바꾸었다고는 보이지 않는다. 토메에 있는 한 공립학교의 학부모들은 교사가 나쁜 행동을 한 아이들을 훈육할 권한을 가지고 장악하는 것을 좋아한다고 말했다. 그들은 교사들이 '선도'하기를 원했다. 교사는 불량학생을 교육하는 것을 '피해서는' 안 되며, 자유롭게 해야 한다, 여기서 '교유하는' 것은 때리는 것과 동의어이다. "학부모들은 교사가 자녀를 때리면 화를 내곤 했었다. 그러나 때리는 것은 교육적으로 나쁜 행실을 바로잡는 방법의 하나다. 학부모들은 원인을 살피지 않는다. 그들은 불평하기 위해 학교에 온다." 교사 - 학부모 의사소통이 늘어나면서 생긴 단점 하나는, 체벌을 정당화하고 공모共謀하는 것이 교육적으로 건전하다고 합의를 보는 것이다.

마홈부로의 한 학부모는, 교사가 아이들이 학교 가는 길에 야생 과일을 채집하는 것을 발견하고는 학생들이 학교에 왜 안 오는지, 학부모는 아이가 결석한 것을 왜 모르는지 파악하려고 학부모와 회합을 가진다고 말해주었다. 때때로 이런 회합에서, 학부모들은 교사에게 아이들을 때리라고 충고한다. 그래야 아이들이 놀라서 어떻게 행동해야 하는지 알게 된다고. 아이들이 숙제를 하지 않으면, 아버지역시 아이들을 때린다.

교장에게 학생들을 상담해준 적이 있었는지 물어봤을 때, '우리는 아이들을 상담하지 않는다. 다만 아이들 대신 학부모를 상담한다'고 말했다.

나는 폭력이 폭력을 낳고 가정이나 학교에서 폭력을 경험한 아이들이 타자에게 더 폭력적으로 행동할 가능성이 높다는 것에 관한 연구를 모두 다 검토할 필요는 없다고 본다. 갈등사회에서는 아이들과 교사들이 갈등을 학교로 끌어들일 것이라는 데 대해서도 마찬가지이다. 만수르가 '인티파다 세대'를 언급했는데, 이들은 이스라엘 군대가 학교에서나 가정에서나 혹은 악몽 속에서까지 그들의 일상생활을 침범하는 상황에서, 공격성을 띠도록 내몰린 세대다. 만수르가 말했듯이, 오늘날의 학생들은 동시에 인티파다의 젊은이들이다. 엊그제 시위를 하고 이스라엘 병사들에게 돌을 던졌던 바로 그들이다. 그런데 갈등사회에서는 시스템 전체가 폭력에 바탕을 두고 있다. 이 점은 교사양성 교육에서도 예외가 아니다. 히틀러는 사범교육기관을 접수해 폭력을 주입하는 데 성공했으며, 교사들에게 나치의 이데올로기로 학생들을 훈련시키겠다고 선서하도록 요구했다. 심지어 교사단체들까지도 접수했다(Cairns, 1996).

아프가니스탄의 초등교육에 관해 매우 흥미로운 연구가 있는데, 1984년에서 1994년까지 미국의 재정지원을 받아 난민수용소에서 사용하기 위한 교과서를 개발한 교육과정을 검토한 것이었다. 4학년 교과서에 아래와 같은 문제가 실려 있었다.

칼라슈니코프(AK 자동소총 ― 옮긴이)의 탄환속도는 초당 800미터다. 러시아인이 이슬람 전사로부터 3,200미터 떨어져 있다. 이슬람 전사는 러시아인의 머리를 겨냥하고 있나. 총알이 러시아인의 이마를 관통하는 데 몇 초가 걸릴지 계산하시오(Craig, 2000: 92~93).

소련군의 철수에 뒤이어 탈레반이 권력을 장악했을 때, 위 교육과정은 전국적으로 시행되었다. 그리고 심지어 탈레반이 패퇴한 2002년 이후에도 지속되고, 게다가 파키스탄의 마드라사에서도 계속 사용되고 있다. '증오' 교육과정에 대해서는 6장에서 더 논의하도록 하겠다.

이와 같은 교육과정과 체벌을 포기하겠다고 천명한 학교와 국가들조차, '품행학습learning to behave'을 어떻게 시킬 것인가라는 비생산적이고 구태의연한 생각에 기초한 훈육 방법들을 여전히 사용하고 있다는 점을 여기서 되짚어봐야겠다. 에프와 왓킨슨의 『시스템의 폭력Systematic Violence』은 캐나다에서 폭력, 비인간화, 계층화를 조장하는 데 학교가 '공모'하고 있음을 폭로한 고전적인 책이다. 여기에는 '규범화normalising' 담론이 있는데, 이는 앞서 살펴본 복수를 정당화하는 담론과 유사하다. 나는 아래 글을 자주 인용한다.

> 한 아이가 다른 아이에게 자기가 시키는 대로 하라고 윽박지를 때, 우리는 그것을 강요라고 부른다. 성인이 아이에게 똑같이 한다면 그것은 선도라고 부른다. 학생이 다른 학생을 때리면 그것은 폭행이고, 교사가 아이를 때리는 것은 아이가 '잘되라고' 하는 것이다. 학생이 다른 학생을 난처하게 만들거나 조롱 혹은 경멸하는 것은 괴롭히고 따돌리는 것이다. 교사가 그렇게 하면 그것은 교육적인 행위처럼 보인다(Epp and Watkinson, 1996: 20).

학생에 의해서든, 교사에 의해서든, 정부에 의해서든, 복수는 정당한 것이라는 생각을 가르치거나 강화하지 않고 악순환을 초래하지 않는 담론으로써 징벌적 조치의 규범화 담론을 대체하는 것이 과제다. 이는 이 책의 관심사이기도 하다. 극단주의적인 행위는 학교에서 다루어야 하지만, 극단적이거나 보복적인 조치는 피해야 한다. 모드 블레어는 다음과 같이 말했다.

> 정학, 퇴학과 형사 사법제도 간의 연관성이 잘 입증되어 있으므로, 학생에 대한 훈육조치를 고려할 때면 반드시 이에 대해서도 진지하게 성찰해야 한다(Blair, 2000: 165).

그녀는 어떤 미국 도시 학교의 학생처장이 자신의 일을 공중 납치된 여객기 조종사의 일과 비교했던 이야기를 인용했다. "나의 일은 납치범을 비행기 밖으로 던져버리는 것이다." 블레어는 계속해서 말했다.

이 학교 관리자는 아이들의 이미지를 교우들의 생명과 자유를 위태롭게 하는 테러리스트로 구성하는 용어를 택했다. 이러한 묘사는 학교에서 이따금 실행하는 극단적인 제재조치에 대해 합의를 이루는 데 유용하다(Blair, 2000: 161).

절박한 위험은 다름 아니라 "학교에서 감옥으로 가는 파이프라인"이라고 불려온 것이다(Fuentes, 2003). 그 같은 방향은, 아이들의 안녕과 안전 그리고 사회에 대한 긍정적 공헌을 목적으로 현재 영국에서 시행 중인 '모든 아이가 소중하다Every Child Matters' 정책의 전략방향과 어긋나 있는 것이다.

이제 회복적 정의restorative justice라는 대안과 이를 교육적 맥락에서 적용할 수 있는지에 관해 논의할 차례가 되었다.

회 복 적 정 의

복수와 정반대되는 대안은 간혹 배상적 정의reparative justice라고도 불리는 회복적 정의다. 법적인 관점에서 이는, 범죄를 보는 초점을 사람들 사이의 갈등으로 재설정하여 직접 관련된 사람들을 화해시키고 피해자, 가해자 및 공동체가 입은 충격을 치유하기 위한 시도다. 응보retribution와 달리, '눈에는 눈' 이데올로기와 달리, 회복적 정의에 관한 이론은 최대 다수의 최대 행복 또는 최대 선을 추구하는 공리주의로부터 발전되어왔다. 더는 고통을 주어서는 안 된다. 가해자에게 뉘우치고 개과천선할 기회를 주면서 피해를 복구하려는 공동노력을 추구해야 한다. 그것은 남아프리카공화국, 르완다, 그리고 더 최근에는 시에라리온의 사례에서 보는 바와 같은, 진실과 화해truth and reconciliation 프로그램의 일부다.

과도적 사법기관의 유형을 결정하는 데는, 미노(Minow, 1998)가 잘 논의했듯이, 정치적 의지와 국제사회의 지지라는 손에 잡히는 문제는 말할 나위 없고 정의, 형벌, 책임소재, 화해, 기억, 망각, 용서 및 복수의 문제도 깊이 관련되어 있다. 헤이너(Hayner, 2002)는 진실화해위원회의 목적을 다섯 가지로 정리했다.

▸ 과거의 학대 행위를 드러내고 명확하게 함으로써 공식적으로 인정하는 것
▸ 피해자의 구체적인 요구에 부응하는 것
▸ 정의 구현 및 책임소재 규명에 공헌하는 것
▸ 제도적 책임 범위를 설정하고 개혁안을 건의하는 것
▸ 화해를 촉진하고 과거를 둘러싼 갈등을 줄이는 것

이를 학교에도 흥미롭게 적용해 볼 수 있다. 교사가 학생의 소란 행위나 폭력의 피해자인 경우, 학생에게 가해진 처벌이 해당 교사의 요구를 충족하는가? 다른 아이들의 요구도 충족하는가? 과거 학대 행위의 인정에는 교사들이 학생들에게 행한 부분도 포함되는가? 개인의 책임뿐만 아니라, 혹은 그 반대로, 제도의 책임도 설정되는가?

이와 같은 위원회 혹은 '과도적 사법기관'은 성격상 교육적 이슈에 더욱더 관심을 기울이고 있다. 줄리아 폴슨은 시에라리온의 진실화해위원회에 대해 고찰했다. 그들의 제안서에는 체벌 불법화와 성별 불균형 시정은 물론이고, 진실화해위원회 자료와 인권교육을 모든 수준의 교육에 편성해 넣도록 한 2004년 권고가 포함되어 있다. 그렇지만 폴슨은 이러한 편성이 어설프다는 것을 알아챘다. 체벌을 그만두게 했지만, 체벌 증거는 여전히 계속 나오고 있다. 유니세프의 지원을 받아 진실화해위원회 자료의 아동용 해설본을 초등학교에서 쓰기

위해 제작했지만 제대로 배포되지 않았고, 중등학교용은 아직 만들지도 않은 것으로 나타났다. 그녀가 방문했던 학교는 이 해설본을 가지고 있지 않았다.

교장들에게 학교에서 이루어지는 인권교육과 평화교육에 관해 물어봤을 때, 한 사람이 아이들의 권리와 의무를 어떻게 가르치는지 간략히 설명하고는, 학생들이 저지른 여러 위반 행위에 대해 회초리로 벌을 준 태형笞刑의 숫자를 나열하며, 학교의 규율에 관해 장황하게 설명했다(Paulson, 2006: 345).

진실과 화해의 원칙들을 학교가 알고 있을지라도, 학교의 징계제도에서 실제로 실행되고 있지는 않았다. 아동 인권의 함의에 대한 총체적 이해는 거의 찾아볼 수 없다. 마지막 장에서 이 문제를 다시 다루도록 하겠다.

티투스 알렉산더는 자신의 저서 『시민성 학교Citizenship School』(2001)에서 회복적 정의의 '3R'을 개략적으로 설명했다. 그것은 행동의 배후에 있는 이유reasons와 행위를 추동한 욕구를 인식하고, 가해자는 자신의 행동에 대해 책임responsibility을 지고 잘못했음을 인정하며, 가해자는 반환, 원상회복, 반목해소를 위한 화해 등이 포함되는 배상reparations을 하는 것이다. 더 많은 요소가 있겠지만, 이 전략들이 이해되고 수용되기만 해도 유용할 것이다.

그러나 '가해자'를 식별하고 누가 '위해행위'에 가담했는지 밝히는 게 큰 문제다. 이는 앞서 살펴본 보복의 악순환도 연관된다. 학교에서 아이가 칼을 가지고 갑자기 교사를 공격한다면, 이 아이는 위해행위를 저질렀으며 무언가 배상해야 한다고 말하는 것은 전적으로 정당할 수 있다. 하지만 학교에서는 훨씬 더 일상적인 수준에서 많은 처벌이 내려지며, 또한 교사와 학생 양측이 인지하는 일련의 위해행위가 연속되고 있는 어느 순간에 내려진다. 한 학생이 지각을 했는데도 어슬렁거리며 들어온다, 교사는 학생에게 굴욕을 주어 통제를 회복하려고 시도한다, 학생은 화를 내며 반응한다, 교사는 더욱 크게 화를 내며 대응한다 등등. 학생의 인식은 교사가 '극단적'이고 부당하게 대응해 일이 시작되었다는 것이고, 교사의 인식은 학생이 소란의 원인이었다는 것이다. 권력이 동등하지 않은 상황에서는 책임 부담이 공정하게 배분되지 않는다. 학교에서 생기는 또 다른 문제는 복장 위반 혹은 지각처럼, 이로 인해 배상받아야 할 피해자가 누구인지 특정할 수 없는 일반화된 '위반 행위'와 연관된다.

관 용, 잘못에 대 한 시 인 그 리 고 용 서

우리는 과거의 잘못에 관한 전반적인 문제와 이것들이 교육에서 어떻게 다루어질 수 있는지를 더욱 치밀하게 고찰해야 한다. 일부 국가에서는 갈등과 여러 사회 집단들—학교 내에 재현되어 있는 집단들—이 저지른 과거의 잘못에 관해 가르쳐야 할 필요가 있다. 우리는 아이들한테—혹은 교사들한테—자신들에게 피해를 입혔다고 인지되는 타자에게 단지 '관용을 베풀라'고 말해야만 하는가? 이런 문제를 살펴볼 때는 시걸 벤 포라스의 분석이 유용하다. 그녀의 저서 『포화 속의 시민성Citizenship Under Fire』(2006)에서, 문화적 '관용'의 개념은 국가 간 화해 분야에서는 적용에 실패했으며, 특히 교육을 통해 과거와 현재의 갈등—말하자면 영토에 관한—을 극복하는 노력에 실패했음을 명확히 했다. 벤 포라스는 관용보다는 '인정recognition'이라는 개념에 더 가까이 가 있다. 이는 우리 인간의 정체성이 부분적으로 인정 혹은 인정 부재에 의해서, 그리고 종종 타자에 대한 그릇된 인식에 의해 형성되므로, '공공의 공간을 공유하는 하위집단들의 고유한 특성'을 사회의 모든 구성원에게 소개하는 것을 의미한다. 나는 '특유성'의 잠재적 정형화(2장에서 논의했음)와 정체성의 경화硬化에 대해 그다지 동의하지 않지만, 그 요점은 이해할 수 있다. 벤 포라스는 타자 인정과 과거 잘못의 시인에 대한 다문화적 요구를 북미 원주민, 아프리카계 미국인, 원주민

문화, 캐나다 원주민 등과 관련된 다수의 문헌에서 어렵지 않게 찾아볼 수 있다고 말한다. 그러나 그녀가 지적하듯이, 과거의 잘못이 초래한 결과를 조사한다고 해서 응보의 섭리economy of an eye for an eye에 따르자는 것은 결코 아니다. 그리고 과거를 이해하는 방법을 강구하는 것은 이론적으로 피해자의 역할에 대한 비난과 논란을 참고할 필요가 없다.

> 인종적으로 정의로운 미국사회가 노예제도에 책임이 있거나 그로부터 이득을 취했던 모든 사람들을 처벌하는 것은 기대할 수 없다. 이는 과거의 일이기 때문만은 아니다. 이스라엘과 팔레스타인이 중동을 평화지역으로 재건함에서도, 서로가 피해자가 되고 테러를 당했던 혹은 상대를 억압했던 갖가지 측면을 모두 헤아리는 것은 현실적으로 기대하기 어렵다. 잘못을 시인하는 데 필요한 것은, 모든 당사자가 그들의 공통된 역사와 각자가 처해 있는 현재의 조건을 평소에 접할 수 있는 관점보다 더 복합적인 관점에서 바라보는 것이다(Ben-Porath, 2006: 98).

벤 포라스는, '결점'을 부인하거나 결점에만 집중하는 것을 극복하고 이를 시인하는 과제를 떠맡기에 적합한 제도로 교육을 염두에 두고 있다. 이는 모든 (미래의) 시민들이 맨 처음 마주치는 공식적인 제도가 교육이기 때문이다. 개인에 대한 영향은 접어두고라도, 교육은 공동체의 사회생활 및 정치생활에서 매우 중요한 '선언적declaratory' 역할을 한다. 잘못에 대한 시인을 공적으로 표명하는 근본적인 방법의 하나가 공립학교에서 과거의 잘못에 대해 공부하는 것이다(종교에 관해서는 앞에서 논의했다). 벤 포라스의 '확산적 교육expansive education' 관점에서 보면, 잘못에 대한 시인은 그들의 역사가 지닌 다른 측면들과 갈등에 대해 종종 상반되는 그들 나름의 견해를 고수하는 숙적들을 용인하는 데 관한 것이기도 하다. 자화자찬하거나 상대를 비하하는 견해는 결코 용인될 수 없기는 하지만, 사이좋게 지낼 수 있는 해명을 받아내는 것이 결정적으로 중요하지는 않다. 이는 벤 포라스의 '역逆애국주의reverse patriotism' ― 애국적 감정의 근거를 부정하는 것이 아니라, 영웅적 행위와 승리주의적인 국가 건설의 신화적 이야기를 하지 않을 뿐이다 ― 와 연관된다. "오히려 그것은 학생과 교사에게 복잡한 역사를 가진 그들의 국가(혹은 집단)를 이해하고 동질감을 갖도록 권장하며, 그것을 인정하도록 격려한다. 그리하여 고쳐야 할 필요가 있는 것은 기꺼이 고치도록 하는 것이다." 벤 포라스는 이 모든 도전적 과제들, 집단기억의 의식적인 재구성, 그리고 용서의 전반적인 문제를 잘 알고 있다.

용서는 타자에게 죄가 있다고 전제하는 것이다. 이 타자가 자신의 죄 혹은 잘못을 시인해야만 용서가 공론장에서 반향을 일으킨다. 마이클 이그나티에프는 폭력, 억압 혹은 잔학행위에 대해 공적으로 시인하고 적절한 사과를 하는 것만이 전쟁을 회피하는 데 필요한 유일한 기반을 확립할 수 있다고 주장한다. 이는 다소 낙관적인 견해로 보이는데, 거의 시도조차 되지 않고 있다. 벤 포라스는 아무것도 바라지 않는 '무조건적인' 순수한 용서의 곤란한 점에 대해 잘 알고 있다. 벤 포라스는 자크 데리다, 한나 아렌트 등의 저술에서 그 종교적 뿌리를 추적하고, 이런 유형의 용서는 비록 고귀하기는 하나 종교적 맥락과 대인관계 맥락을 넘어서서는 거의 유의미하지 않다고 지적했다. 공론장 혹은 정치 영역에서의 용서는, 재발 방지를 위해 정의의 회복과 연계되어야 한다. 그녀는 용서의 세 가지 모델을 고찰했다. 무조건적인 용서, 잘못을 저지른 사람의 회개를 요구하는 엄격한 용서, 그리고 '느긋한' 또는 '관대한' 용서. 마지막 모델은 특히 아이들을 가르치는 교육 환경에서 가장 흔히 사용된다. 우리는 아이들에게 마음 편히 용서하도록 가르치고 상처를 입힌 사람을 관대하게 받아주는 것을 보여줘야 한다. 그러나 벤 포라스가 지적하듯이 이것은 의무duty라기보다 사회적 멋nicety인데, 예절 규범에서 나온 것이며 양측이 대등하다고 가정한다. 그래서 이것은 중대한 범죄와 공동체 간의 갈등과는 아무 상관없으며, 다른 문화들로 옮겨질 수 있는 것도 아니다.

사람은 언제나 용서를 베풀 수 있는 내적인 능력 향상에 공들여야 한다고, 주로 그녀가 최악의 피해를 당했던 가장 힘든 상황에서 그래야 한다고 가르친다면, 그녀를 피해자로 만든 권력관계가 되풀이되게 하는 데서 그치는 게 아니라, 피해자에게만 혹은 주로 피해자에게 화해의 짐을 지우는 셈이 된다(Ben-Porath, 2006: 107).

그래서 벤 포라스는 피해자보다 가해자에게 초점을 더 맞춘 다른 모델에 관해 말한다. 역사 교육과정에서, "다른 집단의 시각에서 보면 우리 자신이 비난받아 마땅하다고 생각하게 하는 학습은 정신이 번쩍 들게 하는 교육적 경험일수 있다. 대부분의 학교는 도덕적으로 떳떳한 실체로서의 '우리'에 관심을 집중시키고 있다"(Ben-Porath, 2006: 109). 이라크 전쟁이 역사 교육과정에 공식적으로 포함되었을 때, 학교가 이라크 전쟁을 어떻게 극복하는지 지켜보는 것은 흥미로울 것이다.

결 론

극단주의적인 행동은 종종 복수하고 비난하려는 욕구와 연관된다. 이는 복수의 악순환을 초래할 수 있으며, 갈등 해결에 아무 도움도 되지 않는다. 복수를 인지된 잘못에 대한 반응으로 정당화하는 것은 성서로부터 유래된 것이지만, 해묵은 역사적 원한이라는 관념에서 혹은 가족이나 공동체의 명예를 지키려는 필요에서 연유하기도 한다. 교육은 복수 성향을 극복하는 데, 두 방면에서 핵심적인 역할을 한다.

▶ 과거의 잘못에 대해 공개적으로 시인하기. 그리고 과거의 잘못과 자신이

속한 집단, 국가, 종교가 입힌 피해에 대한 다른 인식을 비난에 연연하지 않고 학습하기.

▶ 또래 조정peer mediation 같은 화해 프로세스를 통해 회복적 정의의 모델을 만들어내기. 더 나아가 교사와 학생 간의 문제를 학생 주도로 조정하기. 피해자의 요구와 밀접하게 연관되는, 시인한 잘못의 배상 메커니즘을 마련하기. 이런 방법들이, 정확히 누가 피해를 입었는지 그리고 학교에서는 무엇이 위해행위를 구성하는지에 대한 정밀조사를 가능하게 해준다.

위해행위의 문제와 관련해서는 '모욕'을 중심으로 다음 장에서 살펴보기로 하겠다.

5 장

표 현 의 자 유 , 모 욕 , 유 머 와 풍 자

언제 어떻게 표현의 자유, 특히 극단주의적인 표현을 허용할 것인가,

언제 교육적 실천이 모욕을 유발하는가,

그리고 그러한 모욕에 대한 극단주의적인 반응은 어떻게 다룰 것인가.

덴마크 만화 사건[1]은 표현의 자유가 지닌 딜레마의 상징이 되었다. 유머 또는 표현의 자유를 억압하는 것은 권위주의의 징표이다. 그런데도 풍자 혹은 문화적 재현으로부터 모욕을 당했다고 정당하게 주장할 수 있는가? 이 장에서는 교육의 과제를 몇 가지 검토할 것이다. 언제 어떻게 표현의 자유, 특히 극단주의적인 표현을 허용할 것인가, 언제 교육적 실천이 모욕을 유발하는가, 그리고 그러한 모욕에 대한 극단주의적인 반응은 어떻게 다룰 것인가.

전제군주를 비웃을 경우 모독죄에 관한 법률에 따라 혹독한 처벌을 받았던 시대 이래로, 우리는 위대한 자유의 시대를 구가해왔다. 그렇지만 현재 우리는

---

1) 2005년 9월 덴마크 일간지에 예언자 무함마드의 터번을 폭탄으로 묘사한 풍자만화가 실려 이것이 이슬람 세계의 대대적인 반발을 불러온 사건이다. 이슬람권에서는 무함마드의 초상을 그리거나 조각하는 것은 신성모독으로 금기시되는 반면에, 서구에서는 신성모독조차 표현의 자유로 본다.

신성모독 전쟁으로 되돌아가고 있는 듯싶다. 살만 루시디 같은 작가에 대한 살해 위협뿐 아니라 네덜란드의 영화감독인 테오 반 고흐[2]의 예와 같은 실제 살인도 일어나고 있다. 기독교인, 시크교인, 무슬림을 막론하고 종교적 극단주의자 혹은 근본주의자의 위협 때문에 다양한 오페라와 연극 제작이 취소되고 있다. 시크교 예배당에서 벌어진 성폭행에 관한 거프리트 카우르 바티의 연극이 상연 금지된 것이 한 예다. 티모시 가턴 애시는 이 공론가들을 '무한 광신자'라고 부르며, 오래된 자유민주주의 사회에서조차 자유로운 표현의 공간들이 침식되고 있음을 우려했다. 위협 자체가 아니라 위협이 주는 두려움으로 인해, 종국적으로 '자기검열self-censorship'이 일어난다. "그러나 자기검열은, '당신이 나의 금기를 존중하면 나는 당신의 금기를 존중할 것이다'라는 식으로, 다문화적 조화라는 선의의 관념에서도 밀려올 수 있다. 내가 …… 집단 거부의 폭압으로 묘사한 것이다"(Garton Ash, 2006: 23).

래기 오마르는 표현의 자유와 극단주의 이슈에 관해 입장이 약간 다르다. 오마르는 소말리아에서 태어난 여성으로 네덜란드의 하원의원이 된 아얀 히르시 알리에 관해 이야기했다. 독실한 무슬림이었던 그녀는 극렬한 반이슬람으로 자신을 '개조'했다. "그녀의 대학 시절 경험은, 이전에 자신의 정체성을 규정했던 신념체계를 거부하고 정반대로 보이는 신념들은 모두 끌어안는, 광기 어린 새로운 개종의 첫 조짐을 보여주었다." 후일 그녀는 이주민을 위한 별도의 학교를 거부하고 이민 쿼터를 감축하자고 제안했다. 대중선동적인 우파 정치인들과 함께, 그녀는 이슬람이 서구 자유사회에 통합될 수 없는 신앙이자 문화라고 주장하며 맹렬한 공격을 개시했다. 그녀는 테오 반 고흐와 함께 단편영화 〈굴종Submission〉을 공동 제작했는데, 이 영화는 이슬람이 태생적으로 야만적이

---

2) 빈센트 반 고흐의 동생 테오의 증손자로서, 이슬람의 여성 차별을 비판한 단편영화 '굴종'을 제작했다가 2004년 10월 모로코 출신 무슬림 청년에 의해 암스테르담 거리에서 총격을 받고 피살되었다. 이 영화의 시나리오를 아얀 히르시 알리가 썼다.

고 여성에게 폭력적임을 드러내기 위해 기획되었다. 한 유명한 인터뷰에서, 그녀는 예언자 무함마드에 대해 "우리의 기준으로 판단하면 그는 성도착자이자 폭군이다"라고 말했다. 그녀는 살해 위협을 받기도 했지만, 자유와 민주주의에 기여했다고 여러 가지 상을 받았고, 타임지가 선정하는 지구상에서 가장 영향력 있는 100인(2005년 — 옮긴이)에 선정되기도 했다. 그러나 오마르는 이렇게 주장했다.

표현의 자유는 타협하거나 포기할 수 없는 원칙이다. 하지만 아얀 히르시 알리가 이 원칙을 지켜냈다고 확실하게 지지한 작가들과 간행물들은, 표현의 자유를 지켜내는 것과 한 공동체의 비인간화와 증오를 부추기는 앞잡이로서 행동하는 것을 구별하지 못하거나 그럴 생각조차 없는 것으로 보인다. …… 저명한 위치에 있는 사람들이 도발과 모욕을 기도했다면, 사람들이 그에 대해 분개하고 모욕감을 느낀다고 해서 그토록 놀랄 이유가 없지 않은가?
아얀 히르시 알리의 견해를 장려하는 것은, 무슬림을 겨냥한 폭력과 증오에 의한 익명의 희생자들을 방관하는 것과 소름끼치는 대조를 이룬다. 영국국민당의 지도자인 닉 그리핀이 영국이 "이슬람공화국이 되어야 하는지 아니면 민주국가로 남아 있어야 하는지" 결단하라고 사람들에게 촉구할 때, 그는 아얀 히르시 알리와 크게 다를 바 없지 않은가? 하지만 우리는 닉 그리핀은 파시스트라며 규탄하고, 아얀 히르시 알리는 표현의 자유의 선구자이며 서구 무슬림 공동체의 대표자라고 치켜세운다(Omaar, 2006: 59).

오마르Omaar가 보기에, 야신 하산 오마르Yassin Hassan Omar(7월 21일 폭탄 공격자들 중 한 사람)라는 인물과 아얀 히르시 알리는 상상을 초월할 정도로 유사하다. 한 사람은 서구를 절대적으로 거부하고, 다른 한 사람은 이슬람을 철저하게 거부한다. "똑같은 열정을 가지고 그들 모두가, 오직 하나 남아 있는 것 — 희망 —

을 거부한다"(Omaar. 2006: 60).

교 육 현 장 에 서 표 현 의 자 유

이러한 분화 현상과 씨름하는 것이 교육의 큰 과제다. 배리 반 드리엘의 글모음『이슬람 혐오에 대처하기Confronting Islamophobia』(2004)는 자유롭게 말할 권리와 차별로부터 보호되어야 할 자유 사이의 균형이라는 문제를 제기했다. 서문에서 그는 네오나치 정당인 독일민족민주당NPD이 독일에서 금지되어야 하는지를 두고 고등학생들이 토론하는 장면에 대해 이야기하고 있다. 그 정당이 무슬림의 위협에 대해 말하는 것은 정당하고 공개적으로 말해야 한다는 견해를 피력한 학생이 한 명 이상 있었다. 세 명의 무슬림 학생들은 침묵했다. 나머지 학생들(그리고 교사)은 무슬림 급우를 '끝내 방어하지 않은' 방관자였다. 학교와 교사의 역할은 무엇이어야 하는가? 잠재적으로 해로울 수 있는 견해를 밝히지 못하게 해야 하는가? 개입해야 하는가? 공격받을 수 있는 학생들을 방어해야 하는가? 여기서 적절하고 유익한 사례연구를 몇 가지 제시하겠다.

게렐룩(Gereluk, 2007)의 흥미진진한 보고서는, 미국 학교에서 복장을 통해서든 행동을 통해서든 자신의 정치적·사회적 견해를 밝혔다는 이유로 퇴학당한 학생들의 다양한 사건을 고찰하고 있다. 흥미롭게도 미국은 프랑스나 터키처럼 종교적으로 상징적인 복장을 금지하는 데 초점을 두어오지 않았지만, 점차 다른 형태의 복장을 통제하려고 시도하고 있다. 그리고 어떤 경우에는 교복을 의무화하고 있다. 게렐룩은 다양한 '판결들' 사이의 차이를 밝혀냈다. 2003년 조지 부시의 초상 밑에 '국제 테러리스트'라고 씌어 있는 티셔츠를 입고 등교한 소년에 관한 사건이 있었다. 학교는 학생들 사이에 혼란을 야기할지 모른다는 두려움 때문에 그 옷을 벗든지 집에 가라고 강력히 요구했다. 2004년에는 한 학생이 이와 유사하게 평화와 아나키즘의 상징들, 거꾸로 달린 성조기 그리고 앨버트 아인슈타인에게서 인용한 반전反戰 구호가 인쇄된 티셔츠를 입고 등교했다. 그 학생이 표현의 자유에 입각해 자신의 권리를 방어하려고 애쓸 때, 교감은 이 권리는 학생들에게 적용되지 않는다고 말했다. 이 두 사건은 모두 법원에 가서 뒤집어졌다.

1965년 베트남 전쟁에 항의하기 위해 검은색 완장을 찬 학생들에 관한 획기적인 판결에서, 판사는 "혼란에 대한 획일적인 두려움이나 불안감만으로는 표현의 자유에 대한 기본권을 제약할 수 없다"고 언명했다. 그렇지만 보다 최근의 사건들에 대해서는 학교에 유리한 판결이 내려졌다. 예를 들면 한 남학생이 수학시간에 남부연합3)의 깃발을 그렸다는 이유로 정학 처분을 받았는데, 법원은 지역 내에 인종 간의 긴장이 고조되고 있다는 증거에 무게를 두고서 표현의 자유를 축소하는 것이 법과 질서를 유지하기 위해 필요한 조치라고 인정했다. 행동이나 복장에 의한 표현이 혼란을 야기할 잠재적 가능성을 어떻게 해석하는가에 따라 판결이 달라지는 것으로 보인다.

반대로, 법원은 학생들의 품행 향상에 대한 학교운영위원회의 관심이 표현의 자유에 대한 학생들의 권리보다 중하다는 근거에서 의무적인 교복 착용을 허용해왔다. 학생의 품행과 학업성취에 교복 정책이 효과적이라는 아무런 증거가 없는데도 그랬다. 싸움, 폭행, 상점 절도, 공공시설 훼손, 난폭운전 등과 같은 비행을 저지르고 싶은 학생들은 학교에서 교복 정책이 실시되든 안 되든 그렇게 할 것임을 소규모 경험적 연구들이 보여주었다. 그러나 게렐룩이 언급했듯이, "모욕적이거나 잠재적으로 파괴적이라고 여기는 것의 기준이 학교운영위원회의 재량에 의해 확대되어온 것이 사실이다"(Gereluk, 2007: 12).

---

3) 1861년에 미합중국을 탈퇴한 미국 남부의 11개주가 결성한 국가이며, 노예제도를 유지하기 위해 남북 전쟁을 일으켰다.

도널리와 휴스는 이스라엘과 북아일랜드 연구에서 사람들이 입고 다니는 상징물을 다루는 데 비슷한 난점이 있음을 발견했다. 일부 북아일랜드 학생들이 문화적·정치적 표현으로서 교복 속에 켈트족 혹은 특수부대 셔츠를 입고 다녔다. 교사와 학교운영위원들은 이런 행위를 묵과하기로 합의했다.

> 이러한 반응을 이해해줄 수는 있지만 분파적 경향을 부채질할 가능성이 잠재되어 있다. 학생들은 문화적 상징물이란 그저 반항하고 위협하고 혐오하는 행위로서 드러내놓는 것일 뿐이라고 확신하게 되며, 그러한 인공물의 진정한 문화적 의의를 이해하는 기회를 결코 갖지 못하게 된다(Donnelly and Hughes, 2006: 509).

위의 주장이 시사하는 바는, 무관심하기보다는 적어도 토론은 해야 한다는 것이다.

오를레니우스(Orlenius, 2007)는 나치에 동조하고 기존 나치 집단에 가입한 스웨덴의 한 고등학생에 관한 흥미로운 사례를 소개했다. 스벤은 시험지에 나치의 표어를 적었으며, 집에서뿐 아니라 학교 식당에서도 친구들을 포섭했다. 모든 교직원과 지방교육위원회는 그들의 가치관에 경종을 울리기 위해 정학 처분을 해야 한다는 데 동의했다. 오를레니우스는 곧이어 120명의 교생student teacher에게 관용, 존중, 표현의 자유와 권리에 관해 중대한 이슈를 제기하는 이 결정에 대해 동의하는지 여부를 물었다. '관용'은 다른 사람의 사상이 비록 국가의 핵심 교육과정이 지향하는 민주적 목표와 상치되더라도 그러한 신념과 의견을 가질 수 있는 권리와 이를 표현할 수 있는 권리를 교사들이 허용하는 정도와 관련된다. 대다수 교생들이 예컨대 "학교는 인종주의적 태도가 제거된 자유구역 같은 곳이어야 한다"고 하면서, 스벤은 '민주주의에 대한 위협적인 존재'였다는 데 동의를 했다. 스벤은 정해진 규칙에 따라 살지 않았다는 이유로 그곳에서 자신의 권리를 박탈당한 것으로 보인다. 규칙과 교육과정으로 모든 인간의 동등한 가치를 강조하는 학교에서는 나치 사상이 설 자리가 없는 것으로 보인다. 여기에 함축되어 있는 바는 다음과 같다. 학생이든 교직원이든 그 누구도 공격받을 위험에 노출되어서는 안 된다. 학교는 반민주적인 태도를 일소해야 한다. 그와 같은 태도들은 인종주의 선동이다. 스벤은 위험한 환경의 한 요인이 되었다. 그리고 스벤은 급우들에게 부정적인 영향을 끼쳤다.

오를레니우스는 일부 반대하는 반응들을 훑어보았다. 학생이 폭력을 행사하거나 인종주의적 태도를 보이면 순화시키거나 경찰에 신고할 수 있지만, 등교를 못하게 할 수는 없다. 또는 다른 학생들이 그에게 대항할 수 있도록 하는 데 노력을 기울이거나 피해를 입은 학생을 도와주어야 한다. "이러한 사상이 다른 학생들에 의해 거부될 수 있도록 지적인 토론의 장을 마련해라. 당신은 누군가의 의견을 뭉개버릴 수 없다. 그것은 타당한 주장에 의해서만 퇴치될 수 있다." 흥미롭게도, 스벤이 폭력을 행사할 조짐은 없었으며, 다른 학생들이 어떤 섬에서 피해를 입었는지도 분명하지 않다. 학교의 실제 상황에서는 학생들이 괴롭힘을 당하거나 심각한 위협을 받았다고 보고가 되지 않았다. 오를레니우스는 몇 가지 파격적인 논점을 제기했다.

관용에 대한 우리의 정의에 따르자면, 스벤이 신체적으로나 정신적으로 타자에게 해를 입히지 않았다면 그는 사실상 관용적인 사람으로 볼 수 있다. 그 사례에서 자신이 어떤 태도를 싫어하긴 하지만 부적절하거나 부당한 방식으로 행동하지 않았다면 인종주의자라도 관용적이다. …… 그리고 스벤이 자신의 비판적 사고와 심사숙고를 통해 자신의 사상을 견지하는 것이 학교의 주입식 교육에 의해 선량한 민주주의자가 되는 것보다 더 자격과 능력을 갖추는 게 아닐까?(Orlenius, 2007: 9~10).

그래서 표현의 자유에 대한 철학적인 질문과 더불어, 사상을 탄압하고 배척한 결과에 대한 실천적인 질문을 하게 된다. 맥락과 학생 집단의 구성에 따라 달라지기 마련이지만, 나는 학생들의 사상과 이상은 허용되어야 하며 논쟁의 기초로서 정말 잘 활용되어야 한다고 주장하는 바이다. 학생들은 책에 나오는 도덕적 딜레마뿐 아니라 실재하는 사상 신봉자들을 겪어보아야 한다. 물론 실제로, 정학 처분을 당했어도 스벤이라는 인물은 달라지지 않았다. 한 교생이 정학 대신 대화를 하자고 주장하면서 올바르게 지적한 대로, "스벤을 정학시킨다면, 그는 다른 사람들이 자기가 이루고자 하는 것을 파괴하기 위해 애쓴다고 생각할 것이다. 그러면 학교에 대한 그의 증오는 더욱더 커지게 되고 학교에 파멸상태를 초래할 수도 있다". 이러한 사례는 앞 장에서 언급한, 학교로부터 비난받았다고 느꼈던 극우파 소년들에 관한 연구에 실제로 나와 있다.

그러면 '무관용zero-tolerance'이란 무엇인가? 이 개념은 미국에서 학교 내 무기에 대한 무관용과 「학교구역총기휴대금지법Gun-Free School Zones Act」에 의해 1994년부터 본격적으로 사용되기 시작했다. 그러나 지금은 인종주의와 괴롭힘bullying에 대해 더 많이 적용되고 있다. 그러나 그 개념과 수반되는 정책을 왠지 역겹거나 달갑지 않은 모든 것, 예컨대 욕설 같은 것에 적용하는 데는 문제가 있으며, 더욱 선택적으로 적용할 필요가 있다. 틀림없이 어떤 학교건 학생이나 교직원의 신체적 안전을 위협하는 그 무엇도 관용하지 않을 것이다. 괴롭힘이나 최근의 사이버 폭력처럼 정신건강을 위협하는 어떠한 행위도 관용하지 않을 것이다. 하지만 인종주의적 태도는 그 자체로 해롭지는 않다. 무관용이 적용되는 경우는 인종주의적 견해를 가진 사람이 그러한 견해의 직접적인 결과로서 다른 사람에게 피해를 입히려고 행동할 때이다. 그렇지 않다면, 대화를 위해 그리고 사회에 널려 있는 다양한 견해들을 갈무리하기 위해, 인종주의적 견해가 관용될 수 있으며 이용될 수조차 있다.

고등교육 수준에 관해서는, 토머스와 바르(Thomas and Bahr, 2008)의 글 「신앙과 이성Faith and Reason」에 흥미로운 논의가 있는데, 이 글에서 저자들은 미국인의 공적 생활에서 종교의 역할 변화에 대한 고등교육의 역할과 책임을 고찰했다. 그들은 학생들이 자기 신앙에 근거해 의무의 면제를 요구하는 경우가 있음을 밝히는 데 그치지 않고, 종교가 교육과정에 공식적으로 올라가 있든 아니든 간에, 대학 캠퍼스에 어떤 모습으로 나타나는지 밝혔다.

교수들이 '자유주의적'이거나 세속적 견해에 편향되었다고 간주되는 행위를 했다고 학생들이 교수진을 세뇌와 차별 혐의로 고발한다. 학부모와 입법자들은 그들의 종교적 견해를 모욕하는 과제물이나 학문적 프로그램을 문제 삼는다. 교수가 말한 수업 외의 발언을 학생 블로그에 올린다. 종교와 연계된 고등학교들이 '하나님'의 말씀을 과학보다 중시하는 교재를 사용하는 과목에 학점을 인정하도록 강요하기 위해 대학들을 고소한다. 그리고 '독실한 종교적 신념'과 수치스러운 변명을 구별하는 데 관심을 두고 있다 .

저자들이 지적하듯, 이는 학원 자유의 문제다. 즉 누가 가르칠 수 있는가, 무엇을 가르쳐야 하는가, 대학시설은 어떻게 사용되는가, 그리고 누가 결정하는가에 관한 문제다. 그들은 묻는다. 학생이 자신의 종교를 자유로이 실천할 수 있는 권리를 인용하며 특정 교재로 공부하기를 거부하면 무슨 일이 벌어지겠는가? 대학은 역사 수업의 일환으로 요한계시록을 가르친 교수에게 어떻게 대응해야 하는가? 만일 학생이 종교적 이유를 내세우며 다른 수업에 참여하기를 거부한다면 교수는 어떻게 해야 하는가? 토머스와 바르는 학원 자유의 한계를 제시했다. 교수들은 학생을 이용하거나 강제할 수 없으며, 차별할 수도 없다. 그리고 그들은 적합한 능력을 갖추어야 한다.

지리 교사는 이스라엘의 존재를 부정할 수 없다. …… 교수들은 논쟁적이거나 고답적인 질문을 던질 수 있다. 그리고 도발적인 교수법을 쓸 수도 있다. 그러나 그들은 선을 넘거나 세뇌시킬 수는 없다. 학생들은 모욕당하지 않을 권리를 부여받지는 않았다. 그렇지만 그들은 굴욕당하거나 희롱당하지 않을 권리는 부여받았다.

마지막 문장이 핵심적이다. 내가 만일 당신의 말에 모욕을 느낀다면, 그것은 내 문제인가, 당신 문제인가? 그리고 나는, 정치 지도자나 종교 지도자 혹은 어떤 운동에 대한 비판에서 간접적으로 모욕을 느꼈다고 할 권리를 가지고 있는가? 종종 중복되긴 하는데, '나는 모욕당했다'와 '이것은 모욕적이다'가 똑같이 거론되고 있다. 학교에서의 모욕을 상세히 고찰하기 전에, 실제적인 법적 견해를 간략하게라도 검토하는 것이 타당할 것이다.

표현의 자유와 관련한 법적 기반과 인권

모든 사람은 간섭받지 않고 의견을 가질 자유를 포함해 의견과 표현의 자유에 대한 권리를 가진다고 규정한 세계인권선언 제19조와 같은 국제협약의 다양한 조항으로부터 많은 법적 연구가 이루어졌다. 문제는 언제나, 이것이 안전하게 살 권리와 '모멸적인 대우' 혹은 '명예와 명성에 대한 공격'을 받지 않을 권리와 모순될 수 있다는 것이다. 비록 아직은 모든 나라에서 국가 수준의 입법 또는 교육 관련 입법으로 뒷받침되고 있지는 않더라도, 아이들은 자신에게 영향을 주는 일에 대해 의견을 표현할 권리가 있다(유엔아동인권협약 제12조).

커뮤니케이션 권리에 제한을 가해야 할 때 논쟁은 일어나게 된다. 박시의 견해에 의하면, 참여할 권리와 의무는 표현의 자유가 있어야 성립하며, 이들 권리와 의무는 극히 드문 상황을 제외하고는 표현행위를 법률로 제재하지 않아야 할 (국가의 — 옮긴이) 의무를 필요로 한다.

이와 동시에, 참여에 내재된 윤리는, 국내외에서 벌어진 개인과 집단에 의한 극악무도한 대규모 인권침해에 대해 침묵하는 범죄를 금지하고 있다. …… 피의자 방어권의 경우처럼 묵비권이 바로 인권이 되는 상황을 제외하고는, 말할 권리에는 말하지 않을 권리도 포함되어 있다는 관념은 참여적 인권의 논리에 치명적인 타격을 준다(Baxi, 1998: 102~103).

그러므로 자유롭게 말할 권리는 듣고, 귀 기울이고, 반응해야 할 동등한 의무를 수반하기 마련이다.

디미트리예비치가 지적했듯이, 인권 관련 협약들이 허용하는 제한은 평화를 지키기 위해 사용되는 것이 아니라, 주로 국가 이익을 보호하기 위해 사용되고 있다 ─ 무질서를 예방하거나 기밀정보의 폭로를 방지한다는 명분으로.

이 같은 제한 명분들은, 국익에 반하는 행동을 한다고 비난받기 쉬운 평화 활동가들과 평화의 대의를 보호하기보다는 비밀 유지, 영토 보전, 그리고 영광과 명성을 내세우는 군부와 애국주의 단체에게 더 많은 보호막을 제공하는 것으로 보인다(Dimitrijevic, 1998: 55).

더 심각한 문제는 표현의 자유와 종교의 자유에 관한 것이다. 종교 비방과의 싸움Combating Defamation of Religions이라고 불리는 유엔 인권위원회 결의안에 관해 중대한 논쟁이 있었다. 이 결의안은 늘어나는 이슬람 혐오와 이슬람을 테러리즘과 연관시키는 사태에 직면해 이슬람국가기구OIC 가맹국들이 제안했는데, '이슬람 비방'으로 시작해서 종교 일반에 대한 비방으로 적용범위를 확대했다. 국제인도주의윤리연합HEU은 이 결의안이 "불필요하고, 하자가 있으며, 도덕적으로 옳지 않다"고 주장하고 있다. 종교의 자유가 모든 인간의 양도할 수 없는 권리이긴 하지만, 중요한 점은 이러한 자유들이 집단이 아니라 개인에게 주어졌다는 것이다. 권리의 주체는 종교가 아니라, 신자든 비신자든, 개인들이라는 사실이다.

더욱이 종교에 대한 모든 비판을 증오 발언으로 치부하는 것이 유행이 되었는데, 특히 이슬람의 경우가 그렇다. '이슬람 혐오'는 이슬람 비판과 무슬림에 대한 증오를 모두 포괄하는 용어로 사용되고 있다. 그것은 무슬림 지도자들이 이슬람 관습의 어떤 면 — 예컨대 간음한 여인을 돌로 쳐 죽이는 형벌 — 에 대해 정당한 우려를 표명하는 사람들조차 악령으로 몰아붙이기 위해 사용하는데, 그들은 이 같은 비판을 무슬림에 대한 증오와 동일시한다(IHEU, 2007: 3).

이 결의안을 통해 생겨난 일은, 결의안을 추진하고 있는 많은 나라에서 시행하는 신성모독법을 국제적으로, 그리고 다른 형태로, 적용하려는 시도들이다. 그것은 실제적으로 표현의 자유뿐 아니라 종교의 자유도 위협한다. 어떤 종교적 신념체계의 표현이 다른 종교를 비방하는 것으로, 그리고 배교背教로도 해석될 수 있기 때문이다. 종교의 자유는 실천할 권리에 관한 것이며, 한 사람의 종교적 감정이나 믿음이 도전받거나 비판받지 않을 권리를 포함하지 않는다. 이러한 종교의 자유가 실제로 종교개혁과 사회진보의 진수眞髓일 수 있다. 모욕당하지 않을 권리 혹은 자유는 없으므로, 앞서 살펴본 토머스와 바르의 주장이 옳다고 할 수 있다.

국제적인 법률가인 막심 그린버그도, 결의안은 자신의 종교를 선택하고 바꿀 수 있는 개인의 권리를 보호하지 않으며, 이슬람 이외의 종교에 대한 편견을 가르치거나 비방을 비판하지 못하는 국가 후원 교육 시스템을 막아내지는 못한다고 지적하고 있다. 인도는 결의안을 '반계몽주의적이고 이기주의적'이라고 간주했다(Grinberg, 2006: 5). 인종차별철폐 국제협약International Convention on the Elimination of All Forms of Racial Discrimination 제4조에서 모든 국가는 증오의 옹호뿐 아니라 인종적 우월의식이나 인종적 증오에 기초한 모든 사상과 인종주의 활동에 대한 지원을 금지하라고 이미 촉구하고 있다는 점에서도, 이 결의안은 불필요하다. 국제인도주의윤리연합은 "비판에 대한 처벌 위협과 국가의 권력을 필요로 하는 종교는 설득력과 도덕성을 상실하게 마련이라는, 더 심오한 도덕적 이슈가 있다"고 의미심장한 지적을 했다(IHEU, 2007: 5).

유럽인권재판소가, 터키의 쿠르드 정책을 비판하는 저술 활동을 해온 변호사에게 징역형을 선고한 터키 법원의 판결을 무효로 한 것은 뜻깊은 일이다. 터키 당국에 따르면, '쿠르드'와 '쿠르디스탄'이라는 단어가 들어간 간행물은 분리주의를 선전한 죄에 해당된다. 유럽인권재판소는, 명성 보호에 관한 유럽인권협약 제10조는 공공의 이익에 대한 정치적 표현이나 논쟁에는 적용되지 않는다고 인정했다. "재판소는 표현의 자유가 민주사회의 본질적인 토대의 하나라고 설명했다. 다른 사람을 모욕하고 충격이나 불안감을 주는 표현조차도 보호되는 것이다"(Grinberg, 2006: 9). 터키 당국은 쿠르드인들에 대한 정책에 대해 다른 시각이 있음을 알아야 할 공중의 권익을 충분히 고려하지 못해왔다. 이 책의 관점에서 보면, 경합하는 정보에 대한 권리는 절대주의적 사고방식을 깨뜨리는 데 중요한 요소이다.

이슬람의 이즈티하드ijtihad, 즉 독립적인 교리 추론의 전통을 되살리는 일(다음 장에서 더 논의하겠다)은, 개방적인 사상교환을 허용하기 위해서는 표현의 자유를 보장할 필요성이 있음을 말해주고 있다(Smock, 2004). 「2003년 아랍인간개발보고서」에서 자기검열이 역내 지식인들과 시민사회에 뿌리 깊은 양상이 되었다고 언급했는데, 이는 정부가 국가를 위협한다고 인지하는 개인이나 단체를 기소하고 침묵시키는 데 적용할 수 있게끔, 표현의 자유에 관한 법률이 모호하기 때문이다(Zaki, 2005). 이 요인은 게싱크(Gesink, 2006)가 "이즈티하드를 장려하는 지식인 문화와 위계적 권위를 수용하라는 관료의 요구 사이에 긴장이 존재한다"고 주장한 바를 뒷받침한다. 그렇지만 그린버그가 지적했듯이,

종교적 또는 사회적 규범에 대한 비판은 국제법에 부합하며, 특히 문명화된 행위규범에 반하는 규범을 비판할 때 더욱 그러하다. 흥미로운 것은, 정부나 공무원들에 대한 비판은 오류를 입증하기 어려운 가치판단에 기초하기 때문에 법규범상 명예훼손이 될 수 없다는 점이다.

한 가지 문제는 종교를 어떻게든 특별히 보호해야 한다고 울타리 치는 것이다. 폭력을 선동한 아부 함자에 대한 재판에서, 변호인단은 그의 설교에 사용된 모욕성 구절의 많은 부분이 쿠란에서 인용한 것이라고 — 정확하게 — 진술했다. 암묵적으로, 그들은 종교서적에 나오는 것이라면 죄를 물을 수 없다고 주장한 것이다. 종교에 대해, 차별이라는 면에서 반인종주의 및 반성차별주의와 동일하다는 변함없는 문제제기도 또한 있다. 그러나 결정적인 차이가 있는데, 독실한 신앙인은 자신의 신앙을 선택한다는 것이다. 우리는 자신의 피부색과 생물학적 성을 선택하지 않는다. 하지만 신앙인들은 이론상 내일 그 신앙을 떠날 수도 있다. 그들이 남아 있기를 선택한다면, 그리고 다른 종교의 칙령을 따르기로 선택한다면, 사람들은 그와 같은 선택을 비판하는 데 자유로워야 한다.

모 욕 주 고 받 기

그러면 이러한 법적인 틀이 모욕행위의 구성요건을 밝히는 데 도움이 되겠는가? 성희롱의 경우처럼, 무언가가 정말로 한 개인을 해치고 고통스럽게 했음을 증명할 수 있느냐가 중요하다. 그것도 일하거나 공부하는 데 지장을 줄 정도였느냐이다. 하지만 실제 벌어지는 일은, 사람들이 남을 대신하여 — 대체로 신, 때로는 모든 여성, 모든 소수민족, 모든 장애인 등 — 모욕을 주장하는 것이다. 만일에 신을 모욕한 것으로 여겨지면 신성모독이 된다.

바로 앞의 이 논점이 다른 모두를 아우르는 핵심, 즉 모욕을 주장하는 것과 개인적으로 굴욕당한 것의 구별이다. 교육하는 상황에서, 신앙의 불합리한 측면을 문제 삼는 "묘책은 학생들, 종교 일반, 또는 학생들이 관련된 종교를 폄하하지 않는 방식으로 문제제기를 하는 것이다"(Thomas and Bahr, 2008: 7). 이는 말처럼 쉽지 않다. 특히 학생들이, 덴마크 만화 사건의 경우처럼 그들의 하나님이나 성서를 조롱하거나 문제 삼을 때 개인적으로 굴욕감을 느낀다고 주장하면 어쩌겠는가. 이 대목에서 우리가 페미니스트로서 했음직한 일이 생각난다. 회의 때 여성에 대한 고정관념이 통용되거나 성차별적 언어가 사용되면 페미니스트는 "나는 그 발언/어법/가정에 의해 모욕당했다고 느낀다"라고 말했을 것이다. 즉 개인적인 것이 정치적인 것이며, 그 역도 성립한다. 사실 모욕에 관한 그와 같은 언설은 개인적인 것이 아니다. 그것은 실제로 "나는 나 자신뿐 아니라 여성 인류 전체를 대표한다. 그리고 나는 이 자리에서 다른 사람을 대표하여 분개하고 있는 것이다"라고 말하는 것이다. 이처럼 '화내는 것'은 전략적으로 매우 유용하다. 우리 중 많은 수가 회의를 따분해했고, 늘 성차별적인 어법에 솔깃해했으며, 분해서 발끈하기도 했지만, 문화는 점진적으로 변한다는 것을 — 물론 문서화된 지침과 정책 형태의 입법화와 더불어 — 우리는 알고 있었다. 그래서 달라지는 게 있는가? 나는 있다고 생각한다. 페미니스트로서 우리는 주로 배제 혹은 무의식적인 정형화에 반대하고 있었다. 우리는 젠더에 입각해 도전적인 의문들을 제기하는 데 반대하지 않았다. 오히려 여성이 전체적으로 안중眼中에 없다는 데 주로 반대했다. 그리고 우리 페미니스트들은 성차별적인 농담을 극복할 수 있었는데, 정반대되는 농담이 얼마든지 있었기 때문이다. 나는 『어리석은 남자들의 작은 책The Little Book of Stupid Men』이라는 멋진 책을 가지고 있는데, 이는 나의 남자 동료가 준 것이다.

왜 어리석은 남자들은 조각그림 맞추기를 단 6개월에 마쳤다고 그토록 흥분할까요? 그것은 포장 상자에 'From 2~4 years'라고 쓰여 있기 때문입니다.

어리석은 남자가 물에 빠져 죽지 않도록 어떻게 구해야 할까요? 그의 머리에서 발을 떼세요.

그러나 젠더의 관심사와 종교적 관심사의 비교는 정말 유용한데, 이를테면 애매한 사실fact과 믿음belief 사이에 명확한 선을 긋는 데 도움이 된다. 성별 불평등은 입증할 수 있다. 초자연적 현상에 대한 믿음은 입증할 수 없다. 그러므로 만약 어떤 사람이 자신이 믿는다고 밝힌 종교 때문에 취직이나 대학진학을 하지 못했다는 증거가 있다면, 성차별의 경우처럼 종교차별이라고 정당하게 주장할 수 있다. 그러나 어떤 사람이 자기와 다른 그 무엇을 믿고 그 믿음을 표현했다는 이유로 모욕이라고 주장하는 것은 정당하지 않다. 어떤 사람이 자기 자신이 행동하지 않는 방식으로 행동할지라도, 그것이 자신에게 해를 끼치지 않는다면 모욕이라고 주장하는 것은 정당하지 않다. 남자들이 축구시합에서 진지한 남성적 유대감을 갖기 원하여 응원가를 부르고 인사불성으로 취하더라도 괜찮다. 사람들이 기도하고 절하며 설교를 들으면서 일요일이나 금요일을 보내기 원하더라도 그 역시 괜찮다. 그들이 그러한 일을 하고 나는 그러지 않는다고 해서, 나란히 앉고 싶지 않다고 주장할 수 없다. 또는 어떤 남자들과 어떤 신자들이 때때로, 화요일이나 비오는 날에, 정해진 일을 한다는 이유로 모든 남자와 모든 신자를 거부할 수도 없다. 극단주의는, 자신과 다른 사람의 복잡한 신념과 행동양식을 각기 다른 부분으로 해체하여 그 복잡성과 내부모순을 이해하는 것을 불가능하게 한다. 그것은 극에 달한 정형화이다.

2004년 11월 《이코노미스트》지는 영화에 의한 이슬람 모욕을 막기 위해 신성모독법을 강화할 것인지 아니면 더 적극적으로 자유주의 가치를 내세울 것인지를 주제로 한 토론을 게재했다. 한 논객이 "당신이 무슬림 급진주의와 유화宥和할 수 있는 길은 없다. …… 만약 그 길로 내려간다면, 결국 슈퍼마켓에서 주류 판매를 금지하자는 데 이르게 될 것이다"라는 견해를 피력했다. 2007년 9

월《선데이타임스》가 보도했듯이 샌즈버리[4]는 주류 판매를 거부한 무슬림 계산대 직원에게 고객들의 술병 취급에서 손을 떼도록 허용했는데, 결과적으로 이를 예견한 셈이 되었다. 그들은 "계산대에서 어떤 음료와도 마주칠 때 손을 들면 동료가 일시적으로 계산대에 들어가 그들을 위해 바코드를 스캔해줄 것이라는 얘기를 들었다"(Foggo and Thompson, 2007). 그럼에도 일부 원로 이슬람 학자들은, 주류 판매를 거부한 무슬림들은 상점과의 합의를 어기는 것이며 그것은 '과도한 열성'이자 직업의식과 성숙함의 결여를 드러내는 것이라고 말하면서, 이런 관행을 비난했다. 똑같이 고무적인 것은, 《선데이타임스》가 '다음 손님'이라는 표지판을 '다음 이단자'로 바꿔들고 계산대 뒤에 서 있는 무슬림을 묘사하는 만화를 기사 옆에 게재할 수 있음을 느꼈다는 점이다.

만일 우리가 그러한 극단주의를 비웃을 수 있다면, 극단주의가 너무 진지하게 받아들여지거나 확산되지 않을 희망은 있다. 누구나 생각할 것이다, 다음은 뭐지? 돼지고기 판매를 거부하나? 할랄halal이 아니면 무엇이든? 베이컨 맛 감자칩? 그렇지만 이런 소동에 뒤이어, 영국의 일부 무슬림 의대생들이 알코올성 질환과 성병에 대한 시험문제가 그들의 종교적 신념을 모욕한다고 주장하며 시험 또는 수업을 거부했다는 기사가 보도되었다. 이는 알코올과 성행위에서 연유된 질환으로 고통 받는 환자들의 진료를 거부하거나, 특정한 성gender의 환자 진료를 거부하는 데까지 확대되었다. 영국의료위원회가 이를 지지하지 않았으며 영국무슬림협회와 무슬림의료인연합 또한 지지하지 않았지만, 이는 주목해야 할 동향이다.

우리 사회의 거의 모든 사람이 — 비종교인을 포함해 — 신앙은 유난히 모욕에 취약하므로, 인간이라면 누구나 다른 인간에게 표해야 하는 존중과는 비할 바 없이 비정상적으로 두꺼운 존중의 벽으로 보호되어야 한다는 가정을 받아들이

---

4) 영국의 4대 유통업체 중 하나며, 주로 대형마트 체인을 운영하고 있다.

고 있다. 널리 퍼져 있는 이 가정을 잘 알고 있는 도킨스가 더글러스 애덤스의
연설을 인용했다.

> 종교는 …… 그 심장부에 우리가 신성하다거나 성스럽다고 하는 어떤 개념을 가
> 지고 있다. 그 개념에는 '당신은 그에 관해 나쁘게 말해서는 안 된다. 그냥 그래서
> 는 안 된다. 왜 안 되냐고? 그냥 안 되기 때문이다!'라는 의미가 담겨 있다. 만일
> 누군가 당신이 동의하지 않는 정당에 투표한다면, 당신은 하고 싶은 만큼 자유롭
> 게 언쟁할 수 있다. 모든 사람이 자기주장을 펴겠지만 그로 인해 아무도 피해를
> 입지 않는다. 만일 누군가가 세금을 올려야 된다거나 내려야 된다고 생각한다면
> 자유롭게 언쟁할 수 있다. 그러나 누군가 "나는 토요일에 전등을 켜는 데 절대 동
> 의하지 않는다"고 말하면, 당신은 "나는 그 의견을 존중한다"고 말할 것이다
> (Dawkins, 2006: 20).

그렇지만 이런 존중이 얼마나 깊이가 있을까? 마크 스틸은 특히 실제로는
종교 증오를 계획적으로 조장하는 정부의 위선을 통렬하게 꼬집고 있다.

> 태도만 보면 이슬람을 조롱하여 무슬림의 마음을 뒤집어놓지 말라고 하는 것만
> 같다. 만일 누군가의 마음을 뒤집어놓길 원한다면, 알맞은 방법은 그들의 도시를
> 파괴하는 것이다 ― 증오를 불러일으키지 않을 정도로만. 당신이 그의 모스크에
> 크루즈 미사일을 발사하고 부상자에게 총격을 가한 이후에도, 신발 벗는 것을 잊
> 지 마라. 그렇지 않으면 당신은 그의 신앙을 모욕하는 것이다. 신노동당(토니 블
> 레어가 이끌던 노동당 ― 옮긴이)이 200년 전에 존재했다면, 그들에게 노예제는
> 자유기업의 본보기였으므로 노예제를 철폐하는 결정을 하지 않았을 것이다. 하
> 지만 '검둥이'라고 말하는 것을 허용하지 않는 법안을 발의하고 있었기 때문에 자
> 신들을 노예의 친구라고 선언했을 것이다. …… 이 분야의 문외한이라고 불러도

좋다. 그래도 나는, 만약 우리가 수많은 무슬림을 살해하는 것을 멈췄다면 무슬림은 화가 덜 났을 것이라고 말할 것이다(Steel, 2004: 39).

2006년 2월 덴마크 신문에 예언자 무함마드를 묘사한 12컷의 만화가 실린 것에 대한 반발은 모욕에 대한 반응이라는 점에서, 또한 정치적 이용이라는 점에서, 시금석이 되는 사건이다. 도킨스가 지적하듯이, 분개indignation는 덴마크에 살고 있는 소규모 무슬림 집단에 의해 면밀하고 체계적으로 이슬람세계 전체로 확대되어갔다. 이는 덴마크에서 피난처를 제공받은 두 명의 이맘이 주도했는데, 이 망명자들은 전 세계에 유포되어 있는 관련 자료 일체를 가지고 이집트로 갔다. 자료에는 덴마크에서 무슬림이 부당한 대우를 받는다는 허위정보와 해당 신문사를 정부가 운영한다는 '터무니없는 거짓말'이 들어 있었다. 결정적으로, 두 이맘은 12컷의 만화에다 덴마크와 확신히 관련 없는 출저 불명의 이미시 3컷을 덧붙였다. 광신적인 선동가들은 이 추가된 것들이 무함마드를 묘사한 것이라고 우겨댔는데, 만일 그렇다면 정말로 모욕적인 것이었다. 그중 하나는 턱수염을 기른 프랑스 남자가 모조 돼지코를 착용하고 시골 장터에서 돼지 비명 지르기 시합에 참가한 사진인데, 이는 예언자 무함마드, 이슬람, 덴마크와 아무 관계도 없는 것이다. 이상 모든 것들이 증오를 선동하는 데 이용되었다.

덴마크 시민들, 그리고 실제로, 대부분의 서구인이 신체적인 위협을 받았다. 파키스탄의 기독교 교회는 덴마크나 유럽과 아무 관련이 없는데도 불태워졌다. 리비아에서는 폭도들이 벵가지의 이탈리아 영사관을 방화해 9명이 살해되었다. 저메인 그리어가 썼듯이, "이 사람들이 정말로 사랑하고 잘하는 것은 아수라장이다"(Dawkins, 2006: 23).

무슬림들이 표명하는 이른바 '마음의 상처'와 진부한 반유대 만화를 언제라도 게재할 태세인 아랍 언론매체 간의 대조 역시 지적되어왔다. 파키스탄에서 덴마크 만화에 항의하는 시위에 참가한 검은 부르카를 입은 여인이 "신이여, 히틀러를 축복하소서!"라는 플래카드를 들고 있는 사진이 보도되었다. 그러나 이 못지않게 문제가 많은 것은, 극소수 무슬림의 이러한 행동들이 만화에 대해서나 『악마의 시The Satanic Verses』에 대해 별로 신경 쓰지 않는 대다수 무슬림에 대한 고정관념 형성에 작용한다는 점이다. 더할 나위 없이 좋은 대응은 《데일리 매시》의 또 다른 패러디 기사와 같은 풍자일 것이다.

악마의 시가 자살 폭탄 공격자를 잠들게 했다는 이 이야기는 살만 루시디는 물론 급진 이슬람주의자와 스코트레일을 모두 욕되게 할 수 있다. 그러나 인간의 부조리에 관한 진지한 메시지를 공평하게 담고 있다. 그런데 신자들에게조차 수수께끼 같고 비생산적으로 보이는 것은, '모욕당할' 정도로 허약하게 예언자 무함마드를 묘사하는 것이다. 어떤 사람은 그가 놀이터에서 모욕당한 아이처럼 반응하는 것으로 묘사하기보다는 이 모든 것을 초월한 존재로 생각하길 바란다. 강건함보다는 허약함을 나타내는 듯하기 때문이다. 한 카이로 학교의 교장은 "만일 우리의 신앙에 관해 자신감 있다면 우리는 그토록 병적으로 흥분해서 반응하지 않을 것이다"("이슬람과 표현의 자유 — 상호 몰이해, 상호 격분", 《이코노미스트》, 2006년 2월 11일자)라고 지적했다.

그래서 교실에서의 모욕에 관해 어떻게 이슈 제기를 할 것인가라는 면에서, 정확히 누가 모욕을 당했는지, 그들이 정신적으로나 신체적으로 실제 피해를 입었는지, 그리고 모욕당한 특정 집단의 얼마나 많은 사람이 피해를 대변하고 있다고 공언하는지에 초점을 두고 분석할 필요가 있다.

악마의 시가 자살 폭탄 공격자를 잠들게 하다

한 영국인 자살 폭탄 테러 미수범이 살만 루시디 경의 『악마의 시』를 읽다가 열차에서 잠에 떨어진 후, 자폭에 실패했다고 알려졌다.

32세의 모하메드 알 인세이니는 8월 4일 올드 컴노크Old Cumnock행 급행열차에 탑승했으며, 최근 살만에게 작위를 수여한 데 항의하여 클래크매넌셔 읍에 도착하면 즉시 자폭하기로 결심했다.

인세이니는 자신의 종교적 열정을 돋우고 끔찍한 행동을 감행할 용기를 얻으려는 의도로 살만 경의 문제작을 읽기 시작했다. 그러나 책장을 넘기던 도중에 꾸벅꾸벅 졸다가 목적지를 그만 지나쳐버렸다.

그리고 열차가 올드 컴노크 홀트Old Cumnock Halt 역에서 운행을 마쳤을 때 철도 보안원이 그를 깨워야 했다. 인세이니는 말했다. "내가 처음 깨어났을 때 나는 내 자신이 천국에 있다고 믿었다. 그러나 내가 볼 수 있었던 것은 72명의 처녀가 아니라 스코트레일의 제복을 입고 땀을 뻘뻘 흘리는 뚱뚱한 남자뿐이었다." 인세이니는 돌이켜보며, 『악마의 시』는 세상에서 가장 사악한 책이 아니라 "단지 늙은 개××의 허풍 덩어리이고, 솔직히 나는 무엇 때문에 그렇게 소란을 떠는지 알 수 없다"고 말했다.

테러 미수범과 마지막으로 맞닥뜨렸던 스코트레일의 철도보안원 짐 매케이는 알 인세이니의 행동을 보고 충격을 받아 공포에 떨었다고 했다.

그의 말은 이러했다. "테러리스트 녀석은 자기가 자폭해 우리 모두를 죽이려고 계획했었기 때문에 올드 컴노크까지 편도 승차권만 가지고 있다고 해명했다. 내가 당신이 자폭에 실패한 것은 정말 내 문제가 아니라고 말하고, 한 정류장 더 왔으니 3파운드 더 받아야겠다고 얘기했더니, 그는 심하게 욕지거리를 했다. 나는 정말이지 몹시 두려웠다."

(2007년 8월 30일자)

학교에서의 모욕 행위

학교에서 교사가 모욕 행위를 범하지 않는 것은 지뢰밭을 걷는 것과 다름없다. 2005년 《타임스》지 교육 특집 부록의 「신규 임용」 란에서, 빅토리아 노이마르크는 "당신은 모욕을 야기하지 않으려고 수업일 내내 발끝으로 걸어다닐 수 있는가?"라고 물었다. 그녀는 기사에서, 신임 교사들이 잘 '의식'하도록 돕기 위해, 여러 종교가 금기시하고 제약을 부과하는 모든 영역을 일목요연하게 제시했다. 조례와 축일, 텔레비전과 영화, 드라마, 댄스, 음악, 컴퓨터, 미술, 진화론, 수영, 성교육, 월경, 신체접촉과 정숙함, 음식과 응급구조……. 나는 이 엄청나게 많은 것들이 수업일 전체를 삼켜버리지는 않을까 생각했다. '여호와의 증인' 신도들은 진화론을 배우지 않는 것은 물론이고, 생일도 지내지 않으며, 성경에 나오지 않는 축일, 예를 들어 가이포크스Guy Fawkes 또는 추수감사절(나는 성경에 나오는 것이라고 생각했지만, 내가 모를 수도 있다) 같은 축일은 지키지 않는다. 그들은 성탄절과 부활절까지도 이교도적이라고 지키지 않으니, 디왈리Diwali(힌두교 축제 — 옮긴이) 같은 다른 종교의 축제는 말할 것도 없다. 성탄절과 성탄 연극은 아마도 많은 집단들의 눈살을 찌푸리게 할 터인즉, 어느 해인가 버밍엄 시의회가 어처구니없는 '겨울축제'로 성탄절을 대신하려고 시도하기도 했다. 비록 국가교육과정에 음악이 들어 있긴 하지만, 이슬람의 일부 종파에 의해 금지될 수도 있다. 그래서 토론이 필요하다.

나는 이런 민감함에 관해 상반되는 두 가지 생각을 가지고 있다. 한편으로, 노이마르크의 기사는 신임 교사들에게뿐 아니라 학생들과 학부모들이 일부 수업내용과 방식에 대해 왜 거부감을 보이는지 이해하는 데 매우 유용하다. 다른 한편으로, 종교는 '모욕을 야기'하니 특별대우를 해야 한다고 특권을 주는 이유는 무엇인가? 인권에 대한 나의 신념이나 가치체계가 훼손되었다면, 예를 들어 수업시간에 화장실 가는 게 허용되지 않아 내 아이의 존엄성이 부정되었다면,

나는 마찬가지로 모욕을 주장할 수 있는 것이다. 수업시간은 일부 학교에서 여실히 보여주듯이, 아동 인권을 침해하는 일로 가득 차 있을 수 있다(6장 참조).

그리고 학교는 예컨대 성교육에서 알 권리와 건강권을 이른바 문화적 권리 존중과 어떻게 균형을 이루게 하는가? 학교는 비록 온건한 신자들이 극단주의적이라고 여기는 것일지라도, 모든 종교적 견해를 수긍해야 하는가? 예를 들어 특정 종교의 인물이 나오는 교과서는 모두 거부하거나 여성이 월경기간에는 '불결하다'고 간주하는 견해까지 말이다. 이런 견해는 여성의 인권을 부정하고 예속을 재생산하는 것으로 보인다. '월경'이라는 제목하에 노이마르크는 "만일 학생들이 이성異性 옆에 앉기를 거부한다면, 강요하지 마라"고 주의를 주었다. 이 무슨 소리인가? 소년이 불결한 여성 옆에 앉으면 더럽혀진다는 말인가? 이런 종류의 접근은 단순한 퇴보가 아니라 양성평등에 심각한 타격을 가하는 것이다. 학교는 어떤 종류의 민감성 혹은 배타성이 해롭지 않은지, 그리고 실제로 분열을 심화하고, 성별 불평등을 재생산하며, 학생들의 교육과정 접근과 그에 따른 기회를 부정하는 것은 무엇인지에 관해 의사결정을 해야만 한다.

미셸 베르타니는 이탈리아의 이슬람에 관한 글에서, 두 명의 무슬림 학생이 교실에서 십자가를 떼어내라고 제기한 소송사건을 기술했다. 이탈리아에서는 모든 공공시설에 십자가를 달아놓는 것이 의무화되어 있다. 이 탄원은 타당하다고 인정받았지만 대중은 이에 격렬히 항의했다.

흥미롭게도, 수년 전에 무신론자나 비가톨릭 학생들이 다니는 교실에서 십자가를 떼어내 달라는 비슷한 신청이 법원에 제출된 바 있다. 그러나 2003년 10월 '십자가의 위기' 때와 같은 격렬한 항의와 공개토론회는 벌어지지 않았다(Bertani, 2004: 103).

이 책을 쓰는 나의 입장은, 자기가 좋아하는 것 ─ '토끼 발' 부적5) 혹은 체 게바라 사진 등 — 을 내걸 수는 있지만 그에 관해 이야기할 준비가 되어 있어야 한다는 것이다. 중요한 점은, 위 사건에서 모든 무슬림이 소송제기와 판결을 지지하지 않았다는 것이다. 베르타니는 유럽에서 권위 있는 위치에 있는 무슬림 두 사람의 견해를 인용했다.

교실에서의 크리스마스 경축에 관한 논란이나 십자가는 문제가 아니다. 그리고 나는 내 아이가 학교에 갈 때는 그것이 아무런 문제도 일으키지 않을 것이라고 생각한다. 왜냐하면 나는 크리스마스의 의미가 무엇이고 십자가가 우리의 기독교인 형제들에게 무엇을 표상하는지를 그녀에게 설명할 것이기 때문이다(모하메드 구에르피, 베로나 이슬람협의회 이맘).

십자가를 떼어내라는 요구에 대해 어떻게 생각하냐고? 이런 계획 때문에 나는 당혹스럽고 경악하는데, 그것이 이탈리아인의 전통과 신앙에 대한 존중심이 없다는 것을 보여주기 때문이다. 더욱이, 지나치게 민감하고 쉽게 상처받는 무슬림들을 위한 일종의 종교적 공간을 만들려는 것은 어리석은 생각이다(다릴 부바커, 프랑스 무슬림협의회 회장 겸 파리 모스크 주관자).

토머스와 바르(Thomas and Bahr, 2008)는, 대학에서의 종교 문제에 관심 있는 일군의 교육자들이 '종교와 공적 생활에 대한 윙스프레드 선언Wingspread Declaration on Religion and Public Life: Engaging Higher Education'(2006)이라는 권고문을 발표했다고 말했다. 중심 메시지의 하나는 고등교육기관들이 절대로 갈등을 회피하지 말아야 한다는 것이다. 나는 이것이 초중등학교에도 역시 해당된다고 본다. 여기에는 이미 확립된 세계관에 얽매이지 않는 '이성적인 탐구' 원칙에 관

----

5) 켈트족의 성인식 전통에서 유래했다는 행운의 상징물이며, 부적으로 애용되고 있다.

한 참으로 까다로운 논쟁점이 담겨 있다. 수업 이외에 기도실과 개별상담 등을 요구하는 데 응해주는 것은 괜찮다. 그런데 수업에서 종교적인 견해에 응해주는 것은 지적인 엄격함을 결여하는 것일까? 이는 비교종교론을 가르치는 문제를 제기한다.

종교학 교수들은 다양한 종교적 관점과 반종교적 관점들을 이해하고 공감하기 위해서는, 믿음과 불신을 모두 접어두라고 수십 년 동안 학생들에게 요구해왔다. 교수들 자신도 교실에 들어가기 전에 개인 신앙을 내려놓는 훈련을 받았다.

그러면 평가는 어떻게 하는가? 한 사람이 뭔가를 이해하고, 이해했음을 시험에서 입증할 수 있는가, 언젠가는 그것이 진실이라고 믿지 않을 텐데도? 사린 번스(Burns, 2006)는 이 방법들은 '변화하지 않고 배우는' 일종의 면허장을 만들어내면서 '인지부조화'를 감소시킨다고 지적했다. 그러나 문제는 학생들이 배우기를 원한다면 인지부조화를 발생시키는 것이 실제적으로 필요하다는 것이다. 토머스와 바르는 "변화하지 않고 배우는 것이 정말 가능한가?"라고 묻는다. 우리는 학생들이 기후변화에 관해 또는 사회와 정치에 관해 배워서, 이런 문제에 대한 자신들의 입장과 책임을 평가해보기를 원한다. 그리고 우리는 이런 학습이 변혁적이기를 희망한다. 하지만 "어떤 분과학문(예: 환경과학)에 대한 교육이 변혁적일 것이라고 가정하는 것이 옳은가? 그렇다 하더라도 종교교육은 교화indoctrination로 간주될 것이므로 변혁적일 수 없는 것 아닌가?"

내 견해로는, 인지부조화는 종교에 관해서든 그 밖의 다른 것에 관해서든 학습에서 본질적이다. 자기가 안다고 생각하는 것을 새로운 다른 정보나 생각과 비교해보는 것이 교육의 본질이며, 바로 교육이 하고자 하는 바이다. 실제 학습은 모두 변화 ─ 지식기반의 확장이나 이동, 또는 주어진 가정에 대한 의문 제기 ─ 에 관한 것임을 아는 데는, 근접발달영역zone of proximal development의 뉘앙스를 이해하거나 골수 구성주의자일 것까지는 없다. 나는 교사나 강사가 교실에 들어가기 전에 자신의 종교적 또는 정치적 가치관을 반드시 '내려놓아야' 한다고 생각하지 않는다. 그들은 삶의 다른 영역 — 건강한 식생활, 시간엄수, 예의바름, 교육 자체의 가치 — 에서는 그렇게 하지 않는데, 이 영역들에서는 교사들이 어떤 가치관을 장려할 수 있고 또 그래야 한다고 해서 문제 삼는 사람이 없다. 이런 의미에서, 학교는 끝없이 그리고 일상적으로 '교화'시킨다. 핵심은 정직성과 투명성이다. 교사는 그들이 신봉하는 것을 드러내 보일 수 있지만, "그리고 이는 너희들 역시 신봉해야 하는 것이다"라고 말할 수는 없다. 이것은 설교자들이 하는 일이다. 그리고 설교자들은 불가피하게 자신의 개인적인 신념을 다른 사람의 신념에 대립시키는 일을 해야 한다. 그러나 교사는 "이제 훈족의 아틸라 말도 들어보자"는 원칙에 따라 모든 사상에게 평등한 공간을 만들어주되, 모든 것에서 '균형'을 일일이 찾아야 할 필요는 없다.

우려되는 바는, 교사들이 여하튼 영향력 있는 역할 모델로 비쳐진다는 것이다. 대부분의 교사들은 (내가 알기로), '내가 그렇게 힘이 있었단 말인가!'라고 한탄한다. 우리는 자살 폭탄 공격자와 극단주의자에 대한 연구로부터 그들이 절대주의적인 신념을 갖기에 이른 여정旅程은 점진적이며, 보통의 공립학교에서 수업하는 종교교육을 통해서나 영국국민당에게 투표하겠다는 것을 교사가 허락한다고 해서 일어나지 않는다는 것을 알았다. 가장 중요한 교육자다운 역할은 교사들이 어떤 것을 — 무엇이든 — 옳다고 생각하고 자신의 입장을 기꺼이 개진하면서 비판 가능성을 열어두는 것이다.

많은 나라의 학교교육 시스템에서, 학생들은 어쨌든 인지부조화를 겪는다. 일종의 포괄위험담보정책에 따라, 시험을 치르기 위해 입장을 수정하지만 좋은 성적을 위해서는 신에게 기도한다. 이는 사회적 가치가 분화되고 있는 '프리즘 사회', '전통과 근대의 융합'(Harber and Davies, 2000)이라고 일컬어진다. 나는 스리랑카의 《데일리뉴스》지에 '시험을 앞두고 하는 기도'라는 제목으로 실린 시라니의 편지를 소중하게 간수하고 있다.

오, 쿠페르티노의 성 요셉이시여, 오직 당신이 아는 문제에만 답하도록 하나님의 은총을 받아오신 분이시여, 제가 보는 시험에서도 당신처럼 성공하도록 저를 위해 하나님의 은총을 받아주소서. 저는 당신의 이름을 유명하게 하고 당신께 하나님의 가호가 있게 할 것임을 약속드립니다. 쿠페르티노의 성 요셉이 우리를 위해 기도한다(세 차례). 그것이 실패했다고 알려진 적은 한 번도 없다(2007년 5월 18일자, p.8).

공교롭게도 이 글은 부고 기사 밑에 실렸다. 그래서 나는 시라니가 여전히 살아 있고 그녀가 시험을 잘 치렀기를 희망한다.

미디어와 메시지

유엔 안전보장이사회 결의안(1장 참조)에 다음 구절이 있다.

대화를 증진시키고 이해의 폭을 넓히려는 노력에서, 그리고 관용과 공존을 장려하고 테러리즘을 선동하기 쉽지 않은 환경을 조성하는 데에서, 미디어, 시민사회, 종교계, 경제계 및 교육기관의 역할이 막중함을 강조하는 바이다(2005: 결의안 1624호).

촘스키는 민주사회를 다음과 같이 정의했다.

대중이 어느 정도 의미 있는 방식으로 자신들의 문제를 처리하는 데 참여할 수단을 가지고 있고, 필요한 정보수단을 제약 없이 자유롭게 사용할 수 있는 그런 사회(Chomsky, 1997: 5).

이 진술들은 두 가지 의미를 함축하고 있다. 미디어의 기본적인 책임, 그리고 메시지를 해체 분석할 수 있는 독자의 능력. 그런데, 갈등사회에서 증오 미디어hate media가 민주주의와 평화에 타격을 가해왔다. 르완다에서 증오 라디오는 대량학살이 시작되는 데 핵심적인 역할을 했다(Gardner, 2002). 민간이 소유하고 정부가 운영하는 RTLM(후투족 라디오방송국 — 옮긴이)은 1993년 중반에 정권 및 보안군과 밀접하게 연계된 세력의 출자로 설립되었다. 대중가요를 통해 일정 청취자를 확보한 뒤, 정치 선전과 사형 집행영장을 방송했으며 투치족 살해를 선동했다. 심지어 죽여야 할 사람의 명단을 방송에서 읽어주기도 했다. 르완다 국제형사재판소6)의 소송은, 특정 미디어의 편집자와 경영진들이 방송 내용에 대해 책임이 있다는 판결을 내렸을 뿐 아니라, 마치 미디어의 지도자들이 '직접 칼을 휘둘렀던 것'처럼 증오 선전의 결과에 대해서도 책임을 물었다는 면에서 유례없는 일이었다(McKinnon, 2004: 325). 후투족이 운영한 미디어는 투치족을 '위선자, 도둑놈, 살인자'이며 또한 '본질적으로 악'이라고 묘사했다. 그리고 후투족에 대한 투치족(소수종족 — 옮긴이)의 종족적 우위를 촉진하기 위해, 투치족 여성들이 고의적으로 후투족 남성들을 성적으로 유혹해 '간통'했다는 혐의를 뒤집어 씌웠다. 르완다 국제형사재판소는 이러한 발언을 '비난받는 집단에 속한 사람들의 존엄성을 파괴하고 …… 그들을 인간 이하로 취급한[했던] 인종차별적인 공격'이라고 평했다(McKinnon, 2004: 328).

나는 앞서 언급한 종교에 대한 (그릇된) 명예훼손 주장과 실제적인 대량학살 선동을 구별하는 것이 가능하다고 생각한다. 유사하게, '피의 명예훼손' 비난이

6) 1994년 르완다 대학살 사건을 다루기 위해 세워진 임시 국제사법기구.

일부 아랍 신문들에서 눈에 띈다. 예컨대 유대인들이, 희생제의 형태로, 사람들 특히 어린이를 죽이고 그들의 피를 신비주의적 의례에 사용한다는 잘못된 주장이 그것이다. 2002년 사우디아라비아 정부기관지는 "유대교 성서인 토라 Torah는 유대인들에게 인간의 피로 반죽한 페이스트리를 먹어서 그들의 기쁨을 증거하라고 요구한다"고 주장하며, 유대인을 아랍인의 피로 과자를 굽는 흡혈귀라고 묘사했다. 사우디가 후원하는 반유대주의 책자는 이제 영국의 모스크와 서점에서도 갈수록 늘어나고 있다(Vallely, 2007). 2000년에는 팔레스타인군의 법무관이 알자지라 방송에서, 아무런 제지도 받지 않고, "유대인과의 평화는 있을 수 없다. 그들은 유월절과 부림절 휴일에 아랍인의 피를 빨아 사용하기 때문이다"라고 말했다(Grinberg, 2006에서 재인용). 이 대목에서 표현의 자유에 정말로 의문이 생기는데, 미디어 ─ 적어도 자유언론 ─ 의 책임은 이러한 견해를 마냥 억누르는 것이 아니라 문제제기를 하고 증거를 요구하며 대안적 견해를 제시하는 것이다.

발칸 지역에서 나토NATO 평화유지군과 세르비아의 강경파들이 보스니아의 스릅스카 자치공화국 텔레비전 방송국에 대한 통제권을 두고 대결했던 일은, 갈등 상황에서 방송이 얼마나 가치가 클 수 있는지 잘 보여주고 있다. 물론 적의 통신선을 파괴하려는 활동도 행해졌다. 이라크 상황에 대해 미국의 선전과 다른 견해를 방송하던 알자지라와 아부다비 텔레비전 방송국을, 해방과 언론자유를 위한 것이라며 미국이 폭격한 것은 아이러니다(Nelles, 2003).

책임은 대안적 견해와 정확성 모두에 관한 것이다. 헨셔(Hensher, 2005)는 망명 신청자들이 야생 백조를 잡아먹는다는 기사를 아무 증거도 없이 보도한 영국의 한 신문이 언론의 권위를 실추시키고 있다고 말하는 것이 마땅하다고 생각했다.

마찬가지로, 아프리카의 가톨릭교회가 책임을 구실로 아무런 의학적 증거 없이 콘돔 사용이 에이즈 감염 예방에 소용없다는 거짓말을 유포하는 데 대해 우리는 개탄하지 않을 수 없다. 이러한 단체는 자기 목소리의 무게를 고려하고 자유롭게 말할 권리를 책임 있게 행사해야 할 의무가 있다(Hensher, 2005: 6).

그런데 책임져야 할 것이 무엇인지를 누가 결정하는가? 문제는 표현의 자유에 대한 법적 제한을 '당국'이 결정한다는 것이다. "책임은 정부, 교회, 태양왕 루이 14세, 스페인 종교재판, 그리고 당연히 폭군 이반(러시아의 이반 4세 — 옮긴이)의 눈에 달려 있다."

하크는 그래서 "미디어가 이슬람극단주의, 근본주의, 테러리즘 같은 용어를 사용하는 것을 멈춰야 하며, 그렇지 않으면 다른 집단에게도 역시 일관되게 적용해야 한다"(Haque, 2004: 13~14)고 말했다. 비록 모든 집단을 그렇게 낙인찍을 수 있다고 확신할 수는 없지만, 이는 타당한 지적이다. 코미디언이자 불교도인 샌디 폭스가 즐겨 쓰는 농담이 하나 있다. "불교도의 데모는 악몽이었다. 만여 명의 불교도가 이렇게 외친 것이다. '우리가 원하는 게 무엇인가?' '공(空)!' '언제 그것을 원하는가?' '……(침묵)'." 하지만 아이들이 소위 '대변인'이라는 사람들의 대표성에 관해 심사숙고하는 것이 중요하다. 이탈리아의 이슬람에 관한 글에서, 베르타니는 텔레비전에 단골로 출연하는 소수의 급진적인 이슬람 지도자들에 관해 언급했다. 그들은 미디어가 이슬람에 대해 아는 것이 없고 시청자 요구에 부응할 필요가 있다는 점을 이용하는 것으로 보인다. "그들은 무슬림 인구 중 소수민을 대표하지만, 미디어 덕분에 전체 무슬림 공동체를 대표하는 것처럼 보인다. 최근에 이들 중 한 명이 교황에게 이슬람으로 개종하라고 청했다. 그러는 사이 또 다른 지도자가 오사마 빈 라덴의 서방세계에 대한 견해를 지지한다고 천명했다." 이슬람의 주류는 이와 같은 의견표명을 종종 비판해왔지만, 뉴스 가치가 있다고 간주되는 것은 급진적인 견해들이었다. 스톤의 「이슬람 혐오 보고서, 2004」에 잘 나와 있듯이, 미디어는 확실히 이슬람 혐오의 출현에 일정 부분 책임이 있다.

미디어 교육은 또한 폭력에 대한 담론과 정당화—특히 정치인에 의한—를 분석하는 것과 관련 있다. 그레이(Gray, 2007)가 지적하듯이, 토니 블레어는 6년의 재임기간 동안 영국을 다섯 번이나 전쟁으로 끌고 갔다. 매번 전쟁은 '인도주의적 개입'이라는 형태를 취했다. 이는 발칸 지역과 시에라리온에서는 일부 타당성이 있었다. 아프가니스탄의 경우는 모호했으며, 이라크의 경우에는 일구이언을 했다. 그는 이 군사행동을 '국제사회의 원칙'이라는 말로 정당화했는데, 터무니없게 주권국가가 사라져가고 있었다. 소위 '불량국가'는 무력행사의 표적이 되어야겠지만, 그것은 단지 위협을 제압하기 위해서가 아니라 인간 조건을 개선하기 위한 것이어야 한다. 그래서 블레어가 말한 것이, "우리의 가치들[불특정한]은 지키기 위해 싸울 만한 것이다. 그것들은 인류의 진보를 표상한다. 천만세에 걸쳐 단계마다 우리는 그것들을 위해 싸웠고 또 지켜왔다. 새 시대가 손짓을 하는 이때, 우리는 다시금 그것들을 위해 싸워야 한다"는 것이었다. 2007년 1월, 그는 "테러리즘은 진보를 파괴한다. 테러리즘은 군사적 수단 하나만으로 물리칠 수는 없다. 하지만 군사적 수단 없이는 물리칠 수도 없다"고 말했다.

따라서 미디어의 그럴듯한 왜곡과 선전을 분석하기 위해서, 그리고 반대로 탐사저널리즘과 언론 및 비판의 자유에서 미디어가 얼마나 중요한지를 인식하기 위해서 비판적인 미디어 리터러시가 매우 중요하다. 공적인 목소리의 일부라는 것은 정치인에게 위험이자 기회다. 극단주의의 정당화를 분석할 때 우리는 진실과 신화를 살펴봐야 한다. 소문과 왜곡된 정보의 힘은 실로 막대하다. 아프리카 대호수 지역(우간다, 르완다, 부룬디, 콩고 동부 등—옮긴이)의 갈등에서 교육의 과정들이 하는 역할에 대한 린제이 버드의 보고서(2006)에는, 소문과 험담에 대한 그리고 무엇이 혹은 누가 '믿을 만한지'에 대한 중요한 내용이 담겨 있다. 이와 유사하게, 한 교훈적인 보고서는 잘못된 정보에 의해 갈등이 촉발된 인도네시아 암본에서 벌어진 종교 간 갈등에 대해 기술하고 있다 (Poerwawidagdo, 2002). 수세기 동안 기독교인과 무슬림이 평화롭게 공존해왔는데, 두 청소년의 다툼이 급속히 집단적인 갈등으로 비화되어 수백 명이 죽고 많은 재산이 파괴되었다. 두려움과 방어적 폭력을 유발하려고 의도적으로 퍼트린, 공격이 임박했다는 소문으로 갈등이 더욱 가열된 것이다.

정치 엘리트 또는 군부가 허위정보를 고의적으로 이용할 수 있으며, 두려움은 강한 증폭효과를 가지고 있다. 마이클 피셔(Fisher, 2007)가 '두려움의 문화와 교육'에 관해 주석을 단 문헌목록을 편찬했는데, 이에 따르면 두려움의 문화가 문제의 크기를 제대로 보지 못하게 방해한다. 집단의 취약성이란 두려움에 의해 선제공격을 하기 쉬운 성향을 의미할 수도 있다. 바로 그 두려움으로, 미국이 영국의 지원을 받아 이라크에 대한 선제공격을 감행하게 되었음이 분명하다. 아주 작은 (허위)정보 — the 45 minute strike[7] — 의 힘은 대규모 침공을 일으키고 정당화하기에 충분하다.

우리가 해야 할 질문은 평화에 관한 소문을 어떻게 유포할 것인가이다. 두려움이 행복함보다 그렇게나 강력하다는 말인가? 민족 간 폭력을 보도하는 것이 더 큰 폭력을 일으키게 하는가? 사회와 공동체의 평화를 위해 정보 제공을 보류하는 것이 도덕적으로 올바르고 윤리적으로 적절한지가 쟁점이 된다.

그래서 누가 역사와 기억을 통제하느냐가 갈등의 핵심 요인이다. 민족성 ethnicity을 대중 동원 장치로 이용하는 데 열중하는 정치 지도자들은 '상상의 공동체'(Anderson, 1983)를 이용해 상당한 영향력을 휘두른다. 이러한 민족성 위주의 정치는 현대 정보통신기술로부터 큰 도움을 받고 있다. 그것은,

---

7) 2003년 영국 의회에서 이라크 전쟁 참전 여부를 표결하기 바로 전날, 《선Sun》지가 "Brits 45 mins from doom"이란 제목의 조작 기사를 1면 헤드라인으로 보도했는데, 45분 내에 키프로스에 있는 영국인 관광객들과 영국군이 이라크에서 발사한 세균전 미사일에 의해 전멸할 수 있다는 내용이 담겨 있다.

이제 민족 지도자들의 가장 원초적인 미사여구가 훨씬 광범위한 청중에게 전해질수 있게 되었다. 그것도 옛날의 부족 추장들이 꿈꿀 수 있던 것보다 한층 더 생생하게 말이다. 아주 오래된 편견이 가장 정교한 매체를 통해 전달된다. 마치 고대의 유혈 복수극을 가장 현대적인 무기를 가지고 벌이는 것과 같다(Bardhan, 1997: 79).

알카에다는 글로벌한 운동이라는 면에서, 다른 테러리즘 운동과 분명한 차이가 있다. 대부분의 테러리즘은 활동범위와 목표가 국가 수준 또는 권역 수준에 머무른다. 스페인 바스크 지방의 ETA, 얼스터의 IRA, 스리랑카의 타밀 타이거와 가자 지구의 PLO 같은 조직들은, 비록 자금을 전 세계에서 모금하긴 하지만, 하나 내지 두 개 국가에 기반을 두고 있다. 그레이(Gray, 2003)는 알카에다가 정보통신기술의 사용에서뿐 아니라 21세기 전쟁을 미디어 이미지의 전파를 핵심 전략으로 삼는 초대형 공연으로 이해하는 점에서도 본질적으로 현대적인 조직이라고 지적한다. 그들이 무슬림 국가들의 지지를 결집하기 위해 위성 텔레비전을 이용하는 것은 이런 전략의 일부다. 그들은 진정으로 글로벌한 다국적 조직이다. 그들은 신뢰의 유대관계를 이용해 확대가족 모델에 기초한 조직을 만들었다. 그들은 비공식 은행 시스템(하왈라hawala)을 많이 이용하는데, 이는 세계 어느 곳에서나 이용할 수 있으며 그 운영을 효과적으로 추적할 수도 없다.

미디어의 보도는 그래서 테러리즘에게 결정적인 요소다. 또한 유명 팝스타처럼 급진주의자에게도 모든 뉴스는 좋은 뉴스다. 후세인이 1990년대에 영국의 대학 캠퍼스에서 그들이 어떻게 돌풍을 일으켰는지 자세히 언급했는데, 지방 신문들과 전국 단위 미디어가 그들이 누구인지 알려주어 수백만 명의 새로운 사람들에게 손을 뻗칠 수 있었다고 한다. 많은 보도 분량이 대단히 중요하다는 점은 개의치 않았다. 그들은 자신들을 지도자로, 이교도의 공격에 맞서는 대변자로 여기는 아주 중요한 무슬림 지지층이 있다는 것을 알고 있었다. 그들의 논쟁 방식은 대립을 일삼는 것이었으며, 사람들을 격분하게 만들고 '개념들을 깨뜨리기' 위해 고안된 것이었다.

타리끄 알리(Ali, 2005: 19)가 『뉴욕서평New York Review of Books』에서 마크 대너의 글을 인용했다.

> 권력은 진실을 만들어낼 수 있다고들 한다. 권력이 결국에는 실체, 적어도 대부분의 사람들이 받아들이는 실체를 결정할 수는 있다. 정치적으로 가장 중요한 것은 《뉴욕타임스》의 독자들이 무엇을 믿느냐가 아니라 대다수 미국인들이 무엇을 믿고 싶어 하느냐라는 것임을 행정부가 아주 잘 인식하고 있다. 이는 결정적으로 중요한 점이다. 지난 세기의 권력과 진실에 관한 가장 혁신적인 권위자인 요제프 괴벨스는 똑같은 주장을 아주 직접적으로 했다. "지식인들의 생각을 바꾸려고 애쓸 필요가 없다. 지식인들은 결코 생각을 바꾸지는 않지만 어쨌든 늘 강자에게 굴복했다. '일반인들'도 언제나 그럴 것이다. 주장은 노골적이고, 명료하며, 설득력 있어야 한다. 그리고 지성이 아니라, 감정과 본능에 호소해야 한다. 진실은 중요하지 않으며, 전적으로 책략과 심리에 종속된다."

말하자면, 플라톤이 국가론에서 말했듯이 "이야기를 하는 사람이 사회를 지배한다".

미디어 이미지, 신문, TV 보도, 정부의 정보캠페인을 비판적으로 분석하는 것은 개인 수준이나 국가 수준에서 가장 본질적인 생존기술이다. 언론인은 '내용을 아는 당국자들'이 제공해준 정보에 미혹되지 않는 법을 배워왔다. 전前 유고슬라비아의 많은 기자들이, 그들은 때때로 유엔 방위군이 제공한 정보와 주장에 깜짝 놀랐는데, 나중에 사실과 다름이 판명되었다고 술회했다(Gardner, 2001). 하지만 학교에서 정치와 미디어를 읽어내는 능력이 언제나 언어 학습의 필수적인 요소로 여겨지는 것은 아니다. 브르치코에서 보스니아 - 헤르체고비나의 교육과정 일치사업에 종사하고 있던 교사들이 신문을 교재로 사용하기보다 문학과 언어 이해력의 안전함을 선호하고 있었으며, 이는 무엇이든 '정치적'이라고 보이는 것에서 위협을 느꼈기 때문으로 파악되었다. 교사 연수가 관건일 것이다. 논쟁적 이슈를 가르치고 담론을 분석할 수 있는 기량과 성향을 개발할 필요가 있다. 청과 제이콥(Cheng and Jacob, 2003)은 타이완의 한 초등학교 교사가 개발한 교수법 포트폴리오의 좋은 예를 보여주었다. 그는 미디어가 정보를 전파하는 데서 구사하는 다양한 역할—뉴스거리의 보도와 해설의 차이, 또는 검증 없이 CNN 보도 직접 인용 등—을 학생들이 숙고하게끔 돕기 위해 9·11 사례를 이용했다. 언어 분석은 미디어가 전하는 정보의 해석과 연관될 때 한층 더 중요한 형태를 갖추게 된다.

코르테스(Cortes, 2000)는 미디어 교육에 관한 유익한 저서에서, "학생들이 미디어를 통해 '타자성'에 관해 배운다는 불가피한 현실에 교사들이 진지하게 맞서지 않으면, 다양성에 관한 학교의 교육은 언제나 효과성 면에서 자기제약적일 것이다"라고 결론지었다(2000: xvii). 그는 '미디어 교과서'라는 개념을 사용한다. 미디어의 생산물(TV, 신문, 쇼 등)은 궁극적으로 공공의 교과서로 기능하며 가르친다는 것이다. 소비자들이 배우는지 어떤지는 별개의 문제이다. 그래서 다문화적 '의식화' 프로그램에 착수할 때마다, 우리는 학생들이 이미 배운 것이 무엇인지 알아낼 필요가 있다. 이는 "교육은 주로 우리가 이제껏 배우지 않은 데 있다"는 마크 트웨인의 말과 비슷하다. 〈라이언 킹〉[8]이 인종주의적인지 성차별주의적인지 동성애혐오적인지 등을 알기 위해서는 청소년들이 그것을 보고 무엇을 얻었는지 알아야 한다. 코르테스는 사회의 교육과정을 네 가지 유형으로 분류했다. 무매개적 교육과정(가정, 가족, 또래, 이웃), 제도적 교육과정(청년단체, 종교기관, 자발적 결사체), 우발적 교육과정(무작위적인 개인경험, 우

---

8) 디즈니가 1994년에 발표한 만화영화. 디즈니는 이분법적 세계관과 보수적 가치를 공공연히 드러내는 것으로 정평이 나 있다.

연한 상호작용, 해외여행), 그리고 미디어 교육과정이 그것이다. 2차 세계대전 당시 미국 정부는 미디어에게 전시동원을 지원하라고 요구했다. 그리하여 미디어는 적, 특히 일본인을 조롱하고 비인간적으로 묘사했다. 리벳공 로지Rosie the Riveter[9]는 정부의 호소에 부응해 공장 조립 라인에서 일하는 여성들의 상징이었는데, 전쟁이 끝난 후 신속하게 "뒤로 돌아!", 가정으로 돌아가서 자녀를 양육하고 일자리는 본래 임자에게 넘겨주라고 요구받았다.

코르테스는 교사들이 '다문화' 학습이 일어나고 있음을 인식하고, 그 패턴을 분석하여 다양한 시각을 준비하라고 요청했다. 다문화 교육 훈련을 위한 기법들에는 미디어 교육과정을 일지로 작성하기 — 학생들이 접한 다문화적 가르침과 자신들의 반응을 기록해두는 것, 대중매체가 다양성 관련 주제를 어떻게 다루었는지 일주일 단위로 분석해 일지로 작성하기, 학부모와 함께 활동하기, 미디어와 실제로 함께 일하기 — 홍보부서, 신문에 관심사 기고가 포함될 수 있다. 그리고 미디어 제작자를 학교에 초청하기 등. 한편 그는 과도하게 단순화된 전략들, 끝없는 고정관념 꼬리 달기 게임을 경계했다.

이 전략을, 영국의 극소수 모스크에서 발견된 '증오' 자료 — '지옥에 갈 여성' 색출뿐 아니라 배교자 처형, 간통혐의자 석살石殺, 이단자 혐오 등을 촉구하는 자료 — 에 관해 보도한 최근 신문기사에 적용해보면 흥미로울 것이다(Evans, 2007). 또한 증오 자료에 사용된 언어와 그것을 보도한 신문기사의 언어를 모두 검토하면 흥미로운 사실이 드러날 것이다.

BBC 투데이가 '탈급진화'에 관한 보도(2007년 11월 7일)에서, 축구와 그 밖의 통상적인 청년 활동이 이슬람주의 이데올로기에 노출되었을 청소년들을 묶어

---

9) 철판을 영구적으로 접합하는 데 사용하는 둥근 쇠못을 리벳rivet이라 하며, 그 작업자를 리벳공이라 한다. 1940년대 미국의 포스터에 등장한, 굵은 팔뚝을 내보이며 결의에 찬 표정으로 'We Can Do It!'이라고 말하는 여성 캐릭터이다. 1980년대에 여성운동의 아이콘으로 재발견되었다.

내기 위한 프로젝트에 어떻게 이용되고 있었는지 설명했다. 청소년들이 이슬람에 관해 알고 있는 것은 모두 지하드 전사의 DVD에서 얻은 것이었는데, 이 프로젝트에서는 동일한 자료가 선전을 반박하기 위해 사용되었다. 청소년들은 영화를 함께 관람했는데, 쿠란에서 잘못 이해한 점들을 부각시키고 DVD가 사람들을 격분시키기 위해 어떻게 감정에 작용했는지 보여주었다. 그 목적은 청소년들을 꼭두각시로 이용하려는 숨은 의제를 폭로하는 것과, 그들이 신봉하는 견해를 억누르는 대신에 함께 의견을 나누기 위함이었다.

메시지 전달의 다른 형식들도 유용하게 똑같이 취급할 수 있는데, 교과서를 예로 들어보자. 역사 교과서가 '적'을 어떻게 묘사하는지에 관한 이야기는 수없이 많지만, 여기서 일일이 열거할 필요는 없겠다(Davies, 2004). 분쟁 이후 민족주의적 요소들을 삭제하려고 시도하면 딜레마에 빠지게 된다. 단 하나의 예만 들어도 충분하다. 나는 보스니아 - 헤르체고비나에서 분쟁 당사자 모두의 역사책을 본 기억이 난다. 분노를 유발하는 구절들이 검게 지워져 있었는데, 당연히 사람들은 그 부분을 읽으려고 필사적으로 애쓰게 된다. 갤러웨이(Galloway, 2006)는 역사에 대한 자신들의 견해를 유지하려는 주州 당국자들의 얄팍한 속임수를 유엔이 저평가한 일에 관해 유익한 설명을 했다. 한 악명 높은 사례에서, 그들은 검은 펜이 없다고 주장하면서 학교의 모든 책에 있는 관련 구절을 부각시키려고 형광펜을 사용했으며, 유엔 당국자에게는 검은 펜이 조달될 때 …… 그 구절을 제거하기에 용이하게 하려는 것이었다고 강변했다.

사 이 버 공 간

출판물과 방송의 형식뿐 아니라 인터넷과 관련하여 미디어 교육이 특히 중요해졌다. 1990년대 후반, 사람들은 인터넷 사용의 함의에 대해 이미 심사숙고하고 있었다. 시모니데스는 이렇게 설명한다.

소아성애자들이 포르노를 유포하기 위해 그리고 인종주의, 외국인혐오와 폭력을
옹호하기 위해 인터넷을 이용하는 것은, 정보 및 표현의 자유의 한계에 관해 약간
의 윤리적·법적 문제를 제기한다. …… 인터넷이 신문과 매스미디어에 관한 법
률의 적용을 받아야 하나? 혹은 사신私信을 규율하는 법률에 의해 통제되어야 하
나? 사이버 공간은 사적 영역인가, 공적 영역인가? 국가의 통제와 검열은 정당화
되는가?(Symonides, 1998: 23)

시모니데스의 견해는 국가 검열과 예방적 통제는 필요하지 않다는 것이다.
표현과 정보의 자유가 인터넷의 지도원리guiding principle가 되어야 한다. "이것이
문화적·언어적 다원주의와 다양성을 가장 효과적으로 보장한다. 그러므로 정
보의 자유로운 흐름을 온전하게 지키고 옹호해야 한다." 나는 이 견해에 강력
히 동의한다. 오직 실천의 수준에서만. 인터넷을 단속하는 것은 거의 불가능하
다. 청소년들은 학교 건물 안에서든 밖에서든, 정치성향의 블로그뿐 아니라 지
하드 사이트, 심지어 폭발물제조 사이트에도 손쉽게 접속할 수 있다. 이는 학
교가 해야 할 일이 학생들을 자극적인 자료로부터 보호하려고 애쓰는 것이라
기보다는 인터넷에서 읽은 자료를 분석하는 기량을 키우게 하는 것임을 의미
한다. 청소년들이 극단주의자들의 주장, 언어습관, 논리 그리고 제시된 주장의
출처를 알아차리는 것 역시 결정적으로 중요하나. 그것은 메시지를 받아들이
는 측면에서뿐 아니라, 첨단 기술을 이용해 금융시장, 공항과 발전소를 교란시
키는 사이버 테러리즘 자체를 실행하는 측면에서도 그러하다(Gray, 2003).

웹과 사이버 공간은 니치niche별로 통제되며, 사람들은 특정한 사이트로 향
해 간다. 어떤 사이트들은 민주적이고 평화를 증진하는 것일 수 있다, 이를테
면 중동시민의회, 그리고 유대계 이스라엘인, 아랍계 이스라엘인, 팔레스타인

인, 요르단인 사이의 대화에 관여하는 사이버 평화프로젝트 등이 있는데, 집단 간 대화기법을 이용하고 있다. 유럽안보협력기구의 민주제도 및 인권문제사무소가 운영하는 TANDIS(관용과 차별에 관한 정보시스템) 같은 사이트들은 유용한 정보원천이 될 수 있다. 그러나 일부 웹 사이트는 ― 예컨대 증오 기반 사이트와 음모 사이트 ― 극단화의 원인을 제공하고 편협성을 조장하기도 한다. 수백 개의 증오 사이트를 목록에 올리고 모니터하는 증오 사이트 명부라는 소중한 웹 사이트도 있다(www.bcpl.net/~rfrankli/hatedir.pdf). 배낭폭탄 불발로 실패에 그친 자폭테러리스트 중 한 명은, 7·21 테러 미수범들이 이라크 전쟁에 관한 영화에서 "특히 영국과 미국의 병사들이 여자와 어린이들을 살해하고 몰살시키는 장면······ 과부, 어머니와 딸들이 울부짖는 장면"을 보고는 격분하여 공격을 감행하게 되었다고 심문관에게 진술했다.

> 서구 미디어가 자신들의 시민에게 붙이는 가격표 ― 미소 짓는 얼굴 사진, 친구들과 가족이 회상하는 친근한 일상 ― 와, 부시와 블레어가 멀리 떨어진 곳에서 내린 명령에 의해 고문이나 폭격, 총격으로 죽어간 신원미상의 무수한 시신들에 붙이는 가격표 사이의 대조는 가혹하리만큼 극명하다. 분노를 부채질한 것은 바로 이것이다(Ali, 2005: 52).

영국의 M15(정보기관 ― 옮긴이)는 그들이 '자생적 급진주의자 아이들'이라고 부른 집단에 대해 우려하고 있다. 이들은 15세 정도의 청소년이며, 알카에다 조직원은 아니지만 인터넷상의 이미지에 고무되어 스스로 공격을 감행하는데 이데올로기보다는 감정적인 자극에 의해 움직인다(Evans, 2007). 이들은 극단적인 사례이긴 하지만, 베일리는 스펙트럼의 반대쪽 끝을 지적했다. 인터넷, 비디오테이프를 가지고, 지금 무슬림들은 성직자 훈련을 받은 상류계급에 속한 학자들이 독점했던 성서를 공부하고 있다. "그 결과, 이슬람 성서의 여러 가지 요소들이 조립되어진 맥락에 대해 이해하지 않고 종종 문자 그대로 성서를 읽는 극도로 개인주의적인 신학이 출현했다." 다음 장에서 성서를 보다 비판적으로 독해하는 형태의 대항 움직임을 논의하겠지만, 인터넷이 사람들을 개체화하고 소외시키는 동시에 '공동체'를 창조하는 힘은 주목할 만하다.

유 머 와 풍 자

이 장에서 마침내 자유사회에서 미디어가 하는 핵심 역할의 하나, 즉 풍자를 다루게 되었다. 이 절에서는 모욕을 주는 것과, 해롭지 않거나 필요한 조롱에 가담하는 것 사이의 희미한 경계선 위로 위험을 무릅쓰고 가볼 것이다. 영화 〈브라이언의 인생Life of Brian〉에 경탄할 만한 장면이 나온다. 예수가 나병환자를 치유하자, 그는 자신의 생계수단인 구걸을 할 수 없게 되었다고 노발대발하고는 침울하게 "빌어먹을 사회사업가do-gooder"라고 말했다. 종교적 증오 선동을 금지하려는 영국의 입법 제안에 반대하는 운동에 종교 지도자들과 코미디언들이 앞장섰다는 것은 의미심장한 일이다, 뮤지컬 〈제리 스프링어 ─ 오페라Jerry Springer, the Opera〉10)의 공동작가인 스튜어트 리는 기독교 근본주의자들로부터 살해 협박을 받았다. 그의 견해인즉, "종교적 신념을 공격하는 것은 코미디언의 의무다. 사물의 탄성한계를 탐침으로 시험하듯이, 사실보다 믿음에 기초한 신념체계도 시험해볼 필요가 있기 때문이다"(《인디펜던트》 일요판, 2004년 12월 5일, p.3)라는 것이었다.

10) 미국의 TV 토크쇼 〈제리 스프링어 쇼〉를 각색한 풍자 뮤지컬이다. 기저귀 찬 예수가 등장해 자신이 동성애자라고 고백하는 장면이 나오는 등 엽기적인 내용으로 커다란 사회적 파장을 일으켰지만 런던 웨스트엔드에서 흥행에 크게 성공했으며, 2005년에는 BBC가 방영하여 신성모독 논란이 벌어지기도 했다.

매킨타이어는 풍자야말로 건강한 민주주의의 증표이며, "우리의 지도자들에게 그들이 스스로 기름 부음 받은 자가 아님을 일깨워주는, 오만함에 대한 일침"이라고 역설했다. 그는 "모든 농담은 자그마한 혁명이다. 위신을 깎아내리고 세력가를 권좌에서 끌어내리는 일은 무엇이든, 되도록이면 한 방 먹이는 게, 재미있다"는 조지 오웰의 말을 인용했다(Macintyre, 2005). 유머는 가식假飾을 유효하게 공격할 수 있다.

그리고 예수께서 그들에게 물으셨다.

"그러면 너희는 나를 누구라고 하느냐?"

그들이 대답했다.

"종말론적으로는 저희를 심판하러 오신 하나님의 현현顯現이시며, 존재론적으로는 저희의 참된 자아가 드러내지는 맥락의 반석盤石이십니다."

그러자 예수께서 대답하셨다. "뭐라고??"

오사마 빈 라덴은 유머놀이의 단골 소재가 되었다. 품위 없고 깐죽거리는 조크가 9·11 이후 등장하기 시작했다. 이는 테러 압박감에 대한 자연스러운 반응이자 두려움에 맞서는 자그마한 혁명이다. 뛰어난 무슬림 여성 코미디언인 샤지아 미르자는 "내 이름은 샤지아 미르자입니다. 아무튼 제 조종사 면허증에 그렇게 적혀 있네요……"라고 말문을 열며 공연한 적이 있다.

역경에도 불구하고 웃음을 자아내는 능력, 즉 블랙유머는 강력한 저항도구다. 이 책의 서두에서 인용한 패러디 기사를 게재했던 《데일리 매시》의 공동 편집자인 폴 스토크스는 이렇게 말했다. "덕분에, [글래스고 공항에서] 공격을 받아 죽은 사람이 없긴 했지만, 사람들은 몇 시간 지나지 않아 웃으면서 농담을 주고받을 수 있었다. 우리는 이 사람들[공격자] 때문에 공포에 떨어야 마땅했지만, 솔직하게 말해 그들은 하나의 농담거리였다"(Lister, 2007에서 재인용). 여기서 유머는 세 가지 기능을 가지고 있다. 사기를 앙양시키고, 죽음 자체가 아니라 그로부터 야기되는 공포를 주된 목적으로 하는 테러리즘에 대해 과도한 중요성을 부여하지 않으며, 그리고 테러리스트를 웃음거리로 만든다. 몇몇 풍자 기사들은 그 소재가 의사라는 점에서, 그것도 영국 국민보건서비스National Health Service: NHS의 '실패한 공포 캠페인'의 중요한 요소인 실패한 의사라는 점에서, 세간의 비상한 주목을 끌었다. 'NHS의 테러리스트들은 좋은 의도를 가진 선량한 사람들이며, 그들은 매우 어려운 상황에서 자신과 공공성을 잿더미로 만들려고 최선을 다하고 있다. 그러나 분명한 것은 그들이 민간 부문의 경험을 필요로 한다는 점이다. NHS의 광기에는 너무나 많은 관료적 형식주의와 서식 작성이 연루되어 있다. 우리는 그런 일들을 파키스탄에 있는 콜센터에 외주 용역을 주고, 테러리스트 의사들이 테러리스트 의사 본연의 일을 하게 할 것이다' (www.thedailymash.co.kr). 이 기사는 한 방에, 테러리즘 자체뿐 아니라 민영화 이데올로기에 대해서도 일격을 가하고 있다.

그러나 폭군들과 테러리스트들은 유머를 밟고 서서 자신을 고매하게 하려고 애쓴다. 후세인은 자신이 속한 이슬람주의 집단은 그 어떤 사소한 일도 논의한 적이 없다고 이야기했다. "우리는 진지해야 했다. 우리는 무슬림 공동체의 지도자들이다." 반反나치 유머가 독일에서 사형까지 받을 수 있게 되자, 아니나 다를까 독일 밖에서는 널리 회자되었다. 북한에서의 풍자는, 공산주의 국가는 공식적으로 완벽하므로 풍자할 거리가 공식적으로 없다는 단순한 이유로 금지되고 있다. "폭정이 끝나가는 죄조 싱후는 총소리가 아니라 경멸하는 웃음소리의 잔잔한 파문과 함께 온다"(Macintyre, 2005). 프랑스 대혁명 전야에, 절대군주는 상스럽고 가혹한 풍자에 의해 철저하게 허물어졌다. 충격과 공포 Shock and Awe 작전 중(2003년 ― 옮긴이) 사담 후세인을 폭격하려는 시도가 실패한 지 몇 시간 지나지 않아, 바그다드의 카페에서 유머 하나가 나돌아 다니고 있었다. "공격에 뒤이어, 이라크의 정보부 장관이 사담의 대역들을 모두 회의에 소집해 그들에게 말했다. '좋은 소식은 우리의 경애하는 지도자가 생존하셨으니, 당신들 모두 여전히 일자리를 갖게 되었다는 것이다. 나쁜 소식은 그가 한쪽 팔을 잃었다는 것이다.'" 매킨타이어가 지적하듯이, 낄낄거리는 웃음소리는 칼보다 강하다.

한편, 우리는 정치풍자가 필요하기도 하고 중요하다는 데에는 전적으로 동의하겠지만, 종교 지도자들을 풍자하는 것은 엄청난 논쟁을 유발한다. 신자들에게 종교 지도자는 자기 멋대로 정한 지도자가 아니라, 북한의 김정일처럼 완벽한 지도자이다. 그들에 관해 농담을 하는 것은 종교 혹은 체제 전체에 관해 농담하는 것이다. 만약 그들이 전능하다면 왜 농담을 받아들이지 못하는지 당혹스럽다. 그럼에도 모욕의 완전한 개념과 그것이 언제 필요하고 언제 불필요한지를 논의하는 것은 유머 교육의 중요한 요소일 것이다.

2005년 영국에서 '폭소 심판'이라는 경연대회가 있었는데, 풍자적인 기독교인 웹 사이트 'ShipofFools.com'으로 응모한 종교적 농담 700여 개에 4,000명 이상이 투표를 했다. 목적은 가장 재미있는 10개와 가장 모욕적인 10개를 선정하는 것이었다. 가장 모욕적인 10개는 기독교에 관한 것이었는데, 소아성애 취향의 성직자들이 많이 등장하고 한 군데에는 히틀러가 등장한다. 농담에는 대부분 성적인 소재도 들어 있다. 경연대회는 정부의 새로운 종교증오금지법안의 잠재적 문제점을 부각시키기 위해 시작되었다. 그 법안은, 앞서 언급했듯이 세속주의자와 코미디언만 강력히 반대한 게 아니라 종교 지도자들 역시 초교파적으로 반대했다. 코미디언이 이 법에 의해 기소되어야 할까? 경연대회 운영자들은 "어떤 종교적 신념을 조롱하고 부조리한 종교 관행을 비판하며 종교인을 모욕하는 것이 구약시대의 선지자들에게는 삶의 방식이었다. 그것은 자유라기보다 책임이다"(Gledhill, 2005에서 재인용)라고 지적했다.

나는 풍자를 책임이라고 여기는 생각을 좋아한다. 풍자는 터무니없는 일을 분별해내고 그것들을 극단으로 가져감으로써 비틀린 논리를 조롱하는 것이다.

예를 들면 동물권리보호 극단주의자들은 의인화 논리를 사용한다. 양계장 안에 하루 종일 갇혀 있고 싶은 사람은 없을 것이다. 나 역시 하루 종일 몸을 구부리고서 모이를 쪼아 먹고 싶지 않다고 대답할 것이다. 우리는 인간의 두뇌를 닭의 두뇌로 투영해서는 안 된다. 당신이 악어보다 결코 한 수 위일 수 없는 것은, 당신이 도망치려고 나무 위로 기어 올라간다면 악어는 당신이 지쳐서 떨어지거나 배고파 내려올 때까지 나무 밑에서 한없이 기다릴 것이기 때문이다. 분명히 악어는 뇌가 호두알 만하며, 그래서 결코 지루해하지 않는다. 빈야방가 와이나이나(Wainaina, 2006)는 문예잡지 《그란타Granta》에 「아프리카에 관해 어떻게 쓸 것인가」라는 뛰어난 풍자작품을 썼다.

언제나 아프리카를 마치 한 나라인 것처럼 논하면서 …… 세밀한 묘사로 늪에 빠지지 마라. 아프리카는 크다. 54개 국, 9억 명의 사람들이 굶주리고, 죽어가고, 전쟁하고, 당신들 책을 읽으려고 이민 가고 …… 슬프며 꼭 그렇게 예상했었다는 논조를 취하라. 당신들의 자유주의는 흠잡을 데 없음을, 그리고 …… 당신들이 얼마나 아프리카를 사랑하는지를 처음부터 밝혀라. 아프리카는 동정, 숭배 혹은 지배의 대상이다. 어떤 관점을 택하든, 당신들의 개입과 당신들의 책이 없으면 아프리카는 파멸할 것이라는 강한 인상을 반드시 남겨주어야 한다.

인간들은 정형화하여 묘사해야 하긴 하지만, 동물들은 반대로,

전인격적이고 복잡한 개체로 다루어야 한다. 그들은 말을 한다(혹은 그들의 갈기를 자랑스럽게 젖히면서 꿀꿀거린다). 그리고 이름, 야망, 욕구를 가지고 있다. 그들 역시 가족 가치를 가지고 있다. 사자가 새끼들을 어떻게 가르치는지 보았는가? 코끼리는 배려심이 많으며, 훌륭한 페미니스트이거나 위엄 있는 가장이다. 코끼리는 사람들의 재산을 공격하고, 작물을 짓밟고 심지어 사람들을 죽일 수도 있다.

어느 쪽이든지 코끼리 편을 들어라.

따라서 극단주의적인 메시지의 분석에는 인간에 대한 과잉 단순화와 동물에 대한 과소 단순화가 모두 포함될 것이다.

풍자의 설득력 있는 형식은 유추다. 리처드 도킨스의 훌륭한 논문에 중독성이 강한 마약인 '게린오일' — 학명은 게리니올Geriniol(알아차리지 못했겠지만, 애너그램anagram이다)11) — 에 대한 설명이 나온다. 그에 따르면, 게린오일은 신경체계에 직접 작용해 다양한 특유의 증상, 종종 반사회적이거나 자해적인 증상이 생겨나게 한다. 만일 게린오일을 어린 시절에 만성적으로 투약한다면 뇌에 영구적인 손상을 입혀 다루기 어려운 위험한 망상증을 비롯한 각종 성인장애를 초래할 수도 있다.

9월 11일에 운이 다한 항공기 네 대는 모두 게린오일 환각 체험을 했다. 19명의 납치범 모두가 그즈음 이 마약에 취해 있었다. 게린오일은 뉴잉글랜드 세일럼에서의 마녀사냥, 종교재판에 의한 남미원주민 학살, 중세 유럽의 전쟁들, 그리고 소규모의 아일랜드 전쟁에 기름을 끼얹은 바 있다. 게린오일 중독은 예전에 멀쩡했던 사람들을 정상적인 삶에서 벗어나 폐쇄된 공동체, 유폐된 독신생활에 빠지게 몰아가며, 또한 그 밖의 것들, 특히 동성애를 금지함은 물론이고 성행위를 일체 금지하는 데까지 몰아갈 수 있다. 그것은 환각, 환청을 유발할 수 있다. 그러나 그런 사람이 지도자로 숭배된다. 지도자의 '피를 마시고 살을 먹는' 식인 환상 같은 기이한 사이키델릭 아트(환각상태를 재현한 음악, 미술 등 — 옮긴이)가 있다. 게린오일 중독자들이 허공에 대고 말하거나 혼잣말로 중얼거리는 소리를 누군가는 들을 수 있다. 그렇게 표현한 개인적인 소망은, 심지어 물리법칙에 다소 위배

---

11) Geriniol은 Religion의 철자 순서를 바꾸어 만든 애너그램 용어이다.

되더라도, 실현될 것이라는 믿음을 가지고 있는 것이 분명하다. 대부분의 마약과 마찬가지로 저단위의 정제된 게린오일은 대체로 해롭지 않으며 결혼식, 장례식, 국가기념일 같은 날에 사회적 윤활제의 역할을 하기까지 한다. 그러나 더 중독적인 형태로 함량 단위를 높이면 위험인자가 될 수 있는지에 관해서는 전문가들의 견해가 엇갈린다. 그것은 신체 불구, 특히 생식기 불구를 초래할 수 있다. 당신은 이와 같이 잠재적으로 위험한 마약을 처방약제 목록의 맨 위에 놓으려고 생각할 것이다. 그러나 그것은 어렵지 않게 손에 넣을 수 있고 처방전도 필요 없다. 판매자는 수없이 많고 위계적인 카르텔로 조직화되어 있다. 그리고 거리에서, 심지어 전용건물 안에서 새 고객과 거래를 트고 있다. 정부는 면세 지위를 인정해주고 있다. 더 심각한 것은 아이들을 낚으려는 명확한 의도를 가진 종교 학교에 보조금을 지급한다는 것이다(Dawkins, 2005: 16).

도킨스는 '발리[12]의 행복한 사람' 사진에 자극받아 이 논문을 쓰게 되었다고 말한다. 사진 속 그 사람은, 일면식도 없는 무고한 수많은 휴가객을 야만적으로 살해한 죄로 총살될 것이라는 소식에 기뻐서 어쩔 줄 모르고 환호했다. "그는 곧 '순교자'가 될 것이라는 데 기뻐 날뛰며, 게린오일 중독자들끼리만 통하는 독특한 은어를 사용하면서 허공을 향해 주먹을 흔들어댔다. 이렇게 한다는 것은, 정말이지 기꺼운 마음으로 총살집행을 손꼽아 기다리는 이 환희에 찬 미소는 마약 중독자의 미소이다." 도킨스는 그런 사람들을 악랄한 범죄자로 간주하는 것은 쉬운 일이라며, 문제가 생기지 않게 하려면 무엇보다 어른이 되어 정신적으로 나쁜 예후가 나타나는 마약에 아이들이 낚이지 않도록 보호해야 한다고 결론지었다.

이슬람권 내에서 풍자와 유머에 관한 특별한 논쟁이 벌어졌다. 이샤드 만지

----

12) 인도네시아의 발리에서, 2002년과 2005년에 대규모 폭탄테러가 일어났다.

는 가끔 '왜 사제, 랍비 그리고 물라mullah(이슬람 율법학자 ― 옮긴이)에 관한 농담은 없는가?'라는 질문을 받곤 했다. 그녀는 이렇게 설명했다.

이슬람에는 '지나친 웃음'을 금기시하는 대중적인 교리가 있다. 농담을 하지 말라는 것이다. 『문제와 해결』이라는 제목의 소책자에서 셰이크 무하메드 사리흐 알 무나지드가 그 교리를 간결하게 설명했다. "무슬림이라고 음울한 표정을 지어야 하는 것은 아니지만, 넘쳐나는 웃음소리는 우리 무슬림들이 우리의 도덕성과 독실함을 약화시키는 주문과 재치에 의해 조종되어왔음을 증명하는 것이다. 너무 시끄럽게 웃으면 반드시 불운이 뒤따를 것이라고, 애정 어린, 하지만 단호한 어조로 어느 새해 전야에 나에게 경고한 삼촌이 생각난다"(Manji, 2004: 33~34).

하지만 형상 표현 금지의 경우와 마찬가지로, 무슬림 세계는 종교를 비웃는데 익숙하지 않다는 주장에 반론을 제기할 수 있다. 타헤리(Taheri, 2006)는 살라피주의 운동의 무슬림형제단과 그 일파, 하마스, 이슬람 지하드, 알카에다로 무슬림 세계를 한정한다면, 그것은 사실이라고 주장한다. 유머가 없는 것은 바로 이 정치조직들이다. "이슬람을 유머 감각이 없는 음울한 문화로 묘사하려는 그들의 시도는 '자살 순교'를 모든 신자들의 가장 높은 목표라고 주장하는 담론의 중요한 요소이다." 타헤리는 이슬람은 늘 유머감각을 가지고 있었으며, 예언자 무함마드 자신이 그를 10여 년 동안 풍자해왔던 메카의 유명한 시인을 용서한 바 있다고 주장한다. 그는 이슬람의 문헌들에서 종교를 비웃은 사례를 다수 제시했다. 그리고 중요하게, 이슬람의 윤리는 '한계limits와 비례proportions'에 기초한다고 말했다. 즉 모욕적인 만화에 대한 대응은 만화로 해야지, 적으로 지목한 사람을 납치하거나 대사관을 불태우는 것은 아니라는 것이다. 그는 다음과 같은 중요한 지적을 했다.

이슬람은 연좌제를 거부한다. 모욕적이기를 의도했던 한 만화가의 저급한 취향을 이유로 무슬림들이 모든 서구인을 비난해서는 안 되듯이, 이슬람의 이름으로 '동원된 폭도'가 대사관을 침탈하는 광경에 몸서리친 사람들 역시 파쇼적인 에너지 분출을 이유로 모든 무슬림을 비난해서는 안 된다(Taheri, 2006: 3).

타헤리와 그 밖의 사람들이 샤지아 미르자의 독특한 유머 스타일을 '비례적'이라고 여겼는지 어떤지는 알려진 바 없다. 그녀는 메카에서 한 남자가 부적절하게 그녀의 몸을 만졌던 때를 이야기한 직후, 무대 위에서 세 명의 아시아 남자로부터 공격을 받은 적이 있다. "나는 내 엉덩이에 누군가 손을 대는 것을 느꼈다. 무시했다. 그리고 생각했다, '나는 메카에 있다. 그것은 틀림없이 하나님의 손일 것이다'라고. 하지만 또다시 손이 닿았다. 나는 항의하지 않았다. 분명히, 내 기도에 응답해주셨던 것이다."

물론 풍자와 조롱의 힘을 과대평가해서는 안 된다. 존 오파럴(O'Farrell, 2006)은 〈9시 뉴스 아님Not the Nine o'clock News〉13)이 스페인어로 번역되기 전까지는 중앙아메리카의 독재정권이 전복될 수 없었다는 독창적인 세계관을 가지고 정치적이고 풍자적인 저술을 해왔음에도, 1930년대 베를린의 카바레 쇼가 나치의 권력을 무너뜨려가는 데 실제로 무슨 일을 얼마나 했는지 확신하지 못한다고 했다. "1980년대 내내 정치 유머가 풍성했지만, 마거릿 대처도 잘나가지 않았는가? …… 우리는 사담의 비밀 풍자 프로그램을 조사하기 위해 이라크로 들어가는 유엔의 유머 사찰단을 결코 본 적이 없다." 그렇지만 물론 오파럴이 이런 설명을 풍자 없이 한 것은 아닐 것이다. 당국자들이 정치 코미디를 싫어하는데, 웃음소리와 함께 논쟁을 할 수는 없기 때문이다. "실제로 유머는 효과가

---

13) BBC에서 1979~1982년에 방송한 코미디 쇼이며, 뉴스 패러디 기법을 도입한 신랄한 풍자와 다채로운 촌극으로 큰 인기를 끌었다.

없다. 사실은 그것이 당시 우리의 정책이 아니었기 때문이다……"라고 말할 수는 없다.

> 훌륭한 유머는 말해지지 않은 진실을 터뜨릴 수 있으며, 전능한 대상을 그 밖의 우리와 똑같은 수준으로 끌어내릴 수 있다. 힘없는 사람들의 사기를 올리는 데 도움이 된다는 것은 두 말할 나위 없다(O'Farrell, 2006: 26).

국제사면위원회가 2006년 런던의 앨버트 홀에서 공연한 〈비밀경찰 무도회 The Secret Policeman's Ball〉[14]라는 코미디 쇼를 영리하게 이용한 것이, 몇몇 자원봉사자들이 착잡한 사례들을 읽어주는 것보다 훨씬 큰 영향을 주었다. 앨버트 홀이나 극장에서 혹은 DVD로 이 코미디 쇼를 본 사람들은 이후 국제사면위원회에 가입했다. 대중음악을 통해서도 같은 일이 이루어지고 있지만, 이 코미디 쇼는 이중=重의 메시지를 던져준다.

> 〈비밀경찰 무도회〉의 관객들은 틀림없이 그저 기분 좋게 웃으려고 봤을 것이다. 왜 아니겠는가? 그러나 이 같은 행사가 버마나 북한 같은 곳에서는 결코 있을 수 없음을 잠시만이라도 생각해보자. 그들은 우선 코미디언이 하고 있는 말을 이해하지 않을 것이다. 코미디와 음악은 표현의 자유를 앙양하고 해방시킨다. 단지 의견을 표명했다는 이유만으로 구금되었던 사람들의 석방을 축하하는 데 이보다 더 좋은 방법이 있을까?(O'Farrell, 2006: 28)

....
14) 국제사면위원회 영국지부가 모금공연을 위해 제작한 코미디 쇼.

결론 : 학교에 주는 시사점

학교에서 해야 할 일에 관해서는 두 수준에서 결론지을 수 있다. 정책 수준에서는 표현의 자유의 한계를 정하는 것, 그리고 교실 수준에서는 극단주의가 어떻게 표현되는지 아울러 어떻게 이의를 제기할 수 있는지를 분석하는 것. 이로부터 학교가 전략으로 채택할 수 있는 다섯 개 제안이 도출된다.

- ▶ '극단주의적인' 태도의 표현을 허용하기. 그래야만 그것들을 태도와 논리로 보고, 아울러 그런 태도를 가진 사람을 헐뜯지 않으면서 극단주의적인 태도에 대해 토론할 수 있다. 물론 사람들이 신체적으로나 심리적으로 해를 입지 않는 한계 내에서.
- ▶ 모욕의 본질과 어떤 경우에 모욕을 받아 마땅한지를 이해하고 토론하기. 표현의 자유에 대한 권리를 단지 모욕하기 위해 행사하는지 아니면 불의에 대항하거나 잘못을 지적하려고 행사하는지, 그 동기와 인권에 대한 분석이 필요하다.
- ▶ 모든 형태의 비판적인 미디어 분석과 담론 분석을 할 수 있는 역량 기르기. 여기에 사이버 공간과 그 이용실태에 대한 분석을 포함하는 것이 중요하다.
- ▶ 정치교육의 일부로서 풍자와 만화를 이해하고, 읽고, 만들어내기. 여기에는, 미디어에 독자적으로 접근할 수 있는 권력자를 풍자하는 것인지 아니면 자신의 목소리를 전달할 수단을 갖지 못한 사람들을 단지 농락하는 것인지, 권력과 책임의 문제가 포함된다.
- ▶ 수많은 웃음소리, 그리고 자유분방함 ― 물론 약자들이 희생되지 않는 한계 내에서.

6 장
비 판 적 이 상 주 의 를 지 향 하 며
: X v X 모 형

극단주의는 교육에서 극단적인 조치를 필요로 하는가?

나는 어설픈 모방이나 과도한 처방을 경계한다.

어느 멍청이들이 '극단적인 조치가 요구된다! 전자백파이프로 무장하라!'고 말했던가.

마지막 장의 목적은 지금까지의 논의를 모두 종합해 극단주의를 완화할 수 있는 교육적 접근방법을 찾는 것이다. 모든 저술가들은 궁극의 해결책을 제시하고 싶어 하기 마련이며, 나 역시 이 지점에서 딜레마에 빠진다. 진정, 극단주의는 우리가 보아왔듯이 인터넷 통신과 핵 능력의 결합으로 인해 새로운 국면에 접어들었다. 늘어나는 안보적·군사적 해법들은 그에 대처하는 데 언제나 효과적이었던 것은 아니며, 오히려 다른 논리를 가진 무정형한 운동에 대해서는 역효과가 클 수도 있다. 그러나 1장에서 다룬 일부 근본주의자들과 달리, 나는 세상에 종말이 온 것처럼 생각하지 않으며, 교육이 — 비록 모든 것을 해결할 수 있는 열쇠는 아니지만 — 극단화 과정을 차단할 수 있다고 생각한다. 교육은 장기적으로 우리가 가질 수 있는 가장 실행 가능한 해법 중 하나일 수 있다.

극단주의는 교육에서 극단적인 조치를 필요로 하는가? 나는 어설픈 모방이나 과도한 처방을 경계한다. 어느 멍청이들이 '극단적인 조치가 요구된다! 전

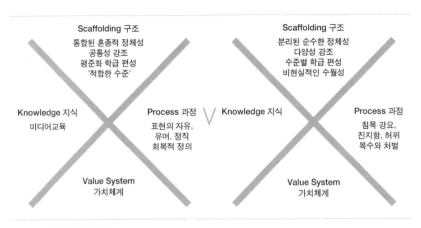

XvX : 지금까지의 모형

자 백파이프로 무장하라!'고 말했던가. 나는 전자 백파이프 해법을 내놓지는 않을 것이다. 하지만 생각해보면 …… 훨씬 덜 괴로운 제안을 할 것이다. 이것이 바로 내가 XvX 모형이라고 부르는, 학교교육의—그리고 사회의— 통상적인 모형과 대조되는 구성요소들로 이루어진 4분면 모형이다. 나는 이 말이 해독다이어트 10일 계획처럼 들리리라는 것을 안다. 하지만 다이어트에서 활성산소free radicals 제거는 어느 정도 효험이 있다.

4분면은 조직기반 혹은 구조, 가치기반, 지식기반 그리고 과정기반이다. 지금까지 모형의 상당 부분을 이미 다루었다. 학교 시스템에 대한 조직기반은 통합, 차이보다 공통성 강조, 혼종적 정체성hybrid identity 인정 그리고 학교교육이 경쟁기준과 선택의 자유에 과도하게 집착하는 것과 같은 다양한 분열 양상을 최소화하는 것이다. 과정기반 부분 역시 이미 논의했다. 가치기반과 밀접하게 연관된 활동방식, 표현의 자유, 정직성, 유머와 회복적 정의에 대한 강조가 그 것들이다. 지식기반에 관해서는 미디어 교육에 대한 논의만 이루어졌다. 이 마지막 장에서 나는 모형의 나머지 빈 부분, 지식기반에서 시작해 그다음엔 가치기반에 관한 논의를 추가하고 활동방식으로 되돌아가 마무리하고자 한다.

지 식 기 반

학생들이 극단주의와 그에 맞서는 근거에 관해 무엇을 알아야 할까? 여기서
는 세 측면을 논의하려 한다. 갈등에 관한 수업, 반테러 교육 및 정치교육.

갈등에 관한 수업

『글로벌 시민성 — 교사들과 학습자들의 요구Global Citizenship — the needs of teachers
and learners』(Davies et al., 2004)라는 연구에서 우리는 청소년들에게 글로벌 시민
성 교육에서 무엇을 원하는지 물었다. 한 가지 핵심적인 요구사항은, 역사적
맥락뿐 아니라 진행 중인 전쟁에 관해서도 더 많이 알아야겠다는 것이었다. 초
등학생과 중등학생 모두 전쟁이 일어난 이유, 증오가 생기는 이유, 그리고 왜
영국은 무기를 팔고 있는지를 알고 싶어 했다. 부시와 블레어를 '테러리스트'라
고 묘사한 팩션faction(사실과 허구가 섞인 작품 — 옮긴이)에 많은 사람들이 수긍했
다. 이 모든 것이 이라크 전쟁과 관련이 있었으며, 많은 학생이 자신이 원하는
정보와 해석에 관해 학교에서 제대로 배우지 못했다고 느꼈던 바와 연관된다.
교사들은 이슈를 정면으로 다루기를 꺼려했는데, 때로는 자신이 맡고 있는 다
문화적인 학급에서 감정을 격화시키는 게 두려웠기 때문에, 때로는 자신의 지
식 또는 헌신이 부족했기 때문에 그러했다. 일부 학교는 런던에서 무려 200만
명이 참여한 반전 행진에 참가했지만, 다른 학교들에서는 행진에 참가한 학생
들을 무단결석으로 처벌했다. 어떤 교장은 정말로 행진하는 것보다는 기도하
는 것이 더 낫다고 천명했다.

위 연구에서 최소한 두 가지 요구가 도출된다. 정치에 관한 지식과 정보의 충
족, 그리고 어떻게든 행동하려는 욕구. 위험회피적인 학교에서는 둘 다 문제가
많다. 적극적인 글로벌 시민성을 추구하기 위해 적극적인 학생들을 어떻게 용인

할 수 있을까, 그리고 어떤 대의명분을 지지하라고 권장할 수 있을까? 일부 학교
는 '적극적인' 것을 '정치화된' 신호로 받아들이고 있으며, 교화 내지 급진화에 대
해서 이해할 만한 우려를 가지고 있다.

그럼에도 이라크 전쟁과 동시대의 다른 분쟁들을 검토해가는 좋은 예들을
찾아볼 수 있다. 2003년, 한 교사는 매주 토론시간에 '숫자로 보는 뉴스'를 이용
했는데, 차트의 한 편에는 숫자를 적시하고 다른 편에는 '사실'을 적시했다.

871,000	이라크 전쟁이 발발하면 발생할 것으로 예상되는 난민 수
1,500만(£)	고든 브라운 재무장관이 이라크에 대한 군사행동 비용을 충당하기 위해 마련해야 하는 예산규모.

오늘날 이 수치가 형편없이 저평가된 것임을 고려하면 흥미로운 토론이 될
것이다. 이 다문화적인 학교는 학생들이 자기 의견을 카드에 써 붙여놓아 친구
들과 교사가 공유할 수 있도록 하는 전쟁 게시판도 고안했다. 또 다른 학교는
영국 교육과정개발원QCA이 만든 실습단원 「Work Unit 11: 왜 오늘날 세계는
평화를 유지하기가 그토록 어려운가?」의 교안(부록 참조 — 옮긴이)에 따른 수업
을 실시했다. 일부 학급에서는 망명 신청자 이슈까지도 다루었다. 학생들은 전
쟁과 관련된 이슈들을 조사했고 '분쟁으로 가는 길the Road to Conflict'이라는 연대
표를 만들어놓았다. 그들은 '영국은 참전해야만 하는가?'라는 쌍방향 차트를
완성하기 위해 인터넷과 신문을 이용하여 영국인들의 견해를 조사했다. 쿠벤
트리의 한 학교는 '코벤트리 평화의 달' 행사에 관여하게 되었다. 그리고 교사
들 역시 자신이 맡고 있는 난민 아동들이 겪은 대단히 충격적인 경험을 탐구하
고 그에 대응하는 방법을 찾기 위해 애쓰고 있었다. 학교는 홀로코스트 자료를
자주 이용하곤 했는데, 저학년에서는 발칸분쟁에 휩쓸린 한 소녀의 이야기인
『즐라타의 일기Zlata's Diary』 같은 책들을 이용했다. 이 모든 시도는 교육과정의

여러 분야에 걸쳐 전쟁과 분쟁을 다룰 수 있으며, 청소년들이 긍정적으로 반응한다는 것을 보여준다. 미디어와 언어 분석에 대한 시민교육에서의 성과물도 학생들이 여러 공동체와 민족들이 서로를 어떻게 보는지와 정부의 미사여구를 모두 고찰할 수 있는 능력을 가질 수 있게 한다.

그러나 '전쟁의 소용돌이'에 관한 수업은 극도의 신중함을 요한다. 9·11이 '가르침의 대상'이 되는가?(Nelles, 2003: 17) 벤 포라스(Ben-Porath, 2006)의 보고에 의하면, 미국 메인 주의 교육 책임자는 군인의 자녀들이 학교에서 반전 논평을 듣고 상처받았다는 불만을 접수하고는 전쟁이 시작되기도 전에, 곧 있을 이라크 침공에 관해 교실에서 함부로 언급하지 말라고 교사들에게 경고했다고 한다. 이와 유사하게, 미국에서의 여론조사 결과 많은 아이들이 테러리즘과 관련해 실제로 무슨 일이 벌어지고 있는지 혹은 그들과 가족들에게 나쁜 일이 일어날지에 관해 듣지 못하고 있다고 느낀 것으로 보고되었다고 에디스 킹은 말했다. "때때로 교사들은 침묵을 지켰다. 그리고 분쟁, 전쟁이 야기하는 죽음과 파괴, 자살 폭탄 공격자들과 군사행동에 관한 질문이나 토론을 권장하지 않았다"(King, 2006: 17). 킹은 이 침공과 일상적인 위기들에 관해 말하지 않고 아이들의 걱정에 귀 기울이지 않는 것이 그들을 보호하는 것은 아니라고 지적한다. 아마도 그 주제는 금기시된다고, 그리고 어른들은 무관심하다고 전달되었을 것이다. 아이들이 어떤 잘못된 이해나 근거 없는 두려움을 가지고 있는지 파악하는 것 역시 중요하다. 그리고 9·11 이후 미국과 영국에서 인종주의 사건이 증가한바, 교사들은 경각심을 가지고, 이슬람을 악마로 매도하는 것을 중지시키기 위한 적극적인 조치를 취하면서 그 사건들을 공개적으로 다룰 필요가 있다.

우리 연구(Davies et al., 2004)에서도 밝혔듯이 아이들은 누가 전쟁에 책임이 있는지 알고 싶어 한다. 책임의 이슈를 얼버무리는 경향이 있을 수 있다. 한 예로, 킹은 "지난 수십 년간 유니세프와 유네스코는 전쟁이야말로 아이들을 학대하는 가장 중요한 인자이며 수백만의 아이들이 전쟁에 희생되었다는 주장을 되풀이해왔다"고 말한다. 그녀가 주장하는 바는 알겠지만, 이는 전쟁을 일으키는 것은 바로 사람이라는 사실을, 그리고 누가 음으로 양으로 학대하고 있는지를 얼버무리고 넘어간다. 전쟁은 거의 자연발생적으로 또한 필연적으로 일어나는 어떤 현상으로 나타내서는 안 된다. 사람들은 전쟁을 일으키거나 지지하거나 혹은 묵인하는 결정을 하는데, 극단주의적인 행동을 하기 위해 그렇게 한다. 하지만 킹이 정확하게 — 그리고 서글프게 — 지적했듯이, 세계의 147개국이 대인지뢰를 금지하는 오타와 조약에 서명했으나, 전 세계에서 지뢰를 가장 많이 생산하고 사용해온 국가 중 하나인 미국은 하지 않았다. "테러리즘으로 인한 전 국민적인 이성 상실을 기화로 미국 의회는, 세계의 아동을 보호하기 위한 오타와 조약과 기타 인도주의적 법안을 비준하지 않았다."

따라서 분쟁과 테러의 시대에 비판적인 시민교육이 더더욱 중요해진다. 이는 민주주의의 안정성에 대한 위협 때문만이 아니라 그에 대한 대응으로 부과되는 자유의 제한 — 강제구금, 신분증, 피의자 구속기간 연장 — 때문이기도 하다. 정치에 대한 대중의 관심이 늘어나고 있으며, 아마 참여도 늘어날 것이다. 하지만 이러한 참여가 단지 무분별한 애국주의의 발로인지 아니면 비인도적인 관행들을 비판하는 행동인지가 문제다. 나는 벤 포라스의 '확산적 교육', 즉 다양성에 대한 정치교육, 토론할 주제와 용인되는 관점의 범위를 의식적으로 확대하는 것을 지지한다. 애국주의는 틀림없이 토론의 주제가 된다. 하지만 역시 테러리즘도 그렇다. 토론 규칙이 일단 확립되면, 안심할 수 있는 환경에서 생각들을 시험해보는 것이 중요하다. 내가 학생들과 함께 했었던 유익한 실습 중에 '성차별(혹은 인종주의) 학교를 설계하는 것'이 있다. 학생들에게 가공의 테러리스트 학교나 훈련 캠프를 설계해보라고 요구하면, 권위주의, 군국주의 및 이데올로기에 대한 흥미로운 토론이 벌어지고, 자신들이 받고 있는 교육에 대한 비판적인 견해가 쏟아져 나올 것이다.

반테러 교육

현행 교육에서는 테러에 대한 대응이 비판적이고 확산적인 교육의 필요성에 부응하고 있는가? 시커링크(Sieckelinck, 2007)는 현재 실행 중인 계획들을 개괄하면서, 여러 종류의 반테러 교육전략을 설명했다. 그중 하나가 네덜란드의 초등학교 지리 수업에서 사용하는 지도책 『보스아틀라스Bosatlas』인데, 벨기에, 프랑스와 스칸디나비아 국가들에서도 사용된다. 거기에는 미국의 보험회사 에이온AON이 실시한 조사에 기초한 자료와 함께 국제 테러리즘 위험 지도가 포함되어 있다. 지리 수업에서 지도를 어떻게 사용해야 하는지에 관해서는 많은 정보가 없다. 출판사는 단지 아이들이 다른 안경을 쓰고 세계를 바라보는 것을 배울 수 있다는 촌평만 달아놓았다.

두 번째 프로그램은 더욱 명확하다. 네덜란느의 국가 반테러 책임사는 중등학생(15~18세)을 위해 급진적인 사상들의 위험한 매력에 관한 일련의 토론수업을 개발했다. 목적은 두 가지이다. 학생들이 극단주의적인 확신을 어떻게 대하는지에 관해 더 많은 정보를 알아내는 것, 그리고 급진화의 위험을 아이들에게 가르치는 것이다. 이 수업에서 학생들은 '있는 그대로의 나', '~의 이름으로', '나에게 중요한 것', '너의 이상을 이루기 위해, 너는 그것들을 옹호하고 말한 대로 행동해야 한다', '나의 이상은 법보다 위에 있다' 등등의 문제들과 씨름할 수 있게 되었다(Sieckelinck, 2007: 2). 이 프로그램은 주도면밀하게 보이며, 이상과 행동, 정합성整合性과 도덕성 사이의 연관을 토론할 수 있게 한다. 한 토론 수업에서 사회자가 3학년 학생 50명에게, 이상이 법보다 위에 있을 수 있다고 생각하는 사람 있냐고 질문했다. 단 한 명이 손을 들었는데, 우리 선생님이라고 대답했다. 이에 대해 교사는 법을 비판하는 것이 자신이 가진 이상의 일부라고 설명했다. 보아하니, 학생들은 '뭔가를 옹호하는 것'이 통상적으로 하는 일이 아니기 때문에, '뜻밖의 질문을 받은' 것이다. 시커링크의 설명에 의하면 "반테러 교육 프로그램들은 위험한 ─ 종종 이상에 이끌린 ─ 행동을 순화하는 것을 목적으로 하긴 하지만, 청년의 이상(주의)을 전면적으로 비난하는 위험을 무릅쓰고 있다". 우리의 과제는 극단주의적인 행위성agency을 극복해내면서도 이상주의를 기반으로 한 행위성을 보존하는 것이라고 여겨진다.

구체적인 반테러 프로그램의 또 다른 문제점은 구체성과 그에 내재된 인종주의이다. 영국의 대학 캠퍼스에 극단주의에 대한 경보가 내려졌을 때, 대학 당국은 동향을 감시하고 극단주의자를 밝혀내려고 노력해야 하는 분위기였다. 원래의 정부지침은 교수들에게 훨씬 많은 경종을 울리는 것이었는데, '아시아인으로 보이는' 무슬림 학생들을 추적 관찰하고 우려되는 바가 있으면 특별수사국에 보고하라고까지 제안했다(UCU, 2007). 이와 같은 프로그램은 사실상 악순환을 지속시킬 것이다. 킹의 보고에 따르면, 알카에다의 핵심 지도부 70퍼센트가 체포되거나 살해되긴 했지만, 알카에다는 9·11 이후 그 이전 3년 동안보다 더 많은 공격을 감행했다.

> 장기간에 걸친 테러리스트 공격은 오직 테러리즘의 증가만 초래했음을 역사가 보여주고 있으며, 이는 우리가 현재 전 세계에서 경험하고 있는 바이기도 하다. '테러와의 전쟁'이 상존하는 한, 그것은 세계 각지의 분쟁에 개입하기 위해 이 수단을 사용하는 다양한 명분에 이목을 집중시키거나 의미를 부여하는 것으로 보인다. 하지만 다시금 역사를 되돌아보면, 호전적인 집단들은 더는 공격받지 않을 때 조직원이 줄어들었다. 사회과학 연구는 적어도 세 개의 우선사항이 테러리즘과 싸우는 데 가장 중요하다는 것을 보여주고 있다. 집단 간 갈등 완화, 테러리즘 감소에 대한 인센티브 고안, 문제해결 수단에서 폭력을 배제하도록 하는 청소년 사회화(King, 2006: 154).

따라서 '반테러'라는 거창한 용어는 교육에서 당연히 비생산적이다. 그것은 신뢰를 잃은 '테러와의 전쟁'에서 단지 한 발짝 벗어났을 뿐이다. 휘태커의 글 모음『테러리즘 독본The Terrorism Reader』에 반테러리즘 전략에 관한 글이 있지만, 교육에 대한 내용은 담겨 있지 않다. 그 글은, 때로는 군대교범 그리고 범죄학에서처럼, 증대된 안보위협, 사형제 재도입, 신분증제도, 재판 없는 강제구금, 컴퓨터 검색, 테러리즘에 관여한 '살인적인' 국가 등을 두루 다루고 있다. 널리 인정되는 바와 같이, 이들 중 일부는 개별적이거나 집단적인 활동보다는 '국가 지원 테러리즘'에 대응하기 위한 것이다. 그러나 교육에서는 휘태커가 '윤리적 이슈'에 대한 글에서 언급했고 2장에서 살펴본 '도덕적 이탈'과 같은 문제와 씨름하는 등 예방적인 측면에까지 거슬러 올라갈 필요가 있다.

마지막으로 학습자들이 반테러 교육을 어떻게 이용할지에 관련된 위험을 짚어야겠다. 국제사면위원회에서 '공무원 교육 실시를 위한 12개 지침'을 만들었지만, 홀린드가 눈생 후 잉글라의 상황에서 지식한 바와 같은 문제가 야기되었다.

국제사면위원회가 수강생에게 고문에 관해 가르치는 교안을 아주 자세하게 마련했다. 국제사면위원회는 그렇게 함으로써 고문을 심문 관행에서 점진적으로 없앨 수 있다는 희망을 가지고 이 주제에 대한 교육을 권장했다. 여기서 중요한 점은, 국제사면위원회 활동가들이 수강생들은 국제사면위원회가 심어주려는 메시지를 언제나 알아채지 못한다는 것을 경험으로 배웠다는 것이다. 도리어 이런 수업에 참가한 결과, 수강생이 더 능숙한 고문자가 될 위험도 일부 있는 것으로 드러났다(Holland, 2003: 128).

나는 갈등에 관한 교육의 유형분류 체계를 개발했다. '갈등을 겪는 사회'에 관한 컨퍼런스(집단 간 만남을 위한 선의의 시도로 예루살렘과 하이파에서 개최)에서 처음 발표했는데, 그때 나는 다른 상황에다 시험 삼아 적용해보았다(Davies,

2005, 2006). 여기서는 이를 조금 수정해 이 책에서 제기하는 문제들에 구체적으로 연관되게 했다. 모형은 두 개의 축으로 4분면[부정적↔긍정적, 적극적↔소극적]을 구성하고 10개의 유형을 기표했다. 적극적·부정적 분면의 맨 위에는 학생들에게 적들을 죽이거나 억압하라고 촉구하는 증오 교육과정hate curriculum이 있다. 그 밑에는 무기와 지뢰의 사용법을 가르치는 군사 교육과정defence curriculum이 있다. 그러나 많은 역사책에서처럼 전쟁을 통상적인 것이라고 가르치는 것은, 비록 덜 '적극적'이더라도 부정적인 것이다. 갈등을 전적으로 외면하는 것도 매우 소극적이지만 마찬가지로 부정적인 접근이다. 나는 '관용'을 아래쪽 어딘가에 기표했는데, 겉보기에는 긍정적이지만 앞서 논의했듯이 어쩌면 정형화된 색채를 띨 수 있기 때문이다. 긍정적인 분면에서 올라가보면 갈등과 그 원인에 '관한' 다소 소극적인 교육이 있는데, 이어서 '타자'와의 만남, 그다음에 적극적인 갈등해결 능력 함양에 이른다. 적극적·긍정적 분면의 맨 위에서는 학생들이 '개입적 민주주의interruptive democracy'를 배우고 불평등에 도전하며 인권과 평화 캠페인을 적극적으로 벌인다.

이 유형분류는 다소 인위적인 구분이다. 하지만 목적은 학교가 갈등에 관해, 모든 것이 긍정적이거나 평화로 이끌지는 않겠지만 여러 방식으로 '가르칠' 수 있음을 보여주는 것이다. 극단주의를 다루거나 가르치는 데에서 우리가 찾고 있는 것은 모형의 오른쪽 편에 있는, 특히 적극성을 띤 전략들일 것이다.

시민 정치교육

정치교육은 모든 평화교육의 기초임이 틀림없다. 벤 포라스가 지적하듯이, 평화교육은 폭력과 증오의 현실에 대한 의미 있는 대안이 되지 못했다고 해서 허영과 경제적 이익이 나부끼는 유토피아 시대로 환원될 수 없으며, 혹은 그 대신에 평온한 개인적인 관계의 직접적 연장으로 환원될 수도 없다. 그녀는 거

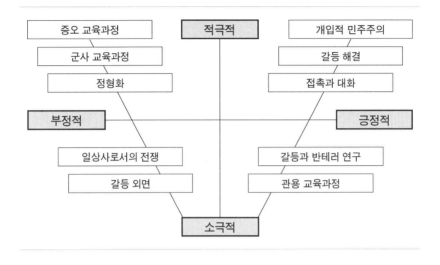

우 반세기 전에 마리아 몬테소리가 교육자들이 전시상황에 적절하게 대응하기 위해 교육을 정치화하지 못한다면 그들은 사실상 전쟁문화에 복무하는 셈이라고 주장한 바를 인용했다. 그것은 단지 교실 안의 개인적인 관계에 관한 것이 아니다. 벤 포라스는 노르웨이의 유네스코 협동학교들이 '인간다운 개인들'을 길러내기 위해 교육적인 노력을 기울이는 것을 극찬하는 베티 리어든의 평화교육에 대한 저작을 비평한 바 있다. 그 학교들에서 아이들은 '좋은 사람이 되는 즐거움It's Fun to be Nice'을 배움으로써 경쟁적이고 공격적인 행동에서 손을 떼어왔다. 리어든은 "국민들이 이와 똑같은 교육을 받는다면 평화의 문화가 형성될 것이다"라고 분명히 주장하고 있다(Reardon, 2001: 187). 벤 포라스는 냉정하게, "좋은 사람이 되는 즐거움을 가르치는 것이 목적인 수업계획에 내재된 '원칙에 기인한 결함'은 접어두고라도, 더 절박한 문제는 개인 영역에서 정치와 국제 영역으로의 이행 방법이 명료하지 않다는 것이다"라고 한마디 했다. 이 프로그램은 국가주의와 애국주의에 대한 고려를 간과했다. 그리고 성공적인 실험이 노르웨이와 같은 평화롭고 민주적인 나라에서 이루어졌다는 사실 또한 평화교육에 대해서 정치적 맥락에 따라 세분화된 설명이 필요함을 시사한다.

우리는 『전 세계 유네스코 협동학교에 대한 재검토Global Review of UNESCO Associated Schools』(Davies et al., 2002)에서 평화, 민주주의 그리고 지속가능 발전이라는 유네스코 테마를 둘러싸고 실제 일어나고 있는 몇몇 중요한 일을 발견했다. 그러나 또한 일부 분쟁지역의 학교에서 유네스코 테마 중 환경과 세계유산을 주로 다루고, 평화와 갈등 이슈는 다루기 꺼려하고 있음도 알 수 있었다. 얼마 전 나는 사라예보 학교의 교장과 대화를 나누었는데, 전쟁 중 그의 주된 관심사는 학교가 파괴되었지만 가정과 차고에서 어떻게든 교육을 계속하는 것과 아이들의 안전이었다고 한다. 그는 새 건물에서 다문화 기풍을 진작시키고 있었는데, 학교에 포탄이 떨어지는 상황에서 '좋은 사람이 되는 즐거움'이라는 프로그램은 상상할 수 없는 일이다.

'정치참여 교육' 또는 시민 정치교육은 그저 헌법이나 정치 사상사를 학습하는 것이 아니다. 그것은 행동과 개입을 위한 준비와 예비 교육에 관한 것이다. 급진화와 끊임없이 의문을 품는 자세 사이에서 균형을 잡는 것이 과제다. 한 가지 분명한 점은 무관심이나 부정否定에 도전하는 것이다. 터키는 여전히 아르메니아인 대학살을 부정하고 있으며, 미국, 프랑스, 영국 등에 무기 계약을 따내려면 같은 입장을 취하라고 압력을 넣을 수 있다(Fisk, 2005). 갤러거는 홀로코스트에 관한 저술에서 이안 커쇼의 분석을 인용했다.

> 여론, 대체로 무관심하고 선전에 의해 더욱 강화된 반유대 감성이 잠재되어 있는 여론은, 나치의 유대인 공격이 아무 반대 없이 벌어질 수 있는 분위기를 조성해주었다. 그러나 처음부터 급진화를 선동하지는 않았다. 아우슈비츠로 가는 도로는 증오에 의해 건설되었지만, 무관심에 의해 포장되었다(Gallagher, 1984: 277).

대량학살 이후 항상 나오는 질문은 이런 것이다. 이런 참사가 다시 벌어질 것인가? 그리고 바로 이곳에서 벌어질 것인가? 아귈라와 리치몬드(Aguilar and Richmond, 1998)는 르완다와 관련하여, 교육이 '대량학살을 생각조차 할 수 없게 만들지 않았다'는 것을 어떻게 받아들여야 하나? 라는 질문을 던졌다. 발칸 지역과 스레브레니차 대학살은 세상을 깜짝 놀라게 했다. 그리고 지금 우리는 다르푸르의 공포를 주시하고 있다. 갤러거가 냉철하게 지적하듯이, "만일 홀로 코스트가 특정한 민족 집단 혹은 문화사 측면에서 설명될 수 있다면, 미래에 그런 일이 재발되는 것을 막기는 쉬울 것이다. 만일 무관심이나 그와 유사한 것으로 설명된다면, 그것은 너무나 쉽게 재발할 수 있을 것이다"(Gallagher, 2004: 6). 그러므로 좋은 정치교육은 인지된 해악과 불의에 맞서 행동하려고 노력하는 가치관 및 능력의 문제로 이어진다.

가 치 기 반 : 세 속 적 도 덕 의 필 요 성 과 인 권

신앙기반학교에 대한 찬성론 중 하나는 그것이 건전한 도덕적 기반을 제공한다는 것이다. 나는 학교에 강한 가치기반이 필요하다는 주장에 전적으로 동의하지만, 그 가치가 종교적인 경우라면 선택에 따른 딜레마, 편 가르기와 공평성 이슈가 있음을 이미 제기했다. 필요한 것은 적절하게 '교과 초월적'이고 보편적인 가치체계이므로, '가장 적합한' 것은 인권에서 찾아진다는 것이 나의 주장이다. 미국과 소말리아(이 나라에는 지금 국제협정을 비준하도록 권한을 행사하는 정부가 없다)를 제외한 세계의 모든 나라가 유엔아동인권협약을 비준했다. 미국의 사회단체들이 가능한 한 빨리 비준하고 참여하자는 캠페인을 전개해오고 있다(King, 2006).

그렇지만 하나의 윤리체계로서 인권과 같은 세속적이고 인본주의적인 가치체계가 실제로 존재함을 설득하기 위해서는 해야 할 일이 많다. 안타깝게도,

신이나 영적 존재에 대한 자각이 없는 교육은 무의미하다는 견해가 있다. 마부드는 종교 차원이 없으면, "그것은 전혀 교육이 아니며 특정한 세계관을 주입하는 것에 지나지 않는다"고 주장했다(Mabud, 1992: 90). 신앙 기반 학습도 마찬가지로 교리 주입이라는 점을 미처 생각하지 못한 듯하다. 그러나 이는 그만의 목소리가 아니다. 캔터베리의 대주교 로완 윌리엄스는 종교가 교육에 문제를 일으킨다는 의견을 배척했다. "모든 종교는 인간 존엄성 개념을 가지고 있으며, 세속의 사람들이 줄 수 있는 그 어떤 설명보다도 뛰어난 가치를 가지고 있다"고 그는 당당하게 주장했다(Kingston에서 발표, 2007). 종교의 이름으로 타자에게 행해진 수많은 존엄성 유린을 모른 척한 것은 논외로 하더라도, 그 편협성과 우월적 태도에 숨이 턱 막힌다. 윌리엄스는 인권협약들에 대해, 특히 1945년 이후 존엄성 보호는 기본적 인권이며 인권은 존엄성에 필수불가결하다고 정확히 지적한 세계인권선언의 22조와 23조에 대해 들어본 적이 없는 것 같다.

이와 유사하게, 후세인도 해방당 소속이던 시절 이슬람에 도덕성 따위는 없는 것으로 배웠다고 술회한다. 오직 신의 가르침만 있을 뿐이다. 알라가 허용한 것이라면 도덕적이다. 알라가 금지했다면 비도덕적이다. '비도덕적 감정' 같은 범주는 없다. 자신의 감정은 ─ 짐작건대 타인의 감정도 ─ 도덕성과 아무 관계가 없다. 그 전제에 기초하면, 우리는 자신을 지적이라고(좋음) 여기거나 아니면 감정적이라고(나쁨) 여길 것이다. 전혀 감정을 드러내지 않는 스포크 선장[1]류의 이슬람에 대한 견해는 주류가 될 수 없다. 하지만 폭력이, 상징적이든 실재하든, 정당하다고 교화시키는 데는 기여한다.

종교와 초자연적 존재에 기초한 도덕성을 대신해 속세에 바탕을 둔 인본주

---

1) 미국의 TV 공상과학드라마 시리즈 〈스타트렉Star Trek〉의 등장인물. 외계인과 지구인의 혼혈로 귀가 크며, 무엇이든지 할 수 있는 초능력자이다.

의적 대안을 제안하려는 차에, 나는 인본주의의 바로 그 본질, 범위, 맥락성이 인본주의를 보편적 가치체계로서 즉각 인식할 수 없게 만든다는 것을 깨달았다. 한 예로 크리스틴 오돈은 지적 설계론의 터무니없음에 대한 흥미로운 기사에서, 결국에는 세속주의에 반대하는 자신의 편견을 무심코 드러내고 말았다. 그녀는 영국의 '대부분 기독교인들'이 진화론을 받아들인다고 주장하면서도, 어떤 신학자도 방송에서 세속주의자의 도덕적 공허함을 규탄할 기회를 잡지 못하는데, 리처드 도킨스는 텔레비전 방송에 나와 "종교적 신념에 대한 그의 무지를 공개했다"고 투덜거렸다(Odone, 2005). 여기에는 많은 이슈가 있다. 첫째, 도킨스는 종교적 신념에 관해 결코 '무지'하지 않은 것 같다. …… 틀림없이 그는 자신을 변호할 수 있다. 둘째, 〈오늘의 생각Thought for the Day〉2)은 완전히 종교적인 코너이며, '우리는 기독교인으로서 자동식 토스터에서 무엇을 배울 수 있는가?'와 같은 희극적인 패러디에 의해 조롱받는 초자연적인 설교를 날마다 들어야 함에도, 내가 알기로는 그 어떤 인본주의자도 방송시간을 잡기 위해 섭외한 적이 없었다. 지금 사활적인 진짜 이슈는 세속주의는 도덕성을 지닐 수 없으며, 그야말로 '공허'할 뿐이라는 관념이다. 이것이 오돈과 BBC에게만 한정되지 않고 정말로 널리 퍼진 인식이라면, 세속주의와 인본주의를 그저 두둔하는 데 그칠 게 아니라—그리고 이것들은 '정체성'이 아니다—분열 위험에 대한 하나의 해법으로 인식해야 하는 도전적인 책무가 학교에 주어진다.

현대의 교육과정은 도덕 관념이 없는 것으로 보일 수도 있다. 한 예로 피다 산자크다르는 이슬람적인 도덕, 행동기준, 인격과 행실을 만들어내는 교육에 대한 무슬림 학부모들의 기대에 관해 이야기했다. 이는 이해할 만하다. 그러나 '현대의 성 건강 교육'에 대한 그녀의 비판은 다소 이해하기 어렵다. 이 교육과

---

2) BBC 라디오에서 월요일~토요일 아침시간에 방송하는 〈투데이〉 프로그램 중에서 원고를 낭독하는 코너.

정은 무슬림이 죄가 된다고 믿는 일정한 행위들을 정상적이거나 수용할 만한 것이라고 분명하게 제시하고 있다.

> 예를 들어 '프리섹스', '안전한 섹스', '남자친구/여자친구 관계' 등은 어떠한 책임과 의무도 없는 용어이자 개념이다. 따라서 이슬람적인 행실과 이슬람 율법을 직접적으로 위반하는 것이다(샤리아Shari'ah)(Sanjakdar, 2004: 149).

그렇지만 이러한 반론은 '안전한 섹스'가 실제로 책임과 의무에 관한 것이라는 점을 놓치고 있다. 이슬람이 도덕성에 관한 특정한 정의를 선호한다고 말하는 것과 교육과정에 '어떠한 책임도 없다'고 비난하는 것은 별개이다. 이렇게 하는 것은 사춘기 이성교제의 현실은 고사하고 다른 어떤 도덕률과도 맞부딪치기를 매우 꺼려함을 드러내는 것이다. 명백히 이슬람에서는, "학생들이 청소년기에 이르기 전에는 성행위에 관해 안다고 상정되지 않고 있다"(Sanjakdar, 2004: 160). 후에, 산자크다르는 이슬람 관점에서 가장 우려되는 바는 "종교적 도덕과 가치체계의 지도가 완전히 결여되어 있는 것"이라고 말했다. 완전히라니? "서구의 자유주의 가치에 근거하므로, 교육과정에는 다른 어떤 가치들은 없다"(Sanjakdar, 2004: 154). 이 비판에서 가장 우려되는 것은 전체주의다. 학교가 언제나 하려고 애써온 한 가지는, 단지 규율을 시행하기 위한 것일지라도, 도덕교육을 장려하는 것이다. 종교 없이 도덕성을 갖는 것은 완벽하게 불가능하다는 생각은 진정으로 도전해야 할 신화이다. 산자크다르는 문화적 재생산에 관한 애플Apple과 지루Giroux의 생각 — 종교적 재생산은 분명히 염두에 두지 않았다 — 을 원용하며 교육과정 헤게모니에 대해 불평했다. 또한 '서구 자유주의' 관점에서 보면, 청소년들을 무지 상태로 두려 했다. 나는 전문가는 아니지만 두 가지 이유로 여기서 성교육에 관해 잠시 논의했다. 하나는 인권 또는 인본주의에서 세속적 도덕성의 가치를 인정할 필요성이고, 다른 하나는 타자를 똑같이 '하나의 전체로 만들려고' 추구하는 견해들의 '극단주의'에 대한 우려다.

그래서 포용적이면서도 철저한 검토와 변화의 여지가 있는 가치체계가 요구된다. 왓슨은 시민성 교육과 관련하여 딜레마를 다음과 같이 깔끔하게 요약했다.

> 시민성 교육은 계급, 성, 젠더, 민족, 문화 및 종교와 상관없이 공통의 가치(자유, 책임, 정직 등)를 주장하는 것이며, 동시에 청소년들이 가치들에 의문을 제기하고 평가할 수 있는 능력을 습득하도록 격려하는 데 관한 것이다(Watson, 2004: 266).

이는 왓슨에게 한 가지 문제를 던져준다. '전자의 가정假定에 기초해서 후자를 어떻게 한다는 말인가? 3장에서 논의했듯이, 국민 정체성 연구는 이 문제를 풀지 못한다. 하지만 나는 두 가지 이유에서, 이를 인권이 해결할 수 있다고 주장한다. 첫째, 그것은 국민에 의해 만들어진 것이며, 따라서 사람이 만든 것으로서 그리고 그 시대를 위한 최선의 선택으로서 철저히 검토할 수 있다. 그리고 둘째, 그것은 이상이 아니라 권리부여에 기초하는 것이다. 우월성이나 완전성을 내포하고 있지 않다.

인권에 대한 다양한 규약이 토론될 수 있겠지만, 그것들은 불가분의 관계이며 일관성을 가지고 있다. 신성한 텍스트에 기초한 종교적 가치체계와 대조적으로, 취사선택의 문제는 훨씬 덜하다. 칸은 성서 선택과 동성애 혐오라는 주제에 대하여 인터넷상에 널리 유포된 글들을 인용하면서 심각한 주장을 하고 있다.

> ▸ 레위기 25장 44절에 네가 남종이나 여종을 두려면 여러 이웃나라에서 사들일 수 있다고 쓰여 있다. 내 친구 한 명이 이 구절은 멕시코인에게 적용되는 것이지 캐나다인에게 적용되는 것은 아니라고 주장한다. 왜 나는 캐

나 다인을 소유할 수 없는가?

▶ 출애굽기 21장 7절에 의해 허가된 대로, 나는 내 딸을 종으로 팔고자 한다. 지금 세상에서는, 내 딸의 몸값으로 얼마가 공정하다고 생각하는가?

인권은 종교나 과학이 가질 수 없는 영역을 차지하고 있다. 사회과학이 이타주의 또는 연대와 같은 가치가 사회 통합에 기여할 수 있다는 견해를 제시할 수는 있겠지만, 과학적 설명은 그 자체로 특별한 도덕성을 가지지 않는다. 도킨스는 과학이 우리에게 도덕적 가치를 조언할 수 있는 자격을 가지고 있지 않음을 시인한다. 그렇다고 해서, 그가 지적하듯, 무엇이 좋고 나쁜지를 우리에게 말할 권리가 종교로 이양됨을 의미하는 것은 아니다. "오직 인간의 지혜에 기여할 뿐이라는 사실이, 우리가 해야 할 바를 말해주는 무소불위의 권한을 종교에게 넘겨줄 이유가 되지는 않는다. 게다가 어떤 종교에? 우리가 성장할 때 우연히 영향을 준 종교?" 그가 지적하듯이, 성경은 간음한 두 남녀, 안식일을 더럽힌 자, 자기 부모를 때린 자를 사형에 처하도록 규정하고 있다. 만일 우리가 이를 전부 거부한다면 ― 계몽된 현대인들이 모두 그렇듯이 ― 우리는 어떤 부분을 수용해야 하는가? "그리고 만일 우리의 종교적 도덕률 가운데서 선택하는 독자적인 기준을 가지고 있다면, 왜 중개인을 배제하고 종교 없는 도덕적 선택으로 곧바로 가지 않는가?" 내가 보기에 도덕적 선택, 독자적인 기준은 인권에 가장 알맞게 자리하고 있다.

인권기반 접근의 훌륭한 점은, 중개인을 배제하는 것은 물론이고 '관용'의 문제도 우회한다는 것이다. 내가 종교 자체를 수용해야 하는 것이 아니라면 당신이 어떤 문화나 종교도 믿을 권리를 받아들일 수 있다. 앞서 주장했듯이, 신념체계는 당연히 동등하거나 똑같이 타당할 수 없다. 그러나 우리가 원하는 것을 믿을 권리는, 다른 사람들에게 해를 끼치지 않는 한, 반드시 동등하게 부여되어야 한다. 권리와 책임은 한 쌍이 되어, 교리를 주입하거나 믿음을 강요할 가능성을 용인하지 않는다. 만일 내가 원하는 것을 믿을 권리를 가진다면, 당신도 그러하며, 그리고 나는 내 믿음을 당신에게 강요할 권리를 가지는 것은 아니다. 물론 나는 당신을 설득하기 위해 솔직하게 혹은 은근슬쩍 시도를 할 것이다. 그러나 나는 이렇게 할 아무런 권한을 위임받지 않았다. 그것이 초자연적 권능에서 나온 것이든 다른 원천에서 나온 것이든 말이다. 인권은 신념체계가 아니라 하나의 윤리체계이다. 바로 이 점이 결정적인 차이를 가져온다.

인권존중학교

위의 논의는 실행되고 있는 사례를 들어서 구체화할 수 있다. 유니세프의 '인권존중학교Rights Respecting School: RRS'는 국가적으로나 국제적으로 우리가 현재 가지고 있는 가장 유망한 실천계획임에 틀림없다. 그것은 캐나다 노바스코시아 주와 영국에서의 연구를 통해 개발된 계획으로, 유엔아동인권협약을 모든 학교생활과 교풍의 기초로 사용한다는 전제를 가지고 있다. 인권존중학교에서는 모든 아이들, 교사, 보조직원과 학부모가 유엔아동인권협약과 그것이 인간관계와 학습에서 의미하는 바에 관해 배운다. 여기서 핵심은 권리와 책임이 명백하게 한 쌍이 된다는 점이다. 만일 내가 어떤 것에 대한 권리를 가지면, 나는 당신에게도 그 권리를 허용해줄 책임을 갖는다. 그리고 당신도 동일한 권리를 가지고 나에 대해 동일한 책임을 갖는다. 이는 본원적 상호성reciprocity이다. 만일 내가 교육에 대한 권리를 가진다면, 당신은 내가 이 권리를 행사할 수 있도록 도와주거나 최소한 방해하지 않을 의무를 가진다. 행동 면에서는, 만일 내가 교육과 학습에 대한 권리를 가진다면, 당신은 말썽을 피우며 내가 수업을 듣지 못하게 해 이 권리를 저해하지 말아야 한다. 그 역도 마찬가지다. 어떻게 보면 그것은 터무니없이 단순한데, 바로 그 단순함이 멋진 점이다.

영국의 초중등학교 중 245개 학교가 올해 RRS로 인증되었다. 학교는 두 단계로 인증심사를 신청하는데, 유니세프의 담당관 또는 협력기관이 방문해 아이들, 교사들, 학부모와 학교운영위원을 면담하고 초청받은 수업을 참관하며, 전반적인 학교 분위기를 파악한다. 평가위원들은 누구에게나 "당신이 알고 있는 RRS를 설명해주세요"라고 물어보는 것으로 평가를 시작한다. 그리고 학교 측의 설명을 교사용, 성인용, 지역사회용 평가기준과 대조해보고 학생용 평가기준과도 대조해보게 된다. 평가기준은 네 분야로 나누어진다.

▶ 유엔아동인권협약UNCRC에 대한 지식과 이해 그리고 학교의 교풍 및 교육과정과의 관련성
▶ 아동 인권에 대한 지식과 이해에 상응하는 교수·학습 형식과 방법론
▶ 학교에서 의사결정에 적극적으로 참여하는 학생들
▶ 전략적 방향을 제시하고 적절한 전문성을 개발함으로써 인권에 기초한 교풍을 만들어가는 헌신적인 리더십

의미심장하게도, 네 번째 범주인 마지막 기준은 "학생들은 유엔아동인권협약이 전 세계 아동들의 삶을 개선하는 주된 매개체라는 완전한 자각을 가지고 변화를 위해 일할 수 있도록 역량을 개발해야 한다"는 것이다. 즉, 학교 안에서의 지표일 뿐만 아니라 행동하는 시민으로서의 역할을 암시하고 있다.

한 예로 물, 건강, 에이즈, 아동 노동 같은 글로벌 이슈를 검토할 때 아동의 인권을 아울러 생각한다는 면에서, 학교생활규정뿐 아니라 교육과정에서도 '유엔아동인권협약'이 널리 사용되고 있다고 할 수 있다. 얼마 전 나는 RRS로 인증된, 슈롭셔의 작은 시골 초등학교를 방문했다. 그곳에서는 아이들이 자기 지역과 세계 각지의 아동 노동에 관해 노예무역과 오늘날의 인신매매를 관련지어 배우고 있었다. 유치원생과 저학년들은 앨런 존스턴(가자 지구에서 납치

되었던 BBC 특파원) 사건을 추적했는데, 그가 박탈당한 인권에 대해 마인드맵을 그리며 (놀이하듯!) 학습했다. 아이들이 고안한 자신들의 행동규칙은 그들의 권리와 책임에 기초했다. 그러나 훨씬 중요한 점은, 자신들을 교육하는 교사의 책임을 거론했다는 것이다. 여기에는 중첩적 책임dual responsibility — 교사들이 자신의 교수법에 관해 배울 수 있도록 아이들이 도와야 하는 책임 — 이 수반되었다. 예를 들어, 모든 토론수업에서 무엇에 관해 토론했는지, 충분히 즐겼는지, 스스로 생각하게 했는지 등에 관해, 피드백 양식에 스마일리smiley faces[3]를 기입하는 순서에서 아이들은 그 책임을 짊어지게 된다. (나는 이에 대해 울버햄프턴의 몇몇 다민족 초등학교 교감들에게 언질을 주었는데, 그들은 토론수업에 대한 학생들의 피드백을 생각하고는 안색이 창백해졌다. '기독교 예배'를 의무적으로 하기 때문에, 그것은 아주 난감한 분야다.) 나는 그때 5학년 학생들(9~10세) 몇몇에게 수업이 따분했다고 선생님에게 피드백할 거냐고 물었다. 그들은 잠시 골똘하게 생각하더니 아마 그러지 않을 것이라고 대답했다.

— 그것은 공손한 일이 아닐 것이다.
— 그것은 선생님의 감정을 상하게 할 수도 있다.
— 선생님은 창피당하지 않을 권리가 있다.

이로부터 알 수 있는 것은 아이들이 단지 관습을 앵무새처럼 흉내 내지 않을 뿐 아니라 그들의 일상적인 삶과 관계 속에서 이해하려고 노력한다는 것이다. 인권기반학교 운영은 미지의 상황에 — 한 예로 망명 신청자가 전학 왔을 때 — 아이들이 대처할 수 있는 기초 여건을 형성한다. 이것이 인위적인 교류와 방문보

---

3) 문자로 사람의 얼굴 모양을 흉내 내어 자신의 감정 상태를 재미있게 표현한 것으로 이모티콘imoticon이라고도 부른다.

다 더 나으며, 문화 간에 이루어지는 일에 현실성과 깊이를 더해준다.

이 성공회 학교의 교장은 학교를 에워싼 태생적인 교구주의, 동성애 혐오, 인종차별 문화에 관해 말했다. 교구 주민들은, 타자를 참된 기독교인이 아니라고 말하는 증오 신호를 만들었다. 교회평의회의 학부모들은 학생들이 시크교 회당을 방문하지 못하게 했으며, 국민전선당은 지방선거에서 14명을 입후보시켜 4명을 당선시켰다. 맨체스터 인근의 이주민들은 '깜둥이'로 간주되었다. 그러나 '인권존중학교' 프로그램이 출현하면서, 상황이 변했다. 아이들은 자기와 '다른' 아이들을, 예컨대 특수한 요구를 지닌 아이들로 옹호했다. 그들은 주니어 G8 정상회담에 참가해 다른 나라 아이들과 토론을 벌였다. 학교는 끈질기게 존중을 주장하면서 더 글로벌한 시야를 제시해, 교구주의와 증오를 와해시켰다.

하나의 측면은 정체성과 행동을 구별하는 것이다. 이 책의 일관된 주제이기도 하다. 생득적인 단일한 정체성은 혼종적이고 유동적이며 잠정적인 정체성으로 대체될 수 있다. 인권존중학교에서는 하루하루가 새날이다. 그 새로운 날에, 행동은 원칙적으로 예전의 위반 행위에 관계없이 인권과 관련지어 다루어진다. '너희는 언제나…… 너희는 결코……'라는 말을 하지 않는다. 아이들은 영구적인 행동 정체성을 부여받지 않는다. 물론 상습적인 '위반행위자들'로 인해 어려운 일이지만, 적어도 그들은 노력한다. 대신에 자신들의 행동은, 다른 사람에게 어떤 영향을 미쳤는가라는 관점에서 바로 그날 검토될 것이다. 다른 학생의 공부를 방해했는지, 놀 수 있는 권리를 침해했는지, 피해를 입지 않을 권리를 침해했는지 등. 행위의 결과를 분석하고 그에 대해 어떻게 책임질 것인지를 탐색하는 '불편한 면담'으로 처벌을 대체한다. 나는 면담이 왜 불편하냐고 물었다. 교장은, 일부 범죄자들이 책임지지 않으려고 보호관찰보다 감옥을 선호하는데 이와 비슷하다고 대답했다. 사실 아이들은 '방과 후에 남게 하는' 처벌을 선호하는데, 이런 처벌은 어리석고 부적절하며 아이들이 전혀 개의치 않는 조치이다.

인권을 존중하는 교풍에서 필수적인 요소는 민주주의 실행이다. 학교운영위원회, 많은 대화, 그리고 인권의 평등성에 대한 확실한 강조 등. 런던의 중등학교 학교운영위원회를 대상으로 한 현장연구 프로젝트가 막 완료되었는데, 교사들과 행동에 대한 피드백에 근거하여 다소 급진적인 보고서를 제출했다 (Davies and Yamashita, 2007). 학생들은 수업을 참관하고 특정 이슈에 대해 교사에게 피드백을 하는 훈련을 체계적으로 받았다. 닫힌 질문과 열린 질문 사이의 균형과 같이 교사가 학생들에게 요청한 이슈에 관해, 또는 여학생과 남학생에게, 수업에 지장을 주거나 소극적인 학생들에게 얼마나 많은 관심을 기울이는지에 관해 피드백을 했다. 교사들만 배운 것이 아니라 학생들도 가르치는 것 — 계획하고 도입하고 질서를 유지하는 그런 것들 — 이 얼마나 어려운지 깨닫게 되었다고 말했다. 학생참관단은 또한 교실도 연구했다. 급우들이 가장 소란을 많이 일으킨다고 생각하는 학생을 식별하여 그들과 이야기를 나누었는데, 직설적인 훈계를 넘어서 인식을 제고하려는 자세로 임했다. "네가 다른 학생들이 배우는 것을 어떻게 방해하는지 알겠니?" 이는 '인권존중학교'에서 확실한 반향을 일으켰으며, 유니세프와 영국의 학교운영위원회들이 이에 관해 함께 더 일하기로 했다. 또래 조정peer mediation과 또래 조언peer mentoring에서 그리고 학교운영위원회 참가에서 보듯이, 행동을 변화시키기거나 갈등해결을 도와주는 데는 동료 학생들이 교사들보다 영향력이 더 클 수 있다.

RRS와 학교운영위원회의 협력은 교사의 행동 변화를 수반한다. 이는 4장에서 다루었던 복수 문제와 다시 연결된다. 아동이 존엄을 지키고 굴욕당하지 않으며 경청되어야 할 권리를 가지고 있음을 교사들은 생각해야 한다. 이는 일반적인 경청 훈련을 받지 않은 교사들에게는 실제로 매우 힘든 일이다. 아이들이 원하고 느껴야 하는 것 대신에 실제로 원하고 느끼는 것을 경청하는 일은 도덕적 강직함이라는 전통에 푹 빠져 있는 교사들에게는 생경한 일이다. RRS가 강조하는 것은 교사가 유일한 혹은 핵심적인 도덕의 보고寶庫는 아니며, 학생과 교사가 인권의 동등한 해석자이자 제정자라는 명백한 사실이다. 교사들은 존중의 모범을 보여야 하는데, 이 또한 아이들이 어른과 똑같이 존중받을 권리를 가지고 있다는 생각을 내심 하지 않는 교사들, 그리고 아이들도 어른들 사이에서나 있음직한 예절, 체면 세우기, 격식, 돌아가며 말하기 등의 규칙에 대해 동일한 자격이 있다고 믿지 않는 교사들에게는 어려운 일이다. RRS의 한 남학생이 내게 말하기를, 예전에 다니던 학교에서는 교사들이 권리와 책임에 대해 알고는 있었지만 그에 관해 생각은 하지 않았다고 한다. 그 학교에서는, "괴롭힘을 당하고 선생님을 찾아가면, 그만 잊어버리고 기운 내라고 말해줄 것이다. 선생님은 그 일로 결코 시간을 내지 않는다. 만약에 선생님이 그 일에 대한 책임을 생각한다면, 멋진 학교가 될 것이다".

유엔아동인권협약을 학습의 기초로 사용해야 하는 데는 설득력 있는 일련의 근본적 이유가 있다. 햄프셔 지방교육청의 다문화학습 장학관인 이언 매시는 유니세프 웹 사이트에 올린 글에서 이를 요약했는데, 여기서 이를 훨씬 더 간략하게 요약해보겠다.

- ▶ 유엔아동인권협약은 모든 아동을 위해 사회가 추구해야 할 가치에 대한 범세계적 합의를 설명하는 틀을 제공한다. 아이들은 모든 아이에게 인권이 있음을 배우고, 이를 통해 다른 아이들과의 유대감을 가질 수 있다.
- ▶ 아이에게도 인권이 있다는 것을 배운다. 인권은 특정 연령에서 얻어지거나 주어지는 것이 아니다. 이것은 그들에게 나이 들어 얻게 될 것을 위해 준비하는 것보다 훨씬 더 중요하다. 수업은 학생들의 자존감과 지금의 현실에 초점을 맞출 수 있다.
- ▶ 다른 아이들의 인권도 존중되어야 하므로, 아이들은 자신의 책임에 관해 배운다(Covell and Howe, 2001). 이것은 긍정적인 논조이며, 아이들이 해

서는 안 되는 것에 중점을 둔 대부분의 학교 교훈보다 더 낫다. 그것은 또한 아이들이 자신에 대해 믿음과 좋은 느낌을 가질 때 더 잘 생길 수 있는, 긍정적이고 사회적 책임성을 지닌 정체성을 발달시킨다.

▸ 아이들은 인권에 의해 주어지는 기회를 확실하게 잡아야 할 책임, 즉 자신에 대한 책임이 있음을 깨닫게 된다.

▸ 유엔아동인권협약은 사회적·도덕적 딜레마를 논의하는 데에서 도덕상대주의 혹은 문화상대주의로 흐르는 경향을 피하고 있다.

▸ 많은 상황에서 인권이 모순되는 것으로 보일 수도 있다는 자각은, 고도의 사고 및 추리 능력 개발을 촉진한다.

▸ 아이들이 직면한 어려움은 개인의 취약함이나 실패라기보다는 인권침해에서 비롯된 것으로 이해될 수 있다.

▸ 유엔아동인권협약은 교사나 학교의 가치체계가 정치적 정당성의 예외로 간주되지 않게 한다. 예컨대, 행위규범은 각 학교마다 독특한 것이 아니며, 아동인권협약에 적시되어 있는 범세계적인 원칙에서 나오는 것임을 보여준다.

이 요점들 중 많은 부분이 극단주의에 맞서는 교육과 관련된다. 유엔아동인권협약의 글로벌한 적용은 개별 정치체계 또는 개별 종교가 글로벌한 영향력, 지배력, 보편성을 내세우는 데 대한 좋은 해독제가 된다. 영국 햄프셔의 존 핸슨 지역사회학교는 유니세프 웹 사이트에 "학교의 가치체계는 '자유주의의 혼미'로부터 건져낸 것이거나 5학년에만 해당되는 것이 아니며, 이제 보편적이고 범용성 있는 것이 되었다"라고 썼다. 그럼에도 이렇듯 보편적인 ─ 또한 영속적인 ─ 가치체계가 청사진은 아니다. 인권이 겉보기에 모순된다는 것은 장점이지, 문제가 아니다. 그것은 절대주의적 사고방식과 하나뿐인 정답을 피한다. 하지만 어떤 답이라도 괜찮다거나 어떤 문화에 기반을 둔 해답도 존중되어야 한다는 상대주의 역시 피한다. 아이들과 교사들이 다양한 인권을 모두 알 뿐만 아니라 어떤 상황에 놓여 있는지도 안다면, 상황 해결 또는 '차악次惡'의 타협을 위한 기초가 마련된다. 이는 공리주의적인 대응일 수도 있지만, 누구의 '이익'이냐는 철학적 논의에 머무르지 말고 '더 큰 이익'을 구체화할 수 있도록 한다. 핵심적인 차원은 무엇이 실제로 권리를 구성하는가이다. 예컨대, 부모는 자기 아이들을 때릴 권리가 없다는 것이다.

행동의 관점에서도, 학생들이 정해진 가치를 수용하면 보상하는 행동주의 기법들은 인지적 요소가 희박하고 비판적 사고가 결여되어 있어서 인권기반 접근보다 결코 우수하지 않다. 또한 일부 초등학교에서 선호되는 '교훈적인 이야기' 방식도 마찬가지인데, 그런 방식은 정직·인내·친절·용기와 같은 어떤 가치들이 승리를 거두는 것처럼 이야기한다. 이는 많은 상황에서 명백히 허위일 뿐 아니라, 아이들은 실제로 이러한 메시지를 수용하지 않는다. 나르바에스(Narvaez, 2002)는 아이들이 어떻게 자신의 선행지식을 통해 자신만의 의미를 능동적으로 구성하고, 이야기를 다르게 심지어 부정적으로 해석하는지를 우리에게 상기시켜주었다. 민주주의조차 맥락을 필요로 한다. 학생들이 자신의 학급 규칙과 학교 규칙을 만드는 것을 지향하는 움직임이 당연히 있긴 한데, 이것들은 부모 또는 지역사회의 가치와 유리될 수 있으며 때로는 상충되는 것으로 나타난다. 매시가 지적하듯이, 사회적·도덕적 책임에 관한 국가 규범 또는 국제 규범과 어떤 연관성을 갖는 경우가 매우 드물다.

그렇다고 이런 접근이 전적으로 하룻밤 사이에 도입될 수 있다고 주장하는 것은 아니다. 햄프셔의 포트웨이 초등학교는, 6학년 학급에서 자신들의 학급 헌장에 유엔아동인권협약의 어떤 측면을 포함시킬 것인지 그리고 이주민에 관한 조항들을 두어야 하는지를 두고 논쟁이 벌어지고 있다고 말했다.

학급의 아이들은 난민들이 학교에 입학할 가능성을 인식하고 있었다. 한 학생이 아랍인들은 모두 테러리스트라고 말을 꺼냈다. 이에 대해, '테러리스트가 900만 명이나 있다는 말이냐'는 등 반박이 다수 터져 나왔고, 나머지 학생 모두가 항의했다. 아이들이 논쟁할 수 있는 무대에 이르는 데 그리고 그들이 앞으로 살아가는 동안 직면하게 될 이슈들을 이해하는 데 4년이 걸렸다(유니세프 웹 사이트).

현장 연구는 인권존중학교에서 계속되고 있다. 지금까지 우리가 발견한 사항은, 청소년들이 더 낙관적임은 물론이고 더 높은 자존감을 드러내고 자신의 가치를 느끼고 있음을 보여준다. 인권 교육과정을 이수한 아이들은, 급우들이 소수민족 아이들을 더 포용하는 것을 인지했으며 또래와 교사의 지원이 높은 수준에서 이루어지고 있음도 인지했다. 감화 효과contagion effect가 있었다. 자기 자신의 인권에 대한 학습은 어른을 포함한 다른 사람들의 인권, 그리고 교사의 교육권에 대한 지지를 낳았다. 갈등해결에 대한 접근도 적대적이고 대립적인 것에서 인권기반 설명을 이용하는 것으로 바뀌었다. 교사들은 아이들이 문제를 해결하는 데 인권기반 대화를 이용한다고 보고했으며, 또 용인할 수 없는 일에 대해 인권기반 설명이 제시되었을 때 자신의 실수에 대한 책임을 인정하고 알맞게 행동할 자세가 되어 있다고 보고했다(Covell and Howe, 2005). 생각해보면 이해가 될 것이다. 너무나 많은 괴롭힘과 놀이터 싸움이 아이들끼리 서로에게 모욕을 퍼붓는 것과 관련되는데, 그들은 애써 업신여기고 창피를 주려고 서로의 옷, 성생활, 어머니에 관한 욕설과 악평을 연쇄적으로 주고받고 있다. 마치 전쟁 중인 집단들이 그러하듯이. 놀랍게도, "너, 이 뻔뻔한 놈아" 같은 말을 "그만해, 나도 놀 권리가 있어"로 대체하는 것이 어찌됐든 초보 단계에서 효과가 있는 것으로 보인다.

책임의 관점과 관련되는 중요한 이슈가 있다. 학교에 인권을 단순히 도입하는 것은, 모든 사람들이 책임을 받아들이지 않으면 오히려 역효과를 낳는다. 카터와 오슬러는 중등 남학교에 인권을 도입하는 연구를 했는데, 여러 명의 남학생이 인권을 약함weakness과 동의어로 이해하고 있음을 발견했다. "만일 내가 누군가에게 나는 그것에 대해 권리가 있다고 말해야 한다면, 나는 그들에게 허락을 구해야 하는 듯한 느낌을 가질 것이다. 그들은 '아니'라고 말할 기회를 잡게 되고 그러면 나는 멍청해 보일 것이다"(Carter and Osler, 2000: 345). 진짜 사나이는 인권을 요구하지 않는다. 그럴지라도 인권을 허용과 혼동하는 데 문제가 있는 것으로 보인다. 시민성에 대한 아이들의 인식을 연구한 존 로이드에 의하면, 그가 한 초등학교 남학생에게 인권을 가지고 있는지 물었더니 "나는 차를 마신 후에 초콜릿을 먹어도 좋다고 허락받았다. 나는 수요일에 피시 앤 칩스를 먹을 수 있다"(Lloyd, 2006: 120)고 대답했다고 한다. 인권존중학교는 인권에 관해 엄격하며, 모든 사람이 권리를 주장하는 데 그치지 않고 그에 대한 책임을 지도록 하기 위해 노력한다.

민주주의와의 관계

유엔아동인권협약은 민주적인 학급과 학교가 왜 중요한지 그 근거를 제공한다. 아이들이 본인에게 영향을 주는 의사결정에 참여할 수 있는 체계적인 기회(12조), 생각하고 자기 견해를 자유롭게 표현하는 아이들(14조), 존엄성을 잃지 않고 의견을 표현할 수 있는 분위기(39조) 등이 그것이다. 여기서 길게 설명할 수는 없지만, 민주적인 교사들에게서 배운 아이들이 학교에 대해 더 긍정적인 태도를 보이며, 다른 사람을 더 존중하고 더 높은 열망을 가진다는 주목할 만한 증거가 국제적으로 늘어나고 있다. 그들은 향상된 의사소통, 참여, 의사결정능력, 그리고 사회생활과 대인관계에서의 존중과 책임을 발달시킨다.

그렇지만 민주적 과정들이 존재하면 자동적으로 갈등이 해결된다고 가정해서는 안 된다. 북아일랜드와 이스라엘을 비교한 도널리와 휴스의 연구에서 보면, 모두 네 개의 초등학교가 문화적 관용을 북돋우기 위한 핵심 메커니즘으로 서클타임circle time⁴⁾을 이용했다. 그러나 교사가 갈등 관련 이슈를 다루는 방식은 가지각색이었다. 북아일랜드의 교사들은 대체로 이러한 논의를 할 엄두가 나지 않는다거나 통합학교⁵⁾에서는 서클타임이 중요하다고 보지 않는다고 진술했다. 이스라엘의 교사들은 이러한 논의를 정치적·문화적 경계를 무너뜨리는 과정에 당연히 있어야 할 요소로 그리고 카타르시스로 설명하는 경향이 있다. 이스라엘의 학교에서는 폭력에 대한 경험과 이야기들을 나누고 '해결책'을 찾으려는 욕구를 공유하고 있었다. 이는 2장에서 살펴본 대화 사례들을 떠올리게 한다. 북아일랜드의 학교에서, 교사들은 이 모든 것을 축구에 대한 토론으로 방향을 바꾸게 하고, 정서적이거나 공감적인 대화를 회피한다. 그리고 '반감' 또는 '관계 파탄'을 피하기 위해, 논란이 많거나 정치적 논쟁을 초래하는 분야로 토론이 잘못 들어서지 않게끔 신중하고 조심스럽게 다루었다. 심지어, 통합학교에 새로 부임한 일부 교사들은 갈등 조정에 뛰어든 선구자를 자임하지 않고 그저 하나의 일자리로 보기도 한다.

그 결과, 어떤 종류의 민주주의가 이야기되고 있는지, 누가 그것을 정의하는지, 그리고 어떤 수준에서인지에 주의를 기울여야 한다. 엘워시와 리프킨드(Elworthy and Rifkind, 2006)가 지적하듯이, 서구 엘리트 집단의 마음속에서 세속사회는 민주주의, 권력 분점, 여성 인권을 뜻한다. "이와 대조적으로 아랍 세계에서 세속적 통치의 경험은 권위주의와 관련되어 있는 한편, 이슬람의 통치 규범에는 세속적인 권위주의 체제에서 경험하지 못했던 포용성과 복지의 개념들이 포함되어 있다"(Elworthy and Rifkind, 2006: 55).

---

4) 아이들이 한 명씩 돌아가면서 자기 이야기를 하여, 서로에 대한 이해를 증진시키는 교육 활동이다. 아이의 자존감과 경청 능력을 키울 수 있다.
5) 신앙 기반 분리주의 학교를 부정하고 'All Children Together'를 모토로 하는 북아일랜드형 평화 학교.

아직 검토하지 않은 또 다른 가정은 민주주의와 국가주의 사이의 관계일 수 있다. 갈등과 테러리즘 시대의 민주주의 교육에 대해서 캐스린 커스틴의 견해가 널리 인용되고 있다.

우리의 아이들은 아주 위험한 시대에 살고 있다. 그들이 이 위험한 세계에서 자유의 유산을 보전하도록 준비시키기 위해, 우리는 민주적인 시민성 함양을 목적으로 하는 교육을 학교교육과정의 중심에 두어야 한다(Ben Porath, 2006: 116에서 재인용).

이는 시작부터 수상쩍어 보인다. '자유의 유산' 이데올로기는 부시의 이라크 침공 정당화를 연상시킨다. 하지만 벤 포라스가 지적하듯이, 그보다 훨씬 더 나쁘다. '진정한 시민'의 증표는 "용기, 충성심, 책임감, 선열에 대한 감사, 공동선을 위한 자기희생적 헌신······ 그들은 공화국에 대한 사랑 — 그리고 영속하라는 염원 — 을 가져야 한다". 벤 포라스는 이를 '전시戰時 시민성' — 충성과 희생을 유도하는 프로젝트로서 공동 정체성과 국가주의 — 이라고 불렀다. 나는 그것이 이데올로기 면에서 정치적 또는 종교적 순교로부터 멀리 벗어나지 않은 것으로 본다. 정부에 대한 비판은 없는 것으로 보이며, 오직 감사만 있다 — 노예무역에 대해? 히로시마에 대해? 베트남에 대해? 보아하니, 커스틴은 애국주의의 영웅적인 이야기를 통해 '이상적인 인물상'을 가르치고 학생들에게 그 모범에 따르라고 고취하는 것을 옹호하고 있다. 이런 형태의 시민적 미덕은 편협할 뿐 아니라 위험하며, 다원주의와 다원적인 역사에 거의 관심을 기울이지 않는다. 그것이 '민주주의 교육'을 하는 학교에서 생겨 나온다면 불온하기 짝이 없는 일이다.

그러므로 극단주의에 맞서는 교육에서 민주주의와 애국주의를 동등하게 보는 개념들을 검토하지 않은 채 넘어가는 것은 문제가 있다. 그리고 높은 수준의 심의민주주의deliberative democracy 개념이 요구된다. 나는 앞서 불의에 적극적으로 도전하고, 반대할 필요성을 인식할 때마다 반사적으로 '잠간만요!'라고 말하는 '개입적 민주주의'를 주창한 바 있다(Davies, 2004에서 탐구).

과 정 기 반 : 활 동 방 식

민주주의는 가치이면서 과정이다. 그리고 이는 세 번째로 논의해야 할 분면, 즉 과정상의 활동방식에 대한 논의로 넘어간다. 하나의 중요한 지향점은 양극화된 견해들, 대다수의 극단주의적인 정당화를 특징짓는 것으로 보이는 이항대립적인 사고방식에 맞서는 것이다.

조지 부시는 9·11 이후 "중간지대는 없다. 당신은 우리 편이거나 아니면 적이다"라고 말하며 흑백논리의 전형을 보여주었다. 그의 언설은 명백한 거짓이다. 몇몇다른 선택을 할 수 있었다. 예컨대 중립을 취하거나 중간지대에서 조정하는 노력등. 부시는 태도나 사고틀 — 그의 논리와 어휘 사용방식, 사고방식 — 로 인해 스스로 이슈를 오직 하나만 '옳은', 단 두 개의 선택지로 갈라놓게 되었다. 그와 우리는 그러한 사고틀을 가지고 전쟁을 벌였다(Colbeck, 2007).

콜벡이 그 무렵 논평한 바와 같이, 철저하게 비판적으로 사고하는 것은 결코쉽지 않다. 엄밀히 말해 불가능하다. 내가 비판을 하면서 동시에 그러한 판단을 내리는 데 자신이 적용한 기준을 비판할 수 없다. 하지만 우리는 그 기준의근거, 적용사례, 기원, 그 보편성 또는 개별성을 알아낼 수는 있다.

나는 갈등과 그 속에서 제도가 하는 역할을 탐구하기 위해 카오스 이론과 복잡성 이론을 사용해왔다. 복잡성 이론의 특히 귀중한 통찰은, 더 나은 형태로의 창발創發이 일어나기 위해서는 시스템이나 유기체가 '혼돈의 경계the edge of chaos' — 즉 아주 복잡하게 얽힌 형태, 실험, 위험 — 에 접근할 필요가 있다는 것이다. 극단주의가 하는 일은 사실상 상고주의尙古主義로 되돌아가는 것인데, 복잡성에 대한 인식을 결여하고 절대자와 선악 이원론을 선호한다는 점에서 그렇다. 교육은 그 대신에, 로빈 부룩 스미스(Brooke-Smith, 2003)가 리더십에 대한 책에서 주장했듯이, 이러한 이원론에 도전하고, 복잡한 현실을 인식하고, 혼돈의 경계에 접근하게 하는 역할을 해야 한다. 부룩 스미스는 학교교육 향상을 위해 혼돈의 경계를 이용해야 한다고 주장했다. 나는 이 주장을 반극단주의를 위해 제청하는 바이다. 구체적으로 보면 그것은 비교종교론, 비교가치론을 의미하며, 원하거나 필요하다면 과학이 아니라 종교로서 창조론까지도 탐구하게하는 것이다. 절대주의와 환원주의에 반대되는 것은 자연히 다의성多義性과 함께한다. 다의성은 또한 '비판적 존중(멸시)' — 한 문화에서 무엇이 존중받고 무엇이 멸시되는지 알아내는 — 을 촉진한다.

개방성과 대안 제시는 물론 악용될 수 있지만, 이는 감수해야 하는 위험이다. 개리 영(Younge, 2004)은 기독교 근본주의자 학부모들을 달래려고 과학 교과서에 진화는 '이론이지 사실이 아니다'라고 쓰인 스티커를 붙인 일로 법정에 서게 된, 미국의 한 변두리 학교에 관한 흥미로운 논쟁을 보고했다. 2,300명이 서명한 학부모 청원이 '다원주의에 입각한' 과학교과서를 공격했던 것이다. 일부는 창조론 — 성경에 쓰여 있는 대로 신이 인간을 창조했다는 이론 — 을 진화론과 나란히 가르쳐 주기를 원했다. 주장인즉, '공정한 몫', '다른 방식의 설명', '열린 마음'을 명분으로 내세웠다. 한 학부모는 "신께서 세상과 인간을 자신의 형상대로 창조하셨다. 이 쓰레기를 교과서에서 빼야 한다. 내가 원숭이에서 비롯되었다고 생각하는 누군가가 어느 날 요양원에서 나를 돌보는 것을 원하지 않는다"라고 말했다. 1987년 미연방 대법원에서 창조론은 공립학교에서 진화론과 함께 가르칠 수 없는 종교적 신념이라고 판시했다. 그때 이후로 창조론은 교회와 국가의 분리 문제를 우회하려고 '지적 설계론'으로 재포장되었다.

여러 대안에 대한 학습을 주장하는 나의 논의는 그럼에도 완전한 상대주의까지 흘러가진 않는다. 인권이 다양한 신념체계들이 미치는 영향의 진가를 검토하는 기초가 될 수 있는 것처럼, 증거 및 개연성 존중도 '진리'라는 주장들을 검토하는 기초로 삼아야 한다. 종국적으로 '지적 설계론' 신봉자들은, 우리가 그것을 설명할 수 없으므로 누군가 우월한 지적 존재가 있어야 한다는 주장에 기대게 된다. 그러나 우리는 현재 다윈 이래로 초자연적인 설명에 대립되는, 사실에 입각한 설명을 뒷받침하는 강력한 과학적 증거를 충분히 가지고 있다. 중력의 법칙이 그렇듯이 진화도 이제는 '이론'이 아니다. 나는 '사실들'에 대한 관념 — 지구는 평평하다, 돼지기름은 건강에 좋다, 엘비스는 살아 있다 등 — 이 변화한다는 것을 받아들인다. 학교교육의 기능은 새로이 전개된 국면을 인정하는 것인데, 그 시점에 확보할 수 있는 최선의 증거를 제시하고 학습자들이 이 증거에 접근하여 평가할 수 있게 하는 것이다. 이렇게 한다고 해서 진화의 결과인 자연의 경이로움과 아름다움에 감탄할 수 없게 되지는 않는다.

비판적 사고

긍정적인 갈등이 필요한 것처럼, 우리는 소크라테스가 제기함직한 '긍정적 극단주의'도 역시 필요로 한다. 그의 '양극단의 원칙extreme principle'은 첫째로 현재 자신에게 제시된 최선의 근거와 주장을 가진 견해에 따라 행동하는 데 전념하고, 아울러 훨씬 더 나은 근거와 주장을 추구하는 데도 전념해야 한다는 것이었다(Salmenkivi, 2007에서 재인용). 이는 1장에서 제기한 완전주의에 대한 우려와 모순되는 것으로 보일 수도 있지만, 가장 중요한 점은 아마 '최상의' 해결책에 도달하는 것이 아니라 끊임없이 추구하고 질문하는 과정일 것이다.

여기서 근본주의적인 태도에 관한 비판적 사고와 '더 나은 근거' 추구의 두 사례를 소개하겠다. 첫 번째는 인지와 감정의 이분법을 비롯한, 널리 받아들여지는 다양한 이분법들에 도전하려고 애쓰고 있는 페미니즘 교육과 연관된다(Ben-Porath, 2006). 이것은 단순히 개인 존중과 긍정적인 자아개념 형성에 관한 것이 아니다. 두려움, 증오, 오해가 교실을 온통 채우고 있으니 이를 딱 잘라 거부할 것이 아니라 다루어야 한다는 것이다. 레즈비언, 게이, 양성애자(이하 LGB)에 대한 태도와 관련하여(1장 참조), 칸은 진정 종교적인 교사야말로 자신의 믿음이 가르치는 아이들에게 영향을 줄 수 있을는지 검토해봐야 한다고 주장했다(여러 연구에 의하면 종교적 확신이 강할수록 LGB 사람들에 대해 덜 관용적이다). 칸은 권위 있는 성경 구절에 고착된 믿음을 가진 학생들에게 교육자가 어떻게 접근해야 하는지 묻고 있다. 그녀가 사용한 전략 중 하나는 '성가신 의심'을 유발하려는 희망을 가지고 모순되는 정보를 제공하는 것이다. "학생들은 자신들이 '정상적'이고 '옳다'고 간주하는 것이 사회적으로 구성된 범주이며, 그래서 불안정하고 불확정적이며 변할 수 있음을 알아야 한다"(Kahn, 2006: 365). 당신은 학생들에게 LGB 사람들이 놀림 받지 않도록 보호해야 한다고 '말하기'만 할 수는 없다.

신념을 변화시키기 위한 상식적인 접근은, 다문화 교육에 대한 단순한 접근과 다르지 않게, 어떤 의미에서 정교하지 않다. 일부 사람들은, '진정한' 다문화 학교는 아프리칸 - 아메리칸, 히스패닉 등 모든 민족의 역사의 달을 지정하고 각자 그들의 유명인사 사진을 전시하는 각자의 게시판을 복도에 설치한 그런 곳이라고 믿는다. 어떤 '믿을 만한' 정보나 결과물이 주어지면, 개인들은 바람직한 행동 또는 신념에 따를 것이라는 가정이 있다(다시 말해, 만일 우리가 사람들에게 저명한 아프리칸 - 아메리칸을 보여준다면 누구나 인종주의자가 되지는 않을 것이다, 만일 내가 사람들에게 저명한 아프리칸 - 아메리칸을 보여주고 있다면, 나는 인종주의자가 아니다)(Kahn, 2006: 365).

칸은 학생들 자신이 미디어, 교회, 학교 같은 사회화 행위자들의 권력이란 현상status quo에 대한 문제제기에 익숙지 않은 존재임을 '깨닫고' 이를 해체하도록 지도하는 데 무엇이 주된 장애물인지 알고 있다. 여기에도 행위성의 문제가 있다. 칸은 자신이 연구한 교생들 대부분이 LGB 사람들은 다른 사람과 똑같은 권리와 특전을 받을 만하다는 데 동의하긴 하지만, 실제로는 동성애 혐오 시위를 하는 사람들에 맞서 싸우는 게 중요하다고 생각하는 사람은 43명 중 13명뿐이라는 것을 발견했다. 이건 모순 아닌가? 아니면 단지 책임의 방기이거나, 신념·정체성과 행동 사이의 탈구disjuncture를 인정하는 것인가? 칸은 장래의 교사들이 지닌 타성을 깨뜨리기 위해 약간의 전략을 내놓았다 — 학생들에게 각자의 신념을 표명하라고 요구하기, 불일치를 검토하기, 여러 신념의 문화와 역사에 대해 시험 치르기, 게이는 소아성애자이고 LGB는 좋은 부모가 될 수 없다와 같은 속설을 파헤치기, 학습재료 제공하기, 강연자 초청하기, 학생들에게 앞으로는 경멸하는 말을 내뱉지 않을 것이며 LGB 청소년의 정체성을 긍정하겠다는 맹세를 요구하기이다.

동일한 전략이 소수민족이나 종교적 소수자 같은 다른 집단에 대한 태도와 행동에도 물론 적용될 수 있겠다. 또한 근본주의적인 기독교에 기반을 둔 신념뿐 아니라 다른 극단주의적인 입장에 근거한 신념을 가진 교사들에게도 적용될 수 있다.

이즈티하드와 '진리'

두 번째, 우리는 이즈티하드ijtihad라는 가장 중요한 지하드에서 배울 점이 많다. 이즈티하드란 '독자적 추론'이라는 이슬람 전통이다. 캐리 안탈(Antal, 2006)은 이즈티하드에 대해 유용하고 잘 연구된 논의를 제시했는데, 이즈티하드라는 '지적 도구'는 무슬림 세계의 발전과 개혁에 관한 담론에서 점점 더 많이 등장하고 있다고 주장한다. 이즈티하드는 문자 그대로 해석하면 지적인 '분투' 내지 '진력盡力'인데, 역사적으로 이슬람 율법과 학문의 발전을 추동해온 핵심적인 과정이었다. 진보적 무슬림들은, 이즈티하드가 실제로 쿠란이나 수나sunna(확립된 이슬람 관례)에서 답을 찾을 수 없는 문제에 대해 추론하고 비판적 분석을 해야 할 모든 무슬림의 의무이자 권리라고 주장하고 있다. 안탈에 의하면 다수의 학자, NGO, 다국적 기구, 무슬림 종교권위자들이 21세기에 아랍사회의 개조를 도와줄 도구로서 이즈티하드를 꼽았다. 율법 관점에서는 타크리드taqlid(선례에 따르자)와 대조된다. 하지만 이슬람권의 개혁을 지지하는 사람들 중에서는, 타크리드에서 율법적 이즈티하드로의 변화가 매우 유용하고 필요하긴 하지만 그것만으로는 대대적인 변화를 성취하는 데 불충분하다는 목소리가 많다. 그들은 이슬람권의 발전을 자극하기 위해서 그리고 아랍세계가 어떤 시민에게서나 창조적인 발전 방안을 끌어낼 수 있도록 개인 수준에서의 이즈티하드를 강력히 장려하기 위해서는 대대적인 변화가 요구된다고 믿는다.

> 진보적인 교육과정과 학생중심 교수법의 뒷받침하에 학교에서 비판적 사고를 고취하는 것은, 개인의 이즈티하드를 널리 보급하는 첫걸음이라고 여겨진다(Antal, 2006: 2).

이샤드 만지는 비판을 대하는 유대인과 무슬림의 차이를 언급하며, 이를 더욱 강하게 표현할 수밖에 없었다. 유대인은 실제로 그들의 성서를 주석註釋으로 에워싸고 탈무드 자체에 논쟁을 포함시키는 방식으로 반드시 의견 차이를 공표한다. "이와 대조적으로, 대부분의 무슬림은 쿠란을 해석하기보다는 본떠야 하는 문서로 대우하며, 혼자 힘으로만 생각하는 능력을 질식시키고 있다"(Manji, 2004: 42). 그것은 '완전한' 성서이므로, 의문을 제기하고 분석하거나 해석조차 해서도 안 되며, 그저 믿어야 한다. 하디스(예언자 무함마드의 전 생애에 걸친 언행에 대한 권위 있는 기록물)도 그에 복종해야 한다고 요구하면서 비슷한 기능을 한다.

> 당신은 선善이라는 특급열차가 우리를 실제 어디로 데려가는지 아는가? 그 목적
> 지는 뇌사상태라고 부르는 곳이다. 이슬람의 보호막 아래서 오남용이 일어날 때,
> 대다수 무슬림은 어떻게 논쟁하고, 재평가하고, 개혁할지를 모른다. 우리가 듣기
> 로, 완전한 성서에 충실하기만 하면 오남용은 일어나지 않기 때문에 그것은 당연
> 한 일이라 한다. 아니, 이 무슨 정신 나간 논리인가! 이러한 순환논법적인 정신 길
> 들이기는 아주 총명한 사람을 멍청이로 그것도 위험한 멍청이로 변하게 할 수 있
> 다(Manji, 2004: 43).

이사드 만지는 무슬림들이 오늘날 이슬람의 관행에 내재된 심각한 문제점을 인정하는 대신에, 이슬람을 '복고적으로 낭만화'해왔다고 말한다. "우리는 결코 테러리스트가 아니라는 메시지를 고수하라는 동료 압력peer pressure은, 우리에게 가장 중요한 지하드인 '자기비판'을 회피하라고 꼬드겼다." 그래서 그녀도 이즈티하드라는 이슬람의 또 다른 전통에 귀의한다.

이즈티하드는 유엔개발계획UNDP의 아랍개발 보고서에서 지지를 받았다. 모로코 라바트에 본부를 두고 전 무슬림 세계에서 연구원을 차출한 다국적 기구인 이슬람교육과학문화기구ISESCO의 지지를 받았음도 물론이다. 걸프 연안국의 아랍교육국ABEGS도 과학기술 분야의 학문적 우수성을 고양시키려고 학생 중심의 학습과 비판적 사고능력 개발을 강력히 지지했다. 이 기구들의 이즈티하드 옹호는 극단주의에 대한 방호벽으로 사용하기보다 경제 및 과학 개발에 더 많은 관심을 두고 있음을 알 수 있다. 하지만 이해가 일치하는 것은 좋은 일이다. 사우디아라비아의 국민대화 포럼에서 지역 전문가들이, 종교적 극단주의와 테러리즘 성향을 감소시키려는 목적을 가진 교육과정 종합개혁안의 일부

로서 이즈티하드 교육을 지역 학교에서 실시하자고 제안하는 것을 볼 수 있었다. 그들은 교실에서 테러리즘적인 정신상태가 자라나는 것을 예방하기 위해 또한 매우 권위주의적인 교육시스템을 종교적 교화의 도구로 이용하는 것을 막기 위해 공립학교에서의 이즈티하드 교육을 촉구했다(Dankowitz, 2004). 게싱크(Gesink, 2006)는 이집트에 관해 쓰면서, 비판적 사고능력을 키워주는 것은 역사적으로 행해져 온 수많은 이즈티하드 적용의 하나가 될 것이라고 평가했다.

하지만 고위 종교 권위자들은 이러한 이즈티하드의 보급이 사회에 해로우며, 시온주의자들과 결탁하거나 미국의 이익에 봉사하는 것이라고 반대했다. 심지어 주창자들을 재판에 회부하자고 요구하기도 했다. 이즈티하드에는 오직 종교 권위자들만이 적법하게 참여할 수 있는가라는 계속되는 논쟁은 이샤드 만지의 더욱 '이단적인' 저술로 이어졌다.

이즈티하드에 관한 학습은 나에게 의문이 샘솟게 했다. 이들 종교 권위자는 누구인가? 쿠란이 정식 성직자를 인정한다는 말인가? 아니다. 쿠란의 조울증은 그 텍스트에 대한 어떠한 해석도 선택적이고 주관적으로 만들지 않는가? 그렇다. 그래서 독자적으로 사고할 권리, 이즈티하드의 전통은 사실 우리 모두에게 열려 있다고 할 수 있는 것 아닌가? 종교적 유권해석에 의한 칙령을 내리는 아야톨라 ayatollah[6]야말로 이 권리를 자신들에게 빼돌린 사실상의 이단자 아닌가?(Manji, 2004: 64)

의미심장하게도, 미국 정부 역시 무슬림 세계에서 평화, 민주주의, 발전을 이루는 데에서 이즈티하드의 역할에 대한 연구와 재정지원을 지시했었다

---

6) 시아파의 고위 종교 권위자에 대한 존칭이며, '하나님의 징표'로 풀이되는 아랍어에서 나온 말이다.

(Smock, 2004). 제안서는 철학, 논리학, 심리학, 정치학, 경제학을 교육과정에 편입시키는 데 더해서 4대 수니 법학파[7]를 모두 가르치고 비교하는 것을 포함하는 종교교육과정 개혁을 제안하고 있다. 미국 정부의 싱크탱크인 이슬람과 민주주의 연구센터CSID는 이즈티하드가 핵심적인 역할을 하는 무슬림 민주주의의 비전을 전파하는 데 적극적이다. 책임자인 라드완 마스무디는 대다수 무슬림들이 온건하다고 믿고 있는데, 그들은 대의정치를 바라면서도 민주주의의 개념에 대해서는 지금껏 경험해온 바에 따라 불신하고 있으며, 종교적 극단주의의 정치적 목표와 세속적 극단주의자들 사이에 끼여 뒤흔들리고 있다. CSID는 민주적 통치방식에 대해 가르치기 위한 교사용 매뉴얼을 개발했으며, 이런 불신을 고려하여 슈라shura(협의)[8]와 이즈티하드 등 자유로운 대의제적 통치방식에 도움이 되는 이슬람 전통의 용어로 민주주의를 표현했다. 매뉴얼은 학생의 비판적 사고능력을 개발하고 쿠란과 하디스에서 뽑아낸 정보를 논리적으로 분석해 참신한 결론을 끌어내라고 요구하는, 학생 중심의 활동들로 가득하다. 사실상 수업의 일환으로서 학생들에게 이즈티하드를 실습하도록 하는 것이다 (Antal, 2006: 10).

이즈티하드는 다른 어느 경우에도 비판적 사고를 북돋울 것이다. 2005년에 타리끄 라마단이 이렇게 말한 바 있다. "우리 종교의 이름으로 이런 일들을 하고 있는 자들에 대해 그리고 영국 시민이라면 영국 정부의 모든 결정을 맹목적으로 받아들여야 한다고 말하는 자들에 대해 반대한다는 뜻을 공개적으로 말할 때가 되었다. 우리가 가져야 하는 것은 비판적으로 참여하는 건설적인 충성이다." 그는 광범위한 종교 간 대화를 해야 할 때라고도 믿는다. "무슬림이 반

---

7) 하나피, 말리키, 샤피이, 한발리를 말한다.
8) 쿠란과 예언자 무함마드는 무슬림에게, 무슨 일을 결정할 때 그 결정으로 영향 받게 될 사람들과 협의하도록 권장하고 있다.

유대주의는 받아들일 수 없다고 말해야 할 적기다. 우리는 우리 자신의 전통에 질문을 해야 하며 종파적이고 인종주의적인 것에 대해 자기비판을 해야 한다." 그것은 종교적 형식주의를 넘어서서 무슬림 청소년들을 교육하는 것을 의미한다. 그들에게 "사회정의를 촉진하는 역량과, 여자든 남자든, 부유하든 가난하든, 모든 개인의 존엄성 보호가 진정한 이슬람을 결정하는 것이다"라고 가르쳐야 한다(Ramadan, 2005: 8).

비판적 행동과 비폭력

극단주의에 대한 해답은 단순히 '온건해지자'는 것이 아니다. 집단학살은 '온건하게' 이루어지는 것이 아니다. 해답을 찾기 위한 비판적 사고와 비판적 가치기반을 보편주의적인 인권과 아동 인권에서 확립한 후에, 비로소 실천적 행동에 들어갈 수 있다. 이는 '시민사회 건설'이라는 거대하고 추상적인 계획에 관한 것이고 아울러 폭력과 극단주의에 맞서는 개인의 행동들에 관한 것이다. 한 예로 국제지뢰금지조약을 들 수 있다. 이 조약을 이끌어낸 공로로 노벨 평화상을 수상한 조디 윌리엄스에게 어떻게 그 일을 해냈느냐고 질문하자 그녀는 '이메일'로 이런 답신을 보내 왔다(Garton Ash, 2004: 251). "우리는 무기력하다는 착각을 거부해야만 합니다."

흥미로운 것은 파키스탄의 극단주의적인 개혁이 인권운동을 완전히 쓸어내지 못했다는 것이다. 왜? 센(Sen, 2006: 73)에 따르면, 다음과 같은 여러 요인에서 저항이 생겨났기 때문이다.

- ▶ 시민법 활용
- ▶ 민간 반체제인사의 용기와 참여

- ▶ 사법부의 많은 강직한 판사들이 내린 공정한 판결
- ▶ 존재감이 큰 진보적인 사회여론
- ▶ 비인간성과 시민의 존엄성 훼손 등 '성찰적 공중'의 관심사에 주목하게끔
  하는 미디어의 효과성

위 요인들을 북돋우기 위해 교육이 할 수 있는 역할을 찾기는 그다지 어렵지 않다. 법률 교육, 미디어 교육, 지성적 시민성informed citizenship 교육 등. 미국이 주도하는 테러와의 전쟁은 군사적 해법에 사로잡혀 있고 시민사회의 중요성을 무시해왔다는 문제가 있다. 해결책을 찾기 위해 '무슬림 지도자들'과의 회담에 늘 역점을 둠으로써, 비종교 기관과 운동의 중요성을 격하시키며 종교 권위자들의 목소리를 키워주고 강화해왔다. 문제는 우리에게 '세속적 지도자' 또는 '인본주의적 지도자'가 없다는 것이다. 어쩌면 사람들은 자신이 직접 위임하지 않는 한 누군가가 자신을 대변하는 것을 꼭 원하지 않을지도 모른다. 그러나 이 책의 전반적인 메시지는, 극단주의에 대한 도전이 시민사회의 특정 부문에 국한되지 않고 모든 시민사회에서 이루어지게 해야 한다는 것이다. 아마르티아 센이 논평한 바와 같이.

종교의 직접적인 영역을 넘어서는 역할을 하는 율법학자와 성직자를 충원하려는 노력들은, 물론 모스크나 사원에서 설교되는 바에 상당한 영향을 미칠 수 있다. 그러나 어쩌다 무슬림으로 태어나긴 했지만, 본질적으로 정치적이고 사회적인 문제를 다루려는 시도를 (다른 사람과 함께) 할 수 있고 또 그렇게 하는 시민운동가들을 폄훼하기도 한다. 종교적 극단주의가 시민들(종파를 불문하고)의 책임 있는 정치적 행동을 폄훼하려고 해온 일은, 근절되기보다는 얼마간 강화되어왔다. 이는 테러리즘과 싸우기 위해 '보수적인' 종교기관의 협조를 구하려고 노력해온 결과다(Sen, 2006: 78, 83).

그래서 나는 학교에서뿐 아니라 지역사회에서의 행동도 장려하는, 적극적인 비분파적 시민성이 여러 학교와 나라에서 성장하는 데 고무되었다. 학생의 의사결정이 학교와 지역사회에 미치는 영향에 대한 카네기재단의 최근 연구(Davies et al., 2006)에서, 우리는 전 세계적으로 80여 개에 달하는 연구물을 고찰했다. 우리는 청소년이 단지 지역사회를 개선하기 위해서만이 아니라 지방정부와 중앙정부에게 책임을 묻기 위해서도 행동을 취한다는 증거를 발견했다. 이것은 이 책을 쓰며 염두에 두어온 세 번째 질문9)에 관련된다. 청년 G8 정상회담, 청년의회, 지방정부의 청년자문단 등은 미숙할지는 모르지만 적어도 옹호하고 로비하고 협상하는 능력, 즉 폭력적인 수단을 통해서가 아니라 합법적인 과정과 미시적 정치과정을 통해 변화를 창조하는 그런 능력을 배우고 있다.

정부 정책을 포함한 다양한 주제에 관해 자신의 의견을 표현하는 데에서, 학생의 발언을 들어주는 학교의 학생들이 발언기회를 거의 주지 않는 학교에 다니는 학생들보다 훨씬 더 자신감 있음을 한 대규모 연구가 밝혀낸 바 있다(Hannam, 2004). 이와 유사하게, 우리가 관여해온 학교운영위원회 발전에 관한 프로젝트도 — 놀랍지 않게 — 권한과 책임을 부여받은 학생들이 행위자 감각을 개발하고 상황을 변화시킬 자신감을 향상시킨다는 것을 알아냈다(Davies et al., 2007). 이것은 고도의 지능이 요구되는 일은 아니다. 그러나 일부 교사들이 여전히 학생 참여에 얼마나 반대하고 있는지 이는 흥미로운 일이다. 그 프로젝트에는 교수·학습 시스템에 대하여 피드백을 받기 위해 학생을 참여시켜 교사들을 관찰하게 하는 부분이 있었는데, 한 교사가 "나는 어린애kids에게 나를 관찰하고 가르치라고 …… 하지 않는다"는 반응을 표출했다.

---

9) 어떻게 하면 극단주의적이거나 폭력적인 운동에 혹은 그러한 정부들에 사람들이 도전할 수 있는 능력을 갖게 될 수 있을까?(17쪽 참조)

그래서 나는 극단주의와 씨름해야 할 교육에 대한 개인 수준과 기관 수준의 장애물을 소홀히 다루지 않는다. 또한 나는 나보다 혹은 영국 학교의 아이들보다 훨씬 더 어려운 환경에 있는 사람들을 대변하지도 않겠지만 해서도 안 된다. 전 세계의 유네스코 협동학교에 대한 보고서를 작성하기 위해(Davies et al., 2003), 우리는 각 학교에 평화, 관용, 인권을 위해 지역사회에서 무슨 활동을 하고 있는지 질문했으며, 몇 가지 영감을 주는 사례를 받았다. 어린이 행진, 평화 불침번peace vigils, 지역사회 내의 비폭력 옹호활동 등. 그러나 우리는 또한 강점된 팔레스타인과 가자 지구의 아이들로부터 비통한 답변을 받았다. 그들의 답변은 이렇다. 첫째, 우리에게는 자유로운 이동이 허용되지 않았다. 검문소, 장벽, 이스라엘 병사의 야만성 때문에 우리들은 아무것도 할 수가 없다. 둘째, 그래서 우리는 이스라엘인들에게, 그런 것들이 아니라 평화를 줄곧 요구해야 하는 상황이다. 어떤 보편적인 치방이나 극단주의에 맞서는 시민성 교육과정을 제안하는 것은 안이한 처사일 것이다.

신앙기반학교의 이슈는, 그들이 무슨 행동을 취하며 누구를 위해서인가에 대한 판단이 될 것이다. 오스트레일리아의 알 누리 무슬림 초등학교는 지역사회의 일원이 되고자 했으며, 이를 위해 폭풍으로 파손된 지붕을 수리해주기도 하고 지역주민을 다과회에 초대하기도 했다. 그러나 결정적으로 지역사회 일원으로 받아들여진 것은, 학교 인근 주민의 손자도 포함된 오스트레일리아 사람들이 쿠웨이트에서 인질로 잡혔는데, 이들을 풀어달라는 탄원서를 아이들이 사담 후세인에게 직접 보내고 나서이다. 처음으로 무슬림들이 애국적인 오스트레일리아 국민이면서 동시에 진정한 무슬림이라고 묘사되었다(Donohoue Clyne, 2004). 이는 반가운 변화였는데, 그동안 오스트레일리아 언론들은 히잡을 쓰고 교실 뒤편에 앉아 있는 여학생들에 대해 성차별의 증거라는, 더 나쁘게는 테러리즘을 연상시킨다는 이미지를 가지고 있었다. '특정 종파가 운영하는 학교denominational school'를 찬성하는 주장 중에는, 아마 틀림없이 그들의 정치적 영향력을 이용하려는 저의도 있을 것이다.

오마르는 이 영향력에 관한 또 다른 실제 사례를 제시해주었다. 그는 젊은 소말리아인들이 런던의 일링 자치구에다 카페, 회의장, 지역사회활동센터를 겸하는 클럽을 개설한 일에 대해 서술했다. 조언과 의견을 뜻하는 '타로Talow'라는 이름을 붙인 클럽은 소중한 서비스를 제공했다. "펠텀 같은 소년원에서 수감 생활을 하고 매우 독실한 무슬림이 된 청소년들은, 타로 같은 장소가 없다면 그들의 소외감을 쉽사리 폭력으로 표출할 수 있다. 야신 하산 오마르Yassin Hassan Omar가 그랬던 것처럼"(Omaar, 2007: 208). 어떤 사람은 영세기업 네트워크를 구축하려 애쓰고, 또 다른 사람은 시위를 통해서가 아니라 투표 — 비록 작을지라도, 통합과 적극적 참여의 핵심 요소 — 로써 그들의 목소리를 전달하기 위해 노력하고 있다.

비판적 이상주의

우리는 최종적으로 청소년의 행위성과 정치 참여를 고양시키려는 목적에 대해 또다시 논의해야 한다. 극단주의에 맞서는 형태의 교육에 대해 찬성론을 펴는 데는 다소 역설이 있다. 그것은 세계무역 컨퍼런스가 열리는 회의장에 '글로벌화에 맞서는 범세계적 운동에 동참하자'는 표지판이 놓여 있는 아이러니와 다를 바 없다. 이 역설을 요약하면 이렇다. '청소년들은 이상을 갖기 바란다. 민주사회에서 이 이상들은 강요되거나 주입되어서는 안 되며 또 그럴 수도 없음을 인정한다. 그럼에도 이상의 추구가, 해롭다고 여겨지는 길로 빠져들 수 있음을 실감한다.' 시커링크와 드 루이테르가 이와 같은 딜레마를 일부 인정하고 있다.

우리가 반테러 교육을 통해 보전하려고 노력하는 것은 다른 이상들과의 교류에 의해서만 꽃피울 수 있다. 이와 동시에 극단주의에 맞서는 교육의 등장은 이상에 대한 경계를 촉구하는 것이기도 하다(Sieckelinck and De Ruyter, 2006: 13).

이 책의 도입부에서 극단주의자와 테러리스트들은 주로 사회적 공간에서 행동하는 사회적 혹은 정치적 이상주의자임을 살펴보았다. 시커링크와 드 루이테르는 "다른 사람들이 이상주의자의 계획이나 행동의 희생자가 될 것이라고 예상된다"고 지적하며 이와 같이 묻는다. "우리는 아이들에게 반테러 담론에 이어서 행위성을 일깨우는 가치 있는 이상의 본보기를 제시할 수는 없는가? 그럼으로써 이상을 향한 열정을 표현하는 방법에 대해 성찰하는 한, 이상에 따라 사는 것이 좋다고 아이들을 가르칠 수는 없겠는가?"(Sieckelinck and De Ruyter, 2006: 15~16)

여기서 무엇이 '가치 있는' 것이고 무엇이 '공공선'인지를 누가 결정하는가라는 문제가 바로 나온다. 시커링크와 드 루이테르에게 '합당한 열정'은 합리성(성찰), 도덕성(타자에게 해롭지 않은), 분별력(자기희생이 아닌)을 포함하는 것이다. 그래서 반테러 교육은 아이들이 이상을 가지되 '합당한' 방식으로 추구하도록 장려하는 데 노력을 집중해야 한다. 그것은 단순한 '안전보장 담론'에 그치는 것이 아니다. 진정한 의도는 이렇다. 교육은 다양한 이상理想을 수면 위로 끌어내어 토론해야 한다. 그래서 성찰과 숙고가 필요한 것이며, 다른 것을 모두 제치고 하나만을 내세움으로써 다른 이상을 가진 사람들을 폄하해서는 안 된다. 이것이 3장에서 언급했던, 학교 내의 영국국민당 지지자들이 가진 문제점이었다. 학교교육이나 동향파악이 더 강하게 개입할 필요가 있는 곳이 어디냐가 그 이상들이 어떻게 추구될 수 있는지에 우선한다.

사회정의 옹호활동의 제창자들에게서 유용한 구분과 전략을 배울 수 있다(Cohen et al., 2001). 옥스팜[10] 옹호활동 연구소Oxfam Advocacy Institute의 글로벌 실행매뉴얼에서, 전략을 네 영역으로 구분했는데, 이념적 옹호활동(거리와 의사결정자 집무실에서 그리고 선거운동에서, 신념과 가치를 관철시키기 위해 압박하고 다른 가치들과 투쟁하는 제반 활동들), 대중 옹호활동(청원, 항의, 비폭력 시민불복종), 이해집단 옹호활동(이슈별 조직화, 정책로비), 관료제적 옹호활동(제도권 의사결정사에게 영향을 미치는 연구자, 경제학자, 컨설턴트)이 그것이다. 옥스팜은 각각의 활동형태에 비평을 달고 사회정의 옹호활동은 개개인의 힘을 끌어내고 결합하기 위해 노력하는 것이라고 주장하고 있다. 사람들의 경험을 이용하고 그들의 지식을 풍부하게 만드는 방법 찾기, 관료 및 전문가들과 관계 구축하기, 의사결정체계에 관여하기 위해 조직화된 대중행동 전개하기, 항의를 특정한 제도적 변화를 요구하는 정책 수요로 변환하기 또는 '항의에서 정치로' 이행하기 등(Cohen et al., 2001: 10). 그 매뉴얼은 학교에 적용하려고 만든 것은 아니지만 매우 가치 있게 이용할 수 있으며, 특히 정치적 공간과 인권 프레임이라는 관념상의 모형을 이용하는 데서 그렇다.

결 론

이제 XvX 모형을 다 채울 수 있게 되었다. 민망하게도 양극단 구조로 되어 있는데, 이는 극명한 대조를 위해서이다. 왼쪽의 X는 반극단주의 교육의 모든 구성요소를 요약했으며, 오른쪽 X는 극단주의적인 분열과 태도들을 고착화하는 학교(그리고 사회)에 관한 것이다.

---

10) 1942년 설립된 옥스퍼드 기근구제위원회Oxford Committee for Famine Relief로 출발해 1995년에 국제적인 NGO인 '옥스팜 인터내셔널'로 확대되었다. 시민들의 자발적인 참여와 기부 그리고 전 세계 1만여 개소의 자선가게를 기반으로 운영하고 있다. 2000년 11월 옥스팜은 인권기반 접근 원칙을 채택해 활동의 기조로 삼고 있다.

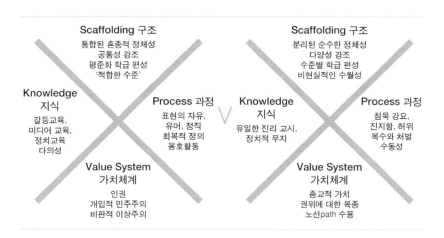

모든 구성요소는 반극단주의 교육이 정합성을 갖는 데 필요한 것이라는 점을 놓치지 말아야 한다. 가치와 학교생활에 대한 인권기반은 이제 청소년들에게 개인의 자존감을 갖게 한다. 그것은 또한 즉각적인 실천을 하게 하고 책임을 행사하는 데 이타주의를 느끼게 함으로써, 그들이 세상에서 특별한 지위를 약속하는 극단주의 집단에 덜 이끌리게 할 것이다. 자기뿐만 아니라 다른 사람들의 인권도 알기 바라는 것의 귀결점은, 청소년들이 정치화되도록 ― 급진화되더라도 ― 학교가 힘써야 한다는 것이다. 그러나 이상주의는 해악을 야기한다는 의미에서의 극단주의로 흐르지 않을 것이므로, 학생들과 교사들에게 필요한 다섯 가지 유형의 비판성criticality을 제시하는 것으로 이 책을 마무리한다.

▶ 갈등연구, 비교종교론, 비국가주의적 시민성과 정치기술을 포함하는 건전한 정치교육 ― 비판적 학문
▶ 보편적 권리와 책임에 대한 건전한 이해 ― 비판적 존중(폄하)
▶ 대안적인 이상들과 각각의 추구 수단을 비교·평가하는 능력 ― 비판적 사고

▶ 이상은 잠정적인 것이어야 함을 받아들이기 ─ 비판적 의심

▶ 이상과 그것을 품은 사람은 조롱받을 수 있음을 받아들이기 ─ 비판적 유쾌함

극단주의에 대한 해법은 온건함이 아니다. 고도로 비판적이고 지성적인 이상주의다. 유쾌하게 다루는 솜씨 또한 극단주의에게는 주요한 적敵이 된다.

공항에서 체포된 수학교사

뉴욕. 오늘 JFK 국제공항에서 한 공립학교 교사가 체포되었는데, 그는 자, 각도기, 삼각자와 계산기를 소지하고 탑승하려다 저지당한 것이었다. 오늘 아침 기자회견에서 알베르토 곤잘레스 검사는 그 남자가 악명 높은 알지브라Al-gebra(알카에다의 패러디 ─ 옮긴이) 운동의 조직원인 것으로 믿어진다고 말했다. 검사는 수학교육 무기 운반 혐의로 FBI에 의해 기소된 남자의 신원을 밝히지는 않았다.

"알지브라는 우리에게 골칫거리죠." 곤잘레스는 말했다. "그들은 평균값means과 극단값extremes으로 해법을 찾기 원하죠. 때로는 절대값을 구하기 위해 갑자기 접선tangent에서 이탈하기도 하고요. 그리고 그들은 'x'와 'y' 같은 비밀스런 암호명을 사용하며 '미지수'라고 부릅니다. 우리는 그들이 모든 나라에 좌표를 둔, 중간 악의 축the axis of medi eval이라는 공통분모에 속한다고 결정했습니다."

그의 체포에 대해 논평을 요청하자, 부시 대통령은 "만일 하나님께서 우리가 더 좋은 수학 교육 무기를 가지길 원하셨다면 우리에게 더 많은 손가락과 발가락을 주셨을 것입니다"라고 말했다. 백악관의 조수助手들은 이보다 더 지성적이고 심오한 성명을 대통령에게서 들은 기억이 없다고 출입기자들에게 이야기했다.

왜 오늘날 세계는
평화를 유지하기가 그토록 어려운가?*

---

* 이 부록은 영국 교육과정개발원QCA이 만든 실습 프로그램의 단원 11로서, 영국 중학교에서 시민성 교육과정과 역사 교육과정에 사용되고 있다.

학교는 어떤 계기를 통해 학생의 시민성이 명료하게 발현되게 할 것인지 결정할 필요가 있다. 이 단원은 시민성과 역사 교육과정에서, 혹은 이 중 어느 하나를 통해 수업을 진행할 수 있다. 그리고 현 시대의 분쟁을 그 역사적 배경이라는 맥락 속에서 학습할 수 있게끔 예시를 보여준다. 엄밀히 말하면, 중학교(Key Stage 3, 7~9학년 — 옮긴이) 국가교육과정의 시민성 학습프로그램과 역사 학습프로그램의 수업요건 일부를 충족한다. 이 단원에서 역사에 고유한 측면은 바로 다음에 확인할 수 있다. 이 단원의 구조, 탐구 및 수업활동은 오늘날 세계 각지의 분쟁에 대해 학습하는 데 적용할 수 있다. 발칸 지역에서의 전쟁을 한 예로 들었으며 '특기사항' 난에 필요한 정보를 제시했다. 북아일랜드나 중동 같은 지역에서의 분쟁 상황도 이 단원에서 학습의 초점이 될 수 있다.

이 단원에서 학생들은 세계 각지에서 벌어지고 있는 분쟁을 탐구한다. 학생은 미디어가 분쟁 상황을 보도하는 각양각색의 방식과 그것이 사건에 대한 우리의 이해와 의견에 미치는 영향에 관해 학습한다. 그리고 핵심적인 이슈와 사건을 밝혀내기 위해 다양한 출처에서 나온 정보를 분석한다. 학생들은 현재의 분쟁을 이해하는 데는 관련된 역사적·정치적·사회적·문화적·경제적 맥락에 대한 얼마간의 지식이 필요하다는 것을 깨닫는다. 그리고 다양성 이슈를 제대로 인식하고 사건을 다른 민족의 관점에서도 보게 된다. 학생들은 평범한 사람들이 폭력적인 대사건에서 어떻게 영향을 받는지 그리고 정부와 시민사회단체는 인권을 보호하고 이런 사건들의 충격을 완화하기 위해 어떻게 일하는지 알아낸다.

학생들은 분쟁 중인 사회 내의 문화적·종교적·민족적 다양성에 관해 배우고 이것이 어느 정도로 위기의 원인이 되어왔는지 분석한다. 그리고 다른 민족의 역사에서 있었던 핵심적인 사건의 중요성을 염두에 둔다. 또한 20세기 정치적 변화들의 이유와 그 결과를 설명한다. 학생들은 역사가 여러 민족에 의해 갖가지 방식으로 어떻게 이용되거나 악용되었는지 그리고 왜 그렇게 되었는지 이해한다. 또한 현재의 상황에 관해 알아내기 위해 다양한 정보원천들을 어떻게 이용하고 이들의 신빙성을 어떻게 평가하는지 배운다.

이 단원은 역사에서 얻은 지식과 이해, 이를테면 여러 사회의 다양성과 왜 사건이 벌어지는지에 관한 지식과 이해에 기반을 둔다. 그리고 역사적 사건들이 왜 다르게 해석되는지에 대한 이해에 기반을 둔다. 이 단원은 또한 정보의 원천을 이용하는 능력과 자신의 지식을 명확하게 전달하는 능력을 개발하고 통합하는 기회를 마련해준다.

교사는 난민이나 군인가족 같은 배경을 가진 학생들처럼, 이 단원의 여러 측면에서 상처받을 수도 있는 학생들을 세심하게 배려해야 한다.

이 단원은 중학교 시민성 학습프로그램의 아래와 같은 측면들을 다룬다.

▶ 지성적인 시민informed citizen이 되는 데 필요한 지식과 이해
교육 주안점
- 공정한 갈등 해결의 중요성
- 사회에서 미디어의 중요성
- 글로벌 공동체로서의 세계와 그 정치적·경제적·환경적·사회적 함의 그리고 유럽연합, 영연방 및 유엔의 역할

▶ 질문 및 의사소통 능력 개발
교육 주안점
- 정보통신기술 등 정보 원천과 정보를 분석해 정치, 종교, 도덕, 사회와 문화의 시사성 있는 이슈, 문제 및 사건들에 관해 생각하기
- 그러한 이슈, 문제, 사건들에 관한 각지의 의견을 구두와 서면으로 정당화하기
- 집단적이고 탐구적인 학급토론에 기여하고 논쟁에 참여하기

▶ 참여 및 책임지는 행동 능력 개발
교육 주안점
- 다른 민족의 경험을 고려하고 자기와 다른 견해도 생각하고 표현하고 설명할 수 있기 위해 상상력 발휘하기

이 단원은 단원 3 '인권', 단원 9 '사회에서 미디어의 중요성', 단원 13 '갈등을 어떻게 다룰 것인가?'와 연관된다. 그리고 중학교 역사 학습프로그램의 아래 측면들을 다루고 있다.

▶ 1900년 이후 세계에 대한 학습
13A 20세기의 몇몇 중요한 인물, 사건 및 사태발전 연구하기. 여기에는 두 차례 세계대전, 홀로코스트, 냉전 그리고 이것들이 영국과 유럽, 그리고 더 넓은 세계에 미친 영향이 포함된다.

학교에 따라 12A 1900년 이전 세계에 대한 학습 또는 11A 1914년 이전 유럽에 대한 학습과 연계하여 주제를 선정할 수도 있다.

이 단원을 마치면 대부분의 학생은

시민성에 대하여: 세계 각지에서 벌어지는 분쟁의 핵심적인 사건과 이슈들을 알게 된다. 또한 주요 정치적 또는 군사적 분쟁이 인권에 미치는 영향을 인식할 수 있게 된다. 그리고 글로벌 이슈를 이해하는 데 미디어가 어떻게 정보를 주고 영향을 미치는지 평가할 수 있을 것이다. 학생들은 다양성 이슈가 갈등 상황의 원인이 되고 있음을 제대로 인식하게 된다. 그리고 다른 민족의 경험을 고려하고 자기와 다른 견해도 설명할 수 있을 것이다. 학생들은 현재의 상황을 이해하려면 역사의식이 필요함을 인정하게 될 것이다. 그리고 정부와 국제기구들이 국제법 확립을 위해 어떤 노력을 했는지 이해하고 복잡한 상황에서 화해를 이루는 어려움을 인식하게 되며, 아울러 국제적인 시민사회단체들의 활동도 알게 될 것이다.

역사에 대하여: 각 역사적 상황에 대한 충분한 지식과 이해를 보여준다. 학생들은 특정 상황을 설명할 때 과거와 현재를 관련짓기 위해 역사지식을 사용한다. 그리고 개별 사건과 사람들의 중요성을 인식한다. 학생들은 사건과 변화들이 사람에 따라 다른 방식으로 해석되는 이유를 말한다. 그리고 다양한 정보원천을 평가한다. 학생들은 날짜와 전문용어를 적절하게 구사하며 구조화된 과제물을 만들어내기 위해 정보를 취사선택하고 체계화한다.

▌ 일부 학생들은 그다지 진전을 이루지 못한다

시민성에 대하여: 인권 이슈를 포함해, 오늘날 벌어지고 있는 분쟁에 대하여 제한된 지식만 보여준다. 학생들은 당대의 사건들에 관해 알아내기 위해 일부 미디어만 이용한다. 그리고 다른 민족이 다른 관점을 가지고 있음을 이해한다. 또한 과거와 현재를 부분적으로 연관시킨나.

역사에 대하여: 각 역사적 상황에 대한 기본적인 지식과 이해를 보여준다. 그들은 현재의 분쟁을 서술할 때 과거와 현재를 단순하게 연관시킨다. 그리고 일부 핵심적인 사람이나 사건들을 알아내지만, 그 중요성에 대해서는 제한된 이해만 보여준다. 학생들은 사건에 대한 다른 해석을 서술하긴 하는데 차이점에 대해서는 간단한 설명만 한다. 그리고 다양한 출처로부터 정보를 취사선택한다. 또한 날짜와 전문용어를 사용하여 구조화된 과제물을 만들어낸다.

▌ 일부 학생들은 훨씬 많은 진전을 보인다

시민성에 대하여: 현재의 분쟁에 대한 상세한 지식을 가지고 있다. 그들은 상황이 인권에 미치는 영향을 이해하고 있음도 보여준다. 그리고 광범위한 미디어들을 평가하고 이용하는 능력이 있으며 미디어의 재현방식이 우리의 이해와 의견에 어떤 영향을 미치는지 인식하고 있다. 그들은 자기와 다른 다양한 견해들을 잘 표현한다. 또한 역사적 상황과 현재 상황의 복잡한 연관도 이해하고 있다. 그들은 현재의 상황들에서 역사가 어떻게 이용되고 있는지 보여준다. 그리고 다양한 국제 평화유지조직이 무슨 일을 하며 그 한계와 기회는 무엇인지 상세하게 알고 있다. 그들은 몇몇 국제적인 시민사회단체들의 활동에 대해서도 설명할 수 있다.

역사에 대하여: 현재의 분쟁을 분석하며, 적절한 관계와 관련성을 규명하기 위해 상세한 역사지식을 끌어낸다. 그리고 개별 사건과 사람들의 중요성을 명확하게 이해하고 있음을 보여준다. 그들은 사건에 관한 다른 해석들이 왜 만들어지는지 설명한다. 그리고 정보원천들의 한계점에 대해서도 명확히 이해하고 있다. 그들은 잘 구조화된 과제물을 구두 또는 서면으로 제출하기 위해 적합한 정보를 선택하고 체계화해 이용하며, 날짜와 전문용어를 정확하게 사용한다.

사용되는 실습교재:

- 신문과 TV에 보도된 적절한 뉴스 정보
- 벽걸이 지도와 역사지도책
- 다양한 참고용 역사교과서
- 가능한 경우, 초빙된 국제적인 시민사회단체 관계자 또는 망명 경험자

많은 집단과 단체가 시민성과 관련된 온라인 정보를 만들어내고 있다. 교육과정개발원QCA은 이들 웹 사이트 주소를 적시해두지 않는데, 이 주소들이 종종 촉박한 통보만으로 바뀔 수 있고 또 바뀌기 때문이다. 우리는 유용하고 신뢰할 만한 정보자원을 모니터하고 유지할 수 있어야 하므로, 중학교 시민성 학습프로그램의 실습계획을 수행하는 동안에 www.standards.dcsf.gov.uk/schemes에서 아래 조직들의 웹 사이트 주소에 접속할 수 있도록 했다.

- 북대서양조약기구NATO
- 북대서양조약기구 코소보 평화유지군NATO Kosovo Force
- 국제연합United Nations
- 유럽의회European Parliament
- 유럽안보협력기구Organization for Security and Cooperation in Europe
- 유고슬라비아정부Yugoslav Government
- 세르비아의 코소보 관련 정보 웹 사이트Serbian Information Website for Kosovo
- 영국 코소보난민 구호기금UK Kosovo Refugee Relief
- 재난구호위원회Disasters Emergency Committee
- 국제사면위원회Amnesty International
- 국제인권감시Human Rights Watch
- 영국방송공사BBC
- 뉴욕타임스 학습네트워크New York Times Learning Network
- 세계의 학습만화World Books Fun and Learning
- CASCON 국제분쟁분석시스템Cascon System for Analyzing International Conflict(online history-based conflict analysis

주의사항: 학생들에게 웹 사이트에 접속하도록 권장할 때 각별히 조심해야 한다.

중학교 국가영어교육전략체계NSE에서 참조되는 부분을 괄호 안에 써두었으며, 이 단원의 해당되는 절에도 표기했다.

이 단원의 수업활동을 통해 학생들은 인권과 국제사회 움직임에 관한 용어를 이해하고 사용하며 철자를 정확하게 쓸 수 있게 될 것이다.

- 인권 관련; 박해, 화해, 존중, 차별, 편견, 용서, 인종주의, 외국인혐오, 관용 등
- 국제사회 움직임 관련; 제재, 합의 등

독해: 수업활동을 통해 학생들은 아래 능력을 습득한다.

- 노트 형식으로 정보 요약하기(year7 R4, year8 R5, year9 R3)
- 텍스트의 명시적·암묵적 의미 추론하기(year7 R8, year8 R7)
- 텍스트의 저자 관점 알아내기(year7 R9, year8 R6, year9 R6)

작문: 수업활동을 통해 학생들은 아래 능력을 습득한다.

- 적절한 노구와 방법을 사용하여 정보를 체계화하고 발표하기(year7 Wr13, year8 Wr10, year9 Wr12)

인성·사회성·보건교육 PSHE Personal, Social and Health Education: 비非법정 지침의 1b, 1d, 3a, 3b, 4g

영어: 학습프로그램의 En1, 4a

지리: 학습프로그램의 4a, 4b

학습목표	가능한 수업활동

1. 이번에는 무엇에 관해 싸우는가?

• 현재 진행되고 있는 분쟁의 주된 이슈 개괄하기 • 글로벌 공동체로서의 세계가 지닌 다양한 측면을 이해하기 • 상황의 주요 특징을 규명하고 분석하기 • 적절한 질문과 접근 가능한 정보원천 찾아내기 • 정보원천으로부터 관련된 정보 선별하기	• 현재 진행 중인 사건 또는 갈등이 있는 지역의 최신 보도기사를 선택한다. 신문 헤드라인이나 TV 뉴스 영상을 이용하여, 학생들이 이미 알고 있는 사실을 짚어내는 것으로 토론을 시작한다. 학생들이 토론에서 언급되는 장소의 위치를 파악하도록 지도를 사용한다. • 그렇지 않으면, 분쟁 지역의 군대에 관한 뉴스 화면이나 사진을 이용한다. 그들은 누구인가? 유엔군인가? 영국군인가? 그들은 왜 하필 그곳에 있는가? • 이 도입부에서부터 장소와 인물의 이름 같은 키워드 목록을 다음 활동에 대비하여 작성해둔다. • 학생들은 혼자서 또는 2~3명이 한 조가 되어, 정보통신기술 등 사용가능한 수단을 이용해 키워드에 대해 조사하고 그 정의와 개요를 작성해 학급의 정보게시판에 부착한다. • 학생들의 조사를 바탕으로 학급 토론을 하여 핵심 이슈를 끄집어낸다. 학생들이 질문하도록 격려한다. 상황을 이해하기 위해 학생들은 무엇을 더 알아야만 하는가? 어떻게 알아낼 수 있는가? 학생들의 질문을 학급의 정보게시판에 추가한다.

학 습 성 과	특 기 사 항

- 학생들은 분쟁의 주된 이슈를 규명하고 묘사할 수 있게 된다.
- 시사성 있는 정치적 이슈의 여러 측면을 조사할 때 다양한 원천으로부터 정보를 선별하고 종합한다.
- 현재 진행되고 있는 분쟁의 주요 특징을 규명한다.
- 현대 분쟁의 핵심 이슈를 분석하고 관련된 질문을 제기하기 시작한다.

- 이 단원은 미디어가 보도하는 세계의 모든 사건을 탐구하는 '예시'로 사용될 수 있다.
- 교사는 분쟁을 겪은 학생들, 예컨대 난민이거나 군인 가족인 학생들을 세심하게 배려해야 할 것이다.
- 이 도입부의 중요한 목적은 지금 주목을 끄는 사건이 학생들과 관련이 있음을 보여주는 것이다. 개개인의 이야기에 초점을 맞추는 게 도움이 된다. 이 지점에서 세부사항에 압도되지 않는 것이 중요하다.
- 예를 들어 발칸 분쟁에 초점을 맞추면, 공격받고 있는 마을을 버리고 달아나는 사람들 또는 경계선을 순찰하는 유엔군 병사들이 나오는 TV 화면을 이용할 수 있다.
- 이 단원을 학습하는 내내 관련된 지도들을 전시해두는 것이 유용하다.
- 학생들은 정보게시판을 이용하여 분쟁에 대한 신문 해설이나 국제기구의 정보를 전시한다. 정보게시판에 질문을 추가하고 답변이나 논평을 제시함으로써 쌍방향 소통이 되게 하라고 장려한다.
- 사고력과 연계: 질문

학습목표	가능한 수업활동

2. 현재 분쟁에 휘말린 사람들에게 실제 무슨 일이 벌어지고

- 지금 주목되는 사건에 관한 다양한 원천의 정보를 범주화하고 선별하기
- 미디어가 분쟁을 보도하는 방식에 관해 이해하기
- 세계인권선언에 관해 이해하기
- 다양한 원천의 정보를 이용해 시사성 있는 정치적·도덕적·사회적 및 문화적 이슈들에 관해 생각하기
- 노트 형식으로 정보 요약하기(NSE)

- 현재 진행 중인 분쟁의 불미스런 사건에 대한 사례연구를 하여 학생들에게 분쟁의 다양한 측면, 예컨대 싸움의 본질, 민간인에 대한 영향, 이전의 평화조약, 인권 이슈 등을 고려하게 한다.
- 다양한 측면을 고려하기 위해 학생들과 브레인스토밍을 하거나, 또는 다음 과제를 준비하기 위한 개념도를 개발한다.
- 소집단으로 편성한 학생들에게 다양한 신문, TV/라디오 뉴스의 전사轉寫 자료 등 사건에 대한 설명 문건을 나누어준다. 학생들에게 텍스트에서 이야기의 다양한 측면, 예컨대 연루된 다양한 파벌, 전쟁 행위의 본질, 민간인에 대한 전쟁의 영향 등을 식별하여 강조표시를 하도록 요구한다. 학생들은 이들의 제목을 이용하여, 각 소집단별로 포스터 위에 사건을 요약해낸다.
- 학생들에게 세계인권선언에 관해 알려준다.
- 세계인권선언은 학생들이 배우고 있는 사건과 어떻게 연관되는지 학생들과 함께 토론한다. 인권에는 대체 어떤 영향이 있다는 것인가? 자신의 인권을 박탈당한 사람은 누구인가? 그들은 어떤 권리를 박탈당했나?
- 학생들은 각 소집단의 포스터에다 자신들이 식별해 낸 인권 이슈로 주석을 달아서 학교에 전시한다.

학습성과	특기사항

있는가?

- 학생들은 다양한 원천의 정보를 분석할 수 있게 된다.
- 집단토론에 기여한다.
- 분쟁에 연루된 다양한 파벌들 사이의 주된 차이점을 식별한다.
- 분쟁의 사회적·도덕적·문화적 측면들을 식별한다.
- 분쟁이 인권에 미치는 영향과 국제헌장들의 중요성을 인식한다.

- 이 절은 학생들에게 분쟁 국면을 자세하게 검토하고 그들의 일반 상식을 확충할 기회를 마련해주기 위해 설계되었다.
- 여기서 학생들이 미디어를 이용하는 것은 정보 수집을 위한 것이지만, 이 단원의 후반부에서 더 한층 개발될 것이다.
- 발칸을 사례연구 대상으로 이용하면서, 이 절은 특정한 소도시에서 벌어진 사건들이나 중요한 장소, 예컨대 교량 또는 공장 등의 파괴에 초점을 둘 수 있다.
- 인권과 난민에 대한 추가적인 탐구를 위해서는 단원 3 '인권'을 참조하기.
- 핵심능력과 연계: 의사소통
- 사고력과 연계: 정보처리
- 국가영어교육전략체계와 연계(year7 R4, year8 R5, year9 R3)

학습목표	가능한 수업활동

3. 이 분쟁의 근원은 무엇인가?

- 현재의 분쟁들은 과거 사건들에 뿌리를 두고 있음을 배우기
- 학습대상 사회들의 사회·문화·종교·민족적 다양성에 관하여
- 학습대상 주요 사건, 인물 및 변화의 중요성 고려하기
- 역사 정보를 체계화하기 위해 연도별 국제협약들과 역사학 용어를 선별하고 이용하는 방법 습득하기
- 정보를 기억해내어 우선순위를 정하고 선별하기
- 시사성 있는 정치적·종교적·도덕적·사회적 및 문화적 이슈들에 관해 생각하기
- 글로벌 공동체로서의 세계가 지닌 다양한 측면에 관해 이해하기
- 텍스트의 명시적·암묵적 의미 추론하기(NSE)

- 선정된 분쟁의 역사와 관련되는 핵심적인 날짜들을 선별한다. 학생들을 소집단으로 편성하여, 이 시기가 왜 중요한가? 하는 질문에 초점을 두고 이 날짜들을 연구하게 한다.
- 학생들은 정보를 편집하여 각각의 핵심적인 날짜에 관해 100자 이내로 카드에 적어놓는다. 이 카드들에다 각 날짜의 중요성에 대한 간략한 주석을 달아 학급의 연대표에 붙여놓는다.
- 교사는 연대표를, 학생들의 분쟁에 대한 지식과 이해를 점검하는 질의응답 수업을 위한 기초로 이용한다. 교사는 또한 학생들이 그 밖에 우리가 알아야 할 것은? 같은 질문을 제기하도록 격려한다.
- 교사는 현재의 모든 파벌 지도자들이 날짜별 카드에 올라 있는 핵심적인 사건에 관해 뭐라고 말할 것 같은가? 하는 질문을 던져 현재에 초점을 맞추도록 한다.
- 다음과 같은 핵심적인 질문을 이용하여 토론으로 마무리한다.
  "분쟁의 뿌리는 어디까지 거슬러 올라가나? 관련자들은 현재의 야욕을 뒷받침하기 위해 역사를 어떤 방식으로 이용하는가? 진행 중인 분쟁의 원인은 인종인가? 종교인가? 민족인가? 국가주의인가? 어떤 인권 이슈가 관련되는가? 이것이 우리와 무슨 상관이 있나?"

학 습 성 과	특 기 사 항
• 학생들이 학습대상 사회 내의 중요한 사회적·문화적·종교적 및 민족적 차이들을 서술한다, 그리고 적절한 경우에 설명한다. • 집단 탐구를 수행하고, 다른 학생들이 발표한 정보도 채택하여 전체적인 모습을 그려보게 된다. • 정보의 우선순위를 정해 선별하며, 적절한 용어를 사용하여 어떤 사건이 왜 중요한지 설명한다. • 시사적인 상황을 완전하게 파악하려면, 역사에 대한 얼마간의 지식과 이해가 필요하다는 것을 이해한다. • 역사는 중립적이지 않으며 당대의 사건들에 영향을 미치려고 이용되고 조작될 수 있다는 것을 습득한다. • 현대 세계에서 인권 침해가 국제적인 관심사라는 것을 인식한다.	• 이 절은 학생들이 과거 사건들을 개관하도록 하기 위해, 그리고 사건의 중요성을 규명하여 당대 사건들과 관련지을 수 있도록 돕기 위해 설계되었다. 학생들은 과거 사건에 대해 자세한 지식은 아니더라도 현재 상황을 이해하는 데 충분한 정도의 역사 지식은 가져야 한다. • 전공자가 아닌 교사들은 이 절의 수업을 준비하는 데, 예를 들어 핵심적인 날짜와 이슈를 식별해내는 데 지원이 필요할 수 있다. 비전공자들은 학생들에게 질문하도록 격려하는 등 질의응답 방식을 사용함으로써 실습에 역사적 배경을 이용하게 만드는 전략을 구사할 수 있다. • 발칸 지역 분쟁을 학습하는 데는 다음과 같은 핵심적인 날짜들이 포함될 수 있다. - 1389년 6월 28일 블랙버드평원 전투/코소보 전투 - 1829년/1856년/1878년 세르비아독립의 획기적 전환점 - 1914년 6월 28일 사라예보에서의 오스트리아 황태자 프란츠 페르디난트 대공 암살 - 1919년 6월 28일 베르사유 조약으로 유고슬라비아 창건 - 1941년 5월 독일군의 유고슬라비아 침공 - 1948년 6월 28일 티토, 독자적 사회주의 표방 - 1989년 슬로보단 밀로셰비치, 유고슬라비아 대통령 취임 • 교사들은 성취도가 낮은 학생들에게 그들의 조사연구를 돕는 체계적인 지원을 할 필요가 있다. 예를 들어 각 나라와 그 위치를 확인하는 지도 연구를 도와준다. • 핵심능력과 연계: 의사소통 • 사고력과 연계: 정보처리, 추론, 질문 • 국가영어교육전략체계와 연계(year7 R8, year8 R7)

학습목표	가능한 수업활동

4. 이 위기에 관해 우리는 누구를 믿어야 할지 어떻게 알 것인가?

- 텍스트의 저자 관점 알아 내기(NSE)
- 정보통신기술 기반 정보 원천을 이용하고 그 결과를 평가하기
- 방대한 정보를 제공하는 미디어의 중요성에 관해, 동시에 미디어 자체에 대해 자신의 이해를 형성하기
- 시사적인 이슈에 관한 개인적인 의견을 구두 또는 서면으로 정당화하기
- 소집단 및 학급 수준의 토론과 논쟁에서 의견 개진하기
- 다른 민족의 경험을 고려할 때 자신의 지식에 의지하기
- 다른 사람의 견해에 관해서도 생각하고, 표현하고, 설명할 수 있는 능력 습득하기
- 학습대상 주요 사건, 인물 및 상황의 중요성 고려하기
- 다양한 기법을 이용하여 역사에 대한 지식과 이해를 전달하기

- 학생들은 초기 활동부터 혼자서 또는 2~3명이 한 조가 되어, 키워드를 사용해 인터넷 검색을 한다. 이 사이트의 저자는 어느 편인지 어떻게 식별할 수 있나? 같은 질문을 염두에 두고, 그들이 찾아낸 각 인터넷 사이트를 검토한다. 그리고 세 문장으로 저자의 관점을 요약한다.
- 교사는 편파적인 정보를 다루는 방법을 강조하면서, 학생들의 발견사항에 대해 간략한 학급토론을 하도록 이끈다.
- 이 실습은 몇 가지 방식으로 더 심화할 수 있다. 예컨대,
  - 논쟁: 'X는 분쟁에 대해 책임져야 한다'(앞서 방문한 웹 사이트들은 틀림없이 이런 종류의 성명을 내놓았을 것이다)는 식의 일방적인 발의 혹은 재판 상황을 연출한다. 학생들에게 이 발의에 대한 찬성론 또는 반대론을 펴도록 요구한다. 양편은 각자의 주장을 뒷받침하기 위해 짧은 연설을 준비하고 증인을 제시할 것이다. 아마도 과거로부터.
  - 전단배포활동: 학생들은 분쟁의 한쪽 당사자인 주민들 앞으로 보내는 전단에 실을 텍스트를 쓴다. 전단의 목적은 상황을 진정시키는 것이다. 분쟁의 위험과 있을 수 있는 결과를 적시하고 화해를 위한 아이디어를 제안할 수도 있다.
- 교사는 다른 민족의 경험을 고려하고 다른 사람의 견해를 표현하려 할 때 제대로 알고 있는 것이 중요함을 고려하는 가운데, 관련 이슈에 대한 토론을 이끈다.

학 습 성 과	특 기 사 항
• 학생들은 뉴스미디어를 비롯한 정보원천들의 신뢰성을 평가하게 된다. • 인터넷이 유용하고 신속한 정보원천일 수 있지만 편파적일 수도 있음을 이해한다. • 자신의 견해와 다른 견해에 대해서도 이해도를 보여준다. • 특정한 견해를 가진 사람들이 가지고 있는 다양한 동기를 알아낸다 • 소집단 활동에 참여하여, 다양한 스타일로 서면 또는 구두 의견을 만들어낸다. • 자신들이 찾아낸 증거를 기반으로 하여, 경험하지 않은 상황에 관한 의견을 형성한다. • 적절한 용어를 사용해 학습대상 사건과 인물들의 중요성을 설명한다.	• 국가영어교육전략체계와 연계: year7 R9, year8 R6, year9 R6 • 이 절은 미디어 조기 사용 차원에서 개발했으며, 학생들이 사회에서 미디어가 갖는 중요성을 깊이 생각하는 데 도움을 준다. 신뢰할 만한 뉴스 및 역사 웹 사이트들을 도입부에 열거했지만, 학생들은 더 편파적이고 신뢰도가 낮은 사이트의 정보들에 맞닥뜨리고 이를 다루는 방법을 배워야 하므로, 더 광범위한 검색을 추천한다. 이러한 탐구의 요점은 학생들이 상황에 대한 편파적인 견해를 찾아내고 이것들과 씨름해야 한다는 것이며, 또한 편파적인 견해는 신문이나 TV보다는 인터넷에서 더 쉽게 찾아볼 수 있다는 것이다. 편파적인 웹 사이트를 이용하는 데 대해 학생들에게 잘 일러주고 보고를 하도록 해야 할 것이다. • 제시된 모든 수업활동에서 중요한 점은, 결과물이 아니라 학생들이 도달한 이해도이다. 책임지우는 일은 분명히 민감한 이슈이며, 교사는 학생들과 상대적 가치에 대해 토론할 필요가 있다. 학생들이 주장을 구성하기 위해 자신의 지식을 이용하도록 격려하는 것과 아울러, 입증되지 않는 주장에 이의를 제기하는 것이 중요하다. • 학생들은 정보원천을 이용하면서 개발한 능력과 역사해석에 대한 지식과 이해를 응용할 수 있다. • 화해 및 비폭력 갈등해결 기법에 대한 전문가들은, 분쟁 조정자들이 모든 당사자의 시각과 완고한 견해 뒤에 숨어 있는 동기를 완전히 이해할 필요가 있다는 것을 제대로 인정하는 것이 중요하다고 한다. • 핵심능력과 연계: 의사소통 • 사고력과 연계: 평가

학습목표	가능한 수업활동

5. 누가 이 지역에 평화를 가져올 수 있는가?

- 사법제도와 법집행에 관해 그리고 이것들이 각기 다른 수준에서 어떻게 적용되고 있는지 알아보기
- 소수자 인권은 어떻게 보호될 수 있는지에 관해 고민해보기
- 갈등을 공정하게 해결하는 것의 중요성을 이해하기
- 글로벌공동체로서의 세계에 관해 파악하기
- 다른 사회 내의 사회적·문화적·민족적 및 종교적 다양성을 이해하기
- 효과적인 평화유지조직을 설립하려는 지난 100년 동안의 시도에 관해 이해하기
- 국제적인 시민사회단체들이 해온 일에 관해 알아보기
- 학습하고 있는 사건과 다른 분쟁들 및 평화유지 노력들 사이의 연관성 파악하기

- 학생들은 권위의 다양한 수준 ― 가족, 학교, 영국, 세계 ― 에서의 법집행에 대해 토론한다. 각각의 수준에서 누가 규칙을 만드는가? 규칙의 집행은 누가 하는가? 세계 수준에서보다 예컨대 학교에서 법을 집행하는 것이 더 쉬운 이유는 무엇인가?
- 가족 수준과 학교 수준을 비교하고 국제 수준에서는 왜 같은 방식으로 작동하지 않는지 살펴보면서 토론을 계속한다. 국가 혹은 정부는 무슨 '범죄'를 저지를 수 있는가? 나머지 세계는 그 범죄에 관해 어떤 일을 할 수 있는가? 정부의 악행을 중지시키기 위해 개입할 권리는 누구에게 있는가?
- 교과서 탐구: 유엔은 무슨 권한을 가지고 있는가? 유엔은 이 분쟁에 왜 관여하나 혹은 하지 않는가? 군사개입, 경제제재 및 도덕적 비난 등의 사례를 찾아본다.
- 후속 수업활동: 학생들은 분쟁 지역에서 활동하는 어느 국제적인 시민사회단체의 작업에 대해 알아낸다.
- 마무리 토론: 분쟁을 멈추게 하고 소수자 학대와 인권유린을 방지하는 가장 효과적인 개입방식은 무엇인가?

학 습 성 과	특 기 사 항
• 학생들은 행위에 대한 법적 통제가 여러 수준에서 기능한다는 것과 국제법 집행에 특유의 문제점이 있을 수 있다는 것을 이해한다. • 국제적인 공동체가 있으며 이들이 인권을 옹호하고 있다는 것과 최근 몇 년 동안 인권보장을 위한 노력이 늘어왔다는 것을 알게 된다. • 정치지도자와 군사지도자의 행동이 인간에게 영향을 미친다는 것과 사회의 여러 집단이 각기 다른 방식으로 영향 받는다는 것을 제대로 인식한다. • 인권유린은 우리 모두에게 영향을 준다는 점을 이해한다. • 화해를 이루는 데 따르는 일부 문제점과 요구되는 능력을 이해한다. • 국제적인 시민사회단체들이 하는 일에 관해 알게 된다. • 갈등을 공정하게 해결하는 것의 중요성을 제대로 인식한다.	• 이 절은 단원 3 '인권'과 연계될 수 있다. • 발칸 지역에 초점을 둔다면, 학생들은 베르사유 조약으로 확립된 민족자결의 원칙을 상기하게 될 것이다. • 학습대상 분쟁이 유럽에서 일어난 일이라면, 나토와 유럽연합의 역할에 대해 의문을 제기하게 될 것이다. • 학습대상 분쟁에 적합하다면, 각 파벌들이 사는 지역을 보여주는 지도를 학생들에게 제공할 수 있다. 이 지도를 사용해 왜 평화유지가 어려운지 혹은 소수자 집단의 인권보호를 어떻게 보장할 수 있는지 등에 대해 토론한다. • 중학교 역사 교육과정의 일부분이라면 여기서 평화유지의 실패사례들을 소개할 수 있다. 그 대신에 세계의 다른 지역에서 있었던 유사한 의견충돌과 비교할 수도 있다. 예를 들어, 발칸 지역에서의 국경선 이슈는 중동이나 북아일랜드와 비교할 수 있는 것이다.

학습목표	가능한 수업활동

6. 왜 평화를 유지하기가 그토록 어려운가?

- 정보를 기억해내어 우선 순위를 정하고 선별하기
- 다양한 기법을 이용하여 지식과 이해를 전달하기
- 학교기반 수업활동에 대해 협상하고 결정하기
- 적절한 도구와 방법을 사용해 정보를 체계화하고 발표하기(NSE)

- 마지막 과제는 분쟁에 대한 그들의 지식뿐 아니라 미디어를 정보원천으로 이용하면서 얻은 능력과 이해를 끌어내기 위해 설계된 것임을 학생들에게 설명한다.
- 소집단 활동을 하면서 학생들은 분쟁에 대한 일을 막 시작했을 뿐인 저널리스트를 위한 브리핑 자료를 준비한다. 분쟁이 왜 일어났는지 이해하려면 저널리스트가 현 상태에 대한 명확한 개요와 충분한 배경 지식이 필요하다. 그 저널리스트는 자신의 새로운 역할에 대해 잘 모르며, 세계의 다른 지역에서 일어난 사건이 영국에 사는 사람들에게 왜 문제가 되는지 들어봐야 한다.
- 학생들 자신이 발표내용을 결정하는 것은 물론이고 자신만의 발표형식도 선택하도록 격려한다. 발표형식에는 파워포인트 같은 정보통신기술이 포함된다.
- 교사는 발표에 뒤이어 '이제부터 우리는 어디로 가는가'에 대해 학급토론을 하도록 한다. 학급은 이 세계와 다른 세계에 대하여 더 알기 위한 후속학습을 할 것인지 말 것인지와 어떻게 할 것인지를 결정한다. 학생들은 더 포함시켜야 할 사람이 누구인지 예컨대 담임교사를 포함시킬 것인지를 결정할 뿐만 아니라, 각자의 역할, 책임 및 일정계획에 대해서도 합의한다. 학급은 소집단을 꾸려, 몇 달 동안 미디어를 모니터하고 중요한 시점에 보고할 책임을 위임한다.

학 습 성 과	특 기 사 항

- 학생들이 현재 진행 중인 위기의 배경과 역사적 맥락에 대한 지식을 표현할 수 있게 된다.
- 적합한 날짜와 용어를 활용하여 명확한 개요를 작성해낸다.
- 집단토론에 기여한다.
- 학교 기반 후속활동에서 협상하고, 결정하고, 책임을 분담한다.

- 이 절은 단원 전체를 종합하기 위해, 그러면서도 학생들이 그동안 배운 것을 되돌아보고 자신의 능력과 지식을 유사한 맥락에서 어떻게 사용할 수 있을지 숙고하도록 돕기 위해 설계되었다.
- 발표는 조회시간 등을 통해 다른 학생들에게 또는 지역주민에게 행해진다.
- 마지막 수업활동은 학생들이 자신들이 배운 바를 미래 상황에서 어떻게 적용할지에 관해 집단 의사결정과 개인 의사결정을 할 수 있게 한다. 담임교사와의 연계는 배운 바를 다른 맥락에 응용하는 데 큰 보탬이 된다. 예를 들어 특정 구호단체를 후원하는 결정을 내리게 될 수도 있는 것이다.
- 핵심능력과 연계: 의사소통, 협동작업, 자기주도 학습역량
- 사고력과 연계: 추론, 평가
- 국가영어교육전략체계와 연계(year7 Wr13, year8 Wr10, year9 Wr12)

Abrahams, N. 2004. Sexual violence against women in South Africa. *Sexuality in Africa,* 1, 3.

Adie, K. 2002. *The Kindness of Strangers.* London: Headline.

Aguilar, P and Richmond, M. 1998. Emergency education response in the Rwandan crisis, In G. Retamol and R. Aedo-Richmond(eds.). *Education as a Humanitarian Response.* London: Cassell.

Alderson, P. 2000. School students' views on school councils and daily life at school. *Children and Society,* 14, pp.121~134.

Alexander, T. 2001. *Citizenship Schools.* London: Campaign for Learning/UNICEF.

All, T. 2005. *Rough Music.* London: Verso books.

Alibhai-Brown, Y. 2007. "Ignoring terror suspects' rights will achieve nothing more than to further brutalise them." *The Independent Monday,* 16th July, 2007.

Allport, G. 1954. *The Nature of Prejudice.* Reading, MA: Addison-Wesley.

Amnesty International. 2003. Annual Report at http://web.amnesty.org/report2003/irn-summrary-eng.

Anderson. B. 1983. *Imagined Communities: reflections on the origin and spread of nationalism* London: Verso.

Antal, C. 2006. Reviving Ijtihad: Islamic critical thinking for legitimate reform in the Arab States, paper presented at the Comparative and International Education Society (CIES) conference. Baltimore: March 2007.

Apple, M. 2001. *Educating the 'Right' Way: Markets, Standards, God and Inequality.* London: Routledge Falmer.

Apple, M. and Beane, J. 1999. *Democratic Schools: Lessons from the Chatkface.* Buckingham: Open University Press.

Armstrong, K. 2006. Interview with Steve Paulson. http://www.salon.com/books/int/2006/05/30/armstrong/index3/html.

Ashrawi, H. 2007. A life in the day. *Sunday Times Magazine,* Sep. 9th 2007, p.58.

Babha, H. 1994. *The Location of Culture.* London: Routledge.

Bakti, A. 2003. Communication and Dakwah: religious learning groups and their role in the protection of Islamic human security and rights for Indonesian civil society, in W. Nelles(ed.). *Comparative education, terrorism and human security: from critical pedagogy to peace building?* New York: Palgrave MacmiHan.

Barber, B. 1995. *Jihad versus McWorld.* New York: Times Books.

Bardhan, P. 1997. *The Role of Governance in Economic Development* Paris: OECD.

Barnes, P. 2006. The misrepresentation of religion in modern British (religious) education. *British Journal of Educational Studies* 54, 4, pp.395~411.

Battle, J and Grace, G. 2006. *Citizenship Education, A Catnouc Perspective: Working for the Common Good.* London: Centre for Research and Development in Catholic Education.

Baxi, U. 1998. The development of the right to development, In J.Symonides(eds.). *Human Rights: New Dimensions and Challenges.* Aldershot: Ashgate/Dartmouth and UNESCO.

BBC News. 2007. *HK's Tsand apologises for gaffe.* http://bbc.co.uk/go/pr/fr/-/2/hi/asia-pacific/7042941.stm. Published 2007/10/13.

Ben-Porath, S. 2006. *Citizenship Under Fire: Democratic Education in Times of Conflict.* Princeton: Princeton University Press.

Bertani, M. 2004. Muslims in Italy: social changes and educational practices. In B, van Driel(ed.). 2004. *Confronting Islamophobia in Practice.* Stoke-on-Trent: Trentham.

Bird, L. 2006. Teaching and Learning about war and peace: a qualitative investigation into the role of education processes in the Great Lakes Region of Africa. Unpublished PhD thesis, University of London.

Blair, M. 2000. 'Race', School Exclusions and Human Rights. In A. Osler(ed.). *Citizenship and Democracy in Schools.* Stoke on Trent: Trentham.

Blum, W. 1999. A Brief history of US Interventions: 1945 to the present. *Z magazine,* www.thirdworldtraveler.co/Blum/US-lnterventions.

Bohleber, W. 2003. Collective phantams, destructiveness and terrorism. In S. Varvin and V. Volkan(eds.). *Violence or Dialogue? Psychoanalytic Insights on Terror and Terrorism.* London: International Psychological Association.

Bond, D. 1993. *Living Myth: Personal Meaning as a Way of Life.* Boston: Shambhala Publications.

Brohi, N and Ajaib, A. 2006. Violence against girls in the education system of Pakistan, In F. Leach and C. Mitchell(eds.). *Combating Gender Violence in and around Schools.* Stoke on Trent: Trentham.

Brooke-Smith, R. 2003. *Leading Learners, Leading Schools.* London: RoutledgeFalrner.

Brown, A. 2003. Church of England Schools: politics, power and identity. *British Journal of Religious Education,* 25, 2, pp,103~116.

Buijs, F, Demant, F and Hamdy, A. 2006. *Strijders van Eigen Bodem: Radicale en Democratische Moslims in Nederland,* (Home-grown warriors: radical and democratic Muslims in the Netherlands) Amsterdam: Amsterdam University Press.

Burke, J. 2007. Pope's move on Latin mass 'a blow to Jews'. *Observer* 8, 7.2007, p.31.

Burwood, L. and Wyeth, R. 1998. Should Schools Promote Toleration? *Journal of Moral Education,* 27(4), pp.465~473.

Bush, K arid Saltarelli, D. 2000. *The Two Faces of Education in Ethnic Conflict. Towards a Peace-building Education for Children* Florence: Innocenti Research Centre, United Nations Children's Fund.

Cairns, E. 1996. *Children and Political Violence* Oxford: Blackwell.

———. 1997. *Creating Citizens* Oxford: Oxford University Press.

Cannon, M. 2003. Human Security and Education in a conflict society: Lessons from Nothern Ireland, in W. Nelles(ed.). *Comparative education, terrorism and human security, from critical pedagogy to peace building?* New York: Palgrave Macmillan.

Carnie. R. 2003. *Alternative Approaches to Education.* London: Routledge Falmer.

Carter, C and Osier, A. 2000. Human Rights, Identity and Conflict Management: a study of school culture as experienced through classroom relationships. *Cambridge Journal of Education,* 30, 3, pp.335~356.

Cassidy, S. 2006. Novelist reveals what life is like for a, teenage girl under the hijab. *The Independent Monday,* 8th, May 2006, p.12.

Catron, P. 2008. Blinking in the Sunlight: A Fundamentalist Perspective, in M, Diamond (ed.). *Encountering Faith in the Classroom* Sterling. VA: Stylus Publishing.

Centre for Religious Freedom. 2005. Saudi Publications on Hate Ideology fill American mosques 2.

Chapman, J, Froumin, I and Aspin, D. 1995. *Creating and Managing the Democratic School*. London: Falmer.

Cheng, S and Jacob, J. 2003. The Changing Role of Education in a post-September 11, 2001 world: perspectives from East Africa. Taiwan and the United States, in W. NeKes(ed.). *Comparative education, terrorism and human security: from critical pedagogy to peace building?* New York: Palgrave Macmillan.

Chomsky, N. 1997. *Media Control in the Spectacular Achievements of Propaganda*. New York: Seven Stones Press.

Cockburn, C. 1998. *The Space Between Us: Negotiating Gender and National Identities in Conflict*. London: Zed Books.

Cockburn, T. 2007. Performing' racism: engaging young supporters of the far right in England. *British journal ot sociology of Education,* 28(5), pp.547~560.

Cohen, C, Phipps, J and Waters, B. 2007. Diversity, Policing and alternative dispute resolution. Paper presented at the conference *Education and Extremism* Roehampton University. London, 5th~7th, July 2007.

Cohen, D, de la Vega, R and Watson, G. 2001. *Advocacy for Social Justice: a global action and reflection guide*. Oxfam America and Advocacy Institute. Bloomfield: Kumarian Press.

Colbeck, J. 2007. Either/or logic pushes us towards polarized 'black or white' thinking in extremes: towards 'Final Solutions'('in the last analysis'), Holocausts and war. Paper presented for workshop at the conference. *Education and Extremism.* Roehampton University, London, 5th~7th, July 2007.

Colenso, P. 2005. Education and social cohesion: developing a framework for education sector reform in Sri Lanka. *Compare, 35,* 4, 411~428.

Coles, M. 2004. Education and Islam: a new strategy, In B. van Driel(ed.). 2004. *Confronting Islamophobia in Practice.* Stoke-on-Trent: Trentham.

Connolly, P. 2000. What now for the contact hypothesis? Towards a new research agenda. *Race, Ethnicity and Education,* 3(2), pp.169~193.

Cortes, C. 2000. *The Children Are Watching: How the Media Teach About Diversity.* New York: Teachers College Press.

Covell, K and Howe, B. 1999. The Impact of children's rights education: A Canadian study. *International Journal of Children's Rights,* 7, 181~183.

Covell, K and Howe, B. 2001. Moral Education through the 3Rs: rights, respect and responsibility. *Journal of Moral Education,* 30, pp.31~42.

_____. 2005. *Rights, Respect and Responsibility* Report on the RRR Initiative to Hampshire Education Authority. Cape Breton: Children's Rights Centre.

Craig, D. 2000. 'A' is for Allah, 'J' is for Jihad. *World Policy Journal,* XIX(1), 90~94.

CRE. 2007. *A Lot Done, A Lot to Do.* Final Report of the Commission for Racial Equality. London: CRE.

Dalai Lama. 2001. *Book of Love and Compassion.* London: Thorsons.

Dankowitz, A. 2004. Saudi study offers critical analysis of the Kingdom's religious curricula. *MEMRI Inquiry and Analysis Series,* No.195.

Davies, L. 2004. *Education and Conflict: Complexity and Chaos.* London: Routledge.

_____. 2005. Teaching about conflict through citizenship education. *International Journal of Citizenship and Teacher Education,* 1, 2, pp.17~34.

_____. 2006. "Understanding the education-war interface." *Forced Migration Review,* July, p.13.

_____. 2007. '*Our Schools, Our Changes, Our Future': Baseline Primary Education Research in Angola.* Report to CfBT. Birmingham: Centre for International Education and Research.

Davies, L, Harber C and Schweisfurth, M. 2003. *Global Review of UNESCO ASPnet schools.* Birmingham: Centre for International Education and Research.

Davies, L, Harber C and Yamashita, H. 2005. *Global Citizenship Education: The Needs of Teachers and Learners.* Birmingham: Centre for International Education and Research.

Davies. L. and Kirkpatrick, G. 2000. *The EURIDEM Project; A Review of Pupil Democracy in Europe* London: Children's Rights Alliance.

Davies, L, Williams, C and Yamashita, H, with Ko Man-Hing, A. 2006. *Inspiring Schools: Impact and Outcomes.* London: Carnegie UK.

Davies, L and Yamashita, H. 2007. *School Councils — School Improvement.* Report for School Councils UK, Birmingham: Centre for International Education and Research.

Dawkins, R. 2005. "Opiate of the Masses." *Prospect* October, pp.16~17.

_____. 2006. *The God Delusion.* London Bantam Press.

DCSF. 2007. *Guidance on the duty to promote community cohesion.* London: Department for Children, Schools and Families.

Decoene, J and De Cock, R. 1996. "The children's rights project in the primary school 'De Vrjldagmarkt' in Bruges," in E. Verhellen(ed.). *Monitoring Children's Rights.* The Hague: Kluwer.

Dench, G, Gavon, K and Young, M. 2006. *The New East End: Kinship, Race and Conflict.* Profile Dimitrijevic, J. 1998. Human Rights and Peace. In J. Symonides(eds.). *Human Rights: New Dimensions and Challenges.* Aldershot: Ashgate/Dartmouth and UNESCO.

Donnelly, C and Hughes, J. 2006. Contact, culture and context: evidence from mixed faith schools in Northern Ireland and Israel. *Comparative Education,* 42(4), p.493~516.

Donohoue Clyne, I. 2004. Educational Choices for Immigrant Muslim Communities: secular or religious? In B. van Driel(ed.). 2004. *Confronting Islamophobia in Practice.* Stoke-on-Trent: Trentharn.

Elworthy, S and Rifkind, G. 2006. *Making Terrorism History.* London: Rider.

Epp, J. 1996. 'Schools, Complicity and Sources of Violence' in J Epp and A Watkinson. 1996. *Systemic Violence: How Schools Hurt Children.* London: Falmer.

Epp, J. R. and Watkinson, A. 1996. Sysfemic Violence: How Schools Hurt Children London: Falmer Extremismonthenet http://s170032534.websitehome.co.uk/extremismonthenet.html. Accessed 29.11.2007.

Evans, M. 2007. "'Terror kids' inspired by net are West's big threat." *The Times,* 7.11.2007, p.8.

Faas. D. 2008. Constructing identities: the ethno-national and nationalistic identities of white and Turkish students in two English secondary schools. *British Journal of Sociology of Education,* Vol.29, forthcoming.

Feuerverger, G. 2001. *Oasis of Dreams: Teaching and Learning Peace in a Jewish-Palestinian village in Israel.* London: Routledge Falmer.

Feinberg, W. 2003. Religious Education in Liberal Democratic Societies, In K. McDonough and W. Feinberg(eds.). *Citizenship and Education in Liberal-Democratic Societies.* Oxford: Oxford University Press.

Fisher, M. 2007. *Culture of Fear and Education: An annotated bibiography* Technical paper, no,28, In Search of Fearlessness Research Institute.

Fisk, R. 2005. *The Great War for Civilisation: The Conquest of the Middle East.* London: Fourth Estate.

Foggo, D and Aher, T. 2007. Muslim medics get picky. *Sunday Times,* October 7th 2007, pp.1~2.

Foggo, O and Thompson, C. 2007. Muslim checkout staff get an alcohol opt-out clause. *Sunday Times,* September 30th 2007, p.3.

Forest, J(ed). 2006. *Teaching Terror.* Maryland: Rowman and Littlefield.

Free Muslims Coalition. 2006. Reeducation of Extremists in Saudi Arabia. Press Corner: January 18th 2006. http://www.freemuslims.org/news/article.php?article=1241. Accessed 4.10.2007.

Fuentes, A. 2003. Discipline and Punish. Zero tolerance policies have created a 'lock-down environment' in schools. *The Nation Magazine,* December 15, 2003, pp.7~20.

Fukuyama, F. 1992. *The End of History and the Last Man.* New York: Free Press.

Gallagher, T. 2004. *Education in Divided Societies.* Basingstoke: Palgrave Macmillan.

Galloway, D. 2006. Educational Reconstruction in the aftermath of war: some observations from the work of aid agencies in Bosnia and Herzegovina. In R. Griffin(ed.). *Education in the Muslim World.* Oxford: Symposium.

Gaertner S, Davidio, J and Bachman, B. 1996. Revisiting the Contact Hypothesis: the induction of a common ingroup identity. International Journal of Intercultural Relations, 20. Issues 3~4, pp.271~290.

Gardner E. 2001. "The Role of Media in Conflicts," in L. Reychler and T. Paffenholz(eds.). *Peace-Building: A Field Guide.* London; Lynne Reiner Publishers.

Garton Ash, T. 2004. *Free World.* London: Allen Lane.

_____ . 2006. The struggle to defend free expression is defining our age. *The Guardian.* Thursday October 5th 2006, p.23.

Gereluk, D. 2007. Bong Hits 4 Jesus: Defining the limits of free speech and expression in American schools. Paper presented at the conference. *Education and Extremism.* Roehampton University. London, 5th~7th, July 2007.

Gereluk, D and Race, R. 2007. Multicultural tensions in England, France and Canada: contrasting approaches and consequences. *International Studies in Sociology of Education,* 17, 1/2, pp.113~129.

Gesink, I. 2006. Islamic Reformation: A history of Madrasa reform and legal change in Egypt. *Comparative Education Review,* 50, 3, 325~345.

GfK NOP. 2006. Attitudes to Living in Britain: A Survey of Muslim Opinion. www.gfknop.co.uk.

Ginsburg, M and Megahed, N. 2003. Multiple perspectives on terrorism and Islam: challenges for educators in Egypt and the United States before/after September

11, 2001, in W. Nelles(ed.). *Comparative education, terrorism and human security: from critical pedagogy to peace building?* New York: Palgrave Macmillan.

Gledhill, R. 2005. Joke is on religion as Christians laugh at themselves. *The Times,* Monday, August 29th 2005, p.20.

Goldenberg, S. 2002. A mission to murder: inside the minds of the suicide bombers *Guardian,* 11 th June 2002, pp.4~5.

Gourlay, C. 2007. It's weird up north as Scientology moves in, *Sunday Times,* October 28 2007, p.5.

Gray, J. 2003. *Al Qaeda and what it means to be modern.* London: Faber and Faber.

_____ . 2007. *Black Mass: Apocalyptic Religions and the Death of Utopia.* London: Allan Lane.

Grinberg, M. 2006. Defamation of Religions v Freedom of Expression: finding the balance in a democratic society. *Sri Lanka Journal of International Law,* 18, July.

Gupta, N. 2002. *Mahatma Gandhi an educational thinker.* New Delhi: Anmol publications

Hanman, N. 2006. Unequal opportunities. *Education Guardian,* Tuesday May 9, p.5.

Hannam, D. 2004. *Involving young people in identifying ways of gathering their views on curriculum.* A study conducted for OCA in association with CSV. London: Qualifications and Curriculum Authority.

Haque. A. 2004. Islamophobia in North Amenca, In B. van Driei(ed.). 2004. *Confronting Islamophobia in Practice.* Stoke-on-Trent: Trentham.

Harber, C. 1997. *Education, Democracy and Political Development in Africa.* Brighton: Sussex Academic Press.

_____ . 2004. *Schooling As Violence.* London: Routledge Falmer.

Harber, C. and Davies, L. 1997. *School Management and Effectiveness in Developing Countries.* London: Cassell.

Hayner, P. 2002. *Unspeakable Truths: facing the challenge of truth commissions.* New York: Boutledge

Hensher P. 2005. Responsible Free Speech? *Guardian Review* Saturday 19th September 2005, p.6

Hobsbawm, E. 2007. *Globalisation.* Democracy and Terrorism London: Little. Brown

Holland, T. 2003. Teaching and Learning about Human Rights in Postconflict Angola' in Uwazie, E.(ed) *Conflict Resolution and Peace Bducstion in Africa.* Maryland, USA: Lexington

Hood, R, Hill, P and Williamson, W. 2005. *The Psychology of Religious Fundamentalism.*

New York: Guilford Press.

Howe, R arid Coveil, K. 2005. *Empowering children: Children's Rights Education as a Pathway to Citizenship Toronto.* University of Toronto Press.

Hoyle, B. 2007. Football and the old Marxist who says that it explains the new world. *The Times*, Saturday October, 6th 2007, p.5.

Human Rights Watch. 2007. Nigeria anti-gay bill threatens democratic reform. *Human Rights News.* hrw.org/English/docs/2007/02/28/nigeria15431,htrr.

Huntingdon, S. 1996. *The Clash of Civilisations and the Remaking of World Order.* New York: Simon and Schuster.

Husain, E. 2007. *The Islamist.* London: Penguin.

lannaconne, L. 1994. Why strict churches are strong. *American Journal of Sociology,* 99, 1180~1211.

Ignatieff, M. 1997. *The Warrior's Honour: Ethnic War and the Modem Conscience.* New York: Penguin.

IHEU. 2007. 'Combating Defamation of Religion' is unnecessary, flawed and morally wrong. International Humanist and Ethical Union, 23. 7. 2007. wvmjheu.org/node/2751. Accessed 3.10.2007.

International Crisis Group. 2002. *Pakistan: Madrasas, Extremism and the Military.* Islamabad/ Brussels: International Crisis Group(ICG), Asia.

_____. 2005. Understanding Islemism ICG Middle East/North Africa Report No.37, Mar 2005.

Kahn, M. M. 2006. Conservative Christian teachers: possible consequences for lesbian, gay and bisexual youth. *Intercultursi Education,* Vol.17, No.4, October 2006, pp.359~371.

Kapferer, B. 1997. Remythologising discourses: state and insurrectionary violence in Sri Lanka. In David Apter(ed.). *The Legitimisation of Violence.* New York: New York University Press.

Kaplan, J and Ngorgo, T(eds.). *Nation and Race: the developing Euro-American racist subculture.* Boston: Northeastern University Press.

Kepel, G. 2003. *Bad Moon Rising: a chronicle of the Middle East today.* London: Saqi.

Keleman, D. 2004. "Are children "intuitive theists?"" *Psychological Science*, 15(5), pp. 295~301

Kershaw, I. 1984. *Popular Opinion and political dissent in the Third Reich: Bavaria 1933-1945.* Oxford: Oxford University Press.

Kersten, K. 2003. What is 'Education for Democracy'? in *Terrorists, Despots and Democracy: What our children need to know*. Washington DC: Thomas B Fordham Foundation.

King, E. 2006. *Teaching in an Era of Terrorism*. Thomson.

Kingston, P. 2007. Making space for faith. *Education Guardian*, Tuesday January 30th 2007, p.9.

Klein, N. 2001. *No Logo*. London: Flamingo.

Krech, R and Maclure, R. 2003. Education and Human Security in Sierra Leone: discourses of failure and reconstruction, In W. Nelles(ed.). *Comparative education, terrorism and human security: from critical pedagogy to peace building?* New York: Palgrave Macmillan.

Lamb, C. 2003. "Mugabe bends minds in hatred camps," *Sunday Times*, 9.2.2003, p.27.

Leoni, J. 2005. Gender, Deviance and Exclusion Unpublished PhD thesis. University of Birmingham.

Let's Talk 80:20. 2001. *Let's Talk; A Review Bray*, Ireland: 80:20 Educating and Acting for a Better World.

Liese, J. 2004. The subtleties of prejudice: how schools unwittingly facilitate Islamophobia and how to remedy this. In B, van Driel(ed.). 2004. *Confronting Islamophobia* in Practice Stoke-on-Trent: Trentham.

Lister, D. 2007. "Airport hit by suicide bombers? You've got to laugh⋯." *The Times,* Saturday July 7th 2007, p.7.

Lloyd, J. 2006. Social Empowerment or Social Control: An exploration of pupils' prior knowledge of citizenship, and its application to appropriate teaching and learning in a junior school. Unpublished PhD thesis. University of Birmingham.

London Development Education Centre. 2002. *Undermining Education: New Labour and Single Faith Schools*. London: LONDEC.

London School of Islamics. 2007a. Community Cohesion. E-mail newsletter, 18th August 2007, info@londonschoolofislamics.org.uk.

_____ . 2007b. Crusade for Fairness. E-mail newsletter, 1st March 2007, info @londonschoolofislamics.org.uk.

Macintyre, B. 2005. "Saddam has only got one ball." *Times,* 26.8.2005.

Mabud, S. 1992. A Muslim response to the Education Reform Act 1988. *British Journal of Religious Education*. 14, pp.88~98.

Maher, S. 2007. How I escaped Islamism. *Sunday Times,* August 12th 2007, p.19.

_____. 2007. Schools are run by Islamic group Blair pledged to ban. *The Sunday Times*, August 6th 2007. p.10.

Manji, I. 2004. *The Trouble with Islam Today: A Wake-up call for honesty and change*. Edinburgh: Mainstream Publishing.

Mansfield, P. 2003. *A History of the Middle East,* 2nd edn. London: Penguin.

Marciano, J. 2003. 9/11 and civic illiteracy, In W, Nelles(ed.). *Comparative education, terrorism and human security: from critical pedagogy to peace building?* New York: Palgrave Macmillan.

Margolis, J. 2007. "Lessons in Tolerance." *The Independent,* 1.2.2007, p.6~7.

Massey, I. 2003. The case for Rights Respecting Schools http://www.unicef.org.uk/tz/ teacher_support/assets/pdf/case_for_rrs_%2009_05.pdf. Accessed 29.11.2007.

Maytor U and Read, & Mendick. H. Ross, A and Rollok, N. 2007. *Diversity and Citizenship in the Curriculum Research*. Report 819. London: London Meropolitan University.

McKinnon. C. 2004. *International Criminal Tribunal for Rwanda,* 98 Am. J. Int'l L, pp.325~330.

Merry, M. 2007. *Culture, Identity and Islamic Schooling: A Philosophical Approach*. Basingstoke: Palgrave Macmillan.

Merry, M and Driessea G. 2007. Islamic Schools: Inhibiting or Enhancing Democratic Dispositions? Paper presented at the conference Education and Extremism Roehampton University, London, 5th-7th July 2007.

Minority Rights Group. 1994. *Education Rights and Minorities*. London: Minority Rights Group.

Minow, M. 1998. *Between Vengeance and Forgiveness: facing history after genocide and mass violence*. Boston: Beacon Press.

Narvaez, D. 2002. Does reading moral stories build character. *Educational Psychology,* 14, 2, pp.155~171.

Nawaz. M. 2007. Why I joined the British jihad — and why I rejected it. *Sunday Times,* September 16th 2007, p.8.

Nazeer, K. 2005. Rushdie the warrior-poet. *Prospect,* October 2005, pp.76~77.

Nazir, M. 2005. Exploring the potential for educational change through participatory and democratic approaches in Pakistan. Unpublished EdD thesis, University of Birmingham.

Nef, J. 2003. Terrorism and the Pedagogy of Violence: A Critical Analysis, in W, Nellas (ed.). *Comparative education, terrorism and human security: from critical pedagogy to peace building?* New York: Palgrave Macmillan.

Nelles. W(ed.). 2003. *Comparative education, terrorism and human security: from critical pedagogy to peace building?* New York: Palgrave Macmillan.

Neumark, V. 2005. Don't step on my religious sensibilities. *Times Educational Supplement,* January 14th 2005, pp.28~29.

Nicolai, S. 2007. *Fragmented Foundations: Education and Chronic Crisis in the Occupied Palestinian Territory* Paris: UNESCO International Institution of Educational Planning/Save The Children UK.

NIPEU. 2007. *Education for Social Cohesion and Peace(ESCP): A Comprehensive Framework for a National Policy.* Colombo: Ministry of Education, National integration and Peace Unit.

Novelli, M and Lopes Cardozo, M. 2007. Conflict, Education and the Global South - towards a critical research agenda. Conference Position Paper, Dutch Ministry of Foreign Affairs/University of Amsterdam

Odone, C. 2005. Chimps with everything: a ridiculous war. *The Times,* 26th December 2005, p.19.

O'Connor, A. 2007. Boy killed by teacher for doodling in book. *The Times,* Thursday Nov 8th, p.39.

O'Farrell, J. 2006. How many fascist dictators does it take to change a light bulb? *Amnesty Magazine,* November/December 2006, pp.26~28.

Omaar, R. 2006. *Only Half of Me. British and Muslim: The Conflict Within.* London: Penguin.

O'Neill, S. 2007. Lessons in hate found at leading mosques. *The Times,* 30.11.2007, 1~2.

Orlenrus, K. 2007. The tolerance towards intolerance: values and virtues at stake in education. Paper presented at the conference Education and Extremism Roehampton University. London. 5th~7th July 2007.

Ouseley Report. 2001. *Community Pride and Prejudice; Making Diversity Work in Bradford.* Bradford: Bradford City Council.

Palmer, D. 1995. The revolutionary terrorism of Peru's Shining Path. In Martha Crenshaw (ed.). *Terrorism in Context,* University Park, PA: Pennsylvania State University Press.

Pape, R. 2005. *Dying to Win: The Strategic Logic of Suicide Terrorism.* New York.

Parker-Jenkins, M, Hartas, D and Irving, B. 2005. *In Good Faith: Schools, Religion and*

Public Funding. Aldershot: Ashgate.

Parris, M. 2001. The bigger they come the harder they fall. *The Times,* Saturday September 15th.

Paulson, J. 2006. The Educational Recommendations of Truth and Reconciliation Commissions: potential and practice in Sierra Leone. *Research in Comparative and International Education,* Vol.1, no.4, pp.335~350.

Perry, W. 1999. *Forms of Ethical and Intellectual Development in the College Years.* San Francisco, CA: Wiley and Sons.

Phillips, T. 2005. *After 7/7: sleepwalking to segregation.* Speech given at the Commission for Racial Equality, 22 September 2005. London: CRE.

Pinson, H. 2004. Rethinking Israeliness: citizenship education and the construction of political identities by Jewish and Palestinian youth Unpublished PhD thesis, University of Cambridge.

Policy Exchange. 2007. *Living Apart Together: British Muslims and the Paradox of Multi-culturalism,* by Munira Mirza, Abi Senthilkumaran and Zein Ja'far. London: Policy Exchange

Pullman, P. 2005. Identity crisis. *Guardian Review,* Saturday 19th November 2005, pp. 4~6.

Ramadan, T. 2006. We Muslims need to get out of our intellectual and social ghettos. Interview with Paul Vallely, *The Independent Monday,* July 25th 2005, p.8.

Ramakrishna, K. 2006. "The Making of the Jemaah Islamiyah Terrorist," in J. Forest(ed.). Teaching Terror. Maryland, Rowman and Littlefieid.

Reardon, B. 2001. *Education for a Culture of Peace in a Gender Perspective,* Paris: UNESCO.

Richards, G. 2001. *Gandhi's Philosophy of Education.* New Delhi: Oxford University Press.

Richardson, R. 2004. Curriculum, ethos and leadership: confronting Islamophobia in UK education. In B. van Driel(ed.). 2004. *Confronting Islamophobia,* in Practice Stoke-on-Trent: Trentham.

Rizvi, F. 2004. Debating Globalisation and education after September 11. *Comparative Education,* 40, 2, pp.157~171.

Romain, J. 2005. Faith Schools are a recipe for social disaster. *The Times* Saturday, October 1st, p.9.

Roy, O. 2004. *Globalised Islam: the Search for a new Ummah.* London: Hurst.

Ruthven, M. 2004. *Fundamentalism: The Search for Meaning.* Oxford: Oxford University

Press.

Sacks, J. 2003. (revised edition) *The Dignity of Difference*. London: Continuum.

Salmenkivi, E. 2007. Socratic extremism as an educational ideal. Paper presented at the conference Education and Extremism Roehampton University, London, 5th~7th July 2007.

Salmi, J. 1999. Violence, Democracy and Education. Paper presented at the Oxford Conference, September 1999.

Sanjakdar, F. 2004. Developing an Appropriate Sexual Health Education Curriculum Framework for Muslim Students. In B. van Driel(ed.). 2004 *Confronting Islamophobia in Practice*. Stoke-on-Trent: Trentham.

Schweisfurth, M., Davies, L. and Harber, C(eds.). 2002. *Learning Democracy and Citizenship: International Experiences*. Oxford: Symposium Books.

Sen, A. 2006. *Identity and Violence: the Illusion of Destiny*. London: Allen Lane.

Sieckelinck, S. 2007. The collateral damage of counter-terror education to adolescent ideal(ism) based agency. Paper presented at the conference. *Education and Extremism*. Roehampton University. London, 5th~7th July 2007.

Sieckelinck, S and De Ruyter, D. 2006. Mad about Ideals. Educating for reasonable passion. Paper presented at the PESGB conference, Oxford.

Silber, M and Bhatt A. 2007. *Radicalisation in the West: The Homegrown Threat* New York: New York City Police Department.

Silva, N(ed.). 2002. *The Hybrid Island: Culture Crossings and the invention of identity in Sri Lanka*. London: Zed Books.

Silver, E. 2007. Israel's nightmare: Home grown neo-Nazis in the Holy Land. *The Independent Extra,* Tuesday 9, October 2007, pp.2~5.

Skolverket. 2000. *A Good Enough School: A study of life at school and school's role in life* Stockholm: National Agency for Education.

Smith, A and Vaux, T. 2003. *Education, Conflict and International Development*. London: Department for International Development.

Smock, D. 2004. Ijtihad: Reinterpreting Islamic Principles for the Twenty-first century. *United States Institute of Peace*, Special Report 125, August.

Smythies, J. 2006. *Bitter Fruit Charleston*, SC: Booksurge.

Steel, M. 2004. Under this law, even God will end up in prison. *The Independent,* Thursday 9th December 2004, p.39.

Steiner-Khamsi, G and Spreen, C. 1996. Oppositional and relational identity: a comparative perspective, In A. Aluffi-Pentini and W.Lorenz(eds.). *Anti-Racist Work with Young People* Lyme Regis: Russell House.

Stone, R. 2004. *Islamophobia: issues, challenges and action* Report by the Commission on British Muslims and Islamophobia, chaired by Dr. Richard Stone Stoke on Trent: Trentham.

Strike, K. 2003. Pluralism, Personal Identity, and Freedom of Conscience. In K. McDonough and W. Feinberg(eds.). *Citizenship and Education in Liberal-Democratic Societies.* Oxford: Oxford University Press.

Swinburne, R. 2004. *The Existence of God.* Clarendon Press.

Symonides, J. 1998. Introductory Remarks. In J. Symonides(eds.). *Human Rights: New Dimensions and Challenges.* UNESCO/Aldershot: Ashgate.

Taheri, A. 2006. Bonfire of the Pieties. Opinion Journal Wednesday February 8th 2006 From the *Wall Street Journal,* Editorial Page http://www,opinionjoumal.com/forms/printThis.html?id=110007934

Tamatea, L. 2006. "Gandhian Education in Bali: globalisations and cultural diversity in a time of fundamentalisms." *Compare,* 36, 2, pp.213~228.

Tawil, S and Hartley, A(eds.). 2004. *Education, Conflict and Social Cohesion.* Geneva: UNESCO, International Bureau of Education.

Taylor, C. 1989. *Sources of the Self: The Making of Modern Identity* Cambridge: Cambridge University Press.

Teece, G. 2005. Traversing the gap: Andrew Wright, John Hick and critical religious education. *British Journal of Religious Education,* 27, 1, pp.29~40.

Teleman, D. 2004. Are children 'Intuitive theists'? *Psychological Science,* 15, 5, pp.295~ 301.

Thomas, N and Bahr, A. 2008(forthcoming). Faith and Reason: Higher Education's Opportunities and Challenges, in M. Diamond(ed.). *Encountering Faith in the Classroom.* Sterling VA: Stylus Publishing.

Toynbee, P. 2001. Behind the Burka. *The Guardian,* Friday Sep 28th, p.21.

_____ . 2006. Only a fully secular state can protect women's rights. *Guardian,* 17. 10, 2006, p.7.

Trafford, B. 2003. *School Councils, School Democracy and School Improvement: Why, What, How?* Leicester: SHA Publications.

Tutu, D. 2006. Tackling Extremism. Special Doha Debate, February 28th 2006. www.thedohadebates.com.

UCU. 2007. *University and College Union journal,* January 2007, p.41.

UNICEF. 2007. Rights Respecting Schools Award websites http://rrsa.unicef.org.uk. Accessed 29.11.2007.

Ungar, R. 2007. *The Self Awakened.* Cambridge: Harvard University Press.

UNIVERSAL ISLAMIC DECLARATION OF HUMAN RIGHTS. 1981. www.alhewar.com/islamdecl/htm. Accessed 8.7.2005.

Vallely, P. 2007. A deadly scripture? Saudi fundamentalism in Britain. *The Independent Extra,* Thursday 1st November 2007, pp.1~5.

Van Driel, B(ed.). 2004. *Confronting Islamophobia in Educational Practice* Stoke on Trent: Trentham Books.

Wainaina, B. 2006. How to write about Africa in five easy steps. *Granta: The View from Africa,* Jan 15.

Watson, J. 2004. Educating for Citizenship ─ the emerging relationship between religious education and citizenship education. *British Journal of Religious Education* 26, 3, 259~271.

Whittaker, D(ed.). 2007(third edition). *The Terrorism Reader.* London: Routledge.

World Education Forum. 2000. *Dakar Framework for Action: Education for All: Meeting the Challenge.* Paris: UNESCO.

Yabion, Y. 2007. Best versus possible practices: a critical perspective on current developments in contact hypothesis. Paper presented at the conference Education and Extremism Roehampton University, London, 5th~7th July 2007.

Younge, G. 2004. Evolution textbooks row goes to court. *The Guardian,* Tuesday November 9th 2004, p.12.

_____ . 2006. Let's have an open and honest discussion about white people. *The Guardian,* Monday October 2, p.29.

숫자, 알파벳

2인 교사제 158

9·11 15, 130

ANC(아프리카민족회의) 97

G8 정상회담 100, 270

JVP 178

LGB 282

MK(민족의 창) 97

NATO 227

TANDIS 237

ㄱ

가자 지구 177

가치 공통성 130

가치기반 250

가톨릭 학교 123

가톨릭은사주의자 26

간디 32

갈등 44

갈등해결 275

감옥 270

감정이입 156

감화 효과 275

강제구금 254

개발부진 130

개방성 280

개인주의 159

　개인주의적 신학 238

개입적 민주주의 258~259, 279

개종 85, 162, 200

거주지 분리 111

건강권 221

검문소 감시 76

검열 236

검은 과부Black Widows 88

게린오일 243

게릴라전 97

게이 282

격분 79

결혼 130

경계 유지 62

경계 지워진 실체 149

경쟁 159

　경쟁우위 129

경청 124

계몽 51

계율 106

고립 67, 77, 116

고문 257

고정관념 125, 218

골드스타인 172

공동체 133

　공동체 관계 159

　공동체의식 73

　글로벌 공동체 69, 299

　민족 공동체 133

　상상의 공동체 135

　종교 공동체 133

공립학교 118, 194

　공립 무슬림 학교 121

　기부형 공립학교 131

　지역 공립학교 131

공산주의 42

공유 155

　공유된 목표 158

공존주의 110

공중public 128

공통된 귀속의식 153

공평성 29

과소 단순화 243

과잉 단순화 243

과정기반 250, 279

관계망 69

관계 맺기 136

관계 형성 규칙 158

관용 120, 161, 204

관점수용 156

관타나모 수용소 41

광신狂信 88, 178

괴롭힘 205

교과서 133

교구주의 270

교리 주입 144

교사 연수 233

교사단체 188

교수법 207

　교사 중심 교수법 131

교육 51, 249

　국가 교육과정 154

　교육과정 63, 132, 204

　교육평가청Ofsted 142

　도덕교육 264

　두려움의 교육 46

　미디어 교육 229, 234

　반테러 교육 257, 293

　사범교육기관 188

　성교육 139

　세속적 국민교육 136

　세속적 학교교육 113

　시민 정치교육 258

　시민교육 254

　시민성 교육 129, 155, 265, 291

　여성 교육 183

　역사 교육과정 196, 298

영국의 교육과정 141
예비교육 95
유머 교육 241
인권교육 192
정치 교육 46, 171, 248
정치참여 교육 260
종교교육 140
주입식 교육 205
증오 교육과정 188
진보적 교육과정 284
평화교육 112, 192, 258
포용 교육 121
학교교육 182
혼합교육 109
확산적 교육 194, 254
교싱 데니리즘 20
교화 223, 262
교회 학교 16, 123
구도자 74
구성주의자 224
구원 72
구조 250
국가 교육과정 154
국가론 232
국가주의 134
민족적 국가주의 54
국민 정체성 153
국민통합 119
국제 부채 130
국제 테러리즘 155
국제법 300
국제사면위원회 247
국제인도주의윤리연합IHEU 209

국제지뢰금지조약 288
군비통제협정 170
군사적 해법 249
군인가족 305
굴욕 71, 75, 89, 169, 186
권력 232
권력 분점 277
권리와 책임 267
권위 46, 82
권위주의 54, 140
귀속감 46, 128
규범화 189
극단주의 14, 18
이슬람 극단주의 33
종교적 극단주의 37
근내성 29
근본주의 18, 25
반다윈 근본주의 59
여성 근본주의자 183
행동주의적 근본주의자 43
근접발달영역 223
글래스고 13
글로벌 공동체 299
글로벌 이슬람공동체 69
글로벌 시민(성) 57, 251
글로벌 정체성 70, 78
글로벌화 27, 51
금요기도 153
금욕 139
급진주의 18~19
급진화 53, 90
기금출연 131
기독교 27, 41, 49

기득권 136

기량 236

기밀정보 209

기부형 공립학교 131

기아 130

기억 178

  집단기억 195

깔때기 94

깜둥이 270

ㄴ

나이지리아 179

나치정당들 32

나치즘 40

나토NATO 평화유지군 227

낙인 63

낙태 37, 130

  낙태 반대론자 26

난민 71

  난민 아동 252

남녀공학 89

남녀분리학교 64, 89

남성 86

  남성성(남자다움) 62, 76, 86

남아프리카공화국 110

남침례교 26

내면적 정체성 55

냉전 35

네오 파시즘 54

네오나치 77

네오콘 42

노동시장 120

노르웨이 유네스코 협동학교 259

노예무역 폐지 44

녹색당 활동가 26

논리적 결말 47

ㄷ

다당제 176

다르푸르 101

다름 45

다문화 54

  다문화 사회 59

  다문화주의 63, 78

다민족 사회 126

다수결 176

다신교 105

다양성 63, 110

  문화 다양성 63

다원주의 45, 110

  제도적 다원주의 122

  종교 다원주의 27, 29

다의성 280

다종교 학교 117

다중성 59

다중 정체성 63, 135

단순함 48

  미국식 단순함 48

단일 정체성 59

달라이 라마 32

대량 살상 무기 170

대량살육(학살) 15, 260

대리징벌 167

대상 집단 구성원 156

대인지뢰 254

대항문화 68

대화 124
　대화기법 237
덴마크 만화 101
　덴마크 만화 사건 199
도덕교육 264
도덕성 262, 293
도덕적 가치체계 114
도덕적 이탈 96, 257
도덕적 확실성 73
도덕철학 161
독단 136
독일 38
독일민족민주당NPD 202
독자적 추론 283
동남아시아 80
동등가치 109, 161, 164
동등성 127
동등한 이중 지위 111
동료 95
　동료 압력peer pressure 285
동물권리보호 242
　동물권리옹호론자 26
　동물권리운동 32
동반의존자co-dependent 185
동방문화 154
동성애 27
　동성애 혐오 145
동일시 57, 129
동화주의 112
두그리doogri 158
두려움 125
　두려움의 교육 46
따돌림 65

또래 영향 151
또래 조정peer mediation 197, 271
또래 조언 271

ㄹ

라마단Ramadan 114
라야Layyah 179
러시아계 77
런더니스탄 70
런던 70, 91
런던 폭탄 테러 100
런던개발센터 117
레바논 87
레스터 124
레이튼 90
레즈비언 282
루시디, 살만Salman Rushdie 200
르완다 60, 229
　르완다 국제형사재판소 226
리비아 217

ㅁ

마니교적 이원론 44
마드리드 91
마르크스 42
　마르크스주의자 127
마약 244
마오쩌둥 40
마인드 바이러스 83
마흠부로 187
만델라, 넬슨 32, 97
만트라mantra 146, 174
말할 권리 209

매 맞는 여성 185

매카시즘 168

맨체스터 70

맹신자 38

메노나이트파 26

메카 245

멜팅포트 112

면담 270

명예 94, 171

　명예살인honor killing 179

　명예훼손 175

모로코 45

모르몬 141

모스크 66

모욕 18, 208

몬테소리 141

무관용zero-tolerance 206

무기 251

　대량 살상 무기 170

　무기교역 53

　핵무기 170

무슬림 118

　공립 무슬림 학교 121

　무슬림 민주주의 287

　무슬림 배제 121

　무슬림국가 33

　무슬림청년회 66

　영국 무슬림의료인연합 215

　영국무슬림협회 215

무신론 143

　무신론 혐오 145

　무신론자 116

무자혜딘 94

무장투쟁 97

무질서 209

무차별성 129

무함마드 201

묵비권 209

문화 교류 148

문화 다양성 63

문화적 가설 122

문화적 권리 137, 221

문화적 상징물 204

문화적 위상 158

문화적 재생산 264

문화적 적대관계 149

문화적 정체성 126

문화적 탁월성 155

문화적 통일 120

문화혁명 47

물리적인 혼합 158

미국 34, 41, 110

　미국 학교 202

미디어 226

　미디어 교과서 233

　미디어 교육 229

　미디어 교육과정 234

　미디어 리터러시media literacy 145, 229

　미디어 이미지 231

미신 83

민간인 306

민족 갈등 153

민족 공동체 133

민족 - 국민 정체성 152

민속자설 1/8

민족적 국가주의 54

민족정체성 112
민족주의 112
민주적 시민성 50, 94
민주주의 44, 51
  개입적 민주주의 258~259, 279
  무슬림 민주주의 287
  심의민주주의 278
  영국의 민주주의 151
  자유민주주의 41
믿음 136, 214
  신학적 믿음 39

ㅂ

바스크 24
박해 15, 54
반 고흐, 테오 200
반다윈 근본주의 59
반동성애주의 32
반란군 76
반미주의 67
반유대 감정 260
반유대주의 32, 78
반자유주의 140
반전反戰 251
반테러 256
  반테러 교육 257, 293
반향효과 94
발리 244
발칸 60, 178
배상 184
  배상적 정의 190
배제 62, 79, 116
배타적 신념 125

백인우월주의 32, 77
버마 32
번리 118
범세계적 합의 272
범주화 63, 118
베르사유 조약 309
베일 72
베트남 전쟁 203
벨기에 110
벨파스트 119
변신 96
보스니아 60, 178
보스니아 - 헤르체고비나 235
보스아틀라스Bosatlas 255
보호관찰 270
보호주의 121
복수 18, 167, 171
  복수의 악순환 172
  복수의 정당화 171
복음주의 59
복잡성 이론 279
복장 위반 193
복지 277
복합적 관점 194
본질주의적 정체성 58
부룬디 229
부르카 218
부모 84, 118
부적응자 66
부족 180
  부족주의tribalism 180
북아일랜드 110
북한 240

분개(분노) 22, 78~79, 156, 217

분리 18, 109

  거주지 분리 111

  분리운동 65

  분리의식 67

  분리주의 77

  인종 분리 122

  학교 분리 111

분별력 293

분파주의 26

불간섭 110

불공평 117

불관용 57, 129, 162

불교 171

불량국가 229

불안전한 세계 73

불의 156

브래드포드 111, 118

브레인스토밍 306

블랙유머 239

비교가치론 280

비교종교론 223, 280

비국가주의적 시민성 295

비도덕적 감정 262

비례 245

비무슬림 118

비밀 유지 209

비분파적 시민성 290

비영리재단 학교 119

비인간화 201

비판적 사고 131

비판적 존중 280

비판적 행동 288

비폭력 32, 97, 175, 288

빈 라덴, 오사마 40, 44

ㅅ

사범교육기관 188

사보타지 97

사이버 평화프로젝트 237

사이버 테러리즘 236

사이버 폭력 206

사이언톨로지 133

사춘기 264

사티아그라하satyagraha 97

사형제도 130

사회 정체성 이론 58

사회 통합 110, 112

사회경제적 격차 123

사회분열 123

사회적 가설 122

사회적 멋 195

사회적 박탈 71

사회적 자본 138

사회정의 113

사회진보 210

사회화 68, 128

살라피주의Salafi Islam 91

살육 68

상고주의尙古主義 280

상부상조 134

상상의 공동체 135

상실 가능성 75

상징체계 39

상호성 267

상호의존 160

샌즈버리 215
생명권 175
생존 71
생활방식 51
샤라프Sharaf 183
샤리아Shari'ah 173
　샤리아 법 175
서구 자유주의 264
서클타임circle time 277
선善 128
　선한 성향 74
선도correction 186
선망 75
선택 유리성 82
성공회 학교 123
성과물output 159
성교육 139
성별 불평등 139
성십자학교Holy Cross school 119
성원 55
성전 50, 96
성차별주의 27
성찰하는 삶 127
성희롱 89
세계이슬람인권선언 175
세계인권선언 175
세뇌 95
세르비아 178
　세르비아인 60
세속국가 102
세속적 국민교육 136
세속적 지도자 289
세속적 폭력 40

세속적 학교교육 113
세속주의 143, 263
세속화 145
소녀 교육 182
소말리아인 71
소비에트 공산주의 40
소속감 63, 73
소수자 보호 175
소수자 인권 312
소아성애 236, 241
소외 71, 77
쇄신파 131
쇼비니즘 131
수감자 상담 프로그램 105
수나sunna 284
수니 287
　수니파 135
수치 171, 184
수피주의Sufiism 100
수학 133
수행(성) 61, 159
숙주host 국가 168
순교 67
　순교자 38, 177
순수성 70
순환논법 285
슈타이너 141
스리랑카 38, 110, 178
스마일리smiley faces 269
스웨덴 43, 204
스위스 110
스코틀랜드 138
스킨헤드 61, 77

스킨헤드 파시즘 31

시민 128

　시민 정치 교육 258

　시민교육 254

　시민불복종 97

　시민사회 54, 288

　시민운동가 289

　시민의 몽매함 155

시민성 교육 129, 155, 265, 291

시아파 135

시에라리온 111

시오니스트 29

시오니즘 78

시장선호도 162

시장화marketisation 159

시크교인 29

신경정신병학자 85

신념 55, 68

　배타적 신념 125

　종교적 신념 263

신노동당 216

신뢰 46

신병 113

신성모독 70

　신성모독법 210

신앙 57

　신앙 간증 120

　신앙기반학교 109, 113

　신앙의 권리 39

신자들의 국가 70

신체적 폭력 76

신학적 믿음 39

신화 103, 109, 171

실용주의 163

심리적 고정관념화 149

심리적 통합 46

심의민주주의 279

심취 73

십계명 173

십자군 15, 38

　십자군 전쟁 15

싱할라족 112

씨족 180

ㅇ

아동 노동 268

아동기 128

아동 인권 221

　유엔아동인권협약 17, 137

아랍 - 이스라엘 갈등 46

아랍개발 보고서 285

아랍교육국ABEGS 285

아랍어 121

아랍인간개발보고서 211

아말렉인 49

아메리카 78

아비투스habitus 75

아시아 63, 78

아야쿠초Ayacucho 86

아야톨라ayatollah 286

아일랜드공화국군IRA 24

아파르트헤이트apartheid 118

아프가니스탄 41

아프리카 78

　아프리카 빈곤 퇴치 100

　아프리카의 뿔 71

악마신앙 46

악마의 시The Satanic Verses 218~219

악의 세력 52

악한 성향 74

안녕 156

안락사 130

안보 46

안전 74, 206

  안전지대 104

  안전한 섹스 264

알 칸사Al Khansa 88

알사키나Al-Sakinah 106

알카에다 24, 25, 256

암스테르담 91

앙골라 187

애국주의 61

애스턴 빌라 184

애시Timothy Garton Ash 15

앵글로 크리스천 에토스 113

야만성 53, 76

약함weakness 276

양극화 51

양성애자 282

양성평등 138, 221

양심 54, 82, 95

어린이 행진 291

어머니날Mother's Day 176

언어 학습 232

에이즈 268

에큐메니컬리즘ecumenicalism 116

엘리트 학교 125

엘리트주의 125

엥겔스 42

여성 86

  여성 교육 183

  여성 근본주의자 183

  여성 인권 277

  여성 종속 138, 183

  여성 통제 183

여학교 111

여학생의 높은 학업성취 138

역사 교육과정 196, 298

역逆애국주의 195

연대 130

  연대표 308

  집단 연대감 152

연방 시스템 113

연좌제 246

싱김 129

영국 34, 64, 110

  백인 영국 61

  영국 국민보건서비스 240

  영국 교육과정개발원 252

  영국국민당 61

  영국독립당 61

  영국무슬림협회 215

  영국의 교육과정 141

  영국의 민주주의 151

  영국의료위원회 215

  영국인 112

  영국인다움 152, 155

  영국적 가치 112, 155

영웅숭배 99

영토 보전 209

영토권 112

예비교육 95

예수 40

예외 175

  예외주의exceptionalism 155

오만 239

오순절파 26

오스트레일리아 91

오타와 조약 254

오푸스데이Opus Dei 140

와하비즘Wahhabism 153, 176

완전성 173

완전주의 40

외국인혐오 236

외집단 74

요르단 181

용기 94

용서 195

우간다 229

우경화 54

우르두어 121

우상숭배 41

우슬리 보고서Ouseley report 117

우월감 66, 125

우호관계 137

움마ummah 69, 120

원주민 112

원한 177

월경자 159

위기 징후 53

위반 행위 193

위선 216

위신 239

위카Wicca 141

위탁보호가정 71

위험한 멍청이 285

위협 47

윙스프레드 선언 222

유네스코 253

  노르웨이 유네스코 협동학교 259

유니세프 191, 253

  유니세프 인권존중학교RRS 267

유대교 29

유대인 국가 78

유대인 대학살 15

유럽 60, 78

유머 18, 238

  유머 교육 241

유사종교 95~96, 133

유사친족집단 69

유색인종 117

유엔 235

  유엔 안전보장이사회 16, 225

  유엔개발계획UNDP 285

  유엔군 병사 305

  유엔아동인권협약 17, 137

유일성 85

유추 243

유치국 148

유토피아 40

율법 175

응보 18, 167, 186

의무 195, 209

  의무감 95

의미 있는 교우관계 158

의미장semantic field 26

의사소통 124

의인화 242

이교도 70, 101
이념 무장 92
이념적 순수주의 26
이단 131
이데올로기 41, 66
이등시민 47
이라크 45
　이라크 전쟁 196, 251
이맘imam 121
이분법 282
이상주의 108
이색화 63
이성교제 264
이스라엘 34, 77~78
이스트엔드 123
이슬람 33
　이슬람 계율 175
　이슬람 국가 67
　이슬람 극단주의 33
　이슬람 문화 176
　이슬람 선동가 26
　이슬람 지상주의 99
　이슬람 행동주의 79
　이슬람 혐오 122, 145
　이슬람교육과학문화기구ISESCO 285
　이슬람부흥운동 60
　이슬람율법 33
　이슬람주의 65
　이슬람협회 65
이원론 67, 81, 150
이주민 112
이중 언어 교사 159
이중 주변화 78

이중시민성 120
이즈티하드ijtihad 211, 283
이집트 29, 45
이타주의 22
이탈리아 217
이항대립 45~46
인간 존엄성 262
인간안보 111
인구통계학 87
인권 23, 122, 184
　인권기반 접근 266
　인권교육 192
　소수자 인권 312
　아동 인권 221
　여성 인권 277
인노 29, 135
인도 분할 54
인도네시아 60
인본주의 263
　인본주의자 116
인본주의적 지도자 289
인정recognition 193
인종 분리 122
인종 정체성 61
인종의 위계구조 152
인종주의 27
인종차별 126
　인종차별 철폐 43
　인종차별철폐 국제협약 210
인지부조화 223
인지적 개방 91
인지적 재구성 96
인지적 재현 156

인지적 종결 80

인터넷 93, 94, 236

인티파다 157

일관성 133

일본 21

일신론 23

일탈逸脫 176

잉글랜드 61, 111

　잉글랜드적인 가치 155

ㅈ

자기검열 96, 200

자기비판 285

자기애 75

자기이해 136

자기주도 학습 315

자살 공격 33

자살 순교 245

자살 테러리즘 24, 33

자살 폭탄 21

　자살 폭탄 공격자 67

자생적home-grown 전사 91

자아 128

　자아의식 58

자유민주주의 41

자유연애 176

자유의 새 88

자유의 전사 169

자유주의 264

자율성 128, 130

자율형 공립학교 117, 131

자이나교 171

자주적 비판성 130

자치 지역 113

자치국가 112

장벽 63

재각성 72

재생산 125

저항 63

적개심 75, 130

적군파 79

전도 93, 120

전시戰時 시민성 50, 94, 278

전쟁 49, 129, 251

　베트남 전쟁 203

　십자군 전쟁 15

　이라크 전쟁 196, 251

　전쟁 게시판 252

　정의로운 전쟁 97

　테러와의 전쟁 289

전체주의 264

전통의상 92

절대주의 40

접촉가설 110, 156

정당화 39, 131

정보캠페인 232

정신건강 206

정신분석학 75

정신적 유괴 133

정의 18

　정의로운 전쟁 97

정체성 18, 33, 39, 54

　국민 정체성 153

　글로벌 정체성 70, 78

　내면적 정체성 55

　다중 정체성 63, 135

단일 정체성 59
문화적 정체성 126
민족 - 국민 정체성 152
민족정체성 112
본질주의적 정체성 58
사회 정체성 이론 58
인종 정체성 61
정체성의 정치 58
종교적 정체성 58
집단 정체성 58
학력 정체성 138
정치 과정 290
정치권력 66
정치교육 46, 171, 248
정치 참여 292
정치 코미디 246
정치적 담론 123
정치적 불의 149
정치적 순진함 46
정치적 정당성 273
정치적 파시즘 31
정치참여 교육 260
정치폭력 74
정치화 65, 72, 252, 259, 295
정형화 146, 156, 193
제도적 다원주의 122
제재 186
젠더gender 86
조로아스터교 141
조롱 238
족벌주의nepotism 134
족속 180
존중의 모범 272

종교 18
종교 간 대화 287
종교 공동체 133
종교 모임 93
종교 분단선 136
종교 이기주의 119
종교개혁 210
종교교육 140
종교 다원주의 27, 29
종교별 집단거주 118
종교의례 132
종교재판 126
종교적 교화 286
종교적 극단주의 37
종교적 도덕 266
종교적 신념 263
종교적 이데올로기 115
종교적 재생산 264
종교적 정체성 58
종교적 증오 172
종교적 편협성 162
종교주의religionism 162
종교증오금지법안 55
종교혐오 38
종교혼합학교 119
종말론 173
좌절한 중간계급 79
좌파 79
주권국가 229
주류 사고방식 132
주류사회 118
주변화 147
주입식 교육 205

주체 59
죽음 15
중간지대 279
중국 40
중독(성) 57, 73
중동시민의회 236
중첩적 책임 269
증오 22, 58, 117, 201
　종교적 증오 172
　종교증오금지법안 55
　증오 교육과정 188
　증오 라디오 226
　증오 발언 210
　증오 선전 226
　증오 유발 학교 145
증폭장치 94
지각 193
지고의 선hypergood 23, 150
지도 255
지성적 시민(성) 289, 299
지역 공립학교 131
지역사회 통합 117
지역의 반목 178
지적 설계론 281
지하드jihad 36, 38, 50
진리 45, 49
　진보적 교육과정 284
진실과 화해 192
　진실화해위원회 191
진화론 132
질밥jilbab 124
집단 연대감 152
집단 정체성 58

집단기억 195
집단사고 94~95
집단토론 315
집단학살 68, 288
징벌제도 186

ㅊ

창조 대수학代數學 132
창조 물리학 133
창조론자 26
채식주의자 149
책무성 161
책임소재 191
처벌 18, 186
천년왕국 40
청년의회 290
청년자문단 290
청소년 사회화 256
체벌 186
　체벌 불법화 191
체첸 87
촘스키, 노암 174
축구 134
축소모형화 137
친구 - 원수 교리 46

ㅋ

카라치 179
카스트 86
카오스 이론 279
카이로 176
칼리파 141
칼리프 45, 141

캐나다 91, 110
캐슈미르 46
커뮤니케이션 권력 208
케인스주의자 127
코벤트리 252
코셔kosher 114
코소보 178
콜롬보 112
콩고 229
쿠란 132
쿠르드 87
크로아티아 178
　크로아티아인 60
크리스마스 132
크리스천사이언스 141
키파kipah 114
킬러 팩트killer facts 165
킹, 마르틴 루터 32
킹다윗 학교 114

ㅌ

타밀족 112
타밀 타이거 21, 112, 178
타워햄리츠 123
타자 26, 36
타자성 110, 120
타크피르takfir 106
탈개인화 과정 58
탈구disjuncture 283
탈레반 29, 45
탈맥락화 180
탈무드 284
탈신성화 81

탈영토화 80
탈퇴 64, 103, 144
탐사저널리즘 229
태아 130
터키인 177
테러리즘 18, 20, 175
　교정 테러리즘 20
　국제 테러리즘 155
　사이버 테러리즘 236
　자살 테러리즘 24, 33
테러와의 전쟁 289
토론수업 255
토메 187
토착민 112
통합위협모델 74
통합학교 123, 277
통화주의자 127
투치족 60
트라우마 169
특유성 155
티베트 32

ㅍ

파리 70
파슈툰족 179
파키스탄 70
파편화 126
팔레스타인 38, 45
　팔레스타인계 이스라엘 시민 78
팩션faction 251
팽창주의 49
펀자브 179
페루 42

페미니즘 25

편견 110, 130

편협함 75

평등 47

 평등한 권리 150

 평등한 의무 150

평화 112, 209

 평화교육 112, 192, 258

 평화불침번peace vigils 291

 평화유지조직 312

 평화조약 306

포괄위험담보정책 224

포르노 236

포용 교육 121

포용성 277

폭력 15, 33, 36, 51, 53, 205

 비폭력 32, 97, 175, 288

 사이버 폭력 206

 세속적 폭력 40

 신체적 폭력 76

 정치폭력 74

 폭력의 악순환 169

 폭력적 응원문화 32

폭로 209

폭발물제조 236

표현의 자유 18, 151, 199

품행학습 189

풍자 238

 정치풍자 241

프랑스 146

프로아나/미아Pro-ana/-mia 32

프로테스탄트 아메리카 25

프리메이슨 177

프리섹스 264

프리즘 사회 224

플라톤 232

피드백 269

피상적 만남 158

피임 130, 139

ㅎ

하디스hadith 105, 284

하람 67

하마스Hamas 73

하이브리드 24

학교 184~185, 196, 202

 가톨릭 학교 123

 공립학교 118, 194

 공립 무슬림 학교 121

 교회 학교 16, 123

 기부형 공립학교 131

 남녀분리학교 64, 89

 노르웨이 유네스코 협동학교 259

 다종교 학교 117

 미국 학교 202

 비영리재단 학교 119

 성공회 학교 123

 성십자학교 119

 신앙기반학교 109, 113

 엘리트 학교 125

 여학교 111

 유니세프 인권존중학교RRS 267

 자율형 공립학교 117, 131

 종교혼합학교 119

 증오 유발 학교 145

 지역 공립학교 131

킹다윗 학교 114
통합학교 123, 277
학교 분리 111
학교교육 182
세속적 학교교육 113
학교구역총기휴대금지법 206
학교생활규정 268
학교운영위원회 132, 203
학교평가일람표 43
학급토론 299
학급헌장 274
학력 정체성 138
학부모 119, 142, 187
학부모 선택권 114, 119
학생 206
여학생 138
학생중심 교수법 284
학생 참여 290
학생 훈육 187
학습 108
학업성취도평가 115
학원 자유 207
한계 245
할랄halal 93, 114
함부르크 70
합리성 293
해방당 67
핵 독트린 170
핵무기 170
핵심 교육과정 204
핵전력 170

행동기준 74
행동주의적 근본주의자 43
행위 56
행위성agency 256
헤게모니 264
헤즈볼라Hezbollah 21
현실참여 정통주의 59
협력수업co-teach 158
형제애 73
형평equity 161
호전적 이슬람(주의) 32, 49
혼돈의 경계 280
혼종성 63
혼합 주거 지역 160
혼합교육 109
홀로코스트 30, 78
홍콩 47
화해 196
확산적 교육 194, 254
환원 56
회복적 정의 168, 190
회복적 정의의 '3R' 192
회피 풍조 159
후투족 60
훈육 120
흑백논리 67, 102, 279
희생 94
희생자 150
히잡hijab 124, 181
힌두교 29

지은이_ 린 데 이 비 스

현재 버밍엄 대학교 국제교육 명예교수로 정년 후에는 특히 갈등, 극단주의, 종교적 파편화 등
에 관심을 갖고 집필 활동을 하고 있다. 영국비교교육학회장으로서 앙골라와 우간다 등 아프리
카교육민주화프로젝트에 참여했고 또한 유네스코평화교육, 유니세프인권교육 등에 관여하면
서 연구·자문을 해왔다. 저서『갈등과 교육: 복잡성과 카오스』는 그해 학술상을 받기도 했다.
2014년에『위험한 신: 안보, 세속주의와 학교교육』을 발간했다.

옮긴이_ 강 순 원

현재 한신대학교 심리아동학부 교수로 평화교육, 인권교육, 국제이해교육 및 교육민주화운동
등에 관심을 갖고 연구하며 집필하고 있다. 한국국제이해교육학회장으로 유네스코 아시아태
평양국제이해교육원의 국제이해교육 연구와 교사연수활동에 관여해왔다. 저(역)서로는『자본
주의사회의 교육』(1984),『한국교육의 정치경제학』(1990),『평화·인권·교육』(2000),『우리
시대를 위한 교육사회학 다시 읽기』(2011),『강순원의 대안학교 기행』(2013) 등이 있다.

한울아카데미 1750
극단주의에 맞서는 평화교육

지은이 | 린 데이비스
옮긴이 | 강순원
펴낸이 | 김종수
펴낸곳 | 도서출판 한울

초판 1쇄 인쇄 | 2014년 12월 1일
초판 1쇄 발행 | 2014년 12월 20일

주소 | 413-120 경기도 파주시 광인사길 153 한울시소빌딩 3층
전화 | 031-955-0655
팩스 | 031-955-0656
홈페이지 | www.hanulbooks.co.kr
등록번호 | 제406-2003-000051호

ISBN 978-89-460-5750-0   93370
      978-89-460-4932-1   93370(학생판)

* 책값은 겉표지에 있습니다.
* 이 책은 강의를 위한 학생판 교재를 따로 준비했습니다.
  강의 교재로 사용하실 때는 본사로 연락해주십시오.